KB175000

상상이 현실이 되는 마법 스케치

아두이노 바이블

아두이노로 상상할 수 있는 A부터 Z까지!

vol.2 유무선 연결과 입력 장치 편

아두이노 바이블

vol. 2: 유무선 연결과 입력 장치 편

© 2021. 허경용 All Rights Reserved.

1쇄 발행 2021년 6월 24일

지은이 허경용
펴낸이 장성두
펴낸곳 주식회사 제이펍

출판신고 2009년 11월 10일 제406-2009-000087호
주소 경기도 파주시 회동길 159 3층 3-B호 / **전화** 070-8201-9010 / **팩스** 02-6280-0405
홈페이지 www.jpub.kr / **원고투고** submit@jpub.kr / **독자문의** help@jpub.kr / **교재문의** textbook@jpub.kr

편집부 김정준, 이민숙, 최병찬, 이주원 / **소통기획부** 송찬수, 강민철 / **소통지원부** 민지환, 김유미, 김수연
진행 장성두 / **교정 · 교열** 김경희 / **내지 및 표지 디자인** 이민숙
용지 타라유통 / **인쇄** 한승문화 / **제본** 민성사

ISBN 979-11-91660-03-2 (93000)
값 22,000원

※ 이 책은 저작권법에 따라 보호를 받는 저작물이므로 무단 전재와 무단 복제를 금지하며,
이 책 내용의 전부 또는 일부를 이용하려면 반드시 저작권자와 제이펍의 서면동의를 받아야 합니다.
※ 잘못된 책은 구입하신 서점에서 바꾸어 드립니다.

제이펍은 독자 여러분의 아이디어와 원고 투고를 기다리고 있습니다. 책으로 펴내고자 하는 아이디어나 원고가 있는 분께서는 책의 간단한 개요와 차례, 구성과 저(역)자 약력 등을 메일(submit@jpub.kr)로 보내 주세요.

상상이 현실이 되는 마법 스케치

아두이노 바이블

아두이노로 상상할 수 있는 A부터 Z까지!

vol.2 유무선 연결과 입력 장치 편

허경용 지음

Jpub 제이펍

※ 드리는 말씀

- 이 책에 기재된 내용을 기반으로 한 운용 결과에 대해 저자, 소프트웨어 개발자 및 제공자, 제이펍 출판사는 일체의 책임을 지지 않으므로 양해 바랍니다.
- 이 책에 기재한 회사명 및 제품명은 각 회사의 상표 및 등록명입니다. 본문 중에는 ™, ©, ® 마크 등이 표시되어 있지 않습니다.
- 이 책에서 소개한 URL 등은 시간이 지나면 변경될 수 있습니다.
- 이 책의 스케치 예제와 연습문제 해답 중 코드는 아두이노 1.8.10 환경에서 테스트를 마쳤으며, https://github.com/Jpub/ArduinoBible 에서 다운로드할 수 있습니다.
- 연습문제에 대한 해답은 별도로 제공하지 않습니다. 단, 해답이 코드인 것들은 위의 페이지에서 받을 수 있습니다.
- 책의 내용과 관련된 문의사항은 지은이나 출판사로 연락주시기 바랍니다.
  - 지은이: https://cafe.naver.com/sketchurimagination
  - 출판사: help@jpub.kr

차 례

vol.2 유무선 연결과 입력 장치 편

vol.2 유무선 연결과 입력 장치 편

2005년에 처음 발표된 아두이노는 마이크로컨트롤러 전반에 많은 변화를 가져왔다. 특히나 교육 현장에서는 아두이노 이전과 아두이노 이후로 나누어도 어색하지 않을 만큼 아두이노가 미친 영향은 크고, 아두이노라는 단어는 마이크로컨트롤러라는 단어를 대신할 정도의 일반 명사로까지 사용되고 있다. 이 외에 아두이노가 바꾸어놓은 것들을 모두 이야기하자면 한 권의 책으로도 부족하다.

아두이노의 어떤 점이 우리를 이렇게 열광하게 만드는 것일까? 발표 초기에 아두이노가 자리를 잡을 수 있게 해준 이유를 '쉽고 빠르게'로 요약할 수 있다면, 아두이노의 열기가 아직도 뜨거운 이유는 '다양하게'라는 말로 설명할 수 있다. 아두이노가 비전공자들을 위한 플랫폼으로 시작되어 쉽고 빠르게 마이크로컨트롤러 응용 시스템을 만들 수 있도록 해준다는 점은, 원하는 것들을 직접 만들어보고 싶어 하는 사람들의 호기심을 자극하기에 충분했고, 아두이노가 DIY와 메이커 운동에서 하나의 축으로 자리 잡을 수 있게 해주었다.

아두이노가 비전공자를 위한 플랫폼으로 시작된 만큼 아두이노가 소개된 이후 본격적으로 등장한 4차 산업혁명, 사물인터넷, 인공지능 등의 분야에서는 충분히 강력한 무기가 될 수 없을 것이라는 우려가 있었던 것이 사실이다. 하지만 아두이노는 쉽고 빠른 플랫폼에서 멈추지 않고 다양한 환경에서 사용할 수 있는 플랫폼으로 진화를 거듭해 왔다. 마이크로컨트롤러와 관련된 흥미로운 내용을 발견했을 때 가장 먼저 떠오르는 생각이 '아두이노에서도 가능하겠지'라는 것일 만큼 아두이노는 최신 기술을 아우르는 플랫폼으로 자리 잡았고, 최신의 기술을 소개하는 플랫폼으로 아두이노를 선택하는 예도 어렵지 않게 찾아볼 수 있다. 이처럼 아두이노의 영토는 그 한계를 예단할 수 없을 만큼 빠르게 확장되고 있다.

아두이노를 좇아가며 여러 권의 책을 쓰면서도 못내 아쉬웠던 점은 아두이노의 행보를 찬찬히 살펴보면서 쓰고 싶은 이야기를 모두 쓰기에는 항상 시간과 지면이 부족하다는 것이었다. 마침 일 년이라는 시간이 주어져 지면의 제약 없이 아두이노와 관련된 이야기를 마음껏 풀어보자고 시작한 것이 바로 이 책, 《아두이노 바이블》이다. 하지만 아두이노는 만만한 상대가 아니었다.

책이 완성된 지금, '바이블'이라는 이름이 붙을 만한 콘텐츠인지 자문해 보면 부끄럽기 그지없다. 시작할 때 충분하리라 생각했던 분량보다 절반 이상을 더 채우고도 자꾸만 미진한 부분이 눈에 밟힌다. 주어진 시간을 다 쓰고도 이름에 어울리는 책을 쓰지 못한 것은 아두이노를 따라잡기에 발이 느리기 때문이기도 하지만, 첫 페이지를 쓸 때와 마지막 페이지를 쓸 때 이미 아두이노가 변해 있을 만큼 아두이노가 살아 움직이고 있다는 점이 아쉬움이 많지만 여기서 일단락을 지어야겠다는 결심을 한 이유다.

아두이노 바이블은 전통적인 AVR 시리즈 마이크로컨트롤러를 사용한 아두이노 보드, 그중에서도 아두이노 우노를 중심으로 한다. 새로운 영역으로 아두이노가 확장되면서 ARM 기반 마이크로컨트롤러를 사용한 아두이노 보드 역시 여러 종류가 출시되었고, ARM 기반 아두이노 보드가 인공지능으로 대표되는 지금에 더 적합할 수 있다. 하지만 아두이노 우노는 여전히 아두이노를 대표하는 보드로 자리 잡고 있으며, ARM 기반 아두이노 보드에도 대부분 적용될 수 있다는 점이 아두이노 우노를 선택한 이유다. 아두이노 우노로도 많은 것을 스케치할 수 있고 최신의 기술까지 경험할 수 있다는 것이 또 다른 이유이며, 《아두이노 바이블》을 읽다 보면 실제로 그렇다는 사실을 알 수 있을 것이다.

여러 권의 책을 쓰면서도 답을 얻지 못한 문제 중 하나가 아두이노에 미래가 있을까 하는 것이다. 세상은 변하고 있고 그에 맞춰 아두이노 역시 발 빠르게 대처하고 있지만, 아두이노의 태생적 한계가 한 번쯤은 아두이노의 발목을 잡으리라는 비판 또한 흘려버릴 수 없는 것이 사실이다. 하지만 아두이노가 쉽고 빠른 플랫폼에서 다양하게 사용될 수 있는 플랫폼으로 변화한 것처럼 미래를 위한 새로운 플랫폼으로 등장할 것임을 의심하지 않는다. 누구보다 아두이노에서 아두이노의 미래에 대한 고민이 깊겠지만, 아두이노의 미래를 위해 더해졌으면 하고 개인적으로 바라는 것은 '효율적인' 문제 해결이다. 교육 현장에서 아두이노는 더할 나위 없지만, 산업 현장에서 아두이노는 아쉬운 점이 있는 것이 사실이다. 어디에 내놓아도 효율적으로 문제를 해결할 수 있는 아두이노가 DIY와 메이커 운동을 넘어 'Arduino Inside'로 나타나는 것이 개인적인 바람이며 아두이노의 행보를 눈여겨보는 이유이기도 하다.

책을 쓰는 동안 말없이 응원해 준 아내와 아빠의 등을 궁금해하던 두 아들, 여러 면에서 당혹스러운 책을 지지해 주신 제이펍 출판사가 있어 《아두이노 바이블》을 세상에 내놓을 수 있었음에 고마움을 전하고 싶다. 아두이노의 속도를 따라잡는다는 것은 욕심이었음을 이제야 알게 되었지만, 《아두이노 바이블》이 작으나마 오래도록 도움이 되는 책으로 아두이노의 미래를 그리는 거친 밑그림이 되기를 감히 소망한다.

허경용 드림

vol.2 유무선 연결과 입력 장치 편

CHAPTER 18 SPI 통신

SPI는 고속의 데이터 전송을 위한 시리얼 통신 방법 중 하나로, 동기식 통신으로 하드웨어가 간단하며 일대다(1:N) 연결이 가능하다는 등 UART 통신과 비교할 때 여러 가지 장점이 있다. 하지만 SPI는 고속의 일대다 통신을 위해 4개의 연결선을 사용하며, 연결하는 슬레이브의 수에 비례하여 연결선의 개수가 증가한다는 단점도 있다. 이 장에서는 SPI 통신의 원리를 살펴보고 SPI 통신을 사용하는 외장 EEPROM의 사용 방법을 알아본다.

CHAPTER 19 I2C 통신

I2C 통신은 적은 양의 데이터를 낮은 빈도로 전송하기 위해 만들어진 시리얼 통신 방법으로, UART 및 SPI와 더불어 아두이노에서 사용되는 대표적인 시리얼 통신 방법 중 하나다. I2C 통신은 일대다 연결을 지원한다는 점에서 SPI와 같지만, 슬레이브의 개수에 상관없이 2개의 연결선만을 사용하므로 연결과 확장이 간편한 것이 가장 큰 장점이다. 이 장에서는 I2C 통신의 원리와 I2C 통신을 사용하는 RTCReal Time Clock의 사용 방법을 알아본다.

CHAPTER 20 1-와이어 통신

1-와이어 통신은 하나의 연결선만으로 비동기 반이중 방식 통신을 수행하는 시리얼 통신 방법으로, 시리얼 통신 방법 중에서는 가장 적은 수의 연결선을 사용한다. 특히 1-와이어 통신은 구성 방식에 따라 전원 공급을 위한 별도의 연결선 없이 데이터선으로 전원을 공급하는 것이 가능해 간단한 연결과 뛰어난 확장성이 장점이라 할 수 있다. 이 장에서는 1-와이어 통신 방법과 1-와이어 통신을 사용하는 온도 센서와 iButton의 사용 방법을 알아본다.

CHAPTER 21 블루투스

블루투스는 유선 통신인 RS-232C를 대체하기 위해 만들어진 저전력 무선 통신 표준으로, 컴퓨터와 스마트폰 등 여러 전자제품에서 널리 사용되고 있다. 마이크로컨트롤러에서 블루투스 통신을 사용하기 위해서는 UART 유선 통신을 블루투스 무선 통신으로 바꾸는 변환 모듈을 사용함으로써 가능하며, 이때 마이크로컨트롤러는 UART 시리얼 통신을 사용하는 것과 거의 같은 방법으로 무선 통신을 사용할 수 있다. 이 장에서는 블루투스 시리얼 모듈을 사용하여 스마트폰, 컴퓨터 등과 통신하는 방법을 알아본다.

CHAPTER 22 지그비

지그비는 저전력 근거리 무선 통신 방법 중 하나로, 다른 무선 통신과 비교했을 때 대역폭이 좁아 적은 데이터 전송이 필요한 경우 많이 사용된다. 또한 지그비는 메시 네트워크를 지원하므로 많은 수의 소형 노드로 이루어지는 대규모 네트워크 구성에서도 흔히 사용된다. 스마트폰에 사용되어 친숙한 블루투스와 달리 주변에서 흔히 볼 수는 없지만, 다양한 활용이 가능해 가정이나 공장 자동화 등에서 지그비가 사용되는 예가 늘어나고 있다. 이 장에서는 지그비 모듈을 사용하여 여러 노드를 연결하고 노드 사이에 데이터를 주고받는 방법을 알아본다.

CHAPTER 23 적외선 통신

적외선 통신은 가시광선의 인접 대역인 38kHz 적외선을 사용하는 무선 통신으로 리모컨에서 사용하는 통신 방식이기도 하다. 적외선 통신은 통신 거리가 짧고 송신기와 수신기가 마주 보고 있어야 한다는 단점이 있지만, 간단한 구조와 낮은 가격으로 쉽게 무선 통신을 구현할 수 있다는 장점이 있다. 이 장에서는 적외선 데이터 통신의 원리와 리모컨 데이터를 수신하고 이를 활용하는 방법을 알아본다.

CHAPTER 24 RFID

RFID는 짧은 거리에서 이루어지는 무선 데이터 통신 방법의 한 종류로, 물류 관리, 스마트카드 등의 분야에서 사용되고 있다, 특히 10cm 이내 거리에서 사용하는 RFID는 태그에 전원이 필요하지 않으므로 휴대 장치를 간단하게 만들 수 있어 응용 범위가 넓다. 이 장에서는 RFID의 동작 방식과 RFID에서 데이터를 읽고 쓰는 방법을 알아본다.

CHAPTER 25 BLE

블루투스는 유선 통신인 RS-232C를 대체하기 위해 만들어진 무선 통신 표준으로, 클래식 블루투스로 불리는 3.x 버전까지의 연결 기반 블루투스와 4.0 버전에서 추가된 저전력 블루투스(BLE: Bluetooth Low Energy)의 두 가지로 이루어져 있다. BLE는 연결 없이 적은 데이터를 전달할 수 있게 해주므로 다양한 응용에서 사용되고 있다. 데이터의 양이 많은 경우에는 BLE에서도 연결 기반의 통신을 사용하지만, 클래식 블루투스와는 동작 방식이 달라 호환되지 않는다. 이 장에서는 블루투스 4.0 BLE를 사용하여 연결 기반의 통신을 수행하는 방법과 연결 없이 다수의 기기가 데이터를 수신할 수 있도록 데이터를 게시하는 방법을 알아본다.

CHAPTER 26 USB 호스트

USB는 컴퓨터와 주변기기를 쉽고 간단하게 연결할 수 있도록 만들어진 시리얼 통신 방법 중 하나로, 최근 판매되는 컴퓨터 주변장치 대부분이 USB 연결을 사용하고 있다. USB는 마스터-슬레이브 구조를 가지며, 컴퓨터 주변장치의 경우 컴퓨터가 마스터 역할을 하고 주변장치가 슬레이브로 컴퓨터에 연결된다. 이때 마스터로 동작하는 컴퓨터를 USB 호스트라고 한다. USB 호스트 쉴드는 아두이노가 USB 호스트 역할을 할 수 있게 해주는 쉴드로, 다양한 USB 장치를 아두이노에 연결할 수 있게 해준다. 이 장에서는 USB 호스트 쉴드를 사용하여 마우스와 키보드를 아두이노에 연결하고 입력 장치로 사용하는 방법을 알아본다.

CHAPTER 27 아두이노-아두이노 연결

아두이노를 사용하여 데이터를 수집하고 이를 처리하는 장치를 만드는 것은 어렵지 않지만, 많은 양의 데이터를 처리하거나 서로 다른 장소의 데이터를 수집하여 이를 한꺼번에 처리하기 위해서는 하나의 아두이노로는 어려울 수 있다. 2개 이상의 아두이노를 사용하는 경우에는 아두이노 사이에 통신을 수행하는 방법이 필요하며 다양한 유무선 통신 방법이 사용될 수 있다. 이 장에서는 UART, 블루투스, SPI, I2C 등의 유무선 통신 방법을 사용하여 2개 이상의 아두이노를 연결하고 데이터를 주고받는 방법에 대해 알아본다.

CHAPTER 28 입출력 확장

마이크로컨트롤러는 간단한 제어 장치를 만들기 위해 주로 사용되므로 입출력 핀의 수가 많지 않은 것이 사실이다. 하지만 가끔은 마이크로컨트롤러에 많은 수의 입력 또는 출력 장치를 연결하여 사용해야 하는 경우가 있다. 이처럼 입출력 핀의 수가 부족할 때 사용할 수 있는 방법 중 하나가 전용 칩을 사용하여 입출력 핀을 확장하는 것이다. 이 장에서는 아두이노에서 디지털 및 아날로그 입출력 핀 확장을 위해 사용할 수 있는 다양한 전용 칩의 사용 방법을 알아본다.

CHAPTER 29 센서 사용하기

센서는 주변 환경에서 다양한 물리량을 감지하고 측정하는 도구로, 아두이노를 사용하여 제어 장치를 구성할 때 주변 환경을 인식하고 주변 환경과 상호 작용하기 위한 입력 도구로 사용된다. 주변 환경에서 측정할 수 있는 물리량은 모두 아날로그이며, 센서 출력 역시 아날로그 데이터를 기본으로 한다. 하지만 마이크로컨트롤러에서 처리할 수 있는 데이터는 디지털 데이터뿐이므로 센서 모듈에서 디지털 데이터로 변환하여 출력하는 경우도 흔히 볼 수 있다. 이 장에서는 아날로그와 디지털 데이터를 출력하는 센서와 센서 모듈을 사용하여 주변 환경과 상호 작용하는 방법을 살펴본다.

CHAPTER 30 로터리 인코더

로터리 인코더는 회전축의 위치나 움직임을 전기적인 신호로 출력하는 장치를 말한다. 로터리 인코더를 사용하면 회전 위치와 속도를 알아낼 수 있으므로 모터 제어, 로봇 제어 등에서 흔히 사용된다. 이 장에서는 로터리 인코더 중에서 상대적인 움직임 정도를 알아낼 수 있는 증분 인코더의 원리와 사용 방법을 알아본다.

CHAPTER 31 거리 측정 센서

거리 측정은 기본적인 감지 기술 중 하나로, 다양한 애플리케이션에서 사용되고 있다. 거리를 측정하기 위해서는 여러 방법을 이용할 수 있지만, 초음파와 적외선을 이용한 거리 측정 센서는 저렴한 가격과 간단한 사용법으로 많이 사용되고 있다. 이 장에서는 아두이노에서 흔히 사용되는 초음파 거리 센서와 적외선 거리 센서의 원리 및 사용 방법을 알아본다.

CHAPTER 32 가속도 자이로 센서

가속도 센서는 직선 방향으로 단위 시간의 속도 변화, 즉 가속도를 측정하는 센서를 말하고, 자이로 센서는 축을 기준으로 단위 시간에 물체가 회전한 각도, 즉 각속도를 측정하는 센서를 말한다. 가속도와 각속도는 물체의 움직임 감지는 물론, 물체의 기울어진 정도를 측정하는 용도로 흔히 사용된다. 이 장에서는 가속도와 각속도를 함께 측정할 수 있는 MPU-6050 센서 모듈로부터 데이터를 얻는 방법과 얻어진 데이터를 활용하여 기울어진 정도를 얻는 방법에 대해 알아본다.

CHAPTER 33 디지털 온습도 센서

온도와 습도를 측정할 수 있는 센서에는 여러 종류가 있지만, DHT 센서의 경우 디지털 데이터를 출력하고, 하나의 데이터 핀만을 사용하여 온도와 습도를 한 번에 얻을 수 있다는 등의 장점으로 인해 흔히 사용되고 있다. 이 장에서는 정밀도가 각기 다른 DHT 시리즈 디지털 온습도 센서의 사용 방법을 살펴본다.

CHAPTER 34 키패드

키패드는 버튼을 매트릭스 형태로 배열하여 만든 입력 장치의 한 종류다. 키패드는 적은 수의 입력 핀으로 많은 수의 버튼 상태를 알아낼 수 있게 해주므로 입출력 핀 수가 부족한 경우 유용하게 사용할 수 있다. 이 장에서는 키패드의 키 입력을 검사하는 대표적인 방법인 키 스캔 방법의 원리와 한계를 살펴보고 이를 해결하는 방법 역시 알아본다.

CHAPTER 35 GPS

위성 항법 시스템이라고 불리는 GPS는 지구 주위를 선회하는 인공위성을 통해 현재 위치와 시간을 정확하게 측정할 수 있는 시스템을 말한다. GPS 위성 신호를 바탕으로 위치와 시간을 계산하는 GPS 리시버는 UART 통신으로 텍스트 기반의 정보를 출력하는 경우가 대부분이므로 간단하게 아두이노에 연결하여 사용할 수 있다. 이 장에서는 GPS 리시버를 사용하여 현재 위치와 시간을 알아내는 방법을 살펴본다.

CHAPTER 36 미니 프로젝트: 정수 계산기

이 장에서는 키패드와 텍스트 LCD를 사용하여 사칙 연산이 가능한 정수 계산기를 만들어본다. 사칙 연산만 가능하다면 구현이 간단할 것으로 생각할 수 있지만, 키를 눌렀을 때 지금까지의 입력이 계산이 가능한 입력인지, 즉 계산기에서 허용하는 입력 순서인지를 판단하는 것이 필요하며, 이를 위해서는 계산기에 입력할 수 있는 수식을 먼저 정확하게 정의해야 한다. 계산할 수 있는 수식이 정의되면 이에 맞는 키 입력 순서를 정의할 수 있고, 현재 키 입력을 정의된 키 입력 순서와 비교하여 유효한 수식인지 판단할 수 있다. 이 장에서 구현하는 계산기는 간단한 정수 연산 기능만 제공하고 있지만, 다양한 기능을 제공하는 계산기 구현을 위한 시작점이 되어줄 것이다.

vol.2 유무선 연결과 입력 장치 편

아두이노 우노 × 3

CH. 18~36

USB-UART 변환 장치 × 1
➡ USB2SERIAL

CH. 25

가변저항 × 2

CH. 25, 28

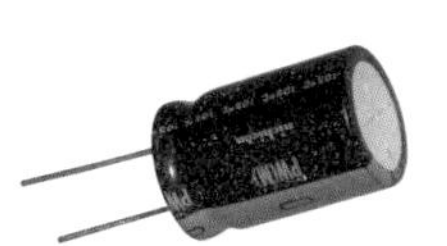

220μF 전해 커패시터 × 1

CH. 29

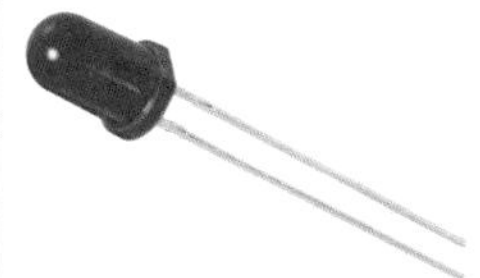

LED × 8

CH. 19, 21, 23, 28~30

푸시 버튼 × 8

CH. 28

25LC010A EEPROM × 1
➡ 8핀

CH. 18

100Ω 저항 × 1

CH. 23

150Ω 저항 × 1

CH. 29

220Ω 저항 × 9

CH. 19, 21, 23, 28~30

1kΩ 저항 × 8

CH. 28

1.5kΩ 저항 × 2

CH. 21, 22, 27

2.2kΩ 저항 × 1

CH. 20

3.3kΩ 저항 × 2

CH. 21, 22, 27

4.7kΩ 저항 × 1

CH. 20, 29

10kΩ 저항 × 1

CH. 29, 33

Tiny RTC 모듈 × 3
➡ DS1307 RTC 칩사용
CH. 19

DS18B20 온도 센서 × 3
CH. 20

DS1990A iButton × 2
CH. 20

iButton 리더 × 1
CH. 20

HC-06 블루투스 슬레이브 모듈 × 1
➡ 펌웨어 버전에 따라 같은 모듈을
다른 역할로 사용 가능
CH. 21, 27

HC-06 블루투스 마스터 모듈 × 1
➡ 펌웨어 버전에 따라 같은 모듈을
다른 역할로 사용 가능
CH. 27

XBee 3 모듈 × 3
CH. 22

XBee 모듈 핀 변환 어댑터 × 3
CH. 22

Xbee 모듈 시리얼 어댑터 × 1
CH. 22

리모컨 × 1
➡ NEC 프로토콜 사용
CH. 23

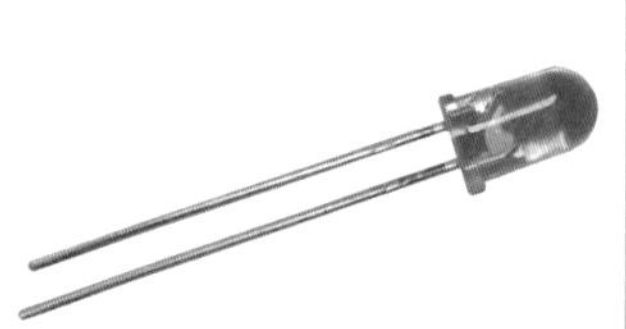
적외선 LED × 1
CH. 23

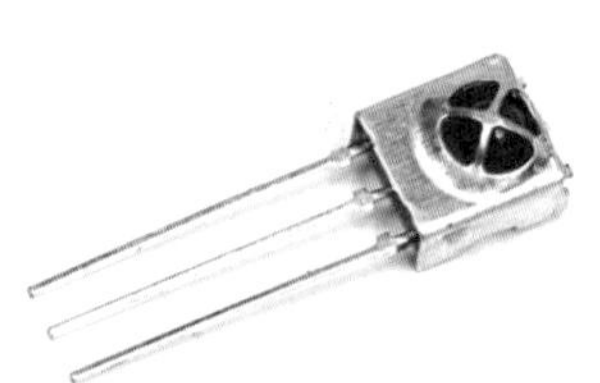
PL-IRM0101 적외선 수신기 × 1
CH. 23

마이페어 1K 카드/태그 × 1
CH. 24

RFID 리더기 × 1
➡ MFRC522 칩 사용
CH. 24

HM-10 모듈 × 2
CH. 25

USB 호스트 쉴드 × 1
CH. 26

USB 키보드와 마우스 × 1
CH. 26

74595 칩 × 1 ➡ 16핀
CH. 28

74165 칩 × 1 ➡ 16핀
CH. 28

MCP23017 칩 × 1 ➡ 28핀
CH. 28

744051 칩 × 1 ➡ 16핀
CH. 28

LM35 온도 센서 × 1
CH. 29

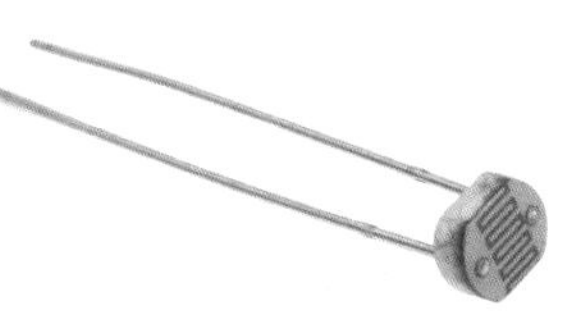

CdS 조도 센서 × 1
CH. 29

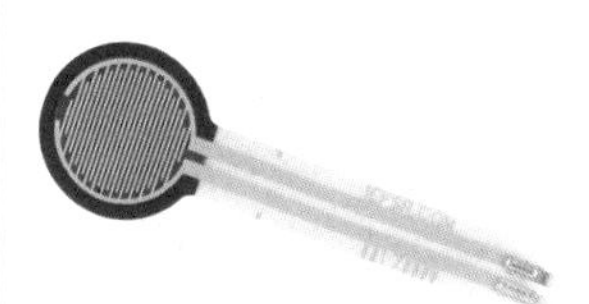

압력 센서 × 1
CH. 29

휨 센서 × 1
CH. 29

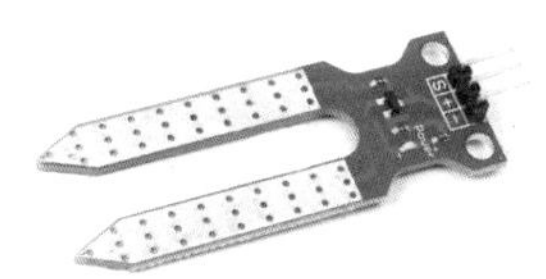

토양 습도 센서 모듈 × 1
CH. 29

ML8511 자외선 센서 모듈 × 1
CH. 29

PIR 센서 모듈 × 1

CH. 29

미세먼지 센서 × 1

CH. 29

로터리 인코더 모듈 × 1

CH. 30

초음파 거리 측정 센서 × 1
➡ HC-SR04

CH. 31

적외선 거리 측정 센서 × 1
➡ Sharp GP2Y0A21

CH. 31

MPU-6050 모듈 × 1

CH. 32

DHT11 온습도 센서 × 1

CH. 33

DHT22 온습도 센서 × 1

CH. 33

4×4 키패드 × 1

CH. 34, 36

안티 고스팅 4×4 키패드 × 1

CH. 34

GPS 리시버 × 1

CH. 35

16×2 텍스트 LCD × 1

CH. 36

텍스트 LCD I2C 변환 보드 × 1

CH. 36

vol.2 유무선 연결과 입력 장치 편

 **김수진**(동의대학교)

어렵고 따분하게 느꼈던 아두이노가 이 책 덕분에 재밌어졌습니다!

 **김혜준**(동의대학교)

전자공학을 전공한 사람으로서 아두이노를 많이 다뤄보고 관련 서적을 많이 보았지만, 이 책만큼 많은 내용을 정리한 책은 아직 보지 못한 것 같습니다. 아두이노를 처음 배우는 사람부터 아두이노를 활용하여 프로젝트를 진행하고자 하는 사람 모두를 만족시킬 수 있는 책인 것 같습니다.

 **박재현**(동의대학교)

《아두이노 바이블》이라는 책 제목에 걸맞게 아두이노에 대해 많은 것을 알 수 있었고, 이해 또한 쉽게 할 수 있었습니다. 후기는 이 한 문장으로 충분할 것 같습니다.

 **박준영**(동의대학교)

아두이노에서 사용할 수 있는 기능들에 대한 소개가 한 단원씩 구성되어 있어서 자세하게 내용을 파악할 수 있다는 점이 좋았습니다. 이와 더불어, 내용은 상세하지만 그 설명이 어렵지 않아 이해하기가 쉬웠습니다. 연습문제를 통해 배운 내용을 복습할 수 있는 구성도 좋았습니다. 정말 이렇게 피드백을 드려도 되나 싶을 정도로 피드백 내용이 적게 나와 개인적으로 당황했었습니다. 그만큼 책 구성과 편집의 완성도가 높은 책이었습니다.

배현한(동의대학교)

아두이노를 이용한 다양한 센서의 활용법을 자세하게 설명하고 있었고, 각 센서마다 나오는 통신 원리에 대한 설명도 있어서 아두이노를 좀 더 깊이 있게 학습하는 데 많은 도움이 되었습니다.

신영재(동의대학교)

아두이노에 관한 거의 모든 내용이 담겨 있다고 해도 과언이 아닐 정도로 많은 내용을 자세하게 설명하고 있습니다. 전공자가 아니어도 쉽고 깊이 있게 아두이노에 입문할 수 있도록 해주는 길잡이와 같은 책입니다. 다만, 도서의 분량이 많아서 베타리딩을 제한된 기간 내에 하기가 조금 힘들었습니다. ^^;

이진(휴맥스)

처음 아두이노를 배우려고 서점에 들러 고른 책이 허 교수님 책이었고, 이후 AVR 그룹 스터디를 하면서 구입했던 책도 허 교수님이 저자이셨습니다. 연이은 두 권의 도서로 이론과 실습을 공부하면서 도서에 대한 만족도가 상당히 높았습니다. 《아두이노 바이블》은 저자께서 그간 저술하셨던 도서들의 내용을 모두 망라한 책이고, 저자의 내공과 함께 소장 가치가 높기에 자신 있게 추천해 드립니다. 아두이노를 이용한 대부분의 실습 내용을 다루고 있어서 초·중급자 모두가 대상 독자가 될 것 같습니다. 두고두고 볼 수 있는 좋은 도서에 대한 베타리딩 기회를 주셔서 감사합니다.

이창환

아두이노는 단순히 라이브러리들만 잘 사용하면 되는 것으로 알았던 저에게는 '아두이노 책인데 이렇게 자세한 내용을 다뤄야 할까'라는 의문이 들 정도였습니다. 물론 SPI, I2C, 1-와이어 등 다양한 통신을 레지스터 레벨까지 이해하는 도서가 필요하지만, 아두이노의 범주를 벗어나는 것 같아 다루는 범위가 너무 광범위한 느낌입니다. 코드는 이해하기가 약간 어려운 것도 보였는데, 가능한 한 가독성이 나아지도록 수정하였으면 좋겠습니다.

장대혁(헤르스)

《아두이노 바이블》이라는 이름에 부합한 책이었습니다. 아두이노에 대한 이론들이 체계적으로 잘 정리되어 있어서 필요할 때마다 쿡북 형태로 참고할 수 있을 것 같습니다. '이 책으로 아두이노를 익혀서 재밌는 사이드 프로젝트를 많이 시도해 볼 수 있겠다'라는 생각도 들었습니다. 편집도 잘 되어 있고, 핵심을 잘 담은 간결한 설명 등은 흠잡을 데 없었습니다. 주변에 아두이노 공부를 하려는 지인들이 있다면 이 책을 꼭 추천하고 싶습니다.

제이펍
베타리더스

제이펍은 책에 대한 애정과 기술에 대한 열정이 뜨거운 베타리더의 도움으로
출간되는 모든 IT 전문서에 사전 검증을 시행하고 있습니다.

CHAPTER

18

SPI 통신

SPI는 고속의 데이터 전송을 위한 시리얼 통신 방법 중 하나로, 동기식 통신으로 하드웨어가 간단하며 일대다(1:N) 연결이 가능하다는 등 UART 통신과 비교할 때 여러 가지 장점이 있다. 하지만 SPI는 고속의 일대다 통신을 위해 4개의 연결선을 사용하며, 연결하는 슬레이브의 수에 비례하여 연결선의 개수가 증가한다는 단점도 있다. 이 장에서는 SPI 통신의 원리를 살펴보고 SPI 통신을 사용하는 외장 EEPROM의 사용 방법을 알아본다.

이 장에서 사용할 부품

- 아두이노 우노 × 1 ➡ SPI 통신 테스트
- 외부 EEPROM × 1 ➡ 25LC010A

아두이노에서 사용할 수 있는 시리얼 통신 방법은 10여 가지가 넘지만, 전용 하드웨어가 마이크로컨트롤러에 포함된 시리얼 통신 방법은 그리 많지 않다. 전용 하드웨어가 지원되는 시리얼 통신 방법에는 UART, SPI, I2C 등이 있으며 이들은 마이크로컨트롤러 대부분이 지원하는 통신 방법이기도 하다. 최근 USB 사용이 증가하면서 USB를 지원하는 마이크로컨트롤러 역시 볼 수 있으며, AVR 시리즈 마이크로컨트롤러 중에서는 아두이노 레오나르도에 사용된 ATmega32u4 마이크로컨트롤러가 그 예다. 하지만 아두이노 우노에 사용된 ATmega328 마이크로컨트롤러는 USB를 지원하지 않는다.

시리얼 통신은 많은 데이터를 적은 수의 연결선을 사용해서 보내는 방법이라고 할 수 있다. 이때 사용하는 데이터선의 개수, 연속으로 보내는 데이터를 구분하는 방법, 여러 개의 주변장치를 연결하는 방법 등에 의해 각각의 시리얼 통신 방법은 조금씩 차이가 있으며 사용하는 곳 역시 조금씩 다르다. 따라서 사용하고자 하는 목적에 맞는 통신 방법을 선택하는 것이 중요하다. 그림 18.1은 이 책에서 다루는 시리얼 통신 방법을 동기화를 위한 클록 사용 여부와 송수신 연결선 사용 방식에 따라 나누고 2개의 주변장치를 연결한 예를 보여준다. 표 18.1은 이들 시리얼 통신 방법을 비교한 것이다. 시리얼 통신 방법 중 UART 통신에서는 마스터와 슬레이브 개념이 없고 1:1 통신만 가능하지만, 다른 시리얼 통신과 비교를 위해 여러 개의 UART 통신 장치로부터 데이터를 받는 장치를 마스터라 지칭했다.

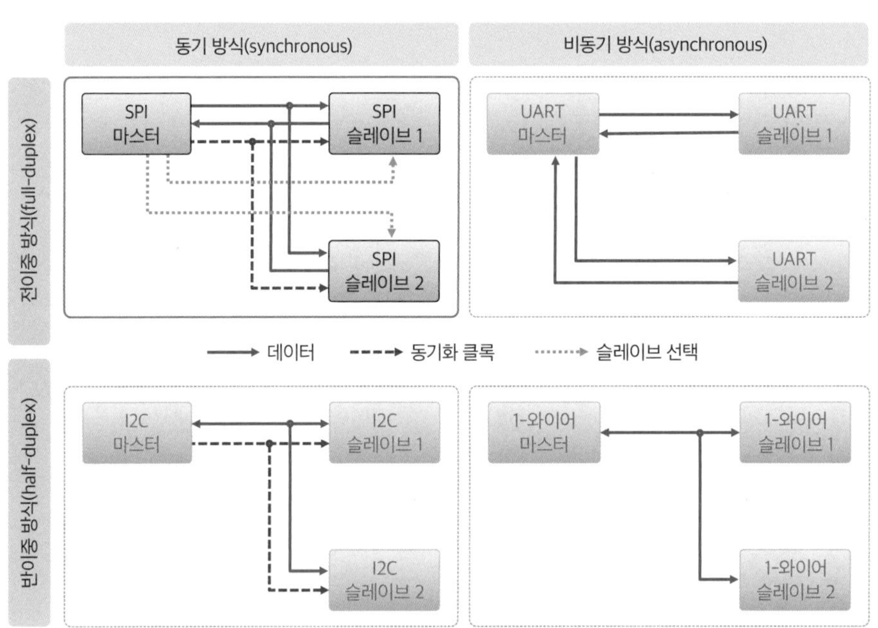

그림 18.1 **시리얼 통신 방법에 따른 연결 방법**

표 18.1 시리얼 통신 방법의 비교

항목			UART	SPI	I2C	1-와이어
슬레이브 연결 방법			1:1	1:*N*	1:*N*	1:*N*
데이터 전송 방법			전이중	전이중	반이중	반이중
데이터 동기화 방법			비동기식	동기식	동기식	비동기식
연결선 개수	1개 슬레이브 연결	데이터	2개	2개	1개	1개
		동기화 클록	-	1개	1개	-
		슬레이브 선택	-	1개	-	-
		총	2개	4개	2개	1개
	*N*개 슬레이브 연결		2*N*개	(3 + *N*)개	2개	1개
슬레이브 선택			-	하드웨어 (SS 연결선)	소프트웨어 (주소 지정)	소프트웨어 (주소 지정)
아두이노 지원			기본 클래스 (`Serial`)	기본 라이브러리 (SPI)	기본 라이브러리 (Wire)	확장 라이브러리

18.1 SPI

SPI는 'Serial Peripheral Interface'의 약어로, **고속의 주변장치 연결을 위한 시리얼 통신 방법** 중 하나다. 지금까지 사용했던 시리얼 통신은 UART 시리얼 통신으로 컴퓨터와의 통신을 위해 사용했다. UART는 역사가 오래되고 연결과 제어가 간단하여 널리 사용되는 시리얼 통신 방법이지만, 일대일 통신만 가능하다는 한계가 있다. 특히 아두이노 우노는 하나의 UART 시리얼 포트만 지원하므로 여러 개의 UART 시리얼 통신 장치를 연결하기 위해서는 소프트웨어로 UART 시리얼 통신을 지원하는 `SoftwareSerial` 클래스를 사용해야 한다. 이에 비해 SPI는 마스터 장치 하나에 슬레이브 장치 여러 개를 연결하는 일대다 통신이 가능하다. 마스터 장치는 연결을 시작하고 통신을 제어하는 책임을 지는 장치로, 연결이 성립된 이후에는 UART와 마찬가지로 2개의 데이터선을 통해 전이중 방식으로 데이터를 주고받는다. SPI 통신이 UART 통신과 또 다른 점은 UART가 비동기식 통신이라면 SPI는 동기식 통신이라는 점이다. 동기식 통신을 위해 SPI는 별도의 클록 신호를 전송하므로 추가적인 연결선이 필요하다. 또한 일대다 연결에서 특정 슬레이브 장치를 선택하기 위한 슬레이브 선택 제어선을 사용하므로 **SPI 통신에서는 4개 이상의 연결선이 사용된다.** SPI 통신에 사용되는 연결선은 데이터 송수신을 위한 MISO Master In Slave Out와 MOSI Master Out Slave In, 동기화 클록을 위한 SCK Serial Clock, 그리고 슬레이브 선택을 위한 SS Slave Select라고 불린다.

그림 18.2 **일대일 SPI 연결**

그림 18.2에서 MOSI와 MISO는 데이터 전송을 위해 사용되며 UART에서 TX와 RX에 해당한다. MOSI는 'Master Out Slave In'의 약어로 마스터 장치에서 슬레이브 장치로 데이터를 전송하기 위해 사용하고, MISO는 'Master In Slave Out'의 약어로 슬레이브 장치에서 마스터 장치로 데이터를 전송하기 위해 사용한다. SCK Serial Clock는 시리얼 클록으로 데이터 동기화를 위한 클록 전송에 사용한다. SS는 'Slave Select'의 약어로, 여러 슬레이브 장치 중 마스터 장치가 데이터를 주고받을 슬레이브 장치를 선택하기 위해 사용한다. **선택된 슬레이브 장치의 SS는 LOW 상태에 있고, 선택되지 않은 슬레이브 장치의 SS는 HIGH 상태에 있다.**

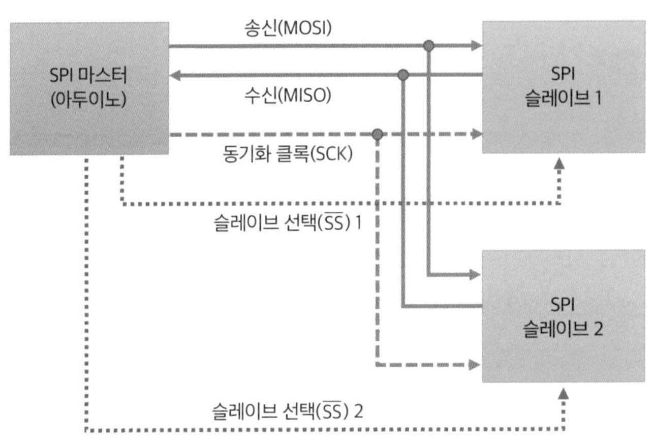

그림 18.3 **일대다 SPI 연결**

여러 개의 주변장치가 연결된 경우를 살펴보자. 그림 18.3은 하나의 마스터 장치에 2개의 슬레이브 장치가 연결된 예다. **모든 슬레이브 장치는 마스터로부터의 MOSI, MISO, SCK 연결선을 공유한다.** 즉, 마스터 장치가 보내는 데이터는 모든 슬레이브 장치에 전달된다. 하지만 실제로 데이터를 받는 슬레이브 장치는 SS 연결선이 LOW 상태에 있는 슬레이브다. 즉, 일대다 연결이 가능하지만, 특정 순간에는 1개의 슬레이브 장치와만 통신할 수 있다. 또한 SS 연결선의 수는 슬레이브 장치의 수와 같이 증가한다는 점도 주의해야 한다.

SPI의 데이터 전송 방식은 다른 직렬 통신 방법과 다르게 **송신과 수신이 항상 동시에 일어난다**는 특징이 있다*. UART 시리얼 통신에서도 송신과 수신이 동시에 일어날 수 있지만, 항상 그런 것은 아니며 송신과 수신은 별개로 동작한다. SPI는 동기 방식으로 동작하므로 동기화를 위해 클록이 필요하고 이 클록은 마스터 장치가 공급한다. 슬레이브 장치에서 마스터 장치로 데이터를 보낼 때도 마스터 장치가 공급하는 동기화 클록을 기준으로 데이터를 보내야 한다. 즉, 슬레이브 장치는 마스터 장치의 동기화 클록을 알고 있어야 한다. 하지만 마스터가 먼저 클록을 보내지 않으면 슬레이브가 마스터의 클록을 알아낼 방법은 없다. 따라서 SPI에서는 송신과 수신이 동시에 진행되게 함으로써 클록 동기화 문제를 해결하고 있다.

SPI 통신에서 마스터와 슬레이브의 데이터 버퍼는 원형 큐를 이루고 있다고 생각하면 이해가 쉽다. 마스터 장치에서 슬레이브 장치로 보낼 데이터 A가 마스터 장치의 큐에 저장되어 있고, 슬레이브 장치에서 마스터 장치로 보낼 데이터 B가 슬레이브 장치의 큐에 저장되어 있다고 생각해 보자.

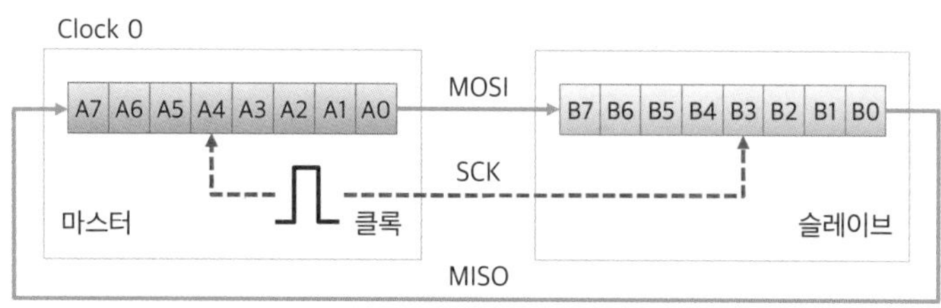

그림 18.4 **데이터 전송 준비**

데이터가 준비된 상태에서 하나의 클록이 발생하면 마스터 장치의 1비트 데이터 A0는 MOSI를 통해 슬레이브 장치로 전달되며 동시에 슬레이브 장치의 1비트 데이터 B0는 MISO를 통해 마스터 장치로 전달된다. 데이터 이동 후 마스터 장치와 슬레이브 장치에 저장되는 데이터는 데이터 A와 B가 오른쪽 원형 이동 연산을 수행한 것과 같다. 다만 데이터 A와 B가 저장된 버퍼는 마스터와 슬레이브 장치에 물리적으로 분리되어 있다는 점이 일반적인 원형 이동 연산과 차이가 있다.

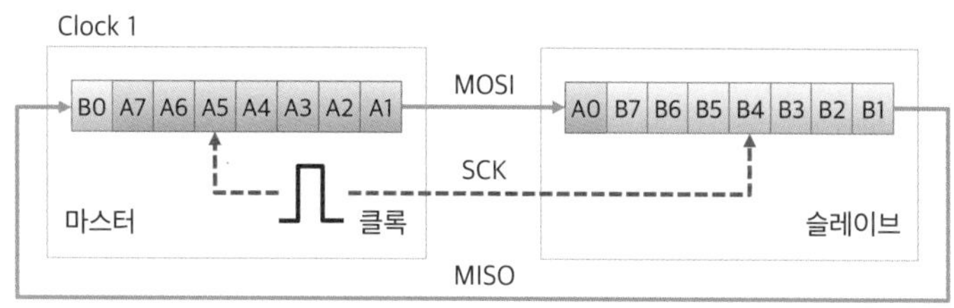

그림 18.5 **1비트 데이터 전송**

* 송신과 수신이 항상 동시에 일어난다는 특징 때문에 SPI 통신을 전이중 방식에 포함시키지 않는 경우도 있지만, 이 책에서는 송신과 수신을 위해 2개의 전용 연결선을 사용하므로 전이중 방식으로 분류했다.

비슷하게 8개의 클록이 발생하면 마스터의 8비트 데이터 A는 슬레이브로 전달되고, 슬레이브의 8비트 데이터 B는 마스터로 전달되어 8비트 데이터가 '교환'된다. 이처럼 마스터와 슬레이브는 항상 데이터를 보내는 것과 동시에 데이터를 받게 된다. 따라서 **마스터가 슬레이브로 데이터를 보낼 때 마스터는 슬레이브로부터 의미 없는 데이터를 받게 되고, 슬레이브로부터 데이터를 받을 때도 마스터는 슬레이브로 의미 없는 데이터를 보내야 한다.**

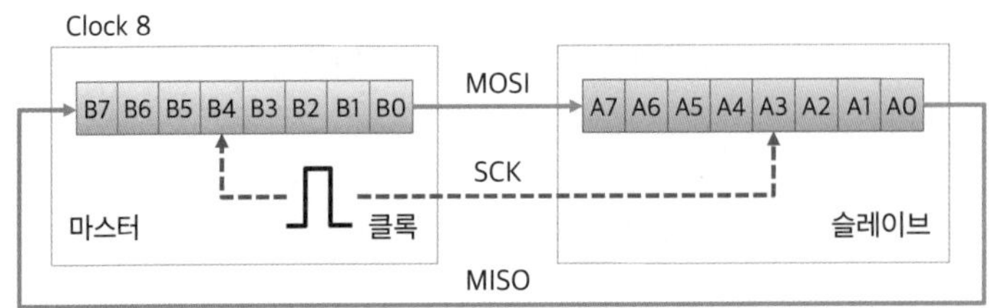

그림 18.6 1바이트 데이터 전송

데이터를 교환할 때 주의할 점 한 가지는 클록의 역할이다. **클록은 데이터 전송이 완료되고 수신된 데이터가 안정적인 상태를 유지하는 시점, 즉 수신 장치가 데이터를 샘플링하는 시점을 알려주는 역할을 한다.** 클록의 어느 부분에서 데이터 전송이 완료되었는지에 따라 수신 장치가 데이터를 샘플링하는 시점이 달라지며, 이를 위해 클록 극성CPOL: Clock Polarity과 클록 위상CPHA: Clock Phase이 사용된다.

- **CPOL** SPI 버스가 비활성 상태일 때의 클록값을 결정한다. CPOL = 0이면 비활성 상태일 때 SCK는 LOW 값을 가지며, CPOL = 1이면 비활성 상태일 때 SCK는 HIGH 값을 갖는다.
- **CPHA** 데이터를 샘플링하는 시점을 결정한다. CPHA = 0이면 데이터는 비활성 상태에서 활성 상태로 바뀌는 에지에서 샘플링되고, CPHA = 1이면 데이터는 활성 상태에서 비활성 상태로 바뀌는 에지에서 샘플링된다.

그림 18.7은 CPHA = 0인 경우, 즉 클록이 비활성 상태에서 활성 상태로 바뀌는 시점에서 데이터가 샘플링되는 경우를 나타낸다. CPOL = 0이면 상승 에지에서, CPOL = 1이면 하강 에지에서 데이터가 샘플링된다.

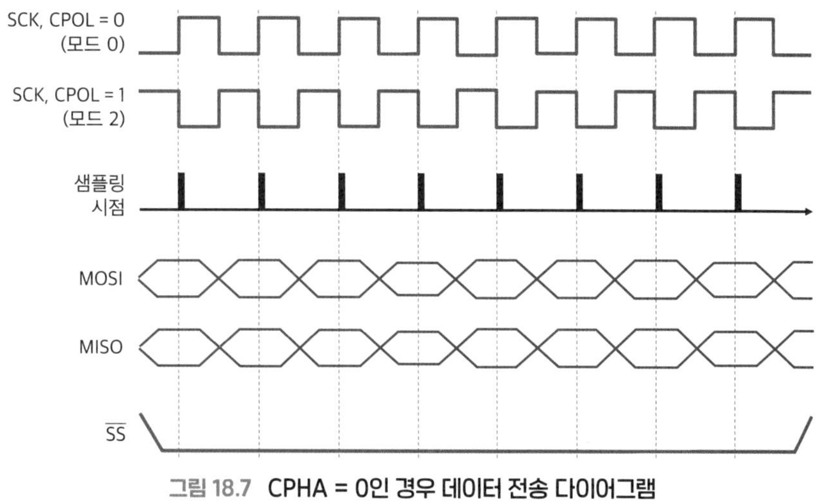

그림 18.7 CPHA = 0인 경우 데이터 전송 다이어그램

그림 18.8은 CPHA = 1인 경우, 즉 클록이 활성 상태에서 비활성 상태로 바뀌는 시점에서 데이터가 샘플링되는 경우를 나타낸다. CPOL = 0이면 하강 에지에서, CPOL = 1이면 상승 에지에서 샘플링된다.

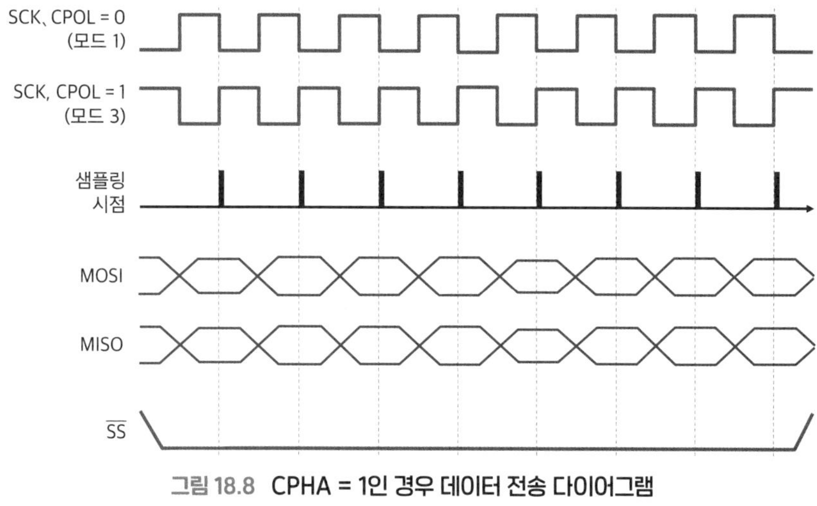

그림 18.8 CPHA = 1인 경우 데이터 전송 다이어그램

그림 18.7과 그림 18.8에서 알 수 있듯이 수신 장치는 데이터선에서 전이가 발생한 후 안정화되었을 때, 즉 데이터선으로 보내지는 비트 단위 데이터의 중간 지점에서 샘플링이 이루어진다. UART의 경우 비동기 방식으로 데이터가 전송되므로 한 비트의 데이터 확인을 위해 여러 번의 샘플링을 통해 실제 전송된 데이터를 파악하지만, SPI의 경우에는 동기화를 위한 클록이 별도로 존재하므로 각 비트당 한 번의 샘플링만으로 충분하다. 한 가지 더 유의할 사항은 데이터가 샘플링되는 동안 SS는 LOW 상태를 유지하고 있어야 한다는 점이다.

18.2 아두이노 우노의 SPI 통신

아두이노 우노에 사용된 ATmega328 마이크로컨트롤러는 하드웨어로 SPI 통신을 지원하고 있으므로 SPI 통신을 위해서는 전용 핀을 사용하면 된다. 아두이노 우노에서 SPI 통신을 위해 사용하는 핀은 표 18.2와 같다.

표 18.2 아두이노 우노의 SPI 연결 핀

SPI 핀	아두이노 우노 핀 번호	비고
MOSI	11	슬레이브로 전송되는 데이터
MISO	12	마스터로 전송되는 데이터
SCK	13	동기화 클록
SS	10	• 슬레이브 선택 • 다른 핀으로 변경 가능

표 18.2에서 **MOSI, MISO, SCK 핀은 하드웨어 지원이 필요한 핀이므로 변경할 수 없지만, SS 핀은 임의의 디지털 핀을 사용할 수 있다.** 여러 개의 슬레이브를 연결하기 위해서는 여러 개의 SS 연결선이 필요하므로 10번 핀만 사용하는 것은 불가능하다. 아두이노에서 SPI 장치 연결을 위한 SS 연결 핀으로 10번 핀을 디폴트값으로 지정하고 있지만, 10번 핀을 사용해야 하는 특별한 이유가 있는 것은 아니다. 아두이노 우노에서 SPI 통신을 위한 각 핀은 다음과 같이 정의되어 있으므로 MOSI, MISO, SCK 등의 이름을 사용할 수 있다. SS라는 이름 역시 사용할 수 있지만, 10번 핀을 SS 핀으로 사용하는 경우에만 가능하다.

```
#define PIN_SPI_SS              (10)
#define PIN_SPI_MOSI            (11)
#define PIN_SPI_MISO            (12)
#define PIN_SPI_SCK             (13)

static const uint8_t SS         = PIN_SPI_SS;
static const uint8_t MOSI       = PIN_SPI_MOSI;
static const uint8_t MISO       = PIN_SPI_MISO;
static const uint8_t SCK        = PIN_SPI_SCK;
```

아두이노에서는 SPI 통신을 지원하기 위해 SPI 라이브러리를 기본 라이브러리로 제공하고 있다. SPI 라이브러리에는 기본적인 SPI 통신 설정 및 데이터 전송 함수들이 정의되어 있다. SPI 라이브러리를 사용하기 위해서는 먼저 헤더 파일을 포함해야 한다. '스케치 → 라이브러리 포함하기 → SPI' 메뉴 항목을 선택하거나 `#include` 문을 직접 입력하면 된다.

```
#include <SPI.h>
```

SPI 통신은 전용 하드웨어를 사용하는 통신으로, SPI 라이브러리를 통해 지원하고 있다. SPI 라이브러리에서 실제 정의하고 있는 클래스는 SPIclass다. 아두이노 우노에는 하나의 SPI 지원 하드웨어만 존재하므로 SPIclass 클래스의 객체 역시 하나만 의미가 있으며 이를 위해 SPI라는 이름의 객체가 미리 정의되어 있다*. 이는 아두이노 우노에서 UART 시리얼 통신을 위한 클래스가 HardwareSerial이며 그 유일한 객체가 Serial인 것과 같다. SPI 클래스에는 다음과 같은 멤버 함수들이 정의되어 있다.

■ begin

```
void SPI::begin()
  - 매개변수: 없음
  - 반환값: 없음
```

SPI 통신을 위해 사용되는 핀의 입출력과 핀의 초기 상태를 설정한다. 즉, SCK, MOSI, SS 핀을 출력으로 설정하고 SS 핀으로 슬레이브가 선택되지 않았음을 나타내는 HIGH를 출력한다. 데이터 핀의 디폴트 상태는 입력이므로 MISO 핀의 입출력 상태는 별도로 설정하지 않는다. SS 핀을 디폴트 핀이 아닌 다른 핀을 사용한 경우에는 begin 함수에서 초기화할 수 없으므로 별도로 출력으로 설정하고 HIGH를 출력해야 한다.

■ end

```
void SPI::end()
  - 매개변수: 없음
  - 반환값: 없음
```

SPI 통신을 종료한다.

■ setBitOrder

```
void SPI::setBitOrder(uint8_t bitOrder)
  - 매개변수
      bitOrder: 데이터 송수신 시 비트 순서(LSBFIRST 또는 MSBFIRST)
  - 반환값: 없음
```

* 멤버 함수 설명에서는 Serial의 경우와 마찬가지로 SPI를 클래스 이름으로 사용한다.

직렬로 전송되는 데이터 비트의 전송 순서를 설정한다. LSBFIRST(LSB 우선) 또는 MSBFIRST(MSB 우선) 중 하나의 값을 가지며, **MSB 우선이 흔히 사용된다.** 호환성을 위해 남겨진 함수이므로 비트 전송 순서 설정을 위해서는 beginTransaction 함수와 SPISettings 객체 사용을 추천하고 있다.

■ setClockDivider

```
void SPI::setClockDivider(uint8_t rate)
  - 매개변수
      rate: 분주비율
  - 반환값: 없음
```

SPI 클록으로 사용하기 위한 시스템 클록의 분주비를 설정한다. AVR 기반의 보드에서는 2, 4, 8, 16, 32, 64, 128 중 하나의 값을 분주비로 사용할 수 있으며, 이 값들은 SPI_CLOCK_DIV2에서 SPI_CLOCK_DIV128까지 상수로 정의되어 있다. 디폴트값은 SPI_CLOCK_DIV4로, 시스템 클록의 1/4 속도로 데이터를 전송한다. **아두이노 우노는 16MHz 클록을 사용하므로 그 1/4인 4MHz가 SPI의 기본 주파수에 해당한다.** 호환성을 위해 남겨진 함수이므로 통신 속도 설정을 위해서는 beginTransaction 함수와 SPISettings 객체 사용을 추천하고 있다.

■ setDataMode

```
void SPI::setDataMode(uint8_t mode)
  - 매개변수
      mode: 전송 모드
  - 반환값: 없음
```

클록 극성(CPOL)과 클록 위상(CPHA)에 따른 전송 모드를 지정한다. 모드 번호는 그림 18.7과 그림 18.8을 참고하면 되고, 각 모드는 표 18.3의 상수로 정의되어 있다.

표 18.3 SPI 통신에서의 전송 모드

모드	극성(CPOL)	위상(CPHA)
SPI_MODE0	0	0
SPI_MODE1	0	1
SPI_MODE2	1	0
SPI_MODE3	1	1

클록 극성은 SPI 버스가 유휴 상태일 때의 클록값을 나타내고, 클록 위상은 데이터를 샘플링하는 시점을 나타낸다. 클록 극성과 클록 위상의 의미를 정확히 이해하지 못해도 사용에 지장은 없지만, 마스터와 슬레이브가 같은 모드를 사용해야만 정상적인 통신이 가능하므로 주변장치를 연결하는 경우 주변장치에서 사용하는 모드를 데이터시트에서 확인하고 그에 맞게 아두이노의 전송 모드를 설정해야 한다. **SPI_MODE0이 흔히 사용된다.** 호환성을 위해 남겨진 함수이므로

라이브러리의 호환성과 2개 이상의 SPI 통신 하드웨어 사용에 대비한 확장성을 고려하여 통신 모드 설정을 위해서는 beginTransaction 함수와 SPISettings 객체 사용을 추천하고 있다.

■ beginTransaction

```
void SPI::beginTransaction(SPISettings settings)
  - 매개변수
      settings: SPI 버스 옵션
  - 반환값: 없음
```

SPISettings 객체를 사용하여 SPI 통신 옵션을 설정하고 데이터 전송을 준비한다. SPISettings 객체에는 setClockDivider, setBitOrder, setDataMode 함수를 통해 지정하는 SPI 통신의 속도, 비트 전송 순서, 전송 모드 등 세 가지 옵션을 지정할 수 있다. 설정값을 지정하지 않으면 **4MHz, MSB 우선, 0번 모드가 디폴트값으로 사용된다.**

```
SPI.beginTransaction( SPISettings(4000000, MSBFIRST, SPI_MODE0) );
SPI.beginTransaction( SPISettings() );
```

beginTransaction 함수에서 수행하는 또 다른 작업 중 하나는 SPI 버스를 독점적으로 사용할 수 있게 해서 데이터 전송 과정에서 발생할 수 있는 충돌을 방지하는 것이다. 이를 위해 beginTransaction 함수 내에서는 usingInterrupt 함수로 등록한 인터럽트를 처리하지 않게 한다.

■ endTransaction

```
void SPI::endTransaction()
  - 매개변수: 없음
  - 반환값: 없음
```

지정한 슬레이브와의 데이터 전송을 끝내고 다른 장치가 SPI 버스를 사용할 수 있게 한다. 또한 beginTransaction 함수에서 금지한 인터럽트 처리를 다시 허용한다.

■ transfer, transfer16

```
uint8_t SPI::transfer(uint8_t data)
uint16_t SPI::transfer16(uint16_t data)
void SPI::transfer(void *buf, size_t count)
```

```
  - 매개변수
      data: 전송할 데이터
      buf: 전송할 데이터 및 수신된 데이터가 저장되는 버퍼
      count: 전송할 데이터 및 수신된 데이터의 바이트 수
  - 반환값: 수신된 데이터
```

SPI 통신에서 송신과 수신은 항상 동시에 일어나므로 transfer 함수는 매개변수로 전송할 데이터를 지정하면 수신한 데이터를 반환한다. 전송의 기본 단위는 바이트이지만 2바이트 크기 데이터를 위한 transfer16, 임의의 크기를 갖는 데이터 배열을 송수신하는 transfer 함수 등 여러 종류의 전송 함수가 정의되어 있다. 배열을 송수신하는 경우에는 반환값이 없다.

■ usingInterrupt

```
void SPI::usingInterrupt(uint8_t interruptNumber)
  - 매개변수
      interruptNumber: 인터럽트 번호
  - 반환값: 없음
```

인터럽트 서비스 루틴 내에서 SPI 통신을 수행하는 경우, 처리를 금지할 인터럽트 번호를 등록하기 위해 사용한다. 등록된 인터럽트는 beginTransaction 함수에서 인터럽트 처리를 금지함으로써 데이터 전송 중에 인터럽트로 인해 발생할 수 있는 충돌을 방지한다. interruptNumber는 attachInterrupt 함수에서 사용하는 번호와 같은 번호를 사용하며, 아두이노 우노의 경우 외부 인터럽트 번호가 사용된다.

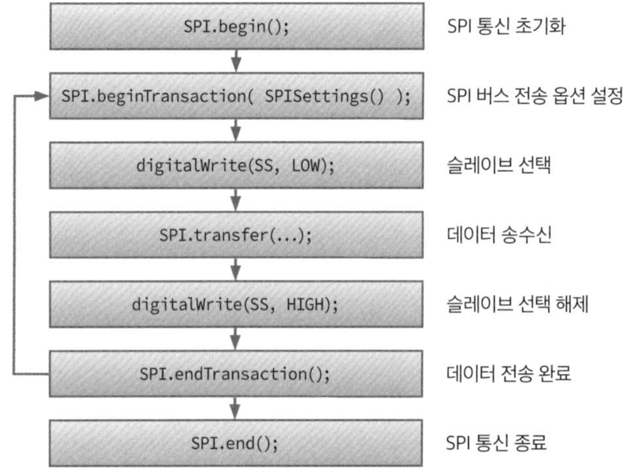

그림 18.9 SPI 라이브러리의 사용 순서

SPI 통신을 위한 전형적인 함수 사용 순서는 그림 18.9와 같다. 아두이노에서 SPI 라이브러리를 제공하고 있지만, SPI 라이브러리를 이용하여 스케치를 작성하는 경우는 흔하지 않으며. 대신 주변 장치에 따라 제공되는 전용 라이브러리를 사용하는 경우가 대부분이다. 물론, 전용 라이브러리는 아두이노의 SPI 라이브러리를 기반으로 하는 경우가 대부분이다.

SPI 라이브러리를 사용할 때 주의할 점 중 한 가지는 **SPI 라이브러리가 마스터 모드만 지원한다**는 점이다. 즉, SPI 라이브러리는 아두이노를 마스터로 하고 주변장치를 슬레이브로 두는 경우만을 고려하고 있다. 2개의 아두이노 보드를 SPI 통신을 사용하여 마스터와 슬레이브로 연결하고자 하는 경우 마스터 역할의 아두이노 보드를 위한 스케치는 SPI 라이브러리를 사용할 수 있지만, 슬레이브 역할의 아두이노 보드를 위한 스케치는 마이크로컨트롤러의 레지스터를 직접 조작해야 한다. 레지스터를 조작하여 아두이노를 슬레이브 모드로 동작하게 하는 방법은 27장 '아두이노-아두이노 연결'을 참고하면 된다.

18.3 SPI 방식의 EEPROM

이 장에서는 SPI 방식의 외부 EEPROM에 데이터를 읽고 쓰는 스케치를 SPI 라이브러리를 이용해 작성해 본다. ATmega328 마이크로컨트롤러에도 1KB 크기의 EEPROM이 포함되어 있지만, 1KB는 그리 크지 않으므로 데이터 로깅 등을 위해 별도의 외부 기억 장치를 사용하는 경우를 흔히 볼 수 있다. 외부 기억 장치로 쓸 수 있는 장치 중 하나인 EEPROM은 쓰는 속도가 느리다는 단점은 있지만, 간단하게 바이트 단위의 데이터 입출력이 가능하여 외부 저장장치로 흔히 사용된다. SPI 방식의 EEPROM 중에서도 이 장에서는 마이크로칩Microchip사의 25LCn EEPROM을 사용한다. 'n'은 EEPROM의 크기를 나타내며, 1Kbit에서 1Mbit까지 다양한 크기의 EEPROM이 판매되고 있다. 25LCn EEPROM은 바이트 단위의 데이터를 쓰기 위해 5ms의 시간이 필요하며, 백만 번의 쓰기를 보장한다. 이 장에서는 1Kbit, 즉 128바이트 메모리를 갖는 25LC010A를 사용한다. 25LC010A 칩의 핀 배치는 그림 18.10과 같다.

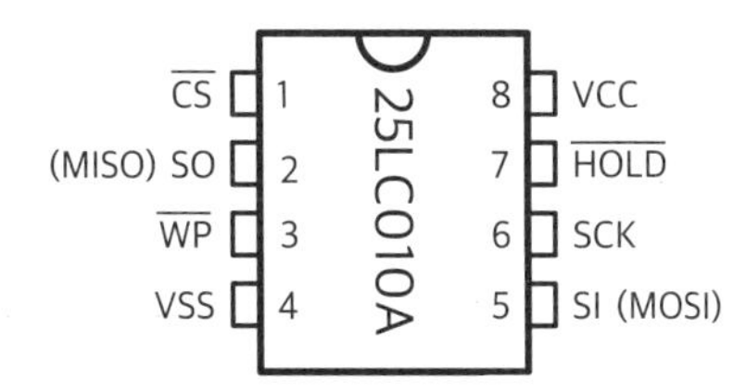

그림 18.10 25LC010A EEPROM의 핀 배치도

표 18.4는 25LC010A EEPROM 칩의 핀 기능을 요약한 것이다.

표 18.4 25LC010A 핀 설명

핀 번호	이름	설명	비고
1	$\overline{\text{CS}}$	Chip Select	SS(Slave Select)
2	SO	Serial Data Output	MISO
3	$\overline{\text{WP}}$	Write Protect	
4	VSS	Ground	
5	SI	Serial Data Input	MOSI
6	SCK	Serial Clock	
7	$\overline{\text{HOLD}}$	Hold Input	
8	VCC	5V	

25LC010A EEPROM을 아두이노 우노에 연결하자. $\overline{\text{WP}}$는 쓰기 금지 기능으로 GND를 가하면 EEPROM에 내용을 기록할 수 없다. 여기서는 VCC에 연결하여 항상 쓰기가 가능하게 한다. $\overline{\text{HOLD}}$는 EEPROM과의 통신을 일시 중지시키는 기능을 한다. $\overline{\text{WP}}$를 GND에 연결하면 쓰기만 금지되고 읽기는 가능하지만, $\overline{\text{HOLD}}$를 GND에 연결하면 읽기와 쓰기 모두 사용할 수 없다.

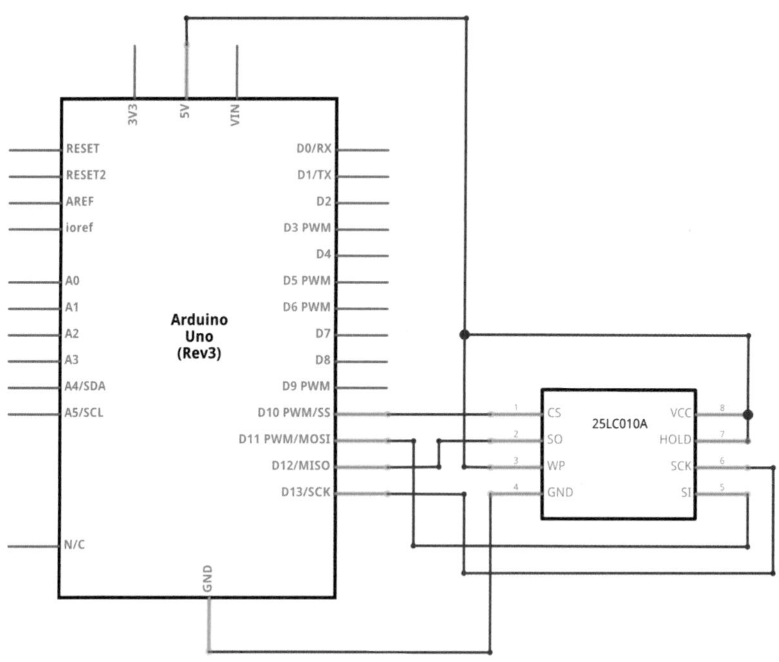

그림 18.11 25LC101A 연결 회로도

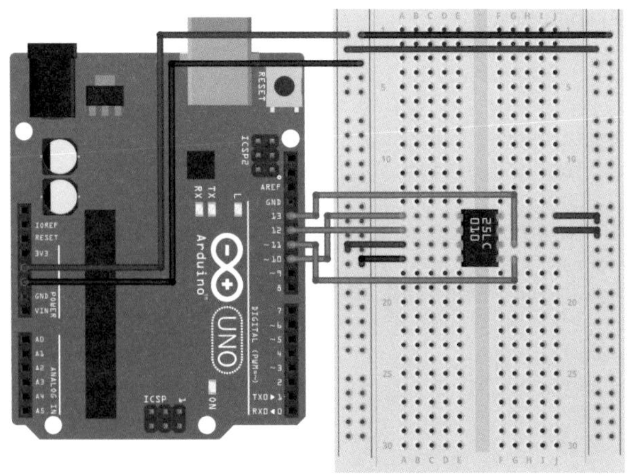

그림 18.12 **25LC101A 연결 회로**

EEPROM을 사용하기 위해서는 먼저 헤더 파일을 포함해야 한다. '스케치 → 라이브러리 포함하기 → SPI' 메뉴 항목을 선택하거나 `#include` 문을 직접 입력하면 된다.

```
#include <SPI.h>
```

EEPROM의 기본 동작은 바이트 단위의 읽기와 쓰기다. 먼저 읽기 과정을 살펴보자. EEPROM에서 1바이트의 데이터를 읽기 위해서는 우선 EEPROM 칩을 선택해야 하며, $\overline{CS}$ 핀에 LOW를 가하면 된다. 아두이노의 SPI 라이브러리에는 SS 핀이 정의되어 있고 그림 18.11에서도 정의된 SS 핀을 $\overline{CS}$ 핀에 연결했으므로 SS 핀으로 LOW를 출력하면 된다. 이후 읽기에 해당하는 8비트 명령을 전송한다. 읽기에 해당하는 8비트 명령값은 0b00000011 = 0x03이다*. 명령 전송 이후에는 8비트의 주소를 EEPROM으로 전송한다**. 주소가 전송된 이후에는 지정한 번지의 바이트값을 읽어올 수 있다. 이때 값을 읽어오기 위해서는 EEPROM으로 의미 없는 1바이트값을 전송해야 한다는 점을 잊지 말자. 전송이 끝나면 $\overline{CS}$ 핀을 HIGH로 만들어 읽기 동작을 끝낸다. 스케치 18.1은 슬레이브로부터 1바이트 데이터를 읽어 반환하는 함수의 예다.

* 명령에 해당하는 값은 데이터시트를 참고하면 된다.

** EEPROM은 바이트 단위 읽기와 쓰기를 기본으로 하므로 8비트 주소로 구별할 수 있는 메모리는 최대 256바이트이며, 이 장에서 사용하는 25LC010A EEPROM은 128바이트 메모리를 갖고 있다. 이 장에서는 SPI의 동작 방식을 이해하기 위해 8비트 주소를 사용하는 작은 크기의 EEPROM을 선택했으며, 512바이트 이상의 크기를 갖는 EEPROM을 사용할 때는 데이터시트를 참고하여 스케치에서 주소 관련 부분을 수정해야 한다.

스케치 18.1 바이트 데이터 읽기 함수

```
#define EEPROM_READ     0b00000011                    // 읽기 명령

uint8_t EEPROM_readByte(uint8_t address) {
    SPI.beginTransaction( SPISettings() );
    digitalWrite(SS, LOW);                            // EEPROM 선택
    SPI.transfer(EEPROM_READ);                        // 읽기 명령 전송
    SPI.transfer(address);                            // 메모리 주소 전송
    // 마스터에서 바이트값을 전송해야 슬레이브로부터 바이트값을 받을 수 있다.
    // 전송하는 값은 의미가 없으므로 0을 전송한다.
    byte b = SPI.transfer(0);
    digitalWrite(SS, HIGH);                           // EEPROM 선택 해제
    SPI.endTransaction();

    return b;
}
```

쓰기 과정을 살펴보자. 데이터를 쓰기 위해서는 먼저 EEPROM으로 WREN[Write Enable] 명령을 전송하여 쓰기가 가능하도록 설정해야 한다. WREN 명령을 전송할 때는 반드시 전송 전에 $\overline{\text{CS}}$ 핀에 LOW를 가하고, WREN 명령 전송 후에는 $\overline{\text{CS}}$ 핀에 HIGH를 가해야 쓰기 상태로 설정된다. 이후 데이터를 쓰는 과정은 읽기 과정과 비슷하다. 먼저 $\overline{\text{CS}}$ 핀에 LOW를 가하여 EEPROM 칩을 선택하고, 쓰기에 해당하는 8비트 명령값인 0b00000010 = 0x02를 전송한다. 다음은 데이터를 기록할 8비트 주솟값과 기록할 데이터를 전송하고 $\overline{\text{CS}}$ 핀에 HIGH를 가하여 쓰기를 끝낸다. 스케치 18.2는 EEPROM에 1바이트 데이터를 기록하는 함수의 예다.

스케치 18.2 바이트 데이터 쓰기 함수

```
#define EEPROM_WREN             0b00000110            // 쓰기 가능 상태 설정 명령
#define EEPROM_WRITE            0b00000010            // 쓰기 명령

#define EEPROM_WRITE_IN_PROGRESS        0             // 쓰기 진행 중 비트 번호

void EEPROM_writeEnable(void) {
    digitalWrite(SS, LOW);                            // EEPROM 선택
    SPI.transfer(EEPROM_WREN);                        // 쓰기 가능하도록 설정
    digitalWrite(SS, HIGH);                           // EEPROM 선택 해제
}

void EEPROM_writeByte(uint8_t address, uint8_t data) {
    SPI.beginTransaction( SPISettings() );

    EEPROM_writeEnable();                             // 쓰기 가능 모드로 설정

    digitalWrite(SS, LOW);                            // EEPROM 선택
    SPI.transfer(EEPROM_WRITE);                       // 쓰기 명령 전송
    SPI.transfer(address);                            // 주소 전송
```

```
    SPI.transfer(data);                              // 데이터 전송
    digitalWrite(SS, HIGH);                          // EEPROM 선택 해제

    // 쓰기가 완료될 때까지 대기
    while (EEPROM_readStatus() & _BV(EEPROM_WRITE_IN_PROGRESS));

    SPI.endTransaction();
}
```

스케치 18.2의 마지막 부분에 있는 EEPROM_readStatus 함수는 EEPROM에서 실제 쓰기 동작이 완료될 때까지 대기하기 위해 사용된다. EEPROM의 상태를 알아내기 위해서는 RDSR$_{\text{Read Status Register}}$ 명령을 전송하면 된다. 반환되는 EEPROM의 상태 레지스터 구조는 그림 18.13과 같으며 0번 비트인 WIP$_{\text{Write In Progress}}$ 비트값이 1인 경우 쓰기 동작이 진행 중임을 나타낸다.

비트	7	6	5	4	3	2	1	0
	-	-	-	-	BP1	BP0	WEL	WIP
읽기/쓰기	-	-	-	-	R/W	R/W	R	R

그림 18.13 EEPROM의 상태 레지스터 구조

스케치 18.3은 EEPROM의 상태 레지스터 값을 읽어오는 함수의 예다.

</> 스케치 18.3 상태 레지스터 읽기 함수

```
#define EEPROM_RDSR              0b00000101       // EEPROM 상태 레지스터 읽기 명령

uint8_t EEPROM_readStatus(void) {
    digitalWrite(SS, LOW);                        // EEPROM 선택
    SPI.transfer(EEPROM_RDSR);                    // EEPROM 상태 레지스터 읽기 명령 전송
    byte b = SPI.transfer(0);                     // EEPROM 상태 레지스터 값 읽기
    digitalWrite(SS, HIGH);                       // EEPROM 선택 해제

    return b;
}
```

EEPROM은 비휘발성 메모리로, 바이트 단위 데이터를 간편하고 읽고 쓸 수 있지만 쓰기 속도가 느리다는 단점이 있다. 쓰기 속도를 개선하는 방법 중 하나가 페이지 단위 쓰기다. **25LC010A는 128바이트 메모리를 16바이트 크기의 8개 페이지로 나누어 관리한다***. EEPROM_writeByte 함수에서는 1바이트 데이터를 기록하기 위해 주소를 지정하지만, **한번 주소를 지정한 후에는 페이지 크기만큼의 데이터를 연속적으로 전송하여 연속된 주소에 데이터를 저장할 수 있다.** 즉, 주소 1바이트와 데이터

* EEPROM의 크기에 따라 페이지 크기는 차이가 나므로 사용하는 EEPROM의 데이터시트를 확인해야 한다.

16바이트를 전송하면 16바이트의 데이터를 기록할 수 있다. 이때 한 가지 주의할 점은 25LC010A에서 페이지는 xxxx 0000_2번지에서 시작하고 xxxx 1111_2번지에서 끝난다는 점이다. **연속된 번지에 데이터를 기록할 때도 페이지 경계를 넘어가지는 못하며 페이지 끝에 도달하면 다시 페이지의 처음으로 되돌아간다.** 예를 들어, 0001 0000_2번지를 지정하고 2바이트를 전송하면 0001 0000_2번지와 0001 0001_2번지에 데이터가 기록되지만, 0001 1111_2번지를 지정하고 2바이트를 전송하면 0001 1111_2번지와 0010 0000_2번지가 아닌 0001 1111_2번지와 0001 0000_2번지에 데이터가 기록된다.

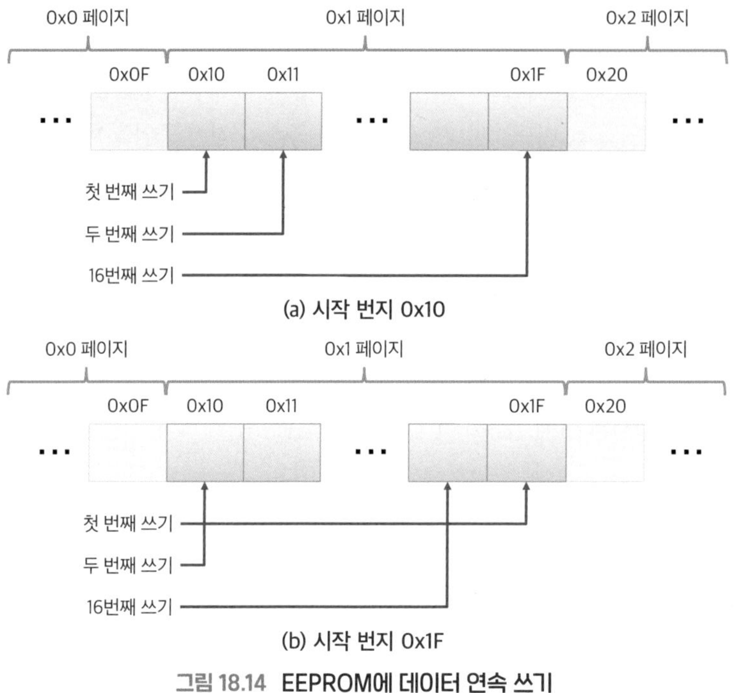

그림 18.14 EEPROM에 데이터 연속 쓰기

스케치 18.4는 페이지 단위의 쓰기를 통해 EEPROM 전체를 0으로 초기화하는 함수의 예다.

스케치 18.4 EEPROM 초기화 함수

```
#define EEPROM_PAGE_SIZE          16        // 페이지 크기(바이트)
#define EEPROM_TOTAL_BYTE         128       // 25LC010A 크기(바이트)

void EEPROM_eraseAll(void) {
    uint16_t pageAddress = 0;

    while (pageAddress < EEPROM_TOTAL_BYTE) {
        SPI.beginTransaction( SPISettings() );

        EEPROM_writeEnable();                 // 쓰기 가능 모드로 설정
```

```
        digitalWrite(SS, LOW);                  // EEPROM 선택
        SPI.transfer(EEPROM_WRITE);             // 쓰기 명령 전송
        SPI.transfer(pageAddress);              // 주소 전송
        for (int i = 0; i < EEPROM_PAGE_SIZE; i++) {
            SPI.transfer(0);                    // 페이지 단위 데이터 전송
        }
        digitalWrite(SS, HIGH);                 // EEPROM 선택 해제

        pageAddress += EEPROM_PAGE_SIZE;        // 페이지 변경
        // 쓰기 완료 대기
        while (EEPROM_readStatus() & _BV(EEPROM_WRITE_IN_PROGRESS));

        SPI.endTransaction();
    }
}
```

스케치 18.5는 스케치 18.1에서 스케치 18.4까지의 함수를 사용하여 EEPROM의 모든 내용을 0으로 지운 후 1부터 100번지까지 데이터를 기록하고 이를 다시 읽어 시리얼 모니터로 출력하는 예다. 스케치 18.5에서는 setup과 loop 함수만 나타내었으므로 앞의 함수들을 함께 입력하고 컴파일해야 한다.

스케치 18.5 25LC010A EEPROM 사용

```
#include <SPI.h>

void setup() {
    SPI.begin();                                // SPI 초기화
    Serial.begin(9600);                         // 시리얼 통신 초기화

    EEPROM_eraseAll();                          // EEPROM 내용 삭제

    for (int i = 0; i < 100; i++) {             // 바이트 단위 내용 쓰기
        EEPROM_writeByte(i, i + 50);            // (번지, 값)
    }

    for (int i = 0; i < 100; i++) {             // 바이트 단위 내용 읽기
        byte b = EEPROM_readByte(i);
        Serial.print(String("EEPROM의 ") + i + "번지 내용은 ");
        Serial.println(String(b) + "입니다.");
    }
}

void loop() {
}
```

그림 18.15 스케치 18.5 실행 결과

18.4 맺는말

SPI는 주변장치와 고속의 데이터 교환을 위해 만들어진 전이중 방식의 동기식 시리얼 통신 방법이다. SPI는 UART와 달리 여러 개의 슬레이브를 공통의 데이터 송수신 연결선을 통해 연결할 수 있으며, 데이터 송수신 과정에서 클록 동기화를 위해 송신과 수신이 항상 함께 이루어진다는 특징이 있다.

SPI 통신을 지원하는 주변장치의 종류는 다양하며 이 장에서는 EEPROM을 살펴봤다. 이 외에도 TFT-LCD 등의 디스플레이, 이더넷 쉴드 등의 통신 모듈에서 많은 데이터를 주고받기 위해 SPI 통신을 사용하는 예를 어렵지 않게 찾아볼 수 있다. SPI가 고속 통신을 가능하게 해주기는 하지만 필요한 연결선의 개수가 1개의 슬레이브 장치를 연결하는 경우 4개, 2개의 슬레이브 장치를 연결하는 경우 5개 등으로 슬레이브 장치의 수에 비례하여 증가하는 것은 단점이라 할 수 있다. SPI 이외에 마이크로컨트롤러에서 흔히 사용하는 시리얼 통신 방법에는 UART, I2C, 1-와이어 등이 있다. 각각의 시리얼 통신은 다른 목적을 위해 만들어져 특징이 각기 다르므로 필요에 따라 선택하여 사용해야 한다.

1 SPI 통신의 특징 중 하나는 고속의 데이터 통신이 가능하다는 점이다. 마이크로컨트롤러에서 흔히 사용되는 다른 시리얼 통신 방법과 SPI 통신의 데이터 전송 속도를 비교해 보자.

2 25LC010A EEPROM의 0x18번지부터 0에서 1씩 증가하는 16바이트의 데이트를 연속으로 기록하고, 0x10번지부터 16바이트의 데이터를 읽어 시리얼 모니터로 출력하는 스케치를 작성하여 페이지 단위 쓰기와 읽기를 확인해 보자. 이때 시작 주소를 전송하고 계속해서 읽기를 실행하면 페이지 단위의 읽기 역시 가능하다는 점을 이용하여 스케치를 작성해 보자.

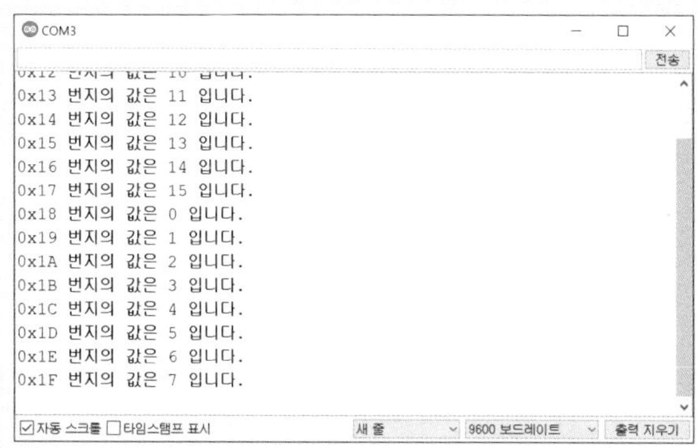

3 EEPROM_readByte, EEPROM_writeByte 함수와 transfer16 함수를 사용하여 2바이트 크기의 정수를 EEPROM에 읽고 쓸 수 있게 하는 함수를 작성해 보자. 정수를 읽고 쓰는 함수의 원형은 다음과 같다.

```
void EEPROM_writeInt(uint8_t address, int data);
int EEPROM_readInt(uint8_t address);
```

setup 함수는 다음과 같다.

스케치 18.6 EEPROM에 2바이크 크기 정수 읽고 쓰기 – setup 함수

```
void setup() {
    Serial.begin(9600);
    SPI.begin();

    // 2바이트 크기 정수 쓰기
    for (int i = 1000; i < 1010; i += 2) {
        EEPROM_writeInt(i - 1000, i);                    // 쓰기
    }
```

```
    // 2바이트 크기 정수 읽기
    for (int i = 0; i < 10; i += 2) {
        int value = EEPROM_readInt(i);                    // 읽기
        Serial.print("0x0");
        Serial.print(i, HEX);
        Serial.println(String(" 번지의 값은 ") + value + "입니다.");
    }
}
```

```
0x00 번지의 값은 1000입니다.
0x02 번지의 값은 1002입니다.
0x04 번지의 값은 1004입니다.
0x06 번지의 값은 1006입니다.
0x08 번지의 값은 1008입니다.
```

CHAPTER

19

I2C 통신

I2C 통신은 적은 양의 데이터를 낮은 빈도로 전송하기 위해 만들어진 시리얼 통신 방법으로, UART 및 SPI와 더불어 아두이노에서 사용되는 대표적인 시리얼 통신 방법 중 하나다. I2C 통신은 일대다 연결을 지원한다는 점에서 SPI와 같지만, 슬레이브의 개수에 상관없이 2개의 연결선만을 사용하므로 연결과 확장이 간편한 것이 가장 큰 장점이다. 이 장에서는 I2C 통신의 원리와 I2C 통신을 사용하는 RTC Real Time Clock의 사용 방법을 알아본다.

이 장에서 사용할 부품

- 아두이노 우노 × 1 ➡ I2C 통신 테스트
- Tiny RTC 모듈 × 1 ➡ DS1307 RTC 칩 사용
- LED × 1
- 220Ω 저항 × 1

아두이노에서 흔히 사용하는 시리얼 통신 방법인 I2C 통신은 SPI 통신과 마찬가지로 일대다 연결을 지원하고 데이터 동기화를 위한 별도의 클록을 사용하는 동기식 통신이다. 하지만 SPI 통신과 달리 슬레이브 선택을 위해 하드웨어적인 연결선 없이 소프트웨어 주소를 사용하므로 슬레이브 장치의 수가 늘어나도 필요한 연결선이 증가하지 않는다는 장점이 있다. 또 다른 특징은 **I2C 통신이 UART나 SPI 통신과 달리 송신과 수신을 위해 하나의 데이터 연결선만을 사용하는 반이중 방식의 통신**이라는 점이다. 반이중 통신 방식은 데이터 송수신에 제한이 있어 고속 통신에는 적합하지 않으므로 **가끔씩 적은 데이터를 전송하는 센서 연결에 흔히 사용된다.** 그림 19.1은 아두이노에서 흔히 사용하는 시리얼 통신 방법을 데이터 동기화 방식과 데이터 전송을 위한 연결 방법에 따라 나누고 2개의 주변장치를 연결한 예를 보여준다. 표 19.1은 이들 시리얼 통신 방법을 비교한 것이다.

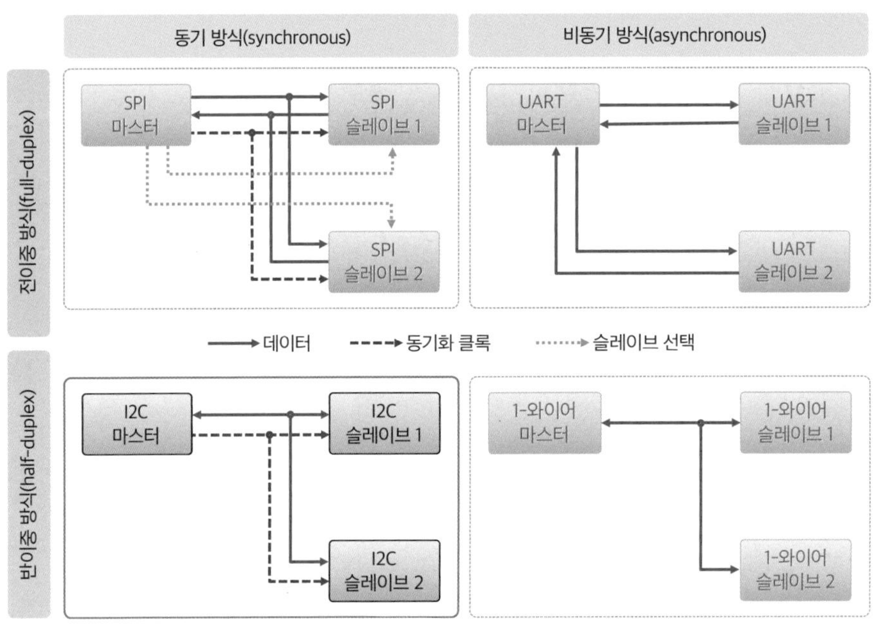

그림 19.1 시리얼 통신 방법에 따른 연결 방법

표 19.1 시리얼 통신 방법의 비교

항목			UART	SPI	I2C	1-와이어
슬레이브 연결 방법			1:1	1:*N*	1:*N*	1:*N*
데이터 전송 방법			전이중	전이중	반이중	반이중
데이터 동기화 방법			비동기식	동기식	동기식	비동기식
연결선 개수	1개 슬레이브 연결	데이터	2개	2개	1개	1개
		동기화 클록	-	1개	1개	-
		슬레이브 선택	-	1개	-	-
		총	2개	4개	2개	1개
	*N*개 슬레이브 연결		2*N*개	(3 + *N*)개	2개	1개
슬레이브 선택			-	하드웨어 (SS 연결선)	소프트웨어 (주소 지정)	소프트웨어 (주소 지정)
아두이노 지원			기본 클래스 (Serial)	기본 라이브러리 (SPI)	기본 라이브러리 (Wire)	확장 라이브러리

19.1 I2C

지금까지 살펴본 시리얼 통신 방법에는 UART Universal Asynchronous Receiver Transmitter와 SPI Serial Peripheral Interface가 있다. 이 장에서 살펴볼 I2C Inter-Integrated Circuit**는 UART, SPI와 마찬가지로 아두이노 우노에서 하드웨어로 지원하는 시리얼 통신 방법이다.**

UART는 1960년대에 시작된 통신 표준으로, 통신 방식이 간단할 뿐만 아니라 역사가 길어 많은 장치에서 지원하고 있다. 하지만 UART 통신은 일대일 통신만 가능하여 여러 개의 장치를 연결하기가 불편하다. 일대다 연결을 지원하는 통신 방법 중 하나가 SPI 통신이다. SPI 통신에서는 3개의 연결선을 모든 장치가 공유하고 *N*개의 장치 중 하나를 선택하기 위한 SS Slave Select 연결을 장치별로 추가하여 특정 장치와 통신을 수행한다. SPI 통신은 고속의 데이터 전송이 가능하지만, 여러 개의 장치를 연결하는 경우 SS 연결을 위한 연결선이 증가한다는 단점이 있다.

I2C 통신 역시 일대다 연결이 가능한 시리얼 통신 방법이지만 SPI 통신과는 다른 목적으로 만들어졌다. I2C 통신이 SPI 통신과 다른 점 중 하나는 *N*개의 장치 중 하나를 선택하기 위한 SS 연결선이 필요하지 않다는 점이다. 그렇다면 어떻게 *N*개의 장치 중 하나를 선택할 수 있을까? **I2C 통신**

에서는 소프트웨어적인 I2C 주소로 특정 장치를 구별한다. 이는 서로 연결된 수많은 컴퓨터로 구성되는 인터넷에서 내 컴퓨터를 구별하기 위해 IP(Internet Protocol) 주소를 사용하는 것과 비슷하다. SPI 통신에서처럼 SS 연결선으로 *N*개 장치 중 하나를 선택하는 방식을 하드웨어 주소라고 한다면, I2C 통신에서처럼 각 장치에 고유의 ID를 지정하는 방식은 소프트웨어 주소라고 할 수 있다. **I2C 통신에서는 SS 연결선이 필요하지 않으므로 연결된 장치의 수가 늘어나더라도 필요한 연결선의 수가 증가하지 않는다는 장점이 있다.**

SPI 통신에서 SS 연결선을 제외하면 연결된 모든 장치가 공유하는 3개의 연결선이 남는다. 3개의 연결선 중 MOSI(Master Out Slave In)와 MISO(Master In Slave Out)는 데이터 송수신을 위해 사용되고 SCK(Serial Clock)는 동기화 클록 전송을 위해 사용된다. I2C 통신에서는 여기서 연결선 하나를 더 줄일 수 있다. 연결선을 줄일 수 있는 비밀은 I2C 통신이 UART 통신이나 SPI 통신과 달리 반이중(half-duplex) 방식이라는 데 있다. UART 통신과 SPI 통신은 전이중(full-duplex) 방식 통신이다. 전이중 방식이란 송신과 수신을 위해 서로 다른 연결선을 사용하는 방식으로, 송수신을 위해 2개의 연결선을 사용한다. 이에 비해 반이중 방식은 1개의 연결선을 송수신을 위해 사용한다. 전이중 방식에서는 2개의 연결선을 통해 송신과 수신이 동시에 진행될 수 있지만, 반이중 방식에서는 1개의 연결선만 사용하므로 송신과 수신이 동시에 진행될 수 없다. 반이중 방식으로 데이터 연결선 개수를 줄임으로써 **I2C 통신은 데이터 송수신을 위해 1개, 동기화 클록을 위해 1개, 총 2개의 연결선만을 사용한다.** 이처럼 I2C 통신은 SPI 통신과 달리 최소한의 연결선만을 사용하여 여러 개의 장치를 연결하면서 저속으로 데이터를 전송하기 위해 필립스에서 만든 통신 방법으로 IIC, I^2C 등으로도 불린다.

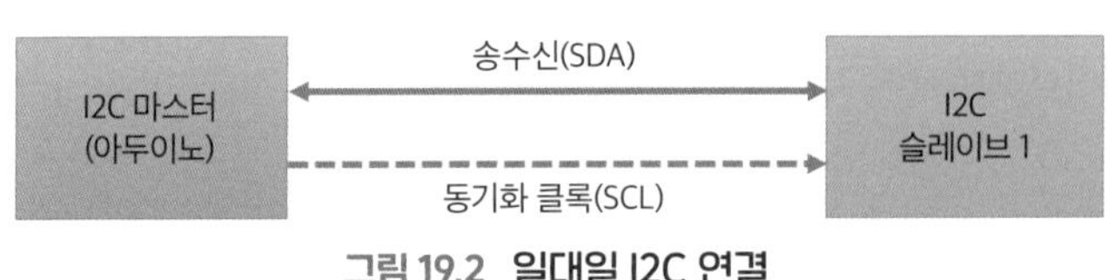

그림 19.2 일대일 I2C 연결

I2C 통신에서 데이터 전송을 위한 연결선은 SDA(Serial Data), 클록 전송을 위한 연결선은 SCL(Serial Clock)이라고 한다. SDA는 UART에서의 TX와 RX, SPI에서의 MOSI와 MISO 기능을 하나의 연결선을 통해 수행한다. SCL은 데이터 동기화를 위한 클록 전송에 사용되며, SPI에서와 마찬가지로 마스터가 클록을 생성하고 데이터 전송의 책임을 진다.

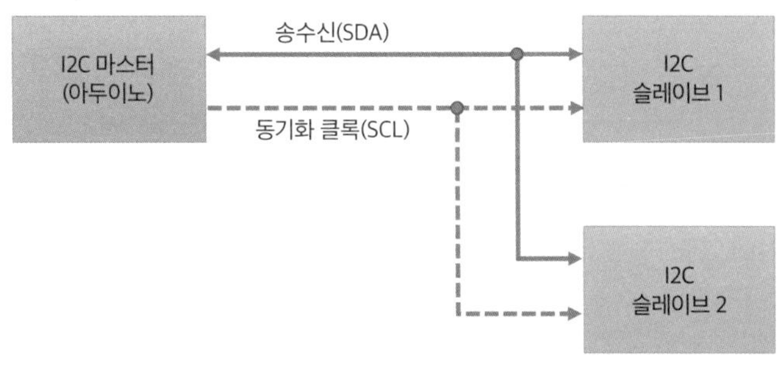

그림 19.3 **일대다 I2C 연결**

여러 개의 주변장치가 연결된 경우를 살펴보자. 그림 19.3은 하나의 마스터 장치에 2개의 슬레이브 장치가 연결된 예를 보여준다. **모든 슬레이브는 마스터로부터의 SDA와 SCL 연결선을 공유한다.** 즉, SPI와 마찬가지로 마스터 장치가 보내는 데이터는 모든 슬레이브 장치에 전달된다. 하지만 실제로 데이터를 받는 슬레이브 장치는 통신 시작 전에 주소가 지정된 슬레이브 장치다. 즉, SPI의 경우와 마찬가지로 일대다 연결이 가능하기는 하지만, 특정 순간에는 일대일 통신만 가능하다.

I2C 역시 SPI와 마찬가지로 동기 방식이지만 SPI에서와는 달리 위상phase과 극성polarity에 따른 여러 가지 전송 모드가 존재하지 않으며, 샘플링을 위한 간단한 규칙을 사용한다. **I2C 통신에서 수신된 데이터는 SCL이 HIGH인 경우에만 샘플링 가능하다.** 따라서 SCL이 HIGH일 때, 좀 더 일반적으로는 LOW가 아닐 때 SDA의 데이터는 안정된 상태에 있어야만 한다. 데이터가 바뀌는 것은 SCL이 LOW인 상태에서만 가능하다.

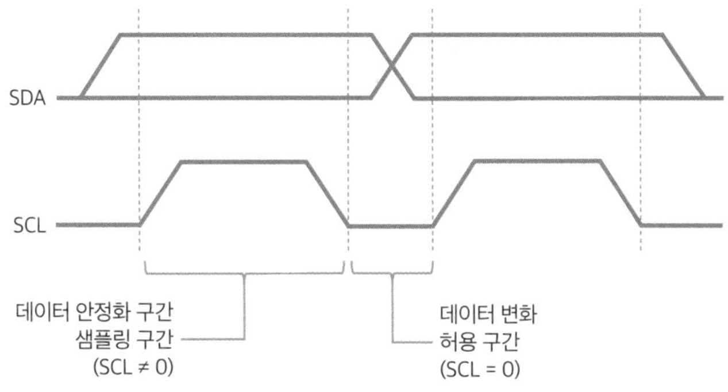

그림 19.4 **데이터 샘플링 구간(SCL ≠ 0) 및 데이터 변화 구간(SCL = 0)**

하지만 **SCL이 HIGH인 경우에도 데이터가 변할 수 있는 두 가지 예외 상황이 데이터 전송 시작과 종료를 나타내는 경우다.** SCL이 HIGH일 때 SDA가 HIGH에서 LOW로 바뀌는 경우는 데이터의 전송이 시작됨을 나타내는 시작 조건에 해당하고, LOW에서 HIGH로 바뀌는 경우는 데이터 전송이 끝났음을 나타내는 정지 조건에 해당한다.

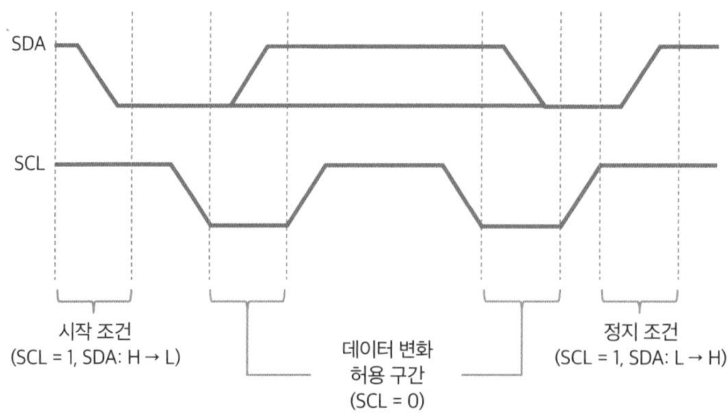

그림 19.5 데이터 전송 시작 및 종료

I2C는 SPI와 마찬가지로 일대다 통신을 지원한다. SPI에서는 각각의 슬레이브가 전용의 SS_{Slave Select} 또는 CSChip Select 연결선을 통해 하드웨어적으로 데이터를 송수신할 슬레이브를 선택한다. 반면, I2C에서는 슬레이브가 고유의 주소를 가지고 소프트웨어적으로 데이터를 송수신할 슬레이브를 선택한다.

I2C 통신은 7비트의 I2C 주소를 사용한다. 7비트가 어색할지 모르지만, 나머지 1비트는 읽기/쓰기를 선택하기 위해 사용된다. 읽기/쓰기 비트가 HIGH인 경우 마스터는 지정한 슬레이브로부터 전송되는 데이터를 SDA 라인에서 읽어 들일 것Read임을 나타내고, 읽기/쓰기 비트가 LOW인 경우 마스터는 지정한 슬레이브로 SDA 라인을 통해 데이터를 전송할 것Write임을 나타낸다. 7비트의 주소 중 '0000 000'은 마스터가 모든 슬레이브에게 메시지를 보내는 용도general call로 사용하기 위해 예약되어 있으므로 사용할 수 없다. '1111 xxx' 주소 역시 이후 사용을 위해 남겨진 주소이므로, 실제 사용할 수 있는 주소는 0000 001에서 1110 111까지다.

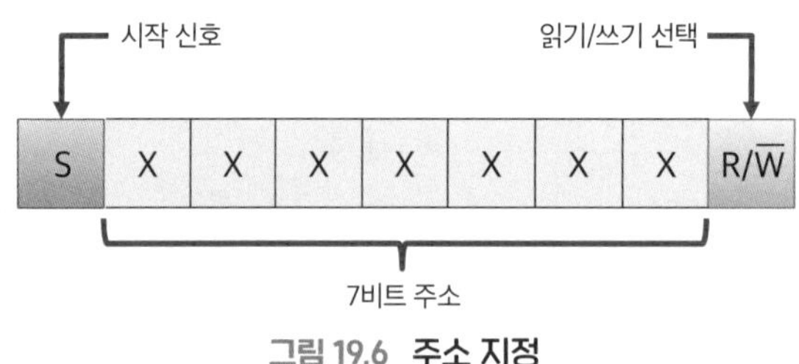

그림 19.6 주소 지정

마스터가 시작 신호(S)와 7비트의 주소를 보내고 LOW 값($\overline{W}$)을 보냈다면 지정한 주소를 갖는 슬레이브는 마스터가 1바이트의 데이터를 보낼 것임을 인식하고 데이터가 수신되기를 기다린다. 주소 전송 이후 HIGH 값(R)을 보냈다면, 지정한 주소를 갖는 슬레이브는 마스터로 1바이트의 데이터를 전송한다.

마지막으로 한 가지 더 기억해야 할 점은 **데이터를 수신한 장치는 데이터를 정상적으로 수신했음을 ACK 비트로 알려주어야 한다**는 점이다. I2C는 바이트 단위로 데이터를 전송하며 8비트의 데이터가 전송된 이후 SDA 라인은 풀업 저항으로 인해 HIGH 상태에 있다. 바이트 단위 데이터가 전송된 이후 수신 장치는 정상적인 수신을 알리기 위해 9번째 비트를 송신 장치로 전송한다. LOW 값은 'ACK$_{\text{acknowledge}}$ 비트'로 수신 장치가 송신 장치로 정상적으로 데이터를 수신했음을 알려주기 위해 사용되며, HIGH 값은 'NACK$_{\text{not acknowledge}}$ 비트'로 정상적인 데이터 수신 이외의 상황이 발생했음을 알려주기 위해 사용된다. 데이터를 수신한 장치가 정상적으로 데이터를 수신하지 못하면 ACK 비트를 전송하지 않는다. 데이터 전송이 완료된 이후 SDA는 HIGH 상태를 유지하고 있을 것이므로 별도로 NACK 비트를 전송하지 않아도 효과는 같다.

마스터에서 슬레이브로 n바이트의 데이터를 송신하는 경우를 살펴보자. 먼저 데이터 전송 시작 비트(S)와 7비트 주소, 그리고 데이터 송신 신호($\overline{\text{W}}$)를 보낸다. 지정된 주소의 슬레이브는 데이터를 수신할 준비를 시작하면서 9번째 비트인 수신 확인 신호를 보낸다. 이후 마스터는 n바이트의 데이터를 송신하게 되며, 매 바이트가 수신된 이후 슬레이브는 수신 확인 비트를 마스터로 전송한다. 데이터 전송이 끝나면 데이터 송신 종료 비트(P)를 슬레이브로 전송함으로써 통신을 끝낸다.

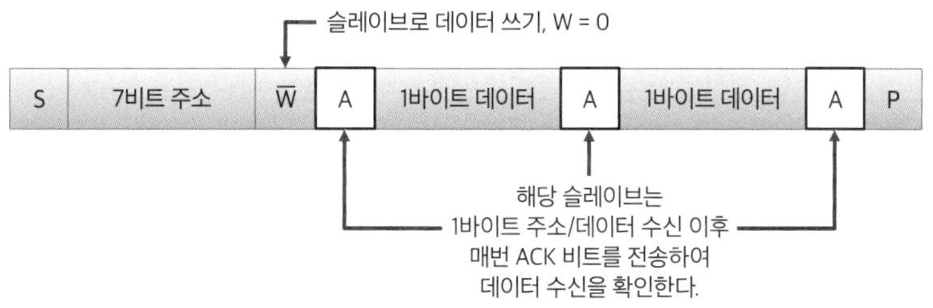

그림 19.7 **마스터의 *n*바이트 데이터 쓰기(□ : 마스터 전송, □ : 슬레이브 전송)**

마스터가 슬레이브로부터 n바이트의 데이터를 수신하는 것도 이와 비슷하다. 먼저 데이터 전송 시작 비트와 7비트 주소, 그리고 데이터 수신 신호(R)를 보낸다. 지정된 주소의 슬레이브는 9번째 비트인 수신 확인 신호를 보내고 데이터를 보낼 준비를 시작한다. 이후 슬레이브는 n바이트의 데이터를 마스터로 보내고, 매 바이트가 수신된 이후 마스터는 수신 확인 비트를 슬레이브로 전송한다. 다만 **마지막 *n*번째 바이트가 수신된 이후 마스터는 NACK를 슬레이브로 전송하여 수신이 완료되었음을 알린다.** 데이터 전송이 끝나면 데이터 송신 종료 비트(P)를 전송함으로써 통신을 끝낸다. 데이터 송신의 경우와 마찬가지로 데이터 전송이 끝났음을 나타내는 종료 비트는 마스터가 슬레이브로 보낸다는 점에 주의해야 한다.

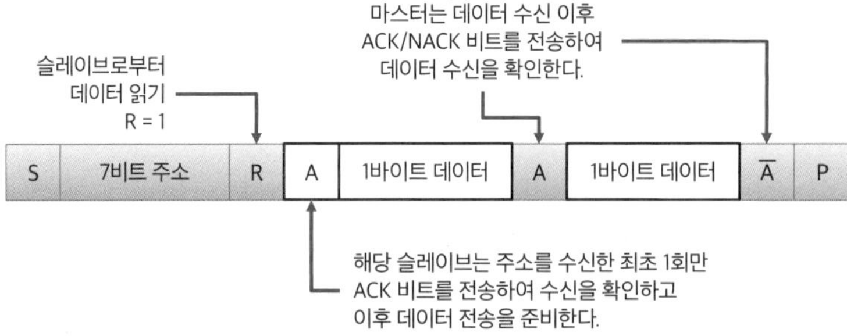

그림 19.8 마스터의 *n*바이트 데이터 읽기(▢ : 마스터 전송, ▢ : 슬레이브 전송)

19.2 아두이노 우노의 I2C 통신

아두이노 우노에 사용된 **ATmega328 마이크로컨트롤러에는 I2C 통신을 위해 전용 하드웨어가 포함되어 있다.** 그림 19.9는 I2C 통신을 사용하여 2개 슬레이브를 아두이노 우노에 연결한 예를 나타낸 것으로 아두이노 우노의 경우 SDA를 위해 A4번 핀을, SCL을 위해 A5번 핀을 사용한다. 또한 **SDA와 SCL 연결선은 풀업 저항을 연결해야 한다**는 점도 기억해야 한다. 다만 I2C 통신을 사용하는 장치에는 풀업 저항이 포함된 경우가 많고, 아두이노의 **Wire 라이브러리에서 A4와 A5번 핀의 내부 풀업 저항을 사용하도록 설정하고 있으므로 실제 풀업 저항을 연결하는 경우는 많지 않다.**

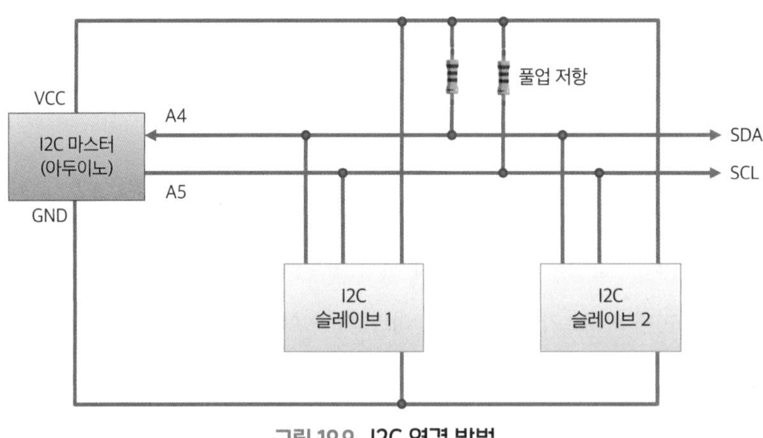

그림 19.9 I2C 연결 방법

SDA와 SCL은 아두이노에서 상수로 정의하고 있으므로 별도로 정의하지 않고도 사용할 수 있다. 정의에 사용된 18번 핀은 A4번과 같은 핀을, 19번 핀은 A5번과 같은 핀을 나타낸다.

```
#define PIN_WIRE_SDA           (18)
#define PIN_WIRE_SCL           (19)

static const uint8_t SDA       = PIN_WIRE_SDA;
static const uint8_t SCL       = PIN_WIRE_SCL;
```

아두이노에서는 I2C 통신을 지원하기 위해 Wire 라이브러리를 기본 라이브러리로 제공하고 있다. I2C와 함께 사용되고 있는 TWITwo Wire Interface는 I2C를 지원하는 하드웨어 제작 회사에서 사용하는 I2C의 또 다른 이름으로, 통신을 위해 2개의 연결선을 사용하기 때문에 붙여진 이름이다. Wire 라이브러리를 사용하기 위해서는 먼저 헤더 파일을 포함해야 한다. '스케치 → 라이브러리 포함하기 → Wire' 메뉴 항목을 선택하거나 #include 문을 직접 입력하면 된다.

```
#include <Wire.h>
```

I2C 통신은 전용 하드웨어를 통한 통신이므로 전용 하드웨어를 위한 하나의 객체만 의미가 있다. Wire 라이브러리에서 실제로 정의하고 있는 클래스는 TwoWire이고 이 클래스의 유일한 객체인 Wire를 통해 I2C 통신이 이루어진다*. Wire 라이브러리에는 기본적인 통신 설정 및 데이터 전송을 위해 다음과 같은 멤버 함수들이 정의되어 있다.

■ begin

```
void Wire::begin()
void Wire::begin(uint8_t address)
  - 매개변수
      address: 7비트 형식의 I2C 주소
  - 반환값: 없음
```

Wire 라이브러리를 초기화하고 I2C 버스에 마스터나 슬레이브로 참여한다. **주소를 지정하면 슬레이브로 I2C 버스에 참여하는 것을, 주소를 지정하지 않으면 마스터로 참여하는 것을 나타낸다.**

■ beginTransmission

```
void Wire::beginTransmission(uint8_t address)
  - 매개변수
      address: 슬레이브 주소
  - 반환값: 없음
```

* 멤버 함수 설명에서는 TwoWire 클래스의 유일한 객체인 Wire를 클래스 이름으로 사용한다.

지정한 주소의 슬레이브 장치로 데이터 전송을 시작한다. 실제 데이터 전송은 write 함수로 버퍼에 데이터를 기록한 후 endTransmission 함수가 호출될 때 일어난다.

■ endTransmission

```
uint8_t Wire::endTransmission()
uint8_t Wire::endTransmission(uint8_t sendStop)
  - 매개변수
      sendStop: 요청 완료 후 정지 메시지 전송 여부(true 또는 false)
  - 반환값: 전송 상태 메시지
```

write 함수에 의해 버퍼에 기록된 데이터를 전송함으로써 beginTransmission 함수에 의해 시작된 슬레이브 장치에 대한 데이터 전송을 종료한다. sendStop이 false이면 전송이 완료된 후에도 연결을 유지하여 다른 마스터 장치가 데이터를 전송할 수 없게 한다. 디폴트값은 true다. 반환값은 전송 결과를 나타내는 값으로, 0이 아닌 값은 전송 과정에서 오류가 발생했음을 나타낸다. 반환값에 따른 오류 내용은 표 19.2와 같다.

표 19.2 I2C 데이터 전송에서의 오류

반환값	의미
0	전송 성공
1	전송 데이터가 버퍼 용량을 초과
2	주소 전송 후 NACK 수신
3	데이터 전송 후 NACK 수신
4	기타 TWI 오류

■ write

```
size_t Wire::write(uint8_t data)
size_t Wire::write(const uint8_t *data, size_t quantity)
  - 매개변수
      data: 전송할 단일 바이트 또는 바이트 배열에 대한 포인터
      quantity: 전송할 바이트 수
  - 반환값: 전송된 바이트 수
```

마스터 장치의 요청에 따라 슬레이브 장치가 데이터를 전송하거나, 마스터 장치에서 슬레이브 장치로 전송할 데이터를 큐에 기록하기 위해 사용한다. 마스터 장치에서 슬레이브 장치로 데이터를

전송하는 경우 write 함수는 beginTransmission 함수와 endTransmission 함수 사이에 있어야 한다. 슬레이브 장치에서 마스터 장치로 데이터를 전송하는 경우 write 함수는 onRequest 함수로 등록한 송신 요청 핸들러 함수 내에 있어야 한다.

■ requestFrom

```
uint8_t Wire::requestFrom(uint8_t address, uint8_t quantity)
uint8_t Wire::requestFrom(uint8_t address, uint8_t quantity, uint8_t sendStop)
```

- 매개변수
    address: 슬레이브 주소
    quantity: 요청하는 바이트 수
    sendStop: 요청 완료 후 정지 메시지 전송 여부(true 또는 false)
- 반환값: 슬레이브 장치로부터 전송된 바이트 수

마스터 장치가 특정 주소address의 슬레이브 장치에 지정한 양quantity의 데이터를 요청한다. sendStop은 요청이 완료된 후 정지 메시지 전송 여부로, false를 지정하면 요청이 완료된 후에도 연결을 유지하여 다른 장치가 데이터를 요구할 수 없게 한다. 디폴트값은 true다. 마스터 장치가 요청한 데이터는 available 함수나 read 함수로 확인할 수 있다.

■ available

```
int Wire::available()
```

- 매개변수: 없음
- 반환값: 유효 바이트 수

데이터 수신 버퍼에서 read 함수로 읽을 수 있는 데이터의 바이트 수를 반환한다. available 함수는 마스터 장치에서 requestFrom 함수를 통해 슬레이브 장치로부터 데이터를 요청한 이후 실제 도착한 데이터를 검사하기 위해 사용하거나, 슬레이브 장치에서 onReceive 함수로 등록한 수신 핸들러 함수 내에서 마스터가 보낸 데이터를 확인하기 위해 사용한다.

■ read

```
int Wire::read()
```

- 매개변수: 없음
- 반환값: 수신 버퍼의 한 바이트를 읽어서 반환

마스터 장치의 requestFrom 함수 호출에 따라 슬레이브 장치가 마스터 장치로 전송한 데이터 한 바이트를 수신 버퍼에서 읽어온다. 마스터 장치가 전송한 데이터를 슬레이브 장치에서 읽기 위해 슬레이브 장치에서 onReceive 함수로 등록한 수신 핸들러 함수에서도 read 함수를 사용할 수 있다.

■ **onReceive**

```
void Wire::onReceive( void (*function)(int) )
  - 매개변수
      function: 데이터를 수신했을 때 호출되는 핸들러 함수 포인터
  - 반환값: 없음
```

슬레이브 장치가 마스터 장치로부터 데이터를 수신했을 때 호출되는 핸들러handler 함수를 등록한다. 핸들러 함수는 반환값이 없으며, 수신한 데이터의 바이트 수를 나타내는 int 타입의 매개변수를 갖는다.

■ **onRequest**

```
void Wire::onRequest( void (*function)(void) )
  - 매개변수
      function: 데이터 요청이 있을 때 호출되는 핸들러 함수 포인터
  - 반환값: 없음
```

슬레이브 장치가 마스터 장치로부터 데이터 요청을 받았을 때 호출되는 핸들러 함수를 등록한다. 핸들러 함수는 반환값이 없으며 매개변수도 없다.

■ **setClock**

```
void Wire::setClock(uint32_t clock)
  - 매개변수
      clock: 동작 주파수
  - 반환값: 없음
```

I2C 통신을 위한 동작 주파수를 설정한다. 사용할 수 있는 값은 10,000, 100,000, 400,000, 1,000,000, 3,400,000 등이 있지만 마이크로컨트롤러 종류에 따라 다를 수 있다. 디폴트값은 100kHz(= 100,000)다.

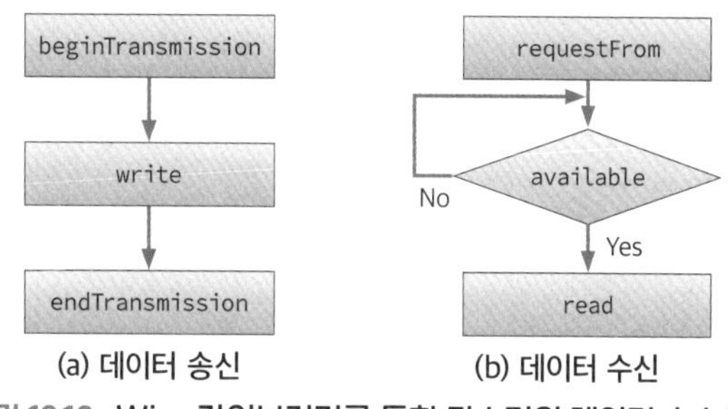

그림 19.10 Wire 라이브러리를 통한 마스터의 데이터 송수신

I2C 통신에서 모든 데이터 송수신은 마스터에서 정한 순서에 따라 이루어진다. 마스터에서 슬레이브로 데이터를 전송하거나 요청하는 경우, 전형적인 멤버 함수 사용 순서는 그림 19.10과 같다. 반면, 슬레이브는 인터럽트 기반으로 동작하여 `onReceive`, `onRequest` 함수로 등록한 핸들러 함수가 마스터 장치로부터 데이터를 수신하거나 송신 요청이 있는 경우 자동으로 호출된다.

19.3 DS1307, RTC 칩

RTCReal Time Clock**란 현재 시간을 유지하는 장치를 말한다.** 일반적으로 RTC는 컴퓨터나 임베디드 시스템에 존재하는 시계를 이야기하지만, 이 외에도 현재 시간을 유지하기 위해 다양한 전자 장치에서 사용되고 있다. RTC는 일반적으로 별도의 전원과 클록을 갖고 있어 시스템 전원과 독립적으로 현재 시간을 유지할 수 있다.

마이크로컨트롤러에서 RTC를 사용하는 방법에는 소프트웨어로 구현하는 방법과 별도의 하드웨어를 사용하는 방법이 있다. 소프트웨어로 구현한 경우에는 마이크로컨트롤러의 클록을 기준으로 시간을 계산한다. 소프트웨어 RTC는 별도의 하드웨어가 필요 없다는 장점이 있지만, 마이크로컨트롤러에 전원이 공급되지 않으면 시간을 유지할 수 없다.

이 장에서는 RTC를 위한 전용 하드웨어를 사용한다. RTC 칩은 여러 가지가 있는데, 이 장에서 사용하는 칩은 I2C 통신을 사용하는 DS1307 칩이다. DS1307 칩의 핀 배치는 그림 19.11과 같다.

그림 19.11 DS1307 칩의 핀 배치도

표 19.3 DS1307 칩의 핀

핀 번호	이름	설명	비고
1	X1	RTC용 크리스털 연결	32.768kHz
2	X2		
3	V_{BAT}	RTC용 배터리 전원	3.0V
4	GND		
5	SDA	I2C 데이터	
6	SCL	I2C 클록	
7	SQW/OUT	구형파 출력	1, 4, 8, 32kHz 출력
8	VCC		4.5~5.5V

DS1307 칩의 각 핀 기능은 표 19.3과 같다. DS1307에는 시간을 유지하기 위해 자체적으로 크리스털을 사용하며, 시계용으로 흔히 쓰이는 32.768kHz 크리스털이 사용된다. 전원은 2개를 사용하며 VCC는 5V를, V_{BAT}는 3.0V를 연결한다. SQW/OUTSquare Wave Output으로는 1Hz, 4kHz, 8kHz, 32kHz 중 하나의 주파수를 갖는 구형파square wave를 출력할 수 있다. 그림 19.12는 DS1307 칩을 마이크로컨트롤러에 연결하는 전형적인 회로를 나타낸 것으로, 크리스털과 배터리 이외에 I2C 통신을 위한 SDA 및 SCL 핀에 풀업 저항을 연결해야 한다.

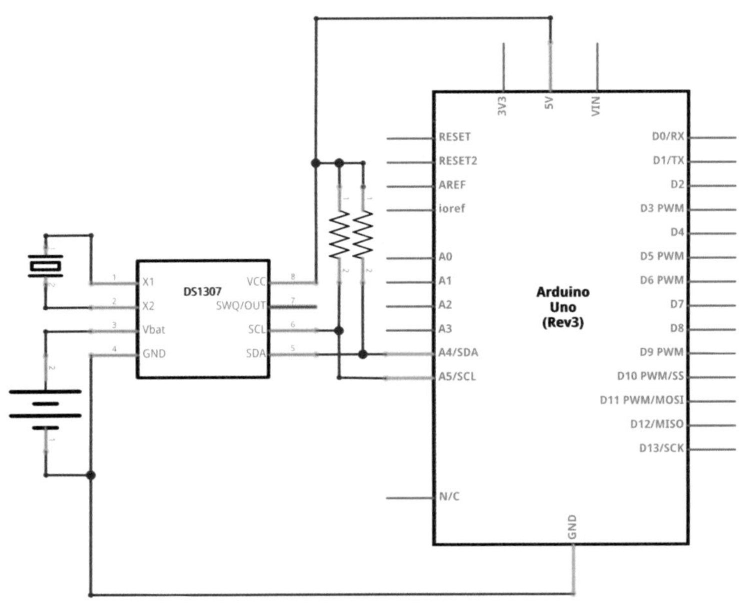

그림 19.12 DS1307 연결 회로도

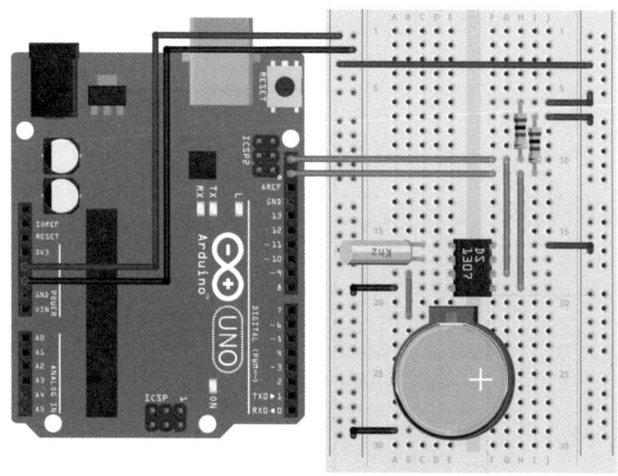

그림 19.13 **DS1307 연결 회로**

그림 12.12와 같이 DS1307 칩에 배터리와 크리스털 등을 연결하여 사용할 수도 있지만, 전용 배터리 홀더까지 포함된 RTC 모듈이 흔히 사용되며 이 장에서도 DS1307 칩을 사용하여 만든 RTC 모듈을 사용한다. DS1307 칩을 사용한 RTC 모듈도 여러 종류가 있지만 I2C 연결을 위한 4개의 연결 핀을 기본적으로 제공한다. 그림 19.14는 이 장에서 사용하는 Tiny RTC 모듈을 나타낸다.

그림 19.14 **Tiny RTC 모듈**

Tiny RTC 모듈을 아두이노에 연결하기 위해서는 SCL, SDA, VCC, GND 등 4개의 연결선을 사용하면 된다. Tiny RTC 모듈에는 같은 이름의 연결 핀이 좌우에 하나씩 존재하지만, 같은 이름의 핀은 같은 기능을 하므로 어디에 연결해도 상관없다. SQ는 SQW/OUT 출력 핀이며, DS는 디지털 온도 센서인 DS18B20의 출력 핀이다. 하지만 Tiny RTC 모듈에는 DS18B20을 연결할 수 있는 자리만 마련되어 있고 센서는 포함되지 않은 경우가 대부분이다. 그림 19.15와 같이 Tiny RTC 모듈을 아두이노 우노에 연결하자.

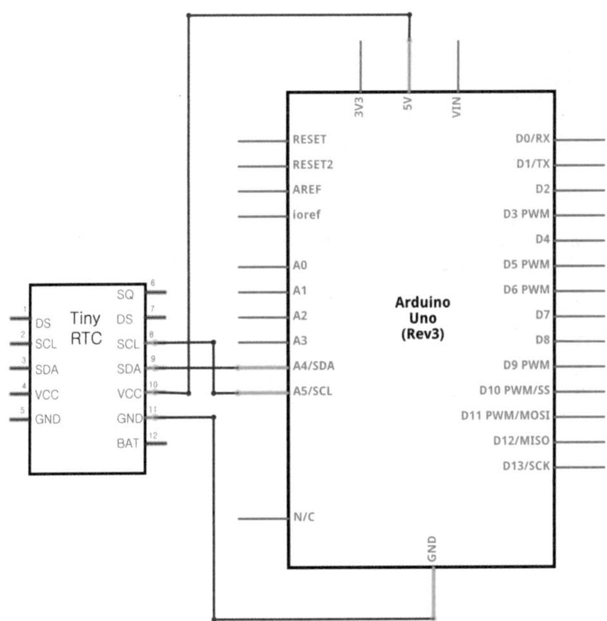

그림 19.15 Tiny RTC 모듈 연결 회로도

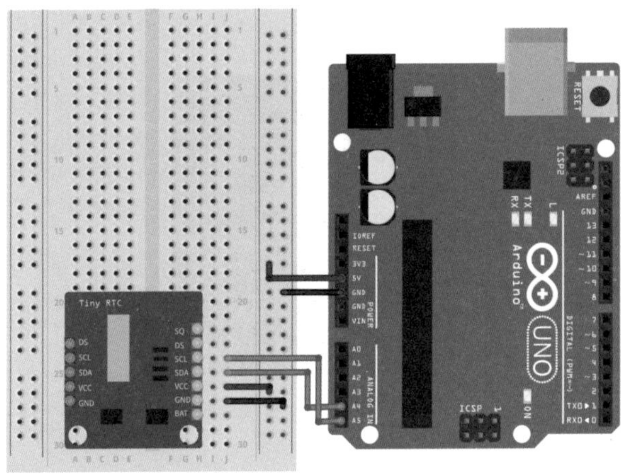

그림 19.16 Tiny RTC 모듈 연결 회로

DS1307 칩에는 64바이트의 메모리가 포함되어 있으며 이 중 시간 및 날짜와 관련된 메모리는 0번부터 6번까지이고, 7번은 구형파 출력과 관련된 메모리다. 나머지 56바이트 메모리는 범용으로 사용할 수 있다. 표 19.4는 DS1307 칩의 메모리 구조를 나타낸다.

표 19.4 **DS1307 메모리 구조**

<table>
<tr><th>주소</th><th>비트 7</th><th>비트 6</th><th>비트 5</th><th>비트 4</th><th>비트 3</th><th>비트 2</th><th>비트 1</th><th>비트 0</th><th>내용</th><th>값 범위</th></tr>
<tr><td>0x00</td><td>CH</td><td colspan="3">초(10의 자리)</td><td colspan="4">초(1의 자리)</td><td>초</td><td>00~59</td></tr>
<tr><td>0x01</td><td>0</td><td colspan="3">분(10의 자리)</td><td colspan="4">분(1의 자리)</td><td>분</td><td>00~59</td></tr>
<tr><td rowspan="2">0x02</td><td rowspan="2">0</td><td>0</td><td colspan="2" rowspan="2">시(10의 자리)</td><td colspan="4" rowspan="2">시(1의 자리)</td><td rowspan="2">시</td><td>00~23</td></tr>
<tr><td>1</td><td>1~12</td></tr>
<tr><td>0x03</td><td>0</td><td>0</td><td>0</td><td>0</td><td>0</td><td colspan="3">요일</td><td>요일</td><td>01~07</td></tr>
<tr><td>0x04</td><td>0</td><td>0</td><td colspan="2">일(10의 자리)</td><td colspan="4">일(1의 자리)</td><td>일</td><td>01~31</td></tr>
<tr><td>0x05</td><td>0</td><td>0</td><td>0</td><td>월(10의 자리)</td><td colspan="4">월(1의 자리)</td><td>월</td><td>01~12</td></tr>
<tr><td>0x06</td><td colspan="4">연(10의 자리)</td><td colspan="4">연(1의 자리)</td><td>연</td><td>00~99</td></tr>
<tr><td>0x07</td><td>OUT</td><td>0</td><td>0</td><td>SQWE</td><td>0</td><td>0</td><td>RS1</td><td>RS0</td><td>제어</td><td>-</td></tr>
<tr><td>0x08~0x3F</td><td colspan="8"></td><td>RAM</td><td>00h~FFh</td></tr>
</table>

날짜와 시간은 0번에서 6번까지의 메모리에 저장된다. 이때 0번 메모리의 7번 비트인 CH_{Clock Holt} 비트가 1로 설정되면 RTC가 동작하지 않으므로 0으로 설정해야 한다. 또 한 가지 주의할 사항은 **날짜가 일반적인 이진수 형식이 아니라 BCD**Binary Coded Decimal **형식으로 저장된다**는 점이다. 예를 들어 12라는 숫자를 이진 형식으로 저장하는 경우 $0000\ 1100_2$이 되지만, BCD 형식에서는 4비트로 숫자 한 자리를 나타내므로 상위 4비트는 10의 자리를, 하위 4비트는 1의 자리를 나타내어 $0001_2\ 0010_2$으로 저장된다.

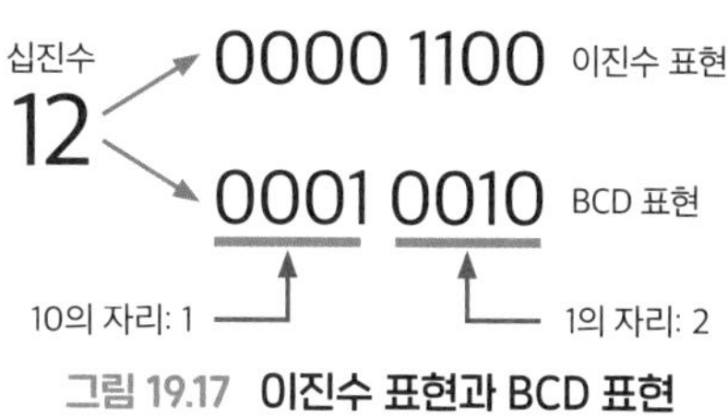

그림 19.17 **이진수 표현과 BCD 표현**

7번 메모리는 구형파 출력을 제어한다. 7번 비트 OUT은 구형파 출력이 금지된 경우(SQWE = 0) SQ 핀으로 출력되는 출력 레벨을 나타내며 1인 경우 논리 1, 0인 경우 논리 0이 출력된다. 디폴트값은 0이다. 4번 비트 SQWESquare Wave Enable는 구형파 출력을 제어하는 비트로 1인 경우 구형파가 출력되고, 0인 경우 7번 비트에 의해 설정된 레벨값이 출력된다. 디폴트값은 0으로 구형파는 출력되지 않는다. 1번과 0번 RSRate Select 비트는 구형파의 출력 주파수를 결정한다. 비트 설정에 따른 주파수는 표 19.5와 같다.

표 19.5 **RS 설정에 따른 구형파 출력 주파수**

RS1	RS0	출력 주파수	SQWE	OUT
0	0	1Hz	1	×
0	1	4.096kHz	1	×
1	0	8.192kHz	1	×
1	1	32.768kHz	1	×
×	×	0	0	0
×	×	1	0	1

Tiny RTC 모듈을 사용하기 위해서는 먼저 헤더 파일을 포함해야 한다. '스케치 → 라이브러리 포함하기 → Wire' 메뉴 항목을 선택하거나 #include 문을 직접 입력하면 된다.

```
#include <Wire.h>
```

스케치 19.1은 Tiny RTC 모듈을 사용하는 데 필요한 변환 함수들로 BCD 형식과 이진 형식 사이의 변환 함수, 날짜와 시간을 두 자리 문자열로 변환하는 함수 등이 정의되어 있다.

스케치 19.1 BCD 형식과 이진 형식의 변환

```
uint8_t BCD2BIN(uint8_t bcd) {                         // BCD 형식 → 이진수 형식
    return (bcd >> 4) * 10 + (bcd & 0x0F);
}

uint8_t BIN2BCD(uint8_t bin) {                         // 이진수 형식 → BCD 형식
    return ( ((bin / 10) << 4) | (bin % 10) );
}

String twoDigitString(uint8_t no) {
    return String(no / 10) + (no % 10);                // 정수를 두 자리 문자열로 변환
}
```

스케치 19.2는 Tiny RTC 모듈에 시간을 설정하고 1초 간격으로 현재 시간을 읽어 시리얼 모니터로 출력하는 예다. 이때 **Tiny RTC 모듈의 I2C 주소는 0x68을 사용하면 된다.**

스케치 19.2 Tiny RTC 모듈 사용

```
#include <Wire.h>
#define RTC_ADDRESS 0x68                               // RTC 모듈의 I2C 주소

void timeSetting(int _year, int _month, int _day,
        int _hour, int _min, int _sec, int _day_of_week) {
    Wire.beginTransmission(RTC_ADDRESS);               // I2C 데이터 전송 시작
    // RTC에 데이터를 기록할 메모리 시작 주소 전송
    Wire.write(0);
    // 0번지부터 기록할 7바이트 데이터를 연속해서 전송
    Wire.write(BIN2BCD(_sec));                         // 초
    Wire.write(BIN2BCD(_min));                         // 분
    Wire.write(BIN2BCD(_hour));                        // 시
    Wire.write(_day_of_week);                          // 요일
    Wire.write(BIN2BCD(_day));                         // 일
    Wire.write(BIN2BCD(_month));                       // 월
    Wire.write(BIN2BCD(_year));                        // 연
    Wire.endTransmission();                            // I2C 데이터 전송 종료
}

void timePrint(void) {
    Wire.beginTransmission(RTC_ADDRESS);               // I2C 데이터 전송 시작
```

```
    // RTC에서 데이터를 읽어올 메모리 시작 주소 전송
    Wire.write(0);
    Wire.endTransmission();                         // I2C 데이터 전송 종료

    Wire.requestFrom(RTC_ADDRESS, 7);               // 7바이트 시간 정보 요청
    while (Wire.available() == 0);                  // 데이터 수신 대기

    // 0번지부터 7바이트를 연속해서 읽어옴
    uint8_t _second = BCD2BIN(Wire.read());         // 초
    uint8_t _minute = BCD2BIN(Wire.read());         // 분
    uint8_t _hour = BCD2BIN(Wire.read());           // 시
    uint8_t _day_of_week = BCD2BIN(Wire.read());    // 요일
    uint8_t _day = BCD2BIN(Wire.read());            // 일
    uint8_t _month = BCD2BIN(Wire.read());          // 월
    uint8_t _year = BCD2BIN(Wire.read());           // 연

    // "YYYY/MM/DD, HH:MM:SS" 형식의 날짜와 시간 출력
    Serial.print("20");
    Serial.print(twoDigitString(_year));
    Serial.print('/');
    Serial.print(twoDigitString(_month));
    Serial.print('/');
    Serial.print(twoDigitString(_day));
    Serial.print(", ");
    Serial.print(twoDigitString(_hour));
    Serial.print(':');
    Serial.print(twoDigitString(_minute));
    Serial.print(':');
    Serial.println(twoDigitString(_second));
}

void setup() {
    Serial.begin(9600);                             // UART 통신 초기화
    Wire.begin();                                   // I2C 통신 초기화
    // 2020년 2월 1일 13시 1분 30초 토요일로 초기화
    timeSetting(20, 2, 1, 13, 01, 30, 7);
}

void loop() {
    timePrint();                                    // 현재 시간 출력
    delay(1000);                                    // 1초 대기
}
```

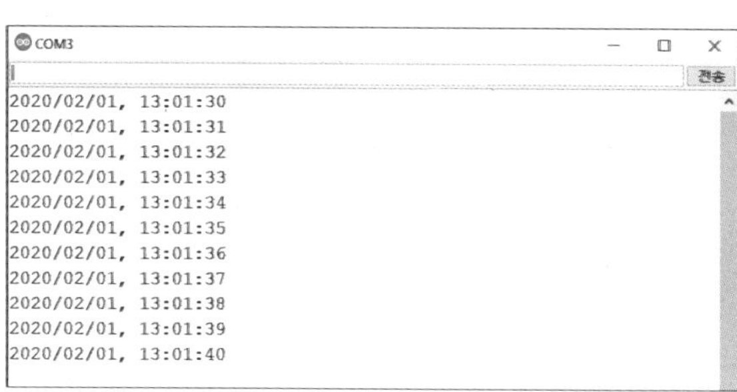

그림 19.18 스케치 19.2 실행 결과

Tiny RTC 모듈의 구형파 출력 기능을 사용해 보자. DS1307 RTC 칩은 표 19.4에서 7번 메모리값을 변경함으로써 구형파를 출력할 수 있다. 1Hz의 구형파를 출력하기 위해서는 7번 메모리값으로 0x10을 사용하면 된다.

구형파 출력을 확인하기 위해 Tiny RTC 모듈의 구형파 출력 핀(SQ 핀)을 아두이노의 2번 핀으로 연결한다. 아두이노 우노의 2번 핀은 외부 인터럽트를 사용할 수 있는 핀으로, Tiny RTC 모듈의 구형파 출력이 바뀔 때마다 자동으로 호출되는 함수를 등록하여 LED를 반전시키기 위해 사용할 수 있다. LED는 13번 핀에 연결한다.

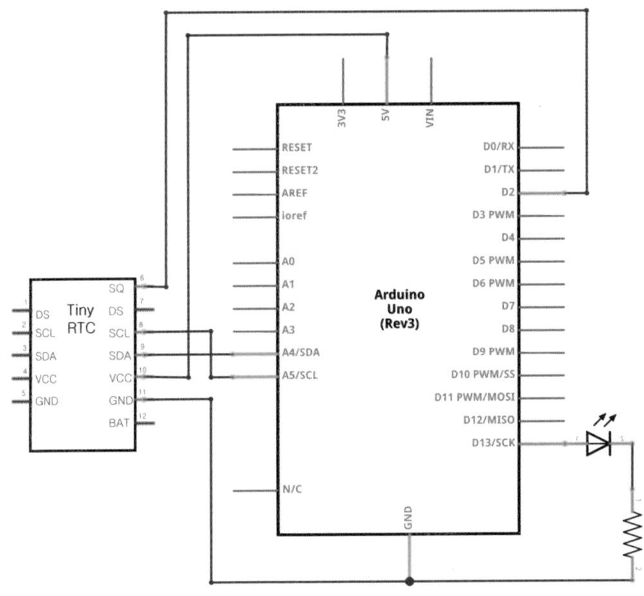

그림 19.19 구형파 출력 테스트를 위한 회로도

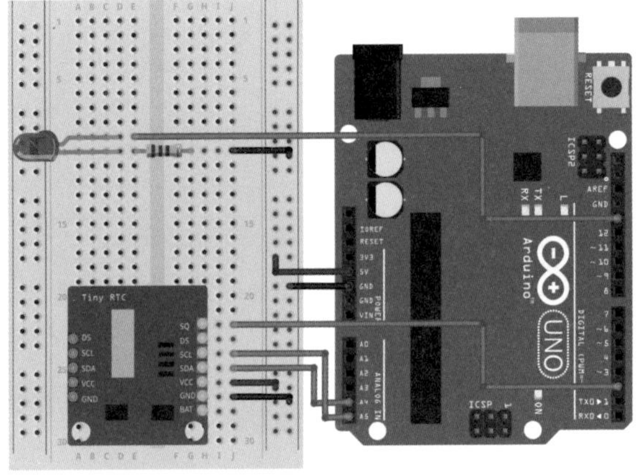

그림 19.20 구형파 출력 테스트를 위한 회로

스케치 19.3은 1Hz 구형파 출력을 통해 LED를 반전시키는 예다. 1Hz의 구형파는 1초에 상향 에지와 하향 에지가 한 번씩 나타나므로 LED가 0.5초 간격으로 점멸한다. 단, Tiny RTC 모듈은 스케치 19.3을 업로드하기 전에 시간이 설정되어 있고 CH 비트는 0으로 설정되어 RTC가 동작 중이어야 한다. 외부 인터럽트에 대한 자세한 내용은 52장 '인터럽트'를 참고하면 된다.

스케치 19.3 구형파 출력

```
#include <Wire.h>
#define RTC_ADDRESS 0x68                         // RTC 모듈의 I2C 주소

int pin_LED = 13;                                // LED 연결 핀
boolean state = false;                           // LED 상태

void blink() {                                   // 외부 인터럽트 서비스 루틴
    state = !state;                              // LED 상태 반전
    digitalWrite(pin_LED, state);                // 현재 LED 상태 출력
}

void setup() {
    Serial.begin(9600);                          // UART 통신 초기화
    Wire.begin();                                // I2C 초기화

    pinMode(pin_LED, OUTPUT);                    // LED 연결 핀을 출력으로 설정
    digitalWrite(pin_LED, state);

    // Tiny RTC 모듈의 구형파 출력 설정
    Wire.beginTransmission(RTC_ADDRESS);         // I2C 데이터 전송 시작
    Wire.write(7);                               // 7번 메모리에 데이터 기록
    Wire.write(0x10);                            // 1Hz 구형파 출력
    Wire.endTransmission();                      // I2C 데이터 전송 종료

    // 디지털 2번 핀으로 입력되는 구형파의 상승 및 하강 에지에서
    // 'blink' 함수가 호출되도록 인터럽트 서비스 루틴 등록
    attachInterrupt(digitalPinToInterrupt(2), blink, CHANGE);
}

void loop() {
}
```

주소 스캐닝

I2C 장치를 사용하다 보면 장치의 주소를 확신할 수 없을 때가 있다. 이럴 때는 모든 I2C 주소로 데이터를 전송하고 응답을 통해 특정 주솟값을 갖는 장치가 연결되어 있는지 확인할 수 있다. Wire 라이브러리의 endTransmission 함수는 전송 결과로 표 19.2의 값들을 반환하므로 0(전송 성공)이 반환되는 경우는 해당 주소의 장치가 연결된 것으로 생각할 수 있다. 스케치 19.4를 업로드하고 연결된 I2C 장치의 주소를 확인해 보자.

스케치 19.4 I2C 주소 스캐닝

```
#include <Wire.h>

void setup() {
    Wire.begin();                                   // I2C 통신 초기화
    Serial.begin(9600);                             // UART 통신 초기화
}

void loop() {
    byte error, address;
    int nDevices = 0;                               // 발견된 I2C 통신 장치 수

    Serial.println("* I2C 장치 스캔을 시작합니다...");
    for (address = 1; address < 127; address++ ) {
        // Write.endTransmisstion 함수는 전송에 대한 오류 여부를 반환함
        Wire.beginTransmission(address);
        error = Wire.endTransmission();

        if (error == 0) {                           // 오류 없음, 즉 장치가 존재함
            Serial.print(" 주소 0x");
            if (address < 16) {
                Serial.print('0');
            }
            Serial.print(address, HEX);
            Serial.println("에서 I2C 장치가 발견되었습니다.");

            nDevices++;
        }
    }
    if (nDevices == 0) {
        Serial.println("* I2C 장치가 발견되지 않았습니다.\n");
    }
    else {
        Serial.println("* 주소 스캔이 끝났습니다.\n");
    }

    delay(5000);                                    // 다음 스캔까지 5초 대기
}
```

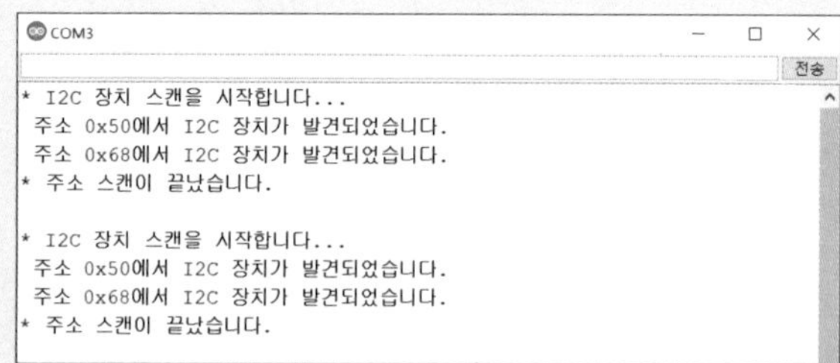

그림 19.21 스케치 19.4 실행 결과

그림 19.21에서 0x68은 DS1307 RTC 칩의 I2C 주소이고 0x50은 Tiny RTC 모듈에 사용된 EEPROM의 주소에 해당한다.

19.4 맺는말

I2C는 적은 양의 데이터를 가끔씩 보내는 용도에 최적화된 시리얼 통신 방법 중 하나로 필립스에서 개발한 통신 방법이다. I2C 통신과 함께 아두이노에서 흔히 사용되는 통신에는 전통적으로 많이 사용되어 온 UART와 고속 통신에 적합한 SPI 등이 있으며 이 외에도 1-와이어, USB, CAN 등의 시리얼 통신 역시 쉽게 찾아볼 수 있다.

I2C의 장점은 2개의 연결선만으로 여러 개의 주변장치를 연결할 수 있고, 동기식 통신이므로 비동기식 통신보다 안정적인 데이터 전송이 가능하다는 점이다. 하지만 반이중 통신이므로 송신과 수신을 동시에 진행할 수 없다는 한계가 있고, 다른 시리얼 통신에서는 찾아보기 어려운 풀업 저항을 사용해야 한다는 점 등은 단점이라 할 수 있다.

이 장에서는 I2C 통신을 사용하는 예로 DS1307 RTC 칩의 사용 방법을 살펴봤다. RTC는 자체 전원을 가지고 마이크로컨트롤러와 독립적으로 시간을 유지하는 장치로, 현재 시간을 알아내기 위해 또는 주기적인 작업을 위해 사용할 수 있다. RTC를 위한 라이브러리가 여러 종류 공개되어 있지만, 이 장에서는 아두이노의 기본 라이브러리인 Wire 라이브러리만을 사용함으로써 I2C 통신의 기본적인 내용을 이해할 수 있게 했다. 필요한 경우 이 장의 내용을 바탕으로 라이브러리를 직접 구현할 수도 있다. RTC와 RTC 라이브러리에 대한 자세한 내용은 51장 'RTC: 날짜와 시간'을 참고하면 된다.

1 I2C와 비슷하면서 디지털 오디오 전송을 위해 사용되는 시리얼 통신에 I2S 통신이 있다. I2S 역시 I2C와 마찬가지로 필립스에서 개발한 방법으로 최소 3개의 연결선을 사용한다. 3개의 연결선이 필요한 이유는 시리얼 클록과 시리얼 데이터 이외에 오디오 데이터에서 왼쪽과 오른쪽 채널을 선택하기 위해서다. I2C와 I2S의 공통점과 차이점을 알아보자.

2 스케치 19.3은 1Hz의 구형파를 출력하여 0.5초 간격으로 LED를 점멸하는 예다. 이를 수정하여 1초 간격으로 LED를 점멸하는 스케치를 작성해 보자. Tiny RTC 모듈에서 출력할 수 있는 가장 낮은 주파수는 1Hz이므로 상승 또는 하강 에지에서만 동작하는 ISR을 등록하거나 스케치 내에서 별도의 카운터를 두는 방법으로 1초 간격으로 LED를 점멸할 수 있다. 별도의 카운터를 두면 `loop` 함수 내에서 폴링 방식으로 계속 검사해야 한다는 단점은 있지만, 1Hz보다 긴 주기의 시간 간격으로 반복되는 작업을 진행하는 데 사용할 수 있다.

CHAPTER

20

1-와이어 통신

1-와이어 통신은 하나의 연결선만으로 비동기 반이중 방식 통신을 수행하는 시리얼 통신 방법으로, 시리얼 통신 방법 중에서는 가장 적은 수의 연결선을 사용한다. 특히 1-와이어 통신은 구성 방식에 따라 전원 공급을 위한 별도의 연결선 없이 데이터선으로 전원을 공급하는 것이 가능해 간단한 연결과 뛰어난 확장성이 장점이라 할 수 있다. 이 장에서는 1-와이어 통신 방법과, 1-와이어 통신을 사용하는 온도 센서와 iButton의 사용 방법을 알아본다.

이 장에서 사용할 부품

부품	수량	용도
아두이노 우노	× 1	1-와이어 통신 테스트
DS18B20	× 1	1-와이어 온도 센서
4.7kΩ 저항	× 1	DS18B20 온도 센서 풀업 저항
iButton 리더	× 1	
DS1990A iButton	× 2	
2.2kΩ 저항	× 1	iButton 풀업 저항

지금까지 살펴본 시리얼 통신 방법에는 UART, SPI, I2C가 있으며 이 중 사용하는 연결선의 개수가 가장 적은 것은 I2C로, 연결된 슬레이브의 수와 무관하게 2개의 연결선이 사용된다. 하지만 전이중 방식에서 반이중 방식으로 바꾸면 연결선을 하나 줄일 수 있는 것처럼, 동기식에서 비동기식으로 바꾸면 연결선을 하나 더 줄일 수 있다. **동기식 반이중 방식 통신인 I2C에서 비동기식 반이중 방식 통신으로 바뀐 것이 이름 그대로 하나의 연결선을 사용하는 1-와이어 통신이다.** 그림 20.1은 1-와이어 통신을 포함하여 아두이노에서 흔히 사용되는 시리얼 통신 방법을 데이터 동기화 방식과 데이터 전송을 위한 연결 방법에 따라 나누고 2개의 주변장치를 연결한 예를 보여준다. 표 20.1은 이들 시리얼 통신 방법을 비교한 것이다. 그림 20.1의 시리얼 통신 방법 중 유일하게 **1-와이어 통신은 아두이노에서 기본적으로 지원하는 시리얼 통신 방식이 아니다.** 따라서 1-와이어 통신을 사용하려면 별도로 라이브러리를 설치해야 한다.

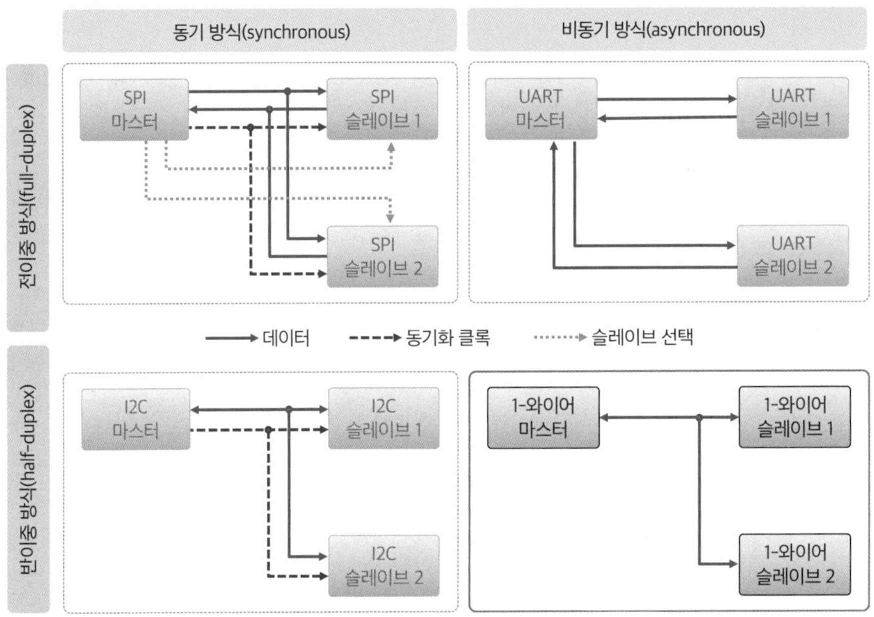

그림 20.1 시리얼 통신 방법에 따른 연결 방법

표 20.1 시리얼 통신 방법의 비교

항목			UART	SPI	I2C	1-와이어
슬레이브 연결 방법			1:1	1:*N*	1:*N*	1:*N*
데이터 전송 방법			전이중	전이중	반이중	반이중
데이터 동기화 방법			비동기식	동기식	동기식	비동기식
연결선 개수	1개 슬레이브 연결	데이터	2개	2개	1개	1개
		동기화 클록	-	1개	1개	-
		슬레이브 선택	-	1개	-	-
		총	2개	4개	2개	1개
	*N*개 슬레이브 연결		2*N*개	(3 + *N*)개	2개	1개
슬레이브 선택			-	하드웨어 (SS 연결선)	소프트웨어 (주소 지정)	소프트웨어 (주소 지정)
아두이노 지원			기본 클래스 (Serial)	기본 라이브러리 (SPI)	기본 라이브러리 (Wire)	확장 라이브러리

20.1 1-와이어 통신

1-와이어 통신은 하나의 데이터 연결선을 통해 통신이 이루어지는 반이중 비동기 통신 방식으로, 지금까지 소개했던 시리얼 통신 방법 중에서는 I2C 통신과 가장 비슷하다. I2C 통신은 데이터 송수신을 위해 2개의 연결선을 사용하며 이 중 하나는 데이터, 다른 하나는 동기화 클록 전송을 위해 사용한다. 반면, 1-와이어 통신은 클록을 위한 연결선을 제거하여 필요한 연결선을 하나로 줄여 I2C 통신보다 더 간단한 연결이 가능하다.

그림 20.2 일대일 1-와이어 연결

연결선의 개수 이외에는 I2C 통신과 1-와이어 통신은 공통점이 많다. 두 통신 방법 모두 일대다 연결이 가능하고, 마스터-슬레이브 구조를 가지며, 각각의 **슬레이브 장치를 구별하기 위해 소프트웨어 주소를 사용한다.** 따라서 연결된 슬레이브의 수가 증가하더라도 필요한 연결선의 개수가 늘어나지 않는다는 점도 같다.

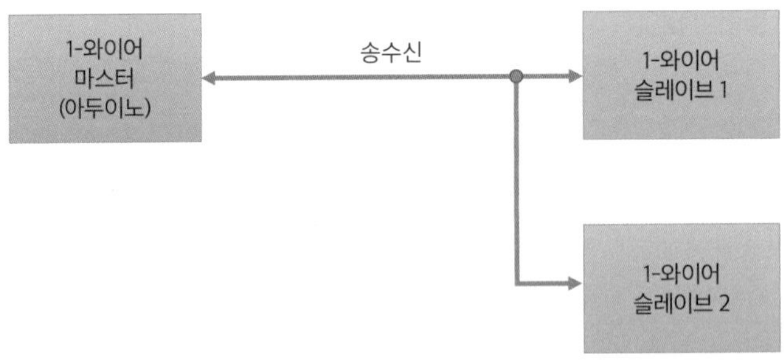

그림 20.3 일대다 1-와이어 연결

1-와이어 통신이 단순히 연결선의 수를 줄인 것 이외에도, 다른 시리얼 통신 방법에는 없는 특징이 하나 더 있다. 바로 **1-와이어 통신은 VCC 연결 없이도 통신이 가능하다**는 점이다. VCC를 연결하지 않으면 전원을 어떻게 공급할지 의심스럽겠지만, 1-와이어 통신에서는 풀업 저항을 데이터선에 연결하고 장치가 데이터를 송수신하지 않을 때, 즉 데이터선을 데이터 송수신을 위한 용도로 사용하지 않을 때 데이터선을 통해 전원을 공급할 수 있다. 하지만 데이터선을 통해 데이터 송수신과 전원 공급이 동시에 진행될 수는 없다. 따라서 1-와이어 통신을 위한 슬레이브 장치 내에는 커패시터가 포함되어 있어 데이터 전송이 이루어지지 않을 때 풀업 저항이 연결된 데이터선을 통해 전력을 저장하고, 데이터 송수신이 필요한 경우 저장된 전력을 사용한다. 물론 이는 1-와이어 통신에서 슬레이브 장치가 필요로 하는 전력이 적고 송수신하는 데이터의 양 역시 적은 경우에만 가능하다.

1-와이어 통신에서는 마스터-슬레이브 구조를 갖는 I2C, SPI 등의 시리얼 통신과 마찬가지로 마스터 장치가 통신을 시작하고 슬레이브 장치와의 통신을 책임진다. 1-와이어 통신에서는 데이터 송수신을 위해 '1 쓰기', '0 쓰기', '읽기', '리셋', '존재 알림'의 다섯 가지 동작이 정의되어 있다. 읽기와 쓰기 동작은 비트 단위로 진행되며 한 비트 데이터를 전송하는 구간을 슬롯slot이라고 한다. **1-와이어 통신은 동기화를 위한 클록을 사용하지 않으며 슬롯 내에서 신호의 길이에 의해 0과 1을 구별한다.**

데이터 전송이 이루어지지 않는 경우 데이터 연결선은 풀업 저항으로 HIGH 상태에 있다. **풀업 저항은 데이터 전송이 일어나지 않을 때 전력을 공급하는 용도 이외에도 유휴 상태의 데이터 연결선 상태를 결정하는 데도 사용되므로 반드시 연결해야 한다. 이는 I2C 통신에서도 마찬가지다.**

읽기와 쓰기는 마스터 장치에서 데이터선을 6μs 동안 LOW로 설정하면서 시작된다. 이후 '1 쓰기'에서는 데이터선을 HIGH 상태로, '0 쓰기'에서는 데이터선을 LOW 상태로 만든다. '읽기'에서는 슬롯 시작 시점 이후 약 15μs 시점에서 슬레이브 장치가 보낸 데이터를 읽는다.

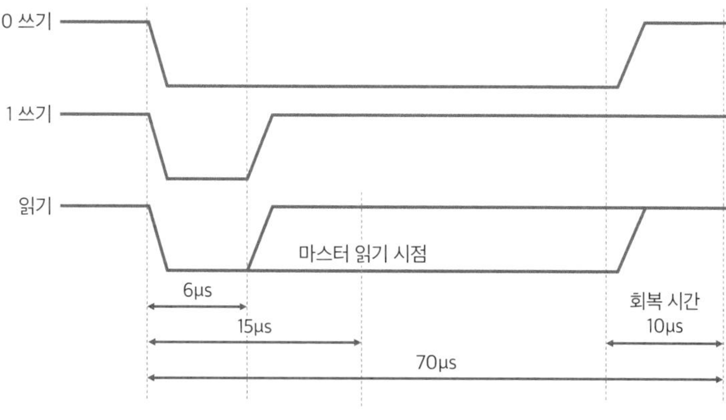

그림 20.4 읽기 및 쓰기 타이밍도

1-와이어 통신은 일대다 통신이므로 읽기와 쓰기 동작은 특정 슬레이브를 선택한 이후 가능하다. 슬레이브 선택은 리셋 동작으로부터 시작된다. 리셋은 마스터가 480μs 동안 데이터선을 LOW 상태로 만들면서 시작되고, 그 후 슬레이브는 자신의 존재를 알리기 위해 데이터선을 LOW 상태로 만든다. 따라서 마스터는 데이터선이 LOW 상태에 있다는 것으로 슬레이브가 연결되어 있음을 알 수 있다.

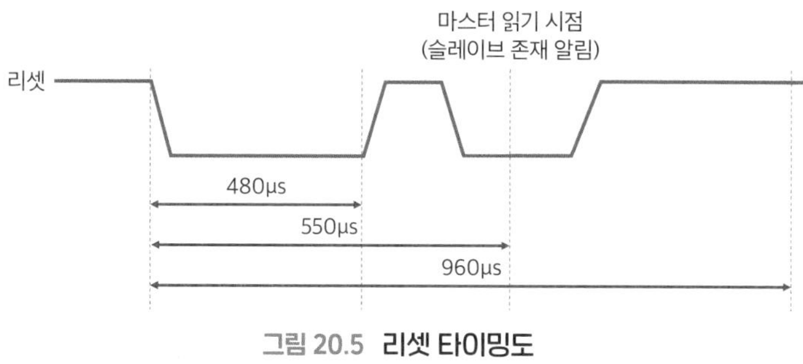

그림 20.5 리셋 타이밍도

하지만 여기에는 한 가지 문제가 있다. 2개 이상의 슬레이브가 연결된 경우 2개의 슬레이브는 모두 데이터선을 LOW 상태로 만들기 때문에 리셋 이후 데이터선이 LOW 상태에 있다는 것은 슬레이브가 연결되어 있다는 것을 말해줄 뿐 몇 개의 슬레이브가 연결되어 있는지는 알 수 없다. 슬레이브의 주소를 알고 있다면 직접 연결이 가능하지만, 슬레이브 주소를 알지 못한다면 현재 연결된 슬레이브의 주소를 찾아내야 한다. **연결된 모든 슬레이브의 주소를 찾아내는 명령을 ROM 검색** search ROM **명령**이라고 하고, ROM 검색 명령은 ROM 검색 알고리즘을 통해 연결된 모든 슬레이브의 주소를 찾아낸다*.

* 이 책에서는 ROM 검색 알고리즘의 개념만 설명하고 실제 구현 방법을 다루지는 않는다. ROM 검색 알고리즘과 관련된 내용은 1-와이어 통신을 만든 맥심(Maxim)사에서 제공하는 문서(https://www.maximintegrated.com/en/design/technical-documents/app-notes/1/187.html)를 포함하여 다양한 자료를 쉽게 찾아볼 수 있다.

1-와이어 통신에서 슬레이브는 64비트의 주소를 가지며 주소가 ROM에 기록되어 있어 주소 검색 명령을 ROM 검색 명령이라고 한다. 64비트 주소는 8비트의 패밀리 코드family code, 48비트의 시리얼 번호, 그리고 8비트의 오류 검사용 CRC로 구성된다. 패밀리 코드는 슬레이브 장치의 종류를 나타낸다. 예를 들어, 이 장에서 사용하는 **DS18B20 온도 센서는 0x28의 패밀리 코드를 갖는다.** 시리얼 번호는 같은 종류family의 장치를 유일하게 구별하기 위해 사용하는 고유 번호에 해당한다.

<table>
<tr><td colspan="6">64비트 슬레이브 주소(ROM Number)</td></tr>
<tr><td colspan="3">MSB</td><td colspan="3">LSB</td></tr>
<tr><td colspan="2">8비트 CRC
(1바이트)</td><td colspan="2">48비트 시리얼 번호
(6바이트)</td><td colspan="2">8비트 패밀리 코드
(1바이트)</td></tr>
<tr><td>MSB</td><td>LSB</td><td>MSB</td><td>LSB</td><td>MSB</td><td>LSB</td></tr>
</table>

그림 20.6 1-와이어 통신에서의 슬레이브 주소

ROM 검색으로 특정 슬레이브가 검색되면 검색된 장치를 선택하여 데이터를 주고받을 수 있으며, 데이터를 주고받는 동작은 다음번 리셋 전까지 같은 슬레이브와 계속 진행된다.

1-와이어 통신의 특징 중 하나가 VCC 연결 없이도 데이터를 주고받을 수 있다는 점이라고 이야기했다. **슬레이브 장치는 데이터를 송수신하지 않는 상태일 때 풀업 저항이 연결된 데이터선으로부터 전원을 공급받으며, 이를 기생 전력parasitic power 모드라고 한다.** 그림 20.7은 슬레이브가 기생 전력을 사용하도록 연결된 예를 나타낸다. 기생 전력 모드를 사용하려면 데이터를 송수신할 때 필요한 전력을 공급하기 위해 일시적으로 전력을 저장할 수 있는 부품이 슬레이브 장치에 필요하다는 점도 기억해야 한다.

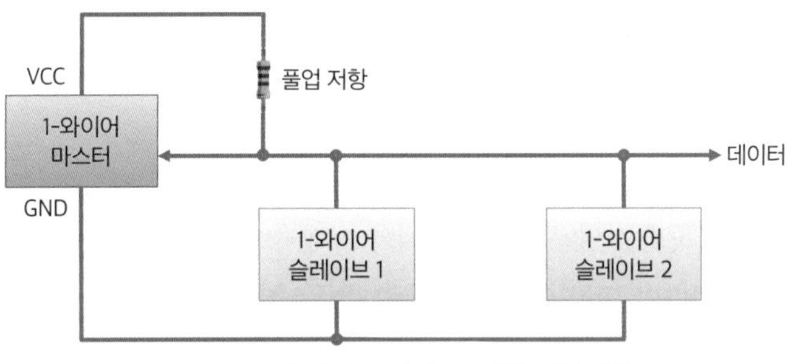

그림 20.7 슬레이브 연결 – 기생 전력 사용

기생 전력은 1-와이어 통신을 사용하는 장치가 배터리를 내장하지 않고 동작할 수 있게 해주지만, 슬레이브 장치가 많은 연산을 수행하거나, 마스터 장치와 슬레이브 장치 사이의 거리가 먼 경우 또는 마스터 장치가 충분한 전력을 공급할 수 없는 경우에는 슬레이브 장치의 정상적인 동작을 보장할 수 없다. 이런 경우에는 슬레이브 장치에 별도의 외부 전원을 공급해야 슬레이브 장치가 안정적으로 동작할 수 있다. 슬레이브가 **외부 전원을 사용할 때도 풀업 저항은 필요하다.** 그림 20.8은 외부 전원을 사용하도록 연결된 예를 나타낸다.

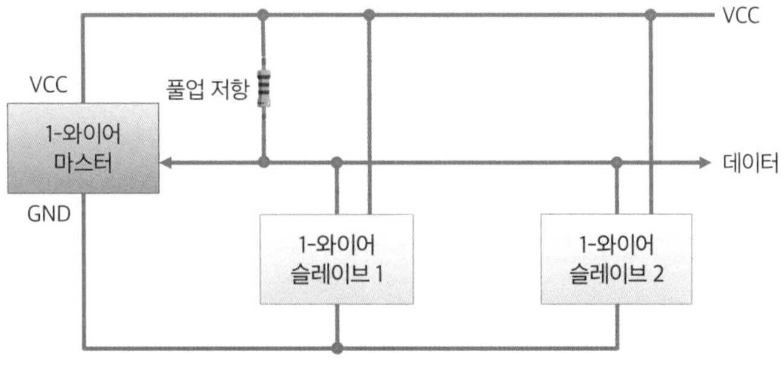

그림 20.8 **슬레이브 연결 – 외부 전원 사용**

20.2 1-와이어 라이브러리

아두이노 우노에 사용된 ATmega328 마이크로컨트롤러에는 1-와이어 통신을 지원하는 하드웨어가 포함되어 있지 않다. 하지만 1-와이어 통신은 저속의 통신으로, 별도의 하드웨어 지원 없이도 소프트웨어를 통해 쉽게 구현할 수 있다. 다만 아두이노의 기본 라이브러리에는 1-와이어 통신을 지원하는 라이브러리가 포함되어 있지 않으므로 별도로 라이브러리를 설치해야 한다. 라이브러리 매니저에서 'OneWire'를 검색하여 OneWire 라이브러리를 설치하자.

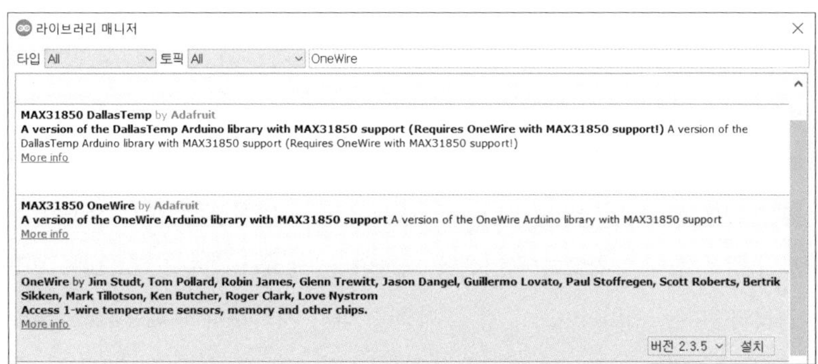

그림 20.9 **OneWire 라이브러리 검색 및 설치***

* https://www.pjrc.com/teensy/td_libs_OneWire.html

OneWire 라이브러리는 1-와이어 통신을 지원하기 위해 OneWire 클래스를 제공하고 있다. OneWire 라이브러리를 사용하기 위해서는 먼저 헤더 파일을 포함해야 한다. '스케치 → 라이브러리 포함하기 → OnwWire' 메뉴 항목을 선택하거나 #include 문을 직접 입력하면 된다.

```
#include <OneWire.h>
```

OneWire 클래스에는 1-와이어 통신을 지원하기 위해 다음과 같은 멤버 함수들이 정의되어 있다.

■ OneWire

```
OneWire::OneWire(uint8_t pin)
  - 매개변수
      pin: 핀 번호
  - 반환값: 없음
```

OneWire 클래스의 객체를 생성할 때는 1-와이어 통신 장치들이 연결된 핀 번호를 지정해야 한다. 이는 SPI나 I2C 통신과 달리 1-와이어 통신이 하드웨어 지원 없이 소프트웨어로 지원되는 통신이기 때문이다. 사용하는 핀은 임의의 디지털 핀을 사용할 수 있다.

■ search

```
uint8_t OneWire::search(uint8_t *newAddr)
  - 매개변수
      newAddr: 새로운 슬레이브 장치의 주소
  - 반환값: 새로운 슬레이브 장치의 발견 여부
```

마스터에 연결된 슬레이브는 search 함수를 연속적으로 호출하여 찾아낼 수 있다. 연결된 모든 슬레이브를 찾아내는 알고리즘을 ROM 검색 알고리즘이라고 하며, search 함수는 ROM 검색 알고리즘을 사용하여 슬레이브를 찾아낸다. 하지만 search 함수는 새로운 슬레이브가 발견되면 현재 검색 상태를 저장한 후 발견된 슬레이브의 정보를 즉시 반환한다. 이후 search 함수를 다시 호출하면 저장된 검색 상태를 참조하여 검색을 계속한다. search 함수가 false를 반환하면 모든 슬레이브가 검색되었다는 의미이며, 이 경우 검색을 다시 시작하기 위해 reset_search 함수를 사용한다. search 함수가 true를 반환할 때 매개변수에는 새로운 슬레이브의 주소가 저장된다.

■ reset_search

```
void OneWire::reset_search()
  - 매개변수: 없음
  - 반환값: 없음
```

슬레이브 검색을 처음부터 다시 시작하기 위해 ROM 검색 알고리즘을 초기화한다. 처음 슬레이브 검색을 시작할 때는 reset_search 함수를 호출하지 않아도 되지만, 이후 다시 슬레이브 검색을 시작할 때는 reset_search 함수로 시작해야 한다.

■ reset

```
uint8_t OneWire::reset()
  - 매개변수: 없음
  - 반환값: 슬레이브 발견 여부
```

1-와이어 통신의 리셋 사이클을 수행하고 슬레이브 발견 여부를 반환한다. 리셋 사이클을 수행하면 기존 연결은 끊어진다.

■ select

```
void OneWire::select(const uint8_t rom[8])
  - 매개변수
      rom: 슬레이브 주소
  - 반환값: 없음
```

8바이트의 주소를 지정하여 데이터를 주고받을 슬레이브를 선택한다. select 명령을 실행하기 이전에 reset 사이클을 먼저 수행해야 한다.

■ read

```
uint8_t OneWire::read()
  - 매개변수: 없음
  - 반환값: 수신 데이터
```

선택된 슬레이브에서 1바이트 데이터를 읽어온다.

■ **write**

```
void OneWire::write(uint8_t data, uint8_t power = 0)
  - 매개변수
      data: 송신 데이터
      power: 기생 전력 공급 여부
  - 반환값: 없음
```

선택된 슬레이브로 1바이트 데이터를 전송한다. 매개변수 power를 1로 설정하면 데이터 출력 후 데이터선을 HIGH 상태에 있도록 함으로써 기생 전력 모드에서 데이터선을 통해 전원이 공급되게 한다. 디폴트값은 0이다.

■ **crc8**

```
uint8_t OneWire::crc8(const uint8_t *addr, uint8_t len)
  - 매개변수
      addr: CRC를 계산할 데이터가 저장된 버퍼에 대한 포인터
      len: CRC를 계산할 데이터의 바이트 수
  - 반환값: 8비트 CRC 값
```

CRC를 계산하여 그 결과를 반환한다. 1-와이어 장치의 주소는 7바이트의 주소와 1바이트의 CRC로 이루어지므로 정상적인 주소 확인을 위해 사용할 수 있다.

20.3 DS18B20 온도 센서

DS18B20은 1-와이어 통신을 사용하는 온도 센서로 트랜지스터와 같은 모양을 갖고 있다.

DS18B20 온도 센서를 아두이노 우노의 2번 핀에 연결하자. DS18B20 온도 센서는 임의의 디지털 핀에 연결하여 사용할 수 있지만, 데이터 연결선에는 4.7kΩ의 풀업 저항을 연결해야 한다. 그림 20.11은 DS18B20 센서가 외부 전원을 사용하도록 연결한 예다.

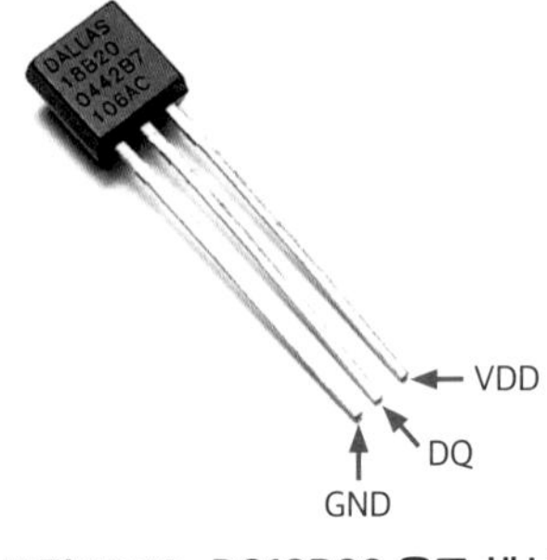

그림 20.10 DS18B20 온도 센서

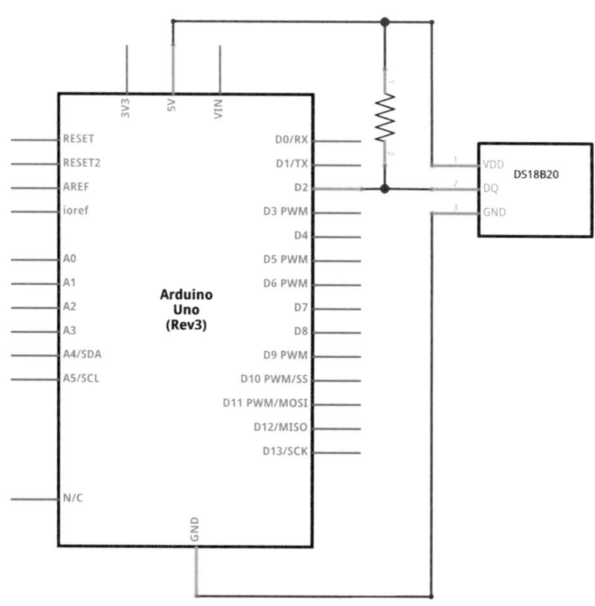

그림 20.11 **DS18B20 온도 센서 연결 회로도**

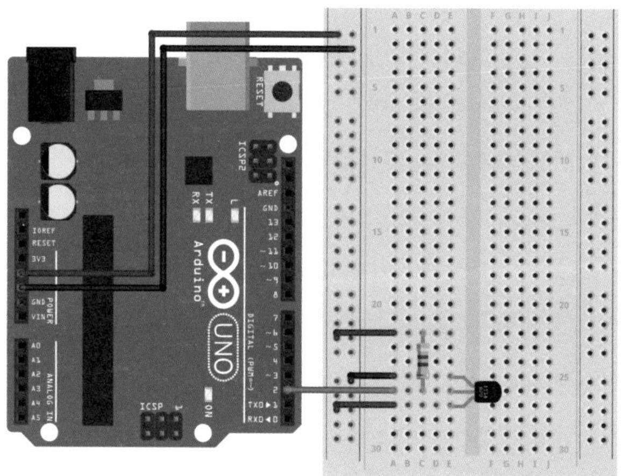

그림 20.12 **DS18B20 온도 센서 연결 회로**

OneWire 라이브러리의 search 명령을 통해 슬레이브의 주소를 찾은 후에는, 찾은 장치의 종류를 확인한다. **슬레이브 장치의 종류는 주소의 첫 번째 바이트인 패밀리 코드로 확인할 수 있으며, DB18B20 온도 센서는 0x28의 값을 갖는다.**

DS18B20 센서로 확인된 경우 온도를 읽어오는 과정은 두 단계로 이루어진다. 우선, 측정된 온도를 디지털로 변환하는 과정이 필요한데 이를 위해 DS18B20 온도 센서로 온도 변환 명령인 0x44를 전송하면 된다. 변환된 온도 정보는 DS18B20 내부의 스크래치 패드 메모리에 저장된다. 변환된 온도 정보는 9~12비트의 해상도 중 선택할 수 있으며, 해상도가 높을수록 변환에 많은 시간이 필요하다.

변환이 완료된 후 스크래치 패드 메모리의 내용을 읽어 오기 위해서는, 읽기 명령인 0xBE를 전송한 후 메모리 내용을 읽으면 된다. DS18B20의 스크래치 패드 메모리 구조는 그림 20.13과 같다.

스크래치 패드의 0번과 1번 바이트에는 온도 정보가 저장되고, 2번과 3번 바이트에는 알람 기능을 위해 사용할 수 있는 알람 트리거값이 저장된다. 알람 기능을 사용하지 않는 경우 2번과 3번 바이트는 범용 메모리로 사용할 수 있다. 4번 바이트에는 해상도 설정값이 저장되며, 5번에서 7번 바이트는 내부적으로 사용되는 메모리다. 마지막 8번 바이트에는 CRC 값이 저장된다.

	스크래치 패드(SRAM)
바이트 0	온도 레지스터(LSB)
바이트 1	온도 레지스터(MBS)
바이트 2	알람 레지스터 T_H
바이트 3	알람 레지스터 T_L
바이트 4	설정 레지스터
바이트 5	Reserved
바이트 6	Reserved
바이트 7	Reserved
바이트 8	CRC

그림 20.13 DS18B20의 메모리 맵

DS18B20의 온도 정보는 9~12비트의 해상도 중 선택할 수 있으며, 4번 바이트인 설정 레지스터의 5번 비트 R0와 6번 비트 R1에 의해 결정된다. 표 20.2는 설정 레지스터의 해상도 비트값에 따른 해상도를 나타낸 것이다.

표 20.2 설정 레지스터 값에 따른 해상도

R1	R0	해상도(비트)	변환 시간(ms)
0	0	9	93.75
0	1	10	187.5
1	0	11	375
1	1	12	750

온도 레지스터의 값은 상위 바이트가 바이트 1에, 하위 바이트가 바이트 0에 기록되며, 해상도에 따라 하위 바이트의 0번 비트부터 2번 비트까지의 사용이 정해진다. 예를 들어 9비트 해상도에서는 $2^{-1} = 0.5$단위로만 온도 표현이 가능하다면, 12비트 해상도에서는 $2^{-4} = 0.0625$단위까지 온도 표현이 가능하다. 하위 바이트의 0번부터 3번 비트까지는 소수점 이하 값을 나타내므로 **온도 레지스터의 2개 바이트를 16비트값으로 연결한 후 16으로 나누면 섭씨온도를 얻을 수 있다.**

비트	7	6	5	4	3	2	1	0
하위 바이트 (바이트 0)	2^3	2^2	2^1	2^0	2^{-1}	2^{-2}	2^{-3}	2^{-4}
상위 바이트 (바이트 1)	S	S	S	S	S	2^6	2^5	2^4
비트	15	14	13	12	11	10	9	8

그림 20.14 온도 레지스터 구조(S: 부호 비트)

스케치 20.1은 DS18B20 온도 센서에서 온도를 읽어오는 예다.

스케치 20.1 DS18B20 – 외부 전원 사용

```
#include <OneWire.h>

OneWire DS1820(2);                              // 2번 핀에 온도 센서 연결

void setup(void) {
    Serial.begin(9600);                         // 시리얼 통신 초기화
}

void loop(void) {
    byte data[9];                               // 스크래치 패드 데이터
    byte addr[8];                               // 슬레이브 주소
    float celsius;                              // 섭씨온도

    if (!DS1820.search(addr)) {                 // 다음 1-와이어 슬레이브 검색
        Serial.println("* 더 이상 1-Wire 장치가 발견되지 않았습니다.");
        Serial.println();
        DS1820.reset_search();                  // 슬레이브 검색 초기화

        delay(5000);                            // 5초 후 슬레이브 검색 다시 시작
        return;
    }

    Serial.print("ROM =");
    for (int i = 0; i < 8; i++) {               // 슬레이브 주소 출력
        Serial.write(' ');
        printTwoHexString(addr[i]);             // 16진수 두 자리로 출력
    }
    Serial.println();

    if (OneWire::crc8(addr, 7) != addr[7]) {    // 주소에 대한 CRC 검사
        Serial.println("* 주솟값에 CRC 오류가 있습니다.");
        return;
    }

    if (addr[0] != 0x28) {                      // 패밀리 코드 검사
        Serial.println("* 발견된 장치는 DS18B20 온도 센서가 아닙니다.");
        return;
    }

    DS1820.reset();                             // 리셋
    DS1820.select(addr);                        // 슬레이브 선택

    // 온도 변환 시작 명령
    DS1820.write(0x44);                         // 외부 전력 사용
    // DS1820.write(0x44, 1);                   // 기생 전력 사용

    // 12비트 온도 변환을 위해서는 750ms 이상의 시간이 필요
    delay(1000);

    DS1820.reset();                             // 리셋
```

```
    DS1820.select(addr);                          // 슬레이브 선택
    DS1820.write(0xBE);                           // 스크래치 패드 읽기 명령

    Serial.print(" 스크래치 패드 데이터 = ");
    for (int i = 0; i < 9; i++) {                 // 9바이트 스크래치 패드 데이터 읽기
        data[i] = DS1820.read();
        printTwoHexString(data[i]);               // 16진수 두 자리로 출력
        Serial.print(" ");
    }
    Serial.println();

    if (OneWire::crc8(data, 8) != data[8]) {      // 스크래치 패드 데이터에 대한 CRC 검사
        Serial.println("* 스크래치 패드 데이터에 CRC 오류가 있습니다.");
        return;
    }

    int16_t raw = (data[1] << 8) | data[0];       // 온도 레지스터 값
    // 바이트 4의 5번과 6번 비트가 해상도를 나타냄: 0b0xx00000
    byte cfg = (data[4] & 0x60);                  // 5번, 6번 비트 읽기

    if (cfg == 0x00) {
        raw = raw & 0xFFF8;                       // 9비트 해상도, 하위 3비트 제거
    } else if (cfg == 0x20) {
        raw = raw & 0xFFFC;                       // 10비트 해상도, 하위 2비트 제거
    } else if (cfg == 0x40) {
        raw = raw & 0xFFFE;                       // 11비트 해상도, 하위 1비트 제거
    }

    celsius = (float)raw / 16.0;
    Serial.println(String(" 온도는 ") + celsius + "도입니다.");
}

void printTwoHexString(byte no) {                 // 16진수 두 자리로 출력
    if (no < 16) {
        Serial.print('0');
    }
    Serial.print(no, HEX);
}
```

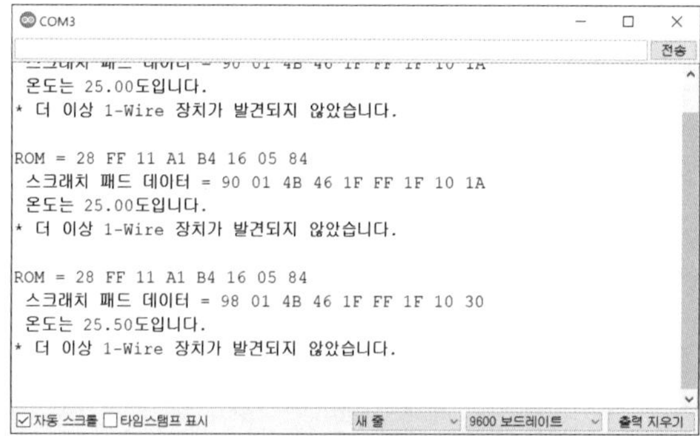

그림 20.15 **스케치 20.1 실행 결과**

그림 20.11의 회로도는 DS18B20 온도 센서에 외부 전원을 사용하도록 연결한 예다. 하지만 DS18B20 온도 센서는 기생 전력을 사용하여 VCC 연결 없이도 동작하게 할 수 있다. **기생 전력을 사용하기 위해서는** 그림 20.16과 같이 **DS18B20 센서의 VDD를 GND로 연결하면 된다.**

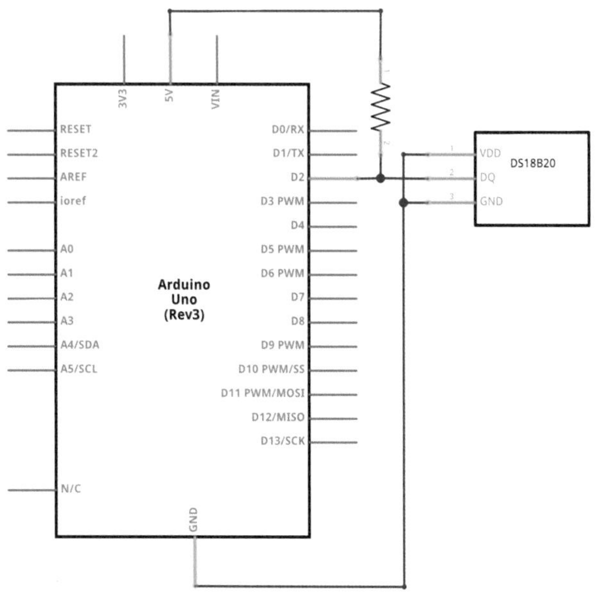

그림 20.16 DS18B20 온도 센서 연결 회로도 – 기생 전력

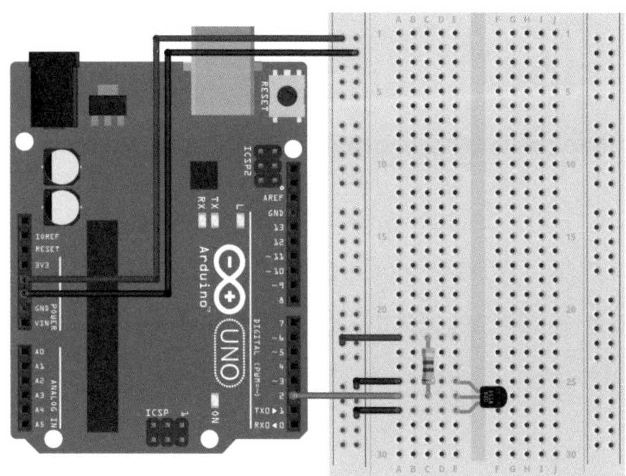

그림 20.17 DS18B20 온도 센서 연결 회로 – 기생 전력

기생 전력을 사용할 때 스케치에서 달라지는 점은 온도 변환 시작 명령을 온도 센서로 전송할 때 명령이 전송된 후 데이터선을 HIGH 상태에 두도록 `write` 함수의 매개변수인 `power`를 1로 설정하는 것이 전부다. 기생 전력을 사용하도록 스케치 20.1을 수정한 경우에도 실행 결과는 그림 20.15와 같다.

기생 전력을 사용하는 그림 20.16의 회로도와 write 함수를 수정하지 않은 스케치 20.1을 함께 사용해도 온도가 정상적으로 출력될 수 있다. 기생 전력 모드에서 power 매개변수를 설정하지 않아 온도가 정상적으로 출력되지 않는 경우를 확인하려면 풀업 저항을 크게 하면 된다. 예를 들어, 풀업 저항을 10kΩ으로 바꾸면 전류가 절반 정도로 줄어들어 온도 변환에 필요한 충분한 전력이 공급되지 않으므로 그림 20.18과 같이 정상적으로 온도가 변환되지 않을 수 있다. 하지만 외부 전원을 사용할 때는 데이터선의 전력을 사용하지 않으므로 풀업 저항을 10kΩ으로 바꾸어도 온도 변환에 영향을 미치지 않는다. 기생 전력을 사용할 때 온도 변환에서 오류가 발생하는 풀업 저항 크기는 사용하는 전원의 종류, 연결선의 길이 등 여러 가지 요인에 영향을 받으므로 10kΩ 저항 역시 절대적인 것은 아니다.

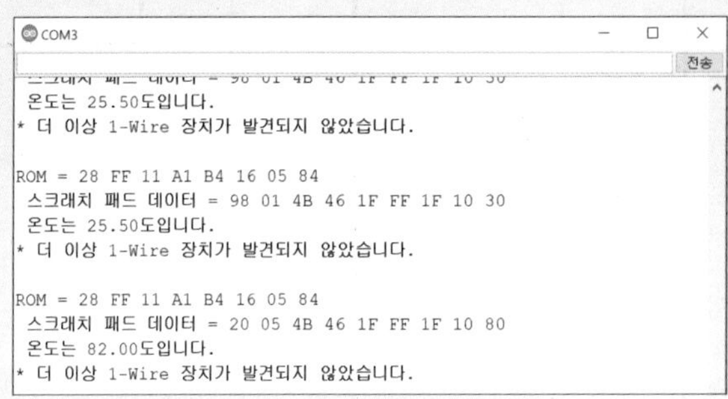

```
 온도는 25.50도입니다.
* 더 이상 1-Wire 장치가 발견되지 않았습니다.

ROM = 28 FF 11 A1 B4 16 05 84
 스크래치 패드 데이터 = 98 01 4B 46 1F FF 1F 10 30
 온도는 25.50도입니다.
* 더 이상 1-Wire 장치가 발견되지 않았습니다.

ROM = 28 FF 11 A1 B4 16 05 84
 스크래치 패드 데이터 = 20 05 4B 46 1F FF 1F 10 80
 온도는 82.00도입니다.
* 더 이상 1-Wire 장치가 발견되지 않았습니다.
```

그림 20.18 기생 전력 모드에서 power 매개변수 미설정에 따른 온도 변환 실패

20.4 iButton

댈러스 키Dallas Key라고도 불리는 iButton은 컴퓨터로 읽을 수 있는 라벨의 일종으로, 댈러스 세미컨덕터Dallas Semiconductor*에서 개발한 것이다. **iButton은 정보를 저장하고 있는 칩의 데이터를 1-와이어 통신을 통해 읽고 쓸 수 있도록 코인 배터리와 비슷한 모양의 케이스에 데이터 칩을 넣어 만든 것이다.** iButton의 케이스는 전기적으로 분리된 두 부분으로 이루어져 있으며 하나는 그라운드(GND), 다른 하나는 데이터 핀으로 사용된다.

그림 20.19 iButton

* 댈러스 세미컨덕터(Dallas Semiconductor)는 2001년 맥심 인티그레이티드 프로덕츠(Maxim Integrated Products)에 합병되었다.

iButton은 내구성이 뛰어나 실내는 물론 실외 환경에서도 사용할 수 있고, 1-와이어 통신의 **기생 전력 모드를 사용하므로 별도의 전원이 필요하지 않아 도어락의 키로 흔히 사용된다.** 도어락의 키로 사용되는 iButton은 일반적으로 iButton의 크기에 맞게 만들어진 iButton 리더와 함께 사용된다.

그림 20.20 iButton 리더

그림 20.21과 같이 iButton 리더를 아두이노에 연결하자. 연결 시 주의할 점은 데이터 연결선에 DS18B20 온도 센서의 경우와는 크기가 다른 2.2kΩ 풀업 저항을 사용해야 한다는 점이다.

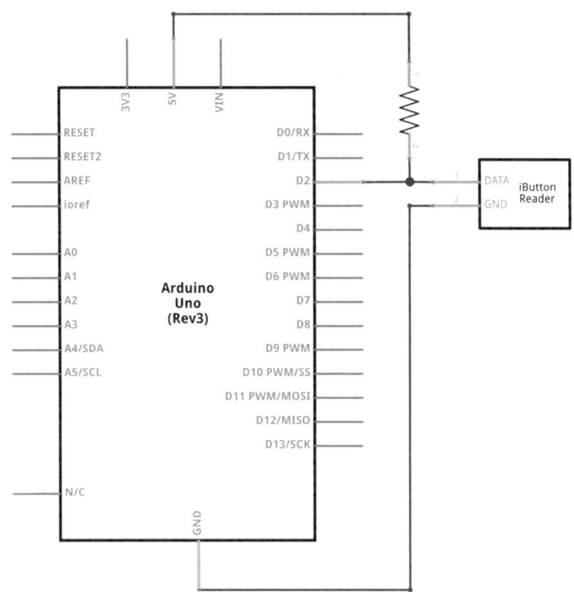

그림 20.21 iButton 리더기 연결 회로도

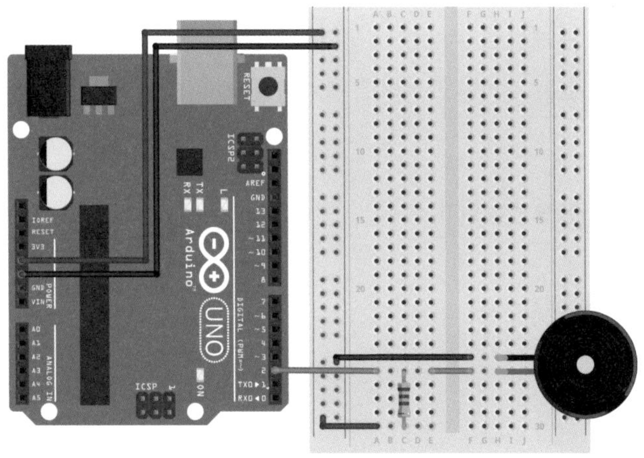

그림 20.22 iButton 리더기 연결 회로

iButton 리더는 iButton의 접점 역할만 하고 다른 기능은 없다. 따라서 그림 20.23과 같이 iButton 리더 없이 iButton을 직접 아두이노의 데이터 핀으로 연결해도 데이터를 읽어올 수 있다. 하지만 리더가 없으면 iButton과의 연결이 불편하므로, 간편하게 접촉을 통해 데이터를 읽어올 수 있도록 iButton 리더를 사용한다. 도어락에 iButton을 가져다 대는 곳이 iButton 리더에 해당한다.

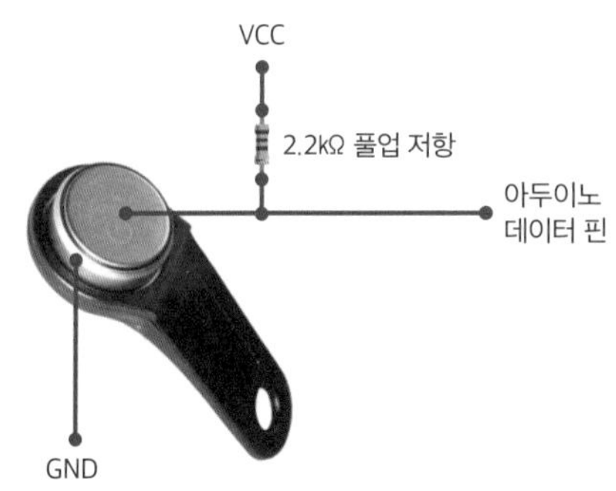

그림 20.23 iButton과 아두이노의 직접 연결

iButton에는 다양한 종류가 있으며, 가장 간단한 형태인 DS1990A는 읽기 전용으로 사용된다. DS1990A는 공장 출하 시에 등록된 64비트(8바이트)의 등록 번호가 할당되어 있고 변경할 수 없으므로 유일하게 식별할 수 있어 도어락 키로 사용된다. DS1990A의 8바이트 등록 번호는 그림 20.6의 슬레이브 주소와 같다. DS1990A 이외에도 DS1921, DS1922, DS1971 등 다양한 iButton이 존재하며 이들은 DS1990A에 읽고 쓸 수 있는 메모리나 온도 측정 기능 등을 추가한 것이다. 이 장에서는 읽기만 가능한 DS1990A iButton을 사용한다.

iButton의 등록 번호를 읽기 위해서는 DS18B20 온도 센서에서 온도를 읽어오는 데 사용한 OneWire 라이브러리를 사용하면 된다. DS18B20 온도 센서의 온도를 읽어오는 과정은 먼저 슬레이브의 주소를 검색으로 알아내고 이후 온도 데이터를 읽어오는 두 단계로 구성된다면, DS1990A iButton은 등록 번호인 슬레이브 주소를 검색하기만 하면 된다. 스케치 20.2는 iButton 리더로 iButton을 읽고 등록 번호를 시리얼 모니터로 출력하는 예다. **DS1990A iButton의 패밀리 코드는 0x01이다.**

스케치 20.2 iButton 등록 번호 읽기

```
#include <OneWire.h>

OneWire iButton(2);                          // 2번 핀에 iButton 연결
byte addr[8];                                // 8바이트 ROM Number

void setup(void) {
    Serial.begin(9600);                      // 시리얼 통신 초기화
```

```
}

void loop(void) {
    if (getKeyCode()) {                             // iButton 읽기에 성공한 경우
        Serial.print("등록 번호 : ");
        for (int i = 5; i > 0; i--) {               // 시리얼 번호를 MSB부터 출력
            printTwoHexString(addr[i]);             // 16진수 두 자리로 출력
            Serial.print(' ');
        }
        Serial.print(", 패밀리 코드 : ");
        printTwoHexString(addr[0]);                 // 16진수 두 자리로 출력
        Serial.println();
    }

    delay(1000);                                    // 1초에 한 번만 iButton 검사
}

void printTwoHexString(byte no) {                   // 16진수 두 자리로 출력
    if (no < 16) {
        Serial.print('0');
    }
    Serial.print(no, HEX);
}

boolean getKeyCode() {
    if (!iButton.search(addr)) {                    // 다음 1-와이어 슬레이브 검색 실패
        iButton.reset_search();                     // 슬레이브 검색 초기화
        return false;
    }

    if (OneWire::crc8(addr, 7) != addr[7]) {        // 주소에 대한 CRC 검사
        Serial.println("* 주솟값에 CRC 오류가 있습니다.");
        return false;
    }

    if (addr[0] != 0x01) {                          // 패밀리 코드 검사
        Serial.println("* 발견된 장치는 iButton이 아닙니다.");
        return false;
    }

    return true;
}
```

그림 20.24는 서로 다른 3개의 DS1990A iButton을 iButton 리더기를 통해 읽고 그 등록 번호를 출력한 예다.

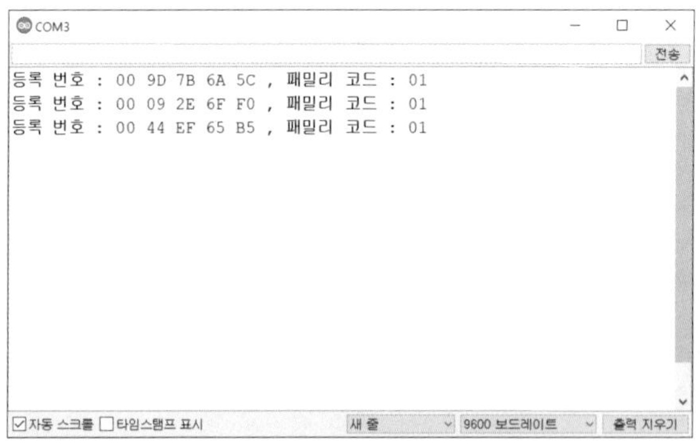

그림 20.24 스케치 20.2 실행 결과

20.5 맺는말

1-와이어 통신은 데이터 송수신을 위해 1개의 연결선만을 사용하는 시리얼 통신 방법이다. 사용하는 연결선의 수를 줄이기 위해 1-와이어 통신은 데이터 송수신을 위해 1개의 연결선을 사용하는 반이중 방식과 데이터 동기화를 위해 별도의 클록을 사용하지 않는 비동기 방식을 사용한다. 다른 시리얼 통신 방식과 비교했을 때 1-와이어 통신의 특징 중 하나는 별도의 VCC 연결선 없이 데이터선과 GND 연결만으로 전원 공급이 가능하다는 점이다. 이것이 가능한 이유는 지금까지 살펴본 시리얼 통신 방법 중에서 1-와이어 통신이 가장 데이터 전송량이 적기 때문이다. 1-와이어 통신의 적은 수의 연결선과 간단한 통신 방법이 장점이라면, 저속의 통신만이 가능하다는 점은 단점이라 할 수 있다. 반이중 방식의 통신으로는 양방향 통신에 제약이 있을 수밖에 없으며, 1-와이어 통신의 기생 전력 모드를 사용하는 경우에는 전력의 제한으로 많은 연산이 어려울 수 있다. 이 장에서는 1-와이어 통신을 사용하는 장치의 예로 온도 센서와 iButton을 살펴봤다. 이들은 필요한 경우에만 적은 양의 데이터를 전송하므로 1-와이어 통신이 사용될 수 있는 전형적인 예라 하겠다.

지금까지 시리얼 통신 방법을 동기/비동기, 전이중/반이중 방식에 따라 네 가지로 나누어 살펴봤는데, 이 네 가지 시리얼 통신이 아두이노에서 흔히 사용되는 시리얼 통신 방법이다. USB의 사용 역시 증가하고 있지만, 아두이노 보드에 사용되는 AVR 시리즈 마이크로컨트롤러 중에서는 아두이노 레오나르도에 사용된 ATmega32u4 마이크로컨트롤러만 USB 연결을 지원한다. 이 외에도 다양한 시리얼 통신 방식이 존재하므로 필요에 따라 선택하여 사용하면 된다.

1 3개의 DS18B20 온도 센서를 그림 20.8을 참고하여 다음과 같이 연결하자. 스케치 20.1을 업로드하고 3개의 온도 센서에서 온도 정보가 정상적으로 출력되는지 확인해 보자. 1-와이어 통신의 장점 중 하나는 쉬운 확장에 있으므로 온도 센서의 개수가 달라져도 같은 스케치를 사용할 수 있다.

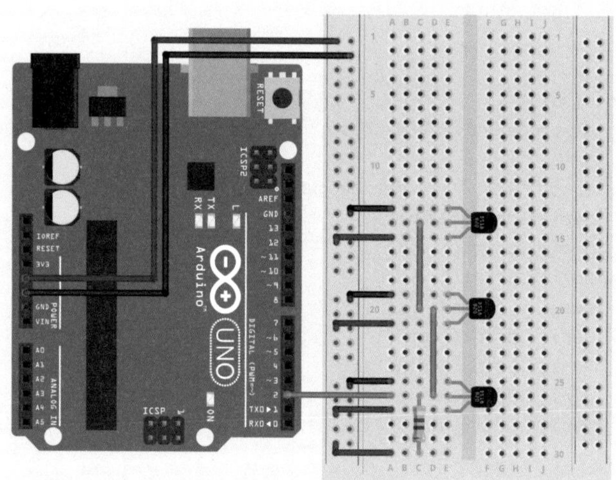

2 DS18B20 온도 센서와 사용할 수 있는 라이브러리로 DallasTemperature 라이브러리가 있다. OneWire 라이브러리가 설치된 상태에서 라이브러리 매니저를 통해 DallasTemperature 라이브러리를 설치하자. DallasTemperature 라이브러리는 1-와이어 통신을 사용하는 온도 센서를 위한 전용 라이브러리이니 만큼 간편하게 사용할 수 있다는 장점이 있다. 스케치 20.3을 업로드하고 시리얼 모니터로 출력되는 온도를 확인해 보자.

스케치 20.3 DallasTemperature 라이브러리 사용

```
#include <OneWire.h>
#include <DallasTemperature.h>

#define ONE_WIRE_BUS            2               // 온도 센서 연결 핀

OneWire oneWire(ONE_WIRE_BUS);                  // OneWire 라이브러리 객체 생성
DallasTemperature sensors(&oneWire);            // 온도 센서 라이브러리 객체 생성

int deviceCount = 0;                            // 연결된 온도 센서 개수
float tempC;
```

```
void setup(void) {
    Serial.begin(9600);
    sensors.begin();                              // 온도 센서 라이브러리 초기화

    deviceCount = sensors.getDeviceCount();       // 연결된 온도 센서의 개수 얻기
    Serial.print(String("* ") + deviceCount);
    Serial.println("개의 온도 센서가 발견되었습니다.");
    Serial.println();
}

void loop(void) {
    sensors.requestTemperatures();                // 모든 센서의 온도 변환 시작

    for (int i = 0;  i < deviceCount;  i++) {
        Serial.print("센서 ");
        Serial.print(i + 1);
        Serial.print(" : ");
        tempC = sensors.getTempCByIndex(i);       // 배열 인덱스 기준으로 온도 얻기
        Serial.print(tempC);
        Serial.print(" C,\t");
        Serial.print(DallasTemperature::toFahrenheit(tempC));  // 화씨온도 변환
        Serial.println(" F");
    }

    Serial.println();
    delay(3000);
}
```

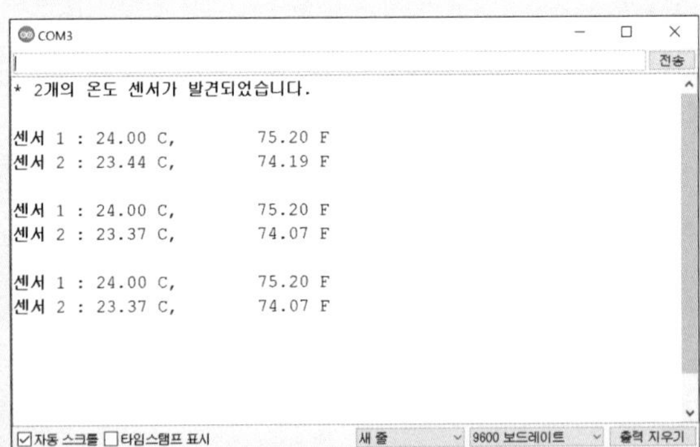

CHAPTER

21

블루투스

블루투스는 유선 통신인 RS-232C를 대체하기 위해 만들어진 저전력 무선 통신 표준으로, 컴퓨터와 스마트폰 등 여러 전자제품에서 널리 사용되고 있다. 마이크로컨트롤러에서 블루투스 통신을 사용하기 위해서는 UART 유선 통신을 블루투스 무선 통신으로 바꾸는 변환 모듈을 사용함으로써 가능하며, 이때 마이크로컨트롤러는 UART 시리얼 통신을 사용하는 것과 거의 같은 방법으로 무선 통신을 사용할 수 있다. 이 장에서는 블루투스 시리얼 모듈을 사용하여 스마트폰, 컴퓨터 등과 통신하는 방법을 알아본다.

이 장에서 사용할 부품

부품	수량	용도
아두이노 우노	× 1	➡ 블루투스 통신 테스트
HC-06 블루투스 모듈	× 1	➡ 슬레이브
1.5kΩ 저항	× 1	➡ 레벨 변환
3.3kΩ 저항	× 1	➡ 레벨 변환
LED	× 8	
220Ω 저항	× 8	

블루투스Bluetooth는 1990년대 초 에릭슨Ericsson이 개발한 개인 근거리 무선 통신PAN: Personal Area Network을 위한 표준으로 RS-232C 유선 통신을 대체하는 저가격, 저전력 무선 기술로 개발되었다. 블루투스는 기본적으로 10m 이내 짧은 거리에서의 통신을 목표로 하지만 이 범위는 100m까지 확장할 수 있다. 블루투스는 2.4GHz 대역인 ISMIndustrial, Scientific, Medical 대역을 사용한다. **ISM 대역은 산업, 과학 및 의료 목적으로 할당된 대역으로 전파 사용에 대한 허가를 받을 필요가 없어 저전력의 개인용 무선기기에 많이 사용되고 있다.** 최근 사용이 증가하고 있는 무선랜WiFi과 지그비ZigBee 역시 ISM 대역을 사용한다.

블루투스는 기기 간의 통신 방식을 정의하기 위해 프로파일profile을 사용한다. 프로파일은 블루투스를 이용한 애플리케이션을 구현할 때 애플리케이션에서 사용해야 하는 프로토콜의 종류와 구조 및 사용 방법을 정의하고 있다. 프로파일은 애플리케이션을 개발할 때 사용하는 기준을 제시하므로, 프로파일에 따라 제작된 애플리케이션은 제작사와 무관하게 호환된다는 장점이 있다. 블루투스 표준을 관리하는 Bluetooth SIGSpecial Interest Group에서는 애플리케이션에서 사용할 수 있는 다양한 프로파일을 정의하고 있으며 여기에는 파일 전송 프로파일, 전화 접속 네트워크 프로파일, 팩스 프로파일, 시리얼 포트 프로파일 등 여러 가지가 포함되어 있다. 이 중 가장 기본이 되면서 다른 프로파일의 기초가 되는 프로파일은 일반 액세스 프로파일generic access profile로, 블루투스 장치를 연결하기 위해 연결 대상을 발견하고 연결을 설정하는 방법 및 이와 관련된 보안 관련 내용을 규정하고 있다. 이 장에서는 **시리얼 통신을 소프트웨어로 지원하기 위한 프로파일인 시리얼 포트 프로파일**SPP: Serial Port Profile을 사용한다. 마이크로컨트롤러에서 SPP를 지원하는 블루투스 모듈을 사용하는 경우 UART 통신 코드를 약간만 수정하고 블루투스 모듈을 연결하는 것만으로 UART 유선 통신을 블루투스를 이용한 무선 통신으로 바꿀 수 있다.

마이크로컨트롤러에서 사용되는 블루투스는 특정 기기 사이 연결을 위해 2.x 버전이 흔히 사용된다. 블루투스 3.0은 2009년 블루투스 2.1의 후속으로 고속 통신 기능이 추가된 것이지만, 와이파이 다이렉트WiFi Direct와의 차별성 부족으로 널리 사용되지는 못했다. 2010년 제정된 블루투스 4.0은 저전력 블루투스BLE: Bluetooth Low Energy로 주목을 받고 있다. 하지만 블루투스 4.0은 서로 호환되지 않는 블루투스 3.x까지의 기술인 클래식 블루투스Classic Bluetooth와 BLE가 합해진 형태를 띠고 있다.

이 장에서는 블루투스 2.x 버전을 지원하는 모듈에서 SPP 프로파일을 사용하는 통신, 즉 클래식 블루투스를 다룬다. BLE에 관한 내용은 25장 'BLE'를 참고하면 된다. 클래식 블루투스는 마스터와 슬레이브 구조를 가지며, 하나의 마스터 기기에는 최대 7개까지 슬레이브 기기를 연결할 수 있다. 블루투스 통신에서는 마스터가 모든 통신의 책임을 지므로 마스터와 슬레이브 사이의 통신만 가능하고 슬레이브 사이의 통신은 불가능하다. 하지만 이 장에서 사용하는 **HC-06 블루투스 모듈은 일대일 연결만 지원**하므로 이 장에서는 마스터와 1개 슬레이브 사이의 통신만을 다룬다. BLE는 25장 'BLE'를 참고하면 된다.

21.1 HC-06 블루투스 모듈

이 장에서는 HC-06 블루투스 모듈을 사용한다. 블루투스는 무선 연결로 시리얼 통신과는 그 방식이 다르다. 하지만 HC-06 같은 시리얼 모듈은 UART 시리얼 통신으로 받은 데이터를 무선 통신을 사용하여 전송하고, 무선 통신을 통해 받은 데이터를 UART 시리얼 통신 데이터로 변환하여 아두이노로 전달하는 역할을 담당하므로 **아두이노에서는 UART 시리얼 통신과 거의 같은 방법으로 블루투스 통신을 사용할 수 있다.** 즉, 아두이노에서는 무선 통신에 관해 신경 쓸 필요 없이 UART 시리얼 통신만 생각하면 되고, 이를 지원하는 프로파일이 바로 SPPSerial Port Profile다.

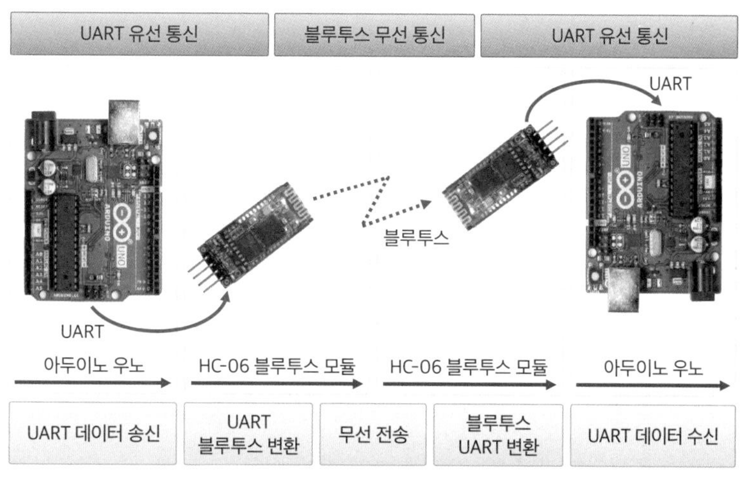

그림 21.1 블루투스 시리얼 모듈의 동작

HC-06 블루투스 모듈은 사용의 편이를 위해 백보드와 연결된 제품이 주로 사용되며, 블루투스 모듈은 백보드가 연결된 모듈을 가리키는 경우가 대부분이다. 백보드에는 연결 핀, 전원 공급을 위한 레귤레이터, 데이터 핀을 위한 레벨 변환 회로 등이 포함될 수 있으며, 백보드의 기능에 따라 여러 종류의 모듈이 사용되고 있다. 연결 핀의 수를 기준으로 4핀 모듈과 6핀 모듈의 두 종류를 흔히 볼 수 있지만, 6핀 모듈에서도 VCC, GND, RX, TX의 4개 핀만 사용하고 나머지 핀은 사용하지 않는다.

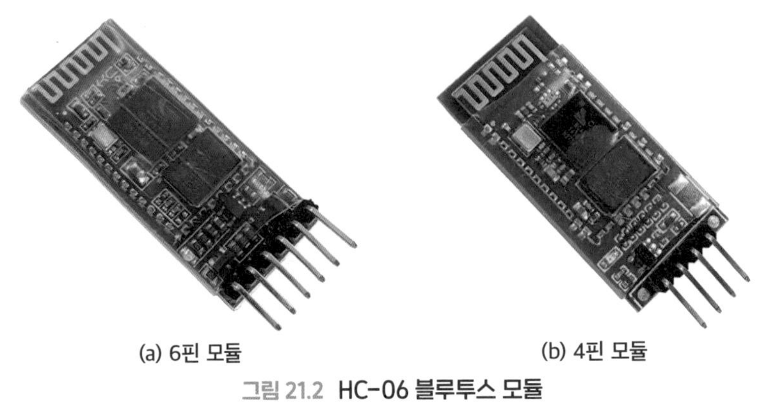

(a) 6핀 모듈 (b) 4핀 모듈

그림 21.2 **HC-06 블루투스 모듈**

HC-06 블루투스 모듈의 동작 전압은 3.3V이지만, 모듈 내에 레귤레이터가 포함되어 있어 3.6~6.0V의 전원을 연결할 수 있다. 한 가지 주의할 점은 HC-06 모듈이 3.3V의 동작 전압을 사용하므로 데이터 입출력 역시 3.3V를 기준으로 한다는 점이다. 따라서 5V 레벨을 사용하는 아두이노 우노의 출력을 HC-06 모듈의 입력으로 직접 연결해서는 안 된다. HC-06 모듈의 출력을 아두이노 우노의 입력으로 직접 연결하는 것은 5V 기준 레벨에서 3.3V는 논리 1로 인식되므로 문제가 없다.

블루투스 모듈은 UART 시리얼 통신 장치의 한 종류이므로 아두이노의 UART 포트와 연결하여 사용하며 이때 블루투스 모듈의 RX, TX는 아두이노의 RX, TX와 교차해서 연결해야 한다. 아두이노 우노는 0번과 1번 핀을 통해 UART 통신을 수행할 수 있지만, 이 포트는 하드웨어 시리얼 포트로 스케치 업로드와 컴퓨터와의 시리얼 통신을 위해 사용하므로 블루투스 모듈을 위해 사용하기는 어렵다. 따라서 이 장에서 블루투스 모듈은 그림 21.3이나 그림 21.5와 같이 아두이노 우노의 2번과 3번 핀에 연결하고 `SoftwareSerial` 클래스를 사용하여 UART 통신을 수행한다.

3.3V 레벨을 사용하는 HC-06 모듈을 그림 21.3과 같이 아두이노 우노에 직접 연결할 수 있다는 근거를 찾을 수는 없지만, 인터넷에서 찾을 수 있는 예 대부분은 직접 연결하고 있으며, 직접 연결했을 때도 동작에 문제점을 발견할 수는 없다. 그림 21.3은 레벨 변환 없이 HC-06 모듈을 직접 연결한 경우를 나타낸다.

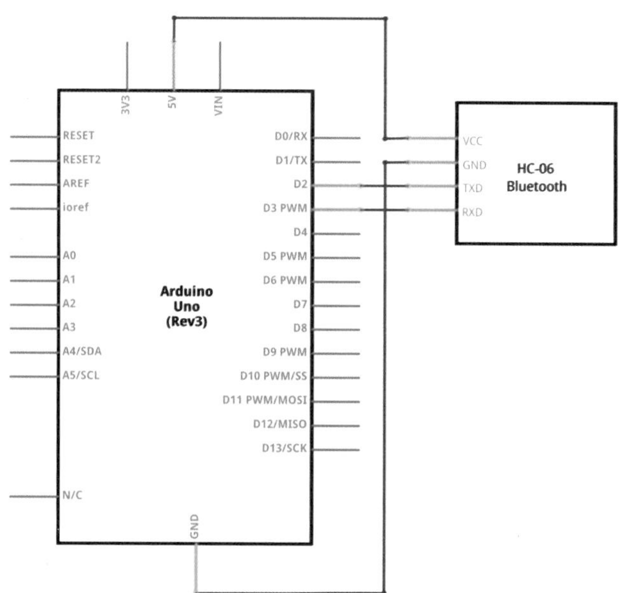

그림 21.3 HC-06 모듈 연결 회로도 – 레벨 변환 없음

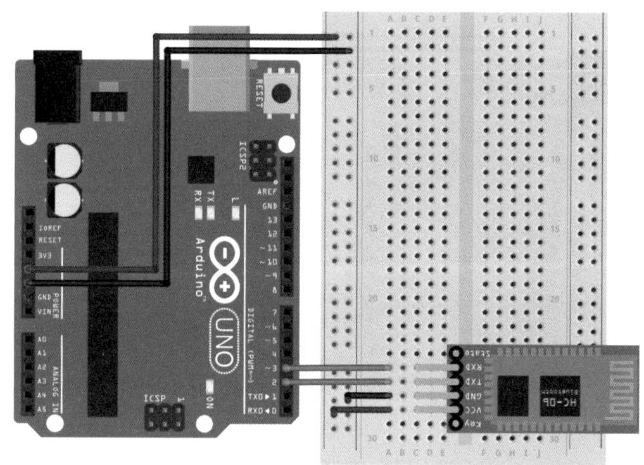

그림 21.4 HC-06 모듈 연결 회로 – 레벨 변환 없음

하지만 직접 연결하여 발생할 수 있는 문제는 사용자의 책임이므로 최소한 아두이노 우노의 TX는 레벨 변환 회로를 통해 HC-06 모듈의 RX로 연결하는 것을 추천한다. 레벨 변환을 위해서는 1.5kΩ 저항과 3.3kΩ 저항을 사용한 전압 분배 회로를 사용하는 것이 가장 간단한 방법이며, 그림 21.5는 그 예를 보여준다.

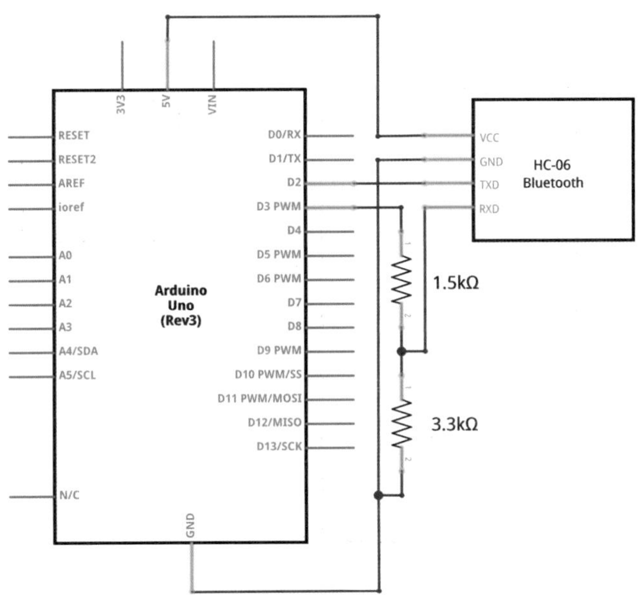

그림 21.5 HC-06 모듈 연결 회로도 – 전압 분배 회로 사용

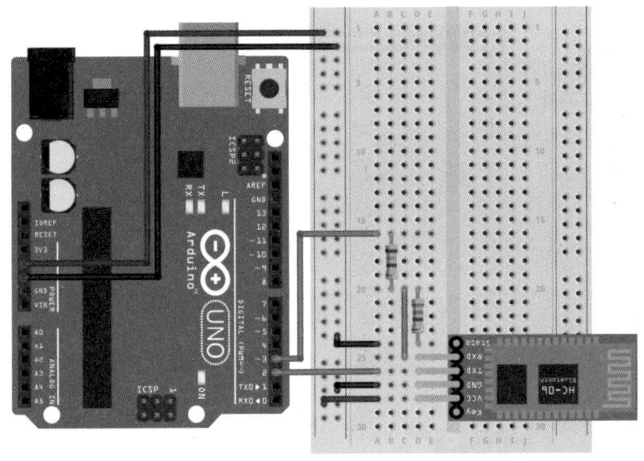

그림 21.6 HC-06 모듈 연결 회로 – 전압 분배 회로 사용

스케치 21.1을 아두이노 우노에 업로드하자. 스케치 21.1은 시리얼 모니터에 입력되는 데이터를 블루투스 모듈로 전달하고 블루투스 모듈에서 출력되는 데이터를 시리얼 모니터로 출력하는 스케치로, 블루투스 모듈 설정을 위해 사용한다.

스케치 21.1 블루투스 모듈 설정

```
#include <SoftwareSerial.h>

SoftwareSerial BTSerial(2, 3);                // 소프트웨어 시리얼 포트(RX, TX)
boolean NewLine = true;
```

```
void setup() {
    Serial.begin(9600);                     // 컴퓨터와의 시리얼 통신 초기화
    BTSerial.begin(9600);                   // 블루투스 모듈과의 시리얼 통신 초기화
}

void loop() {
    if (Serial.available()) {               // 시리얼 모니터 → 아두이노 → 블루투스 모듈
        char ch = Serial.read();

        if (ch != '\r' && ch != '\n') {     // 개행문자는 블루투스 모듈로 전달하지 않음
            BTSerial.write(ch);
        }
        if (NewLine) {
            Serial.print("\n> ");
            NewLine = false;
        }
        if (ch == '\n') {
            NewLine = true;
        }
        Serial.write(ch);
    }

    if (BTSerial.available()) {             // 블루투스 모듈 → 아두이노 → 시리얼 모니터
        char ch = BTSerial.read();
        Serial.write(ch);
    }
}
```

블루투스 모듈은 문자열 기반의 AT 명령을 통해 동작을 설정할 수 있다. 스케치 21.1을 업로드한 후 시리얼 모니터에 'AT'를 입력해 보자. 블루투스 모듈이 정상적으로 연결되어 동작하고 있다면 'AT'는 블루투스 모듈로 전달되고, 'AT' 명령을 전달받은 블루투스 모듈은 현재 상태를 반환한다. 블루투스 모듈에 이상이 없다면 'OK' 문자열을 반환하며, 반환된 문자열은 시리얼 모니터에 표시된다. 단, HC-06 블루투스 모듈은 디폴트값으로 9600보율로 설정되어 있으므로 스케치 21.1에서도 9600보율을 사용하고 있다*.

스케치 21.1을 사용할 때 시리얼 모니터에서 추가 문자 선택을 위한 콤보 박스는 '새 줄' 옵션을 선택할 것을 추천한다. **AT 명령은 개행문자를 사용하지 않으므로 개행문자가 블루투스 모듈로 전달되면 명령이 정상적으로 실행되지 않는다.** 스케치 21.1을 업로드한 상태에서 'line ending 없음'을 선택해도 블루투스 모듈 설정에는 문제가 없다. 하지만 스케치 21.1은 개행문자가 블루투스 모듈로 전달되지 않게 해주므로, AT 명령 실행 결과를 쉽게 확인할 수 있도록 '새 줄' 옵션을 선택하고 사용하는 것이 좋다. 표 21.1은 블루투스 모듈을 슬레이브 모드로 설정하기 위한 명령을 나타낸다.

---

* HC-06 펌웨어의 버전에 따라 디폴트값이 다를 수 있으므로 9600보율로 동작하지 않을 때는 데이터시트를 확인하여 해당 보율로 변경해야 한다.

표 21.1 HC-06 슬레이브 모드 설정 AT 명령*

명령	사용 방법	반환값	비고
AT	AT	OK	모듈 동작 확인
AT+VERSION	AT+VERSION	OKlinvorV1.8	펌웨어 버전 확인
AT+NAME	AT+NAME**ArduBlueS**	OKsetname	이름 설정
AT+PIN	AT+PIN**1234**	OKsetPIN	PIN 설정
AT+BAUD	AT+BAUD**4**	OK9600	통신 속도 설정
AT+ROLE	AT+ROLE=**S**	OK+ROLE:S	슬레이브 설정

AT+NAME은 모듈의 이름을 설정하기 위해 사용된다. 모듈의 이름은 블루투스 기기를 검색했을 때 표시되는 이름이다. AT+PIN은 페어링 과정에서 사용되는 일종의 비밀번호 설정을 위해 사용된다. 핀PIN은 패스 코드passcode, 페어링 코드pairing code 등으로도 불린다. 핀은 페어링 과정에서만 사용하므로 페어링이 이루어진 이후에는 다시 입력할 필요가 없다. AT+BAUD는 통신 속도를 설정하기 위해 사용되며 숫자에 따른 통신 속도는 표 21.2와 같다. AT+ROLE은 마스터 또는 슬레이브 역할을 지정하기 위해 사용되며 이 장에서는 슬레이브로 설정했다**.

표 21.2 전송 속도

숫자	전송 속도(보율)	숫자	전송 속도(보율)
1	1200	5	19200
2	2400	6	38400
3	4800	7	57600
4	9600	8	115200

표 21.1의 명령을 순서대로 실행하여 HC-06 블루투스 모듈을 슬레이브 모드로 설정한 결과는 그림 21.7과 같다.

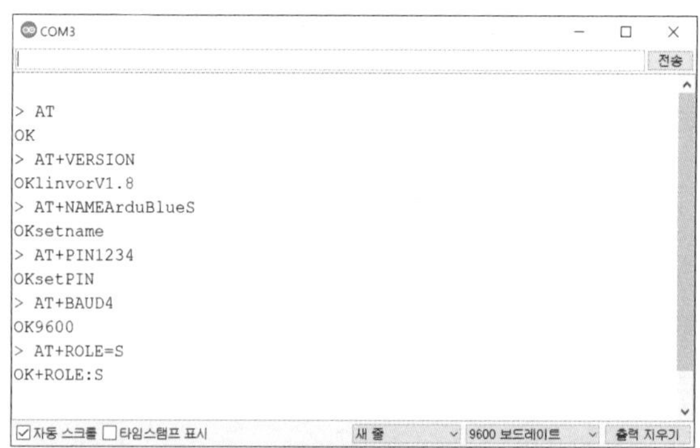

그림 21.7 슬레이브 보드 설정을 위한 AT 명령 실행 결과

* AT 명령 사용 방법과 반환값은 펌웨어 버전에 따라 달라질 수 있다. 이 장에서는 1.8 버전을 기준으로 한다.

** HC-06 모듈을 마스터 또는 슬레이브로 설정할 수 있는 AT 명령은 펌웨어 버전 1.7 이상에서만 사용할 수 있다.

그림 21.7에서는 통신 속도가 변경되지 않았지만, 통신 속도를 9600이 아닌 다른 값으로 변경하는 경우에는 스케치 21.1에서 블루투스 모듈과의 통신 속도를 변경하여 다시 업로드해야 이후 설정이 가능하다. 마스터 또는 슬레이브로 역할을 바꾼 경우에도 블루투스 모듈을 다시 시작해야 한다.

21.2 스마트폰과 블루투스 통신

블루투스 모듈의 설정이 끝났으므로 이제 아두이노와 스마트폰 사이에 블루투스 통신을 수행할 수 있도록 스마트폰을 설정해 보자. 블루투스 모듈은 그림 21.3과 같이 아두이노 우노에 연결되어 있고, 표 21.1의 AT 명령으로 슬레이브 모드로 설정된 것으로 가정한다. 스마트폰은 마스터 역할을 한다. 스마트폰의 블루투스를 활성화하면 연결할 수 있는 블루투스 기기를 검색하여 보여준다.

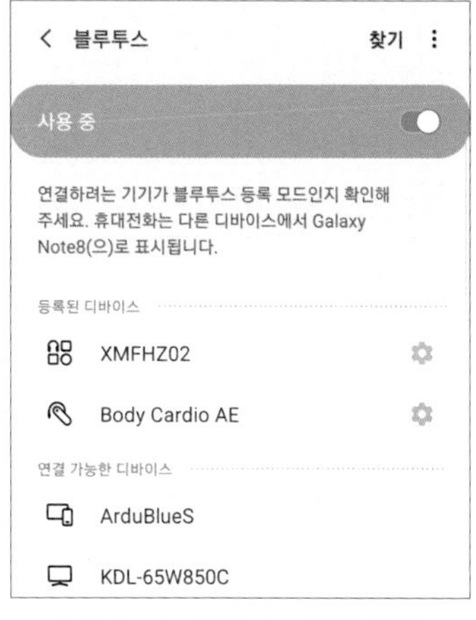

그림 21.8 블루투스 기기 목록

연결 가능한 디바이스 목록에서 블루투스 모듈의 이름으로 설정한 'ArduBlueS'를 확인할 수 있다. **블루투스 통신을 위한 연결은 '페어링'과 '연결'의 두 단계를 거쳐 이루어진다.** 연결 대상이 되는 기기들 사이에서 인증을 통해 연결할 기기를 등록하는 과정을 페어링pairing이라고 하며, 페어링 과정에서 인증을 위해 비밀번호(또는 PIN)를 사용한다. 한번 페어링된 기기는 페어링을 해제하기 전까지 비밀번호를 다시 입력할 필요가 없다. 페어링이 이루어진 이후에 실제로 데이터를 주고받기 위한 연결을 진행할 수 있다. 그림 21.8에서 'ArduBlueS'를 선택하면 그림 21.9와 같이 비밀번호를 입력하는 창이 나타난다.

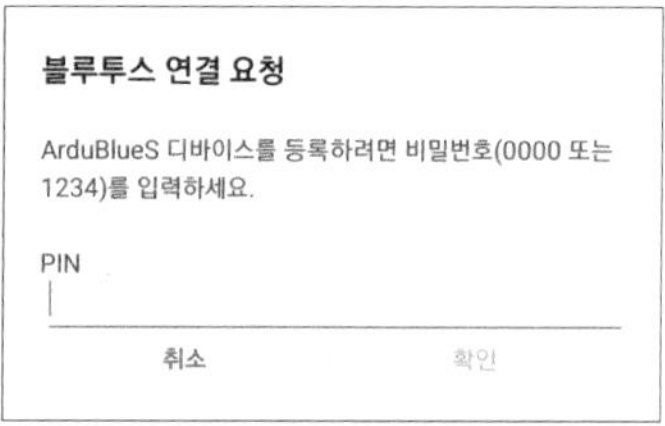

그림 21.9 블루투스 기기 페어링

그림 21.9에 표 21.1에서 설정한 핀인 '1234'를 입력하면 페어링은 끝난다. 그림 21.10에서 ArduBlueS가 '연결 가능한 디바이스'에서 '등록된 다바이스'로 바뀐 것에서 페어링이 이루어졌음을 확인할 수 있다.

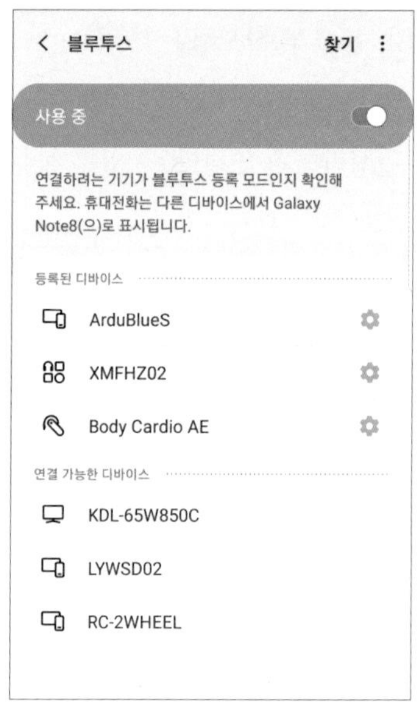

그림 21.10 페어링 완료

스마트폰에 블루투스 모듈이 등록되었으므로, 이제 스마트폰과 아두이노 우노를 연결해서 데이터를 주고받는 방법을 살펴보자. 데이터를 주고받기 위해서는 스마트폰에 블루투스 통신을 위한 애플리케이션을 설치해야 한다. 플레이스토어에서 '블루투스 터미널'을 검색하면 여러 가지 애플리케이션을 확인할 수 있으며, 그중 이 장에서는 'Serial Bluetooth Terminal'*을 사용한다. 애플리케이션을 설치한 후 실행해 보자.

* https://play.google.com/store/apps/details?id=de.kai_morich.serial_bluetooth_terminal&hl=ko

그림 21.11 Serial Bluetooth Terminal 초기 화면

초기 화면에서 왼쪽 위의 메인 메뉴(☰)를 열어보자.

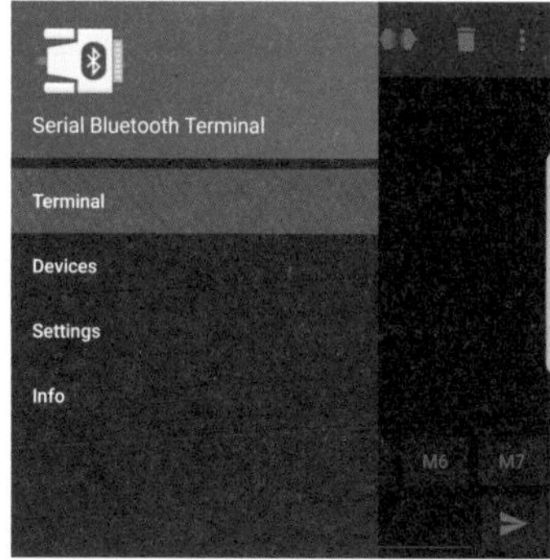

그림 21.12 Serial Bluetooth Terminal 메인 메뉴

메인 메뉴에서 'Devices'를 선택하면 페어링된 기기의 목록이 나타난다. 목록에 블루투스 모듈이 나타나지 않는다면 페어링을 먼저 해주어야 한다.

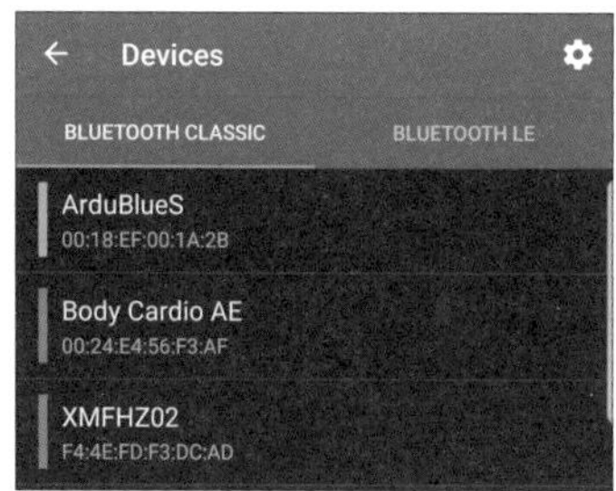

그림 21.13 페어링된 기기 목록

기기 목록에서 'ArduBlueS'를 선택하면 자동으로 연결된다. 연결이 완료되면 애플리케이션에서는 데이터 송수신을 위한 창이 나타난다. **HC-06 블루투스 모듈의 경우 마스터와 연결이 되지 않은 상태에서는 LED가 깜빡거리지만, 연결된 후에는 LED가 켜져 있는 상태로 바뀌므로 연결 상태를 확인할 수 있다.**

아두이노 우노에 그림 21.3과 같이 블루투스 모듈을 연결하고 스케치 21.1을 업로드한다. 시리얼 모니터에는 '새 줄' 옵션을 선택한다. 아두이노 우노는 2개의 UART 통신을 수행한다. 하나는 하드웨어 시리얼 포트를 통해 컴퓨터의 COM3* 포트와 연결되어 있고, 아두이노 프로그램의 시리얼 모니터에서 컴퓨터와 주고받는 데이터를 확인할 수 있다. 다른 하나는 HC-06 블루투스 모듈이 연결된 소프트웨어 시리얼 포트를 통해 스마트폰에 연결되어 있고, Serial Bluetooth Terminal에서 스마트폰과 주고받는 데이터를 확인할 수 있다. 스마트폰과 아두이노가 연결된 후 시리얼 모니터에 입력한 내용이 스마트폰의 Serial Bluetooth Terminal에 나타나고, Serial Bluetooth Terminal에 입력한 내용이 시리얼 모니터에 나타난다면 스마트폰과 아두이노는 블루투스를 통해 연결되어 데이터 교환이 이루어지는 상태에 있는 것이다.

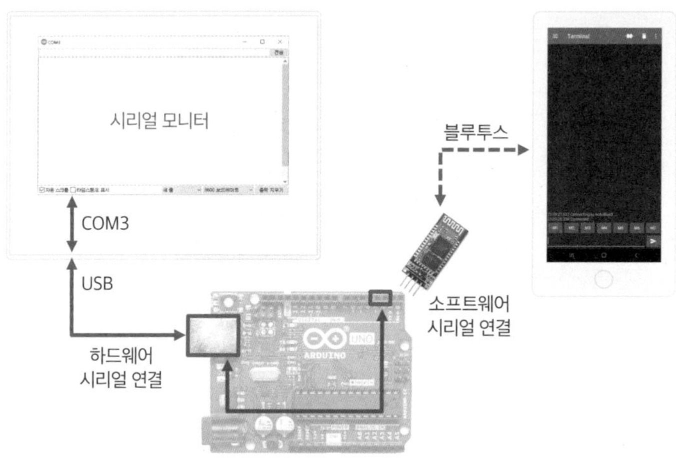

그림 21.14 스마트폰과 아두이노의 블루투스 통신 연결

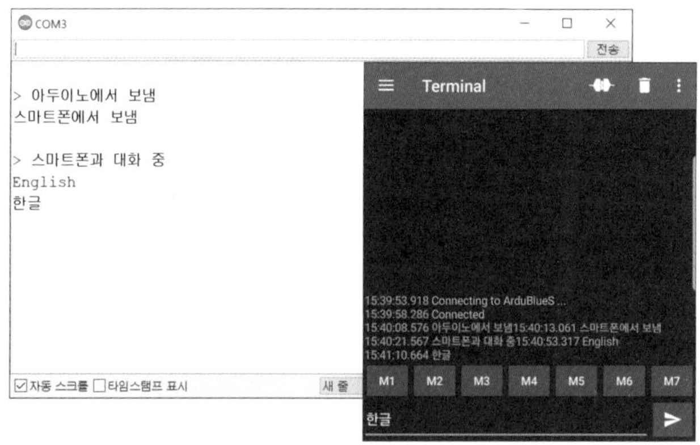

그림 21.15 스마트폰과 아두이노의 블루투스 통신

* 컴퓨터에 따라 아두이노 우노에 할당되는 포트 번호는 달라질 수 있다.

21.3 컴퓨터와 블루투스 통신

최근 판매되는 컴퓨터 대부분은 블루투스를 지원하며, 블루투스를 지원하지 않는 컴퓨터라도 블루투스 동글dongle을 설치하면 블루투스를 사용할 수 있다. 컴퓨터에서는 블루투스를 통해 마우스, 키보드, 스피커 등을 연결하여 사용하는 경우를 흔히 볼 수 있다. 컴퓨터에 아두이노 우노를 블루투스로 연결하는 것은 스마트폰에 아두이노 우노를 블루투스로 연결하는 것과 다르지 않다. 먼저 페어링 과정을 통해 컴퓨터에 HC-06 모듈을 등록하고 통신을 위한 애플리케이션을 통해 실제 연결이 이루어진다. HC-06 블루투스 모듈을 컴퓨터에 블루투스 장치로 등록해 보자*. '시작(■) → 설정(⚙) → 장치(⌨)'를 열어 'Bluetooth 및 기타 디바이스'를 선택한다.

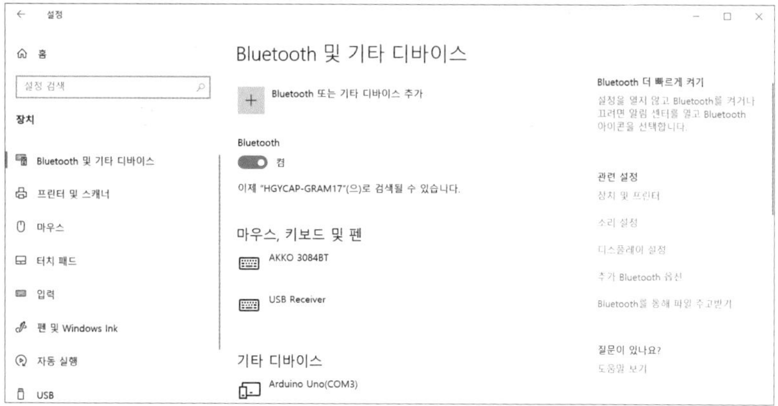

그림 21.16 Bluetooth 및 기타 디바이스

블루투스가 켜져 있지 않으면 블루투스를 켠 후 'Bluetooth 또는 기타 디바이스 추가(+)'를 선택하면 디바이스 추가 다이얼로그가 나타난다.

디바이스 추가 다이얼로그에서 'Bluetooth'를 선택하면 블루투스 장치 검색이 시작된다.

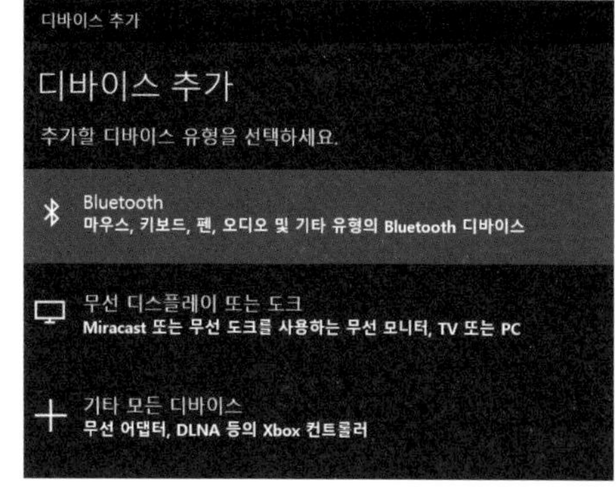

그림 21.17 블루투스 디바이스 추가

* 윈도우 10 64bit를 기준으로 하며, 컴퓨터에 블루투스 통신을 위한 장치가 사용 가능한 상태로 설정되어 있다고 가정한다.

HC-06 모듈의 이름으로 설정한 'ArduBlueS'를 검색된 디바이스 목록에서 선택하고 핀PIN을 입력하면 컴퓨터와 HC-06 블루투스 모듈의 페어링이 끝난다.

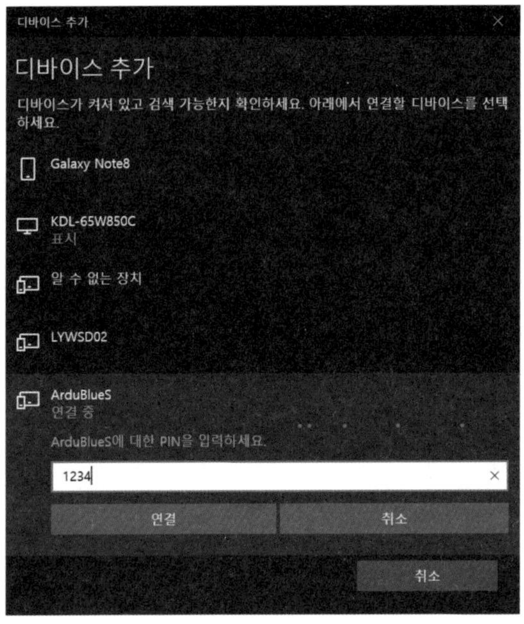

그림 21.18 HC-06 페어링

페어링이 완료되면 장치 관리자에서 HC-06에 할당된 시리얼 포트를 확인할 수 있다. 이때 주의할 점은 시리얼 포트가 2개 할당된다는 점이다.

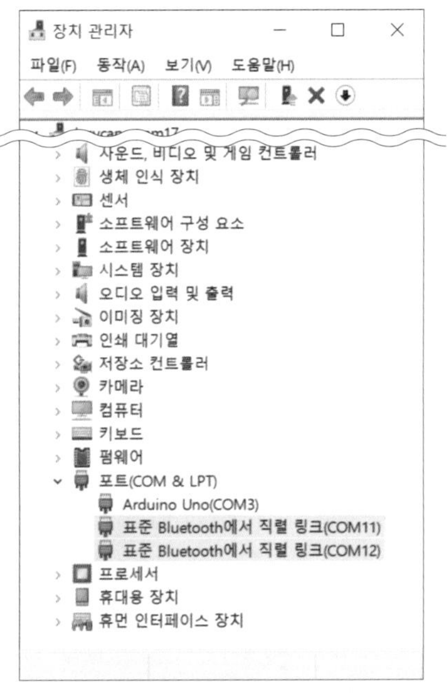

그림 21.19 HC-06 페어링 후 직렬 포트 할당

그림 21.16의 'Bluetooth 및 기타 디바이스'에서 오른쪽에 있는 '추가 Bluetooth 옵션'을 클릭하면 블루투스 설정 다이얼로그가 나타난다. 'COM 포트' 패널을 열면 그림 21.19에 나타난 COM 포트에 대한 정보를 볼 수 있다.

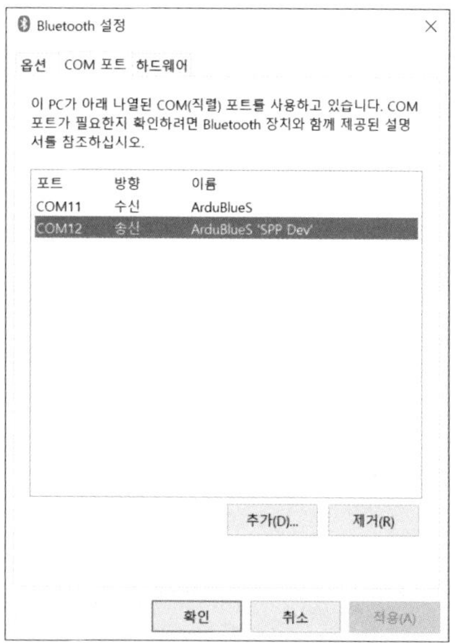

그림 21.20 블루투스 설정 다이얼로그

그림 21.20에서 볼 수 있듯이 SPP를 사용하는 블루투스 장치는 2개의 COM 포트로 나타나며 하나는 수신, 다른 하나는 송신으로 표시된다. **수신은 페어링된 슬레이브 장치가 연결을 시작할 때 사용하는 포트이고, 송신은 마스터인 컴퓨터에서 연결을 시작할 때 사용하는 포트다.** 따라서 **컴퓨터의 터미널 프로그램에서는 송신 포트를 통해 HC-06 모듈로 연결하고 데이터를 주고받을 수 있다.**

아두이노 우노에 그림 21.3과 같이 블루투스 모듈을 연결하고 스케치 21.1을 업로드한다. 시리얼 모니터에서는 '새 줄' 옵션을 선택한다. 아두이노 우노는 스마트폰의 경우와 마찬가지로 2개의 UART 통신을 수행한다. 하나는 하드웨어 시리얼 포트를 통해 컴퓨터의 COM3 포트와 연결되어 있고, 아두이노 프로그램의 시리얼 모니터에서 컴퓨터와 주고받는 데이터를 확인할 수 있다. 다른 하나는 HC-06 블루투스 모듈이 연결된 소프트웨어 시리얼 포트를 통해 컴퓨터의 COM12 포트와 연결되어 있고, CoolTerm에서 컴퓨터와 주고받는 데이터를 확인할 수 있다. 스마트폰의 경우와 다른 점은 두 연결이 모두 컴퓨터와 이루어지고 있다는 점이다. 컴퓨터와 아두이노가 연결된 후 시리얼 모니터에 입력한 내용이 CoolTerm에 나타나고 CoolTerm에 입력한 내용이 시리얼 모니터에 나타난다면 컴퓨터와 아두이노는 블루투스 통신으로 연결된 것이다.

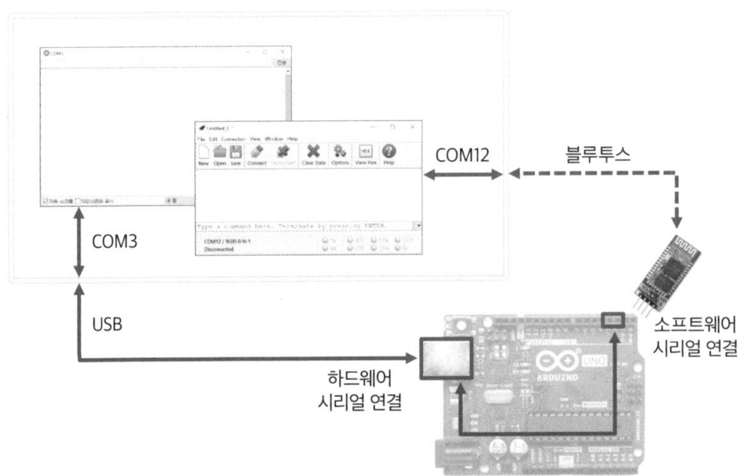

그림 21.21 **컴퓨터와 아두이노의 블루투스 통신 연결**

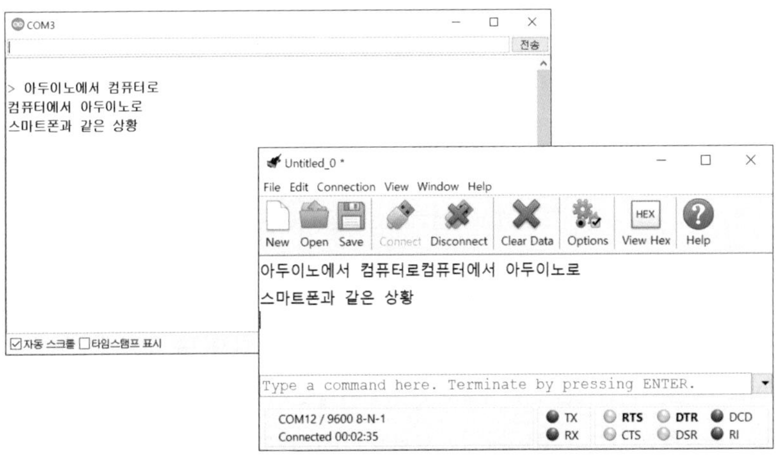

그림 21.22 **컴퓨터와 아두이노의 블루투스 통신**

아두이노와 스마트폰의 연결처럼 아두이노와 컴퓨터의 연결 역시 단순히 문자열을 주고받는 것이라 실망했을 수도 있겠지만, 블루투스는 데이터 전달을 위한 수단이라는 점을 명심해야 한다. **블루투스는 어떤 작업을 수행하기 위해 무선으로 데이터를 전달하는 방법을 제시할 뿐이며, 그 데이터로 어떤 작업을 할지는 블루투스와는 또 다른 이야기다.** 블루투스가 RS-232C를 대체할 목적으로 만들어진 만큼 UART 시리얼 통신의 예를 블루투스를 사용하도록 바꾸어보는 것이 블루투스 사용 방법을 알아보는 적절한 예가 될 것이다. 그림 21.23과 같이 2번과 3번 핀에 HC-06 블루투스 모듈을 연결하고 6번부터 13번 핀까지 8개의 LED를 연결하자.

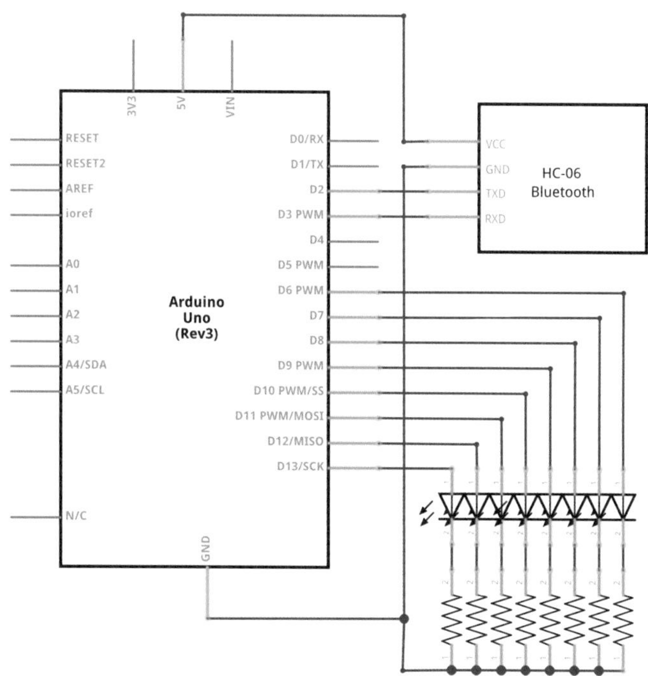

그림 21.23 **블루투스 모듈과 LED 연결 회로도**

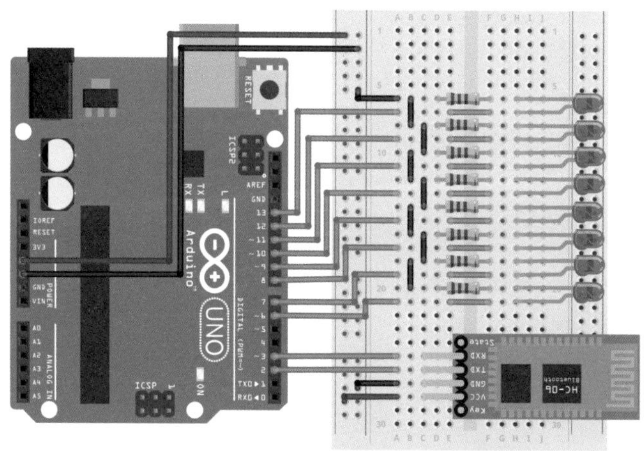

그림 21.24 **블루투스 모듈과 LED 연결 회로**

컴퓨터와 아두이노 우노를 블루투스로 연결하고 CoolTerm에서 LED의 개수를 입력받고 입력받은 개수만큼 LED를 켜는 스케치의 예가 스케치 21.2다. UART 시리얼 통신을 사용하는 경우와 비교하면 `Serial`이 `SoftwareSerial` 클래스의 객체인 `BTSerial`로 바뀐 점 이외에는 차이가 없다.

스케치 21.2 블루투스로 LED 제어

```
#include <SoftwareSerial.h>
int LEDs[] = { 6, 7, 8, 9, 10, 11, 12, 13 };      // LED 연결 핀

SoftwareSerial BTSerial(2, 3);                     // 소프트웨어 시리얼 포트(RX, TX)

void setup() {
    BTSerial.begin(9600);                          // 블루투스 모듈과의 시리얼 통신 초기화

    for (int i = 0; i < 8; i++) {                  // LED 연결 핀을 출력으로 설정
        pinMode(LEDs[i], OUTPUT);
        digitalWrite(LEDs[i], LOW);                // 디폴트 상태는 꺼진 상태
    }
}

void loop() {
    if (BTSerial.available()) {                    // 블루투스를 통한 데이터 수신 확인
        char ch = BTSerial.read();                 // 한 문자 읽기
        BTSerial.print(String(ch) + " : ");

        if (ch >= '0' && ch <= '8') {              // 0~8 사이 문자 수신
            int count = ch - '0';                  // 문자를 숫자로 변환
            BTSerial.println(String(count) + "개 LED를 켭니다.");

            for (int i = 0; i < 8; i++) {          // 해당 개수만큼 LED 켜기
                if (i < count) {
                    digitalWrite(LEDs[i], HIGH);
                }
                else {
                    digitalWrite(LEDs[i], LOW);
                }
            }
        }
        else {                                     // 잘못된 데이터 수신
            BTSerial.println("잘못된 데이터가 수신되었습니다.");
        }
    }
}
```

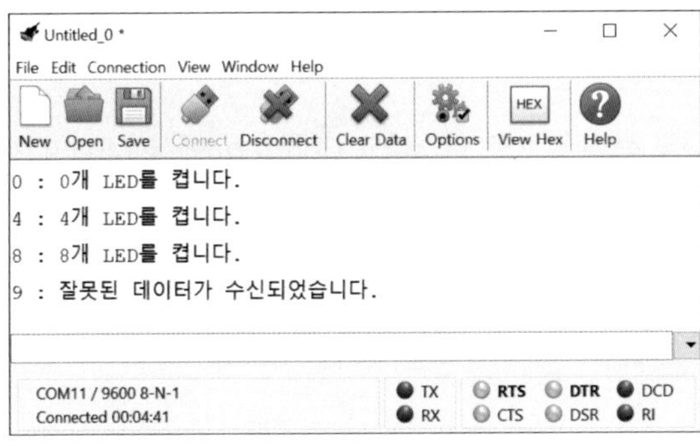

그림 21.25 스케치 21.2 실행 결과

스케치 21.2를 업로드하고 숫자를 입력하여 LED가 켜지는지 확인해 보자. 스케치 21.2는 스케치를 간단히 하기 위해 개행문자를 전송하지 않는다고 가정했다. 만약 CoolTerm에서 개행문자를 전송하도록 설정되어 있다면 개행문자로 인해 잘못된 데이터가 수신되었다는 메시지가 출력될 것이다. CoolTerm 연결을 끊고 스마트폰의 Serial Bluetooth Terminal로 연결하여 숫자를 전송해도 같은 결과를 얻을 수 있으므로 확인해 보기 바란다. 또한 블루투스 통신을 사용하여 CoolTerm에서 아두이노로 숫자를 전달하는 것은 UART 통신을 사용하여 시리얼 모니터에서 아두이노로 숫자를 전달하는 것과 데이터 전달 경로를 제외하면 같다는 점도 기억해야 한다.

21.4 맺는말

블루투스는 근거리 저전력 무선 통신 방법 중 하나로, RS-232C 유선 통신을 대체하기 위한 개인용 무선 통신으로 개발되었다. 블루투스는 선 없는 간편한 연결로 다양한 가전제품 및 휴대용 기기들을 연결하기 위해 사용되고 있으며, 컴퓨터 주변기기 중에서도 블루투스를 사용하는 장치들을 쉽게 발견할 수 있는 등 근거리 무선 통신 중에서는 가장 대중적인 방법이라고 할 수 있다. **마이크로컨트롤러에서 사용되는 블루투스는 시리얼 통신 대용으로 사용되는 경우가 많으므로 SPP**Serial Port Profile **방식이 많이 사용된다.** UART 시리얼 통신을 사용하여 시스템을 구성했다면, SPP를 지원하는 블루투스 모듈을 사용함으로써 간단하게 블루투스를 사용하는 무선 시스템으로 변경할 수 있다.

이 장에서는 블루투스 2.x 버전을 사용하여 스마트폰 및 컴퓨터와 블루투스 통신을 수행하는 방법을 살펴봤다. 무선 통신을 사용하는 것이 복잡하게 느껴질 수도 있지만, 스케치 21.2에서 알 수 있듯이 UART 통신을 사용하는 경우와 거의 차이를 찾아볼 수 없다. 즉, 아두이노 입장에서는 UART 통신을 사용하듯이 블루투스 통신을 사용할 수 있다. **UART 시리얼 통신을 간단하게 블루투스로 변경할 수 있는 이유는 SPP를 사용하기 때문으로, SPP의 목적이 유선 통신을 대체하는 것이라는 점을 잊지 말아야 한다.**

25장 'BLE'에서는 블루투스 4.x 버전에 포함된 저전력 블루투스, BLE에 대해 알아볼 것이다. BLE는 이 장에서 살펴본 클래식 블루투스와 블루투스라는 이름을 같이 쓰고 있지만, 같은 주파수 대역을 사용한다는 점을 제외하면 서로 다른 통신 방법이라고 해도 될 만큼 사용 목적과 방법에 많은 차이가 있다. 하지만 클래식 블루투스와 BLE는 상호 보완 관계에 있다는 점도 잊지 말아야 한다.

1 블루투스는 컴퓨터와 스마트폰 이외에도 다양한 전자제품에서 사용되고 있다. 주변에서 블루투스 통신이 사용된 예를 찾아보고, 블루투스가 다양한 환경에서 다양한 제품에 채택되고 있는 이유를 알아보자.

2 그림 21.23과 같이 블루투스 모듈과 8개의 LED를 연결하고 8개 LED의 점멸 정보를 정수로 입력받아 LED를 제어하는 스케치를 작성해 보자. 예를 들어 100이 입력되면 100에 해당하는 이진수 0b01100100의 비트 단위 데이터에 의해 2번, 5번, 6번 LED만 켜고 나머지는 끄는 식이다. 정수를 문자열로 입력하므로 '\n' 등의 개행문자를 문자열 끝을 나타내기 위해 사용하면 된다.

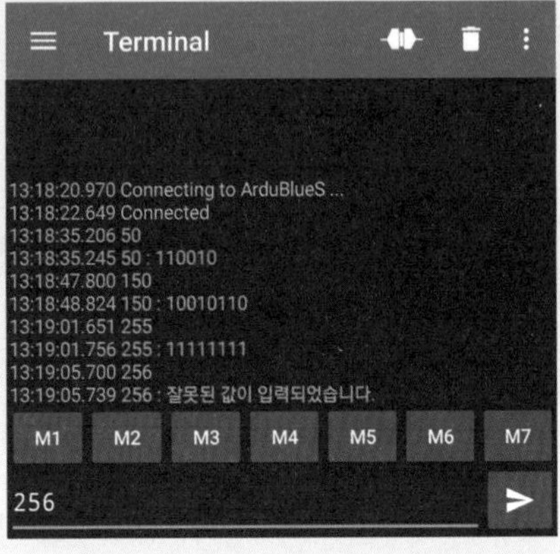

3 스케치 21.2는 블루투스를 통해 컴퓨터에서 아두이노 우노로 데이터를 전달하고 이를 통해 LED를 제어하는 예다. 블루투스 통신을 위해 사용된 소프트웨어 시리얼 포트를 하드웨어 시리얼 포트로 바꾸면 UART 시리얼 통신을 통해 컴퓨터에서 아두이노 우노로 데이터를 전달하고 이를 통해 LED를 제어하는 스케치로 바꿀 수 있다. 스케치 21.2를 수정하여 유선 연결을 통해 LED를 제어하는 스케치를 작성해 보자. 스케치 실행 결과는 CoolTerm이 아니라 시리얼 모니터를 통해 확인할 수 있다.

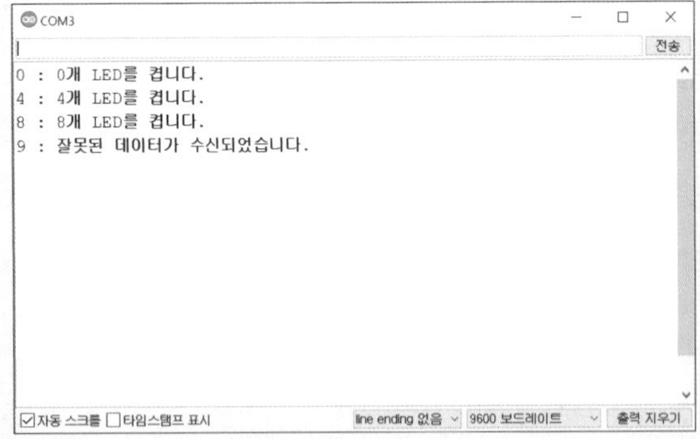

CHAPTER

22

지그비

지그비는 저전력 근거리 무선 통신 방법 중 하나로, 다른 무선 통신과 비교했을 때 대역폭이 좁아 적은 데이터 전송이 필요한 경우 많이 사용된다. 또한 지그비는 메시 네트워크를 지원하므로 많은 수의 소형 노드로 이루어지는 대규모 네트워크 구성에서도 흔히 사용된다. 스마트폰에 사용되어 친숙한 블루투스와 달리 주변에서 흔히 볼 수는 없지만, 다양한 활용이 가능해 가정이나 공장 자동화 등에서 지그비가 사용되는 예가 늘어나고 있다. 이 장에서는 지그비 모듈을 사용하여 여러 노드를 연결하고 노드 사이에 데이터를 주고받는 방법을 알아본다.

이 장에서 사용할 부품

부품	수량	용도
아두이노 우노	× 2	지그비 통신 테스트
XBee 모듈	× 3	XBee 3
시리얼 어댑터	× 1	XBee 모듈 설정
XBee 모듈 핀 변환 어댑터	× 3	브레드보드 사용을 위한 핀 간격 변환
1.5kΩ 저항	× 2	레벨 변환
3.3kΩ 저항	× 2	레벨 변환

22.1 지그비

지그비ZigBee는 블루투스, 와이파이 등과 마찬가지로 ISMIndustrial, Scientific Medical 대역이라 불리는 2.4GHz 대역을 사용하는 무선 통신 방법의 하나다. 지그비라는 이름은 'Zig-Zag'와 'Bee'의 합성어로, 꿀벌의 정보 전달을 위한 비행 패턴에서 그 이름을 따왔다. **지그비의 장점 중 하나는 메시mesh 네트워크 구성이 쉽다는 점이다.** 흔히 지그비의 단점으로 느린 전송 속도와 짧은 전송 거리를 이야기한다. 하지만 짧은 전송 거리는 저전력 무선 통신의 공통적인 특징이며, 지그비에서는 메시 네트워크 구성과 노드의 중계routing 기능을 활용하여 통신 거리를 확장할 수 있다. 느린 전송 속도 역시 애초에 지그비가 블루투스나 와이파이와 달리 간단하고 저렴한 무선 네트워크를 구성하기 위해 고안되었다는 점을 생각하면 당연한 것이다. 블루투스 역시 2017년 메시 네트워크에 관한 표준을 발표하면서 지그비와 그 영역이 겹치지만, 지그비 1.0 표준이 발표된 것이 2005년이라는 점에서 메시 네트워크 구성에서는 아직은 지그비가 우위에 있다고 할 수 있다. 지그비는 여러 개의 노드로 구성되는 홈 오토메이션, 모니터링, 센서 데이터 수집 등의 분야에서 흔히 사용되고 있다.

지그비에서는 IEEE 802.15.4를 기반으로 저전력 디지털 라디오를 사용하는 상위 계층의 통신 프로토콜을 정의하고 있다. **IEEE 802.15.4는 저속의 근거리 무선 네트워크를 위한 하위 프로토콜로 IEEE에서 관리하고 있으며, 상위 프로토콜인 지그비는 지그비 연합ZigBee Alliance에서 관리하고 있다.** IEEE 802.15.4는 스타 또는 P2PPoint to Point 형태의 네트워크만 지원하지만, 지그비는 트리나 메시 형태의 네트워크도 지원한다. 즉, **지그비는 IEEE 802.15.4를 기반으로 다양한 형태의 네트워크를 지원하여 활용성을 높이고 있다.** 그림 22.1은 지그비로 구성할 수 있는 다양한 형태의 네트워크를 나타낸다. 지그비 통신은 기본적으로 통신을 책임지는 코디네이터coordinator와 단말end device로 이루어진다. 여기에 네트워크 확장을 위해 라우터router가 추가되며, 이들 사이의 연결 방법에 따라 트리 또는 메시 형태의 네트워크를 구성할 수 있다.

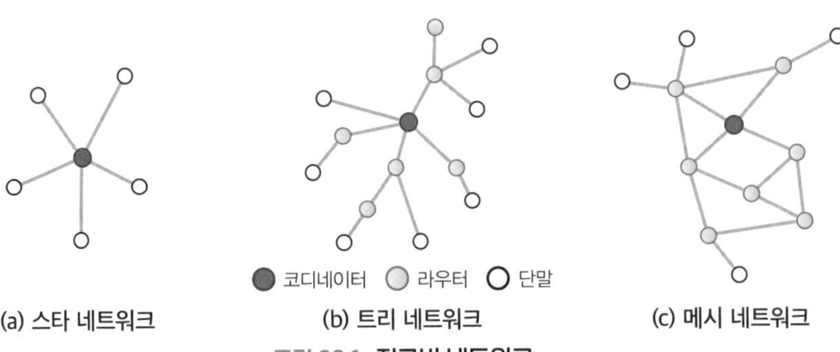

그림 22.1 지그비 네트워크

22.2 지그비 모듈

이 장에서는 디지 인터내셔널DiGi International*에서 제작하여 판매하는 지그비 모듈인 XBee 3 모듈을 사용한다. 디지 인터내셔널에서는 지그비를 포함하여 다양한 종류의 무선 통신 모듈을 판매하고 있으며, 디지 인터내셔널에서 판매하는 모듈은 XBee라는 이름을 사용한다. 즉, **지그비가 저속의 근거리 무선 네트워크를 위한 표준 또는 이를 위한 통신 프로토콜을 가리킨다면, XBee는 디지 인터내셔널의 상표 이름에 해당한다.** XBee 3 모듈에서는 다음 세 가지 프로토콜을 사용할 수 있다.

- **802.15.4** IEEE가 관리하는 근거리 무선 네트워크를 위한 하위 계층 프로토콜
- **Zigbee** 802.15.4를 바탕으로 지그비 연합에서 관리하는 상위 계층 프로토콜
- **DigiMesh** 지그비의 변형으로 메시 네트워크 구성을 위해 디지 인터내셔널에서 제공하는 자체 프로토콜

이 장에서는 세 가지 프로토콜 중 가장 간단한 802.15.4를 사용한다. XBee 3 모듈에는 기본적으로 지그비 펌웨어가 설치되어 있지만, XBee 모듈 설정을 위한 전용 프로그램인 XCTU에서 펌웨어를 교체하면 다른 프로토콜을 사용할 수 있다. DigiMesh 프로토콜은 지그비와 비교했을 때 메시 네트워크 구성이 간편하고 전력 소비 면에서도 우수한 것으로 알려져 있다. 하지만 DigiMesh 프로토콜은 표준 프로토콜이 아니므로 호환성에서 문제가 있을 수 있다는 점도 기억해야 한다.

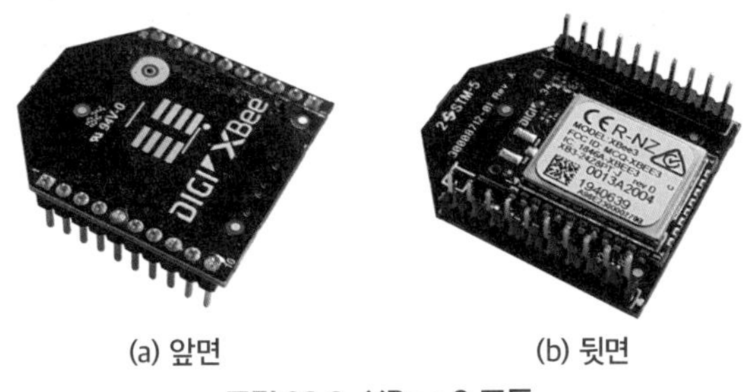

(a) 앞면 (b) 뒷면

그림 22.2 XBee 3 모듈

XBee 모듈은 20개의 핀을 갖고 있지만 핀 간격이 브레드보드의 핀 간격인 2.54mm보다 좁은 2.0mm이므로 브레드보드에 꽂아 사용하기 위해서는 별도의 변환 모듈이 필요하다. 또한 XBee 모듈은 3.3V 전원을 사용하므로 전원 연결에 주의해야 한다.

* http://www.digi.com

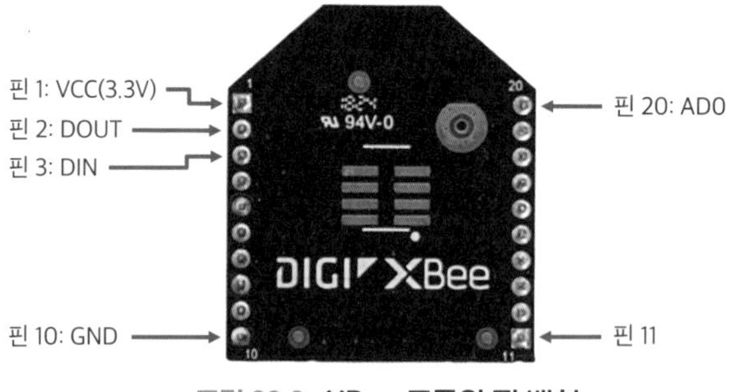

그림 22.3 XBee 모듈의 핀 배치

XBee 모듈은 UART 시리얼 통신으로 아두이노와 연결하여 사용한다. 하지만 XBee 모듈 내에도 마이크로컨트롤러가 포함되어 있으므로 아두이노를 연결하지 않고 XBee 모듈만으로 센서 데이터를 모으고 전송하는 것이 가능하다. 즉, **XBee 모듈은 그 자체로 지그비 통신 기능을 가진 마이크로컨트롤러로 동작할 수 있다.** 이는 블루투스 통신 모듈로 사용하는 HC-06 모듈이나 와이파이 통신 모듈로 사용하는 ESP-01 모듈 역시 마찬가지다.

XBee 모듈을 컴퓨터에 연결하여 사용하기 위해서는 시리얼 어댑터가 필요하다. 시리얼 어댑터는 XBee 모듈의 UART 통신을 USB로 변환하는 장치로, UART 시리얼 통신을 통해 모듈을 설정할 수 있게 해준다.

(a) 장착 전 (b) 장착 후

그림 22.4 XBee 시리얼 어댑터

시리얼 어댑터가 컴퓨터에 XBee 모듈을 연결하기 위해 사용된다면, 핀 변환 보드는 아두이노에 XBee 모듈을 연결하는 데 필요하다. 핀 변환 보드는 XBee 모듈의 2.0mm 핀 간격을 2.56mm 핀 간격으로 변환하기 위해 사용되며, 다른 기능은 없다. XBee 모듈은 3.3V 전압을 사용하므로 아두이노와의 UART 시리얼 통신 역시 3.3V 기준 전압을 사용해야 한다는 점도 아두이노와 연결할 때 주의할 사항 중 하나다. 따라서 핀 간격 변환, 3.3V 동작 전압 공급, UART 통신을 위한 레벨 변환 기능 등을 제공하는 XBee 쉴드 역시 여러 종류가 판매되고 있으므로 아두이노와 연결할 때 사용할 수 있다. 이 장에서는 핀 변환 보드를 사용한다.

(a) 앞면 (b) 뒷면

그림 22.5 **핀 변환 보드**

XBee 3 모듈과 모듈 설정 및 연결을 위한 장치가 준비되었으면 모듈을 설정해 보자. 이 장에서는 최대 3개의 XBee 모듈 간 통신 방법을 보일 것이므로 3개의 XBee 모듈을 같은 방법으로 설정해야 한다. 모듈 설정을 위해서는 디지 인터내셔널에서 제공하는 전용 프로그램인 XCTU를 사용한다. 먼저 XCTU 프로그램을 내려받아* 설치하자. 설치가 완료되고 프로그램을 실행하면 그림 22.6과 같은 초기 화면을 볼 수 있다.

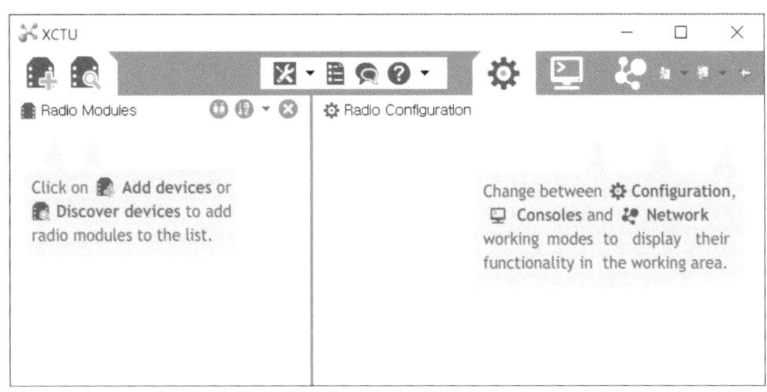

그림 22.6 **XCTU 초기 화면**

모듈 설정을 위해서는 먼저 모듈을 추가해야 한다. 시리얼 어댑터를 사용하여 XBee 모듈을 컴퓨터에 연결하면 장치 관리자에서 시리얼 포트로 인식된 것을 확인할 수 있다.

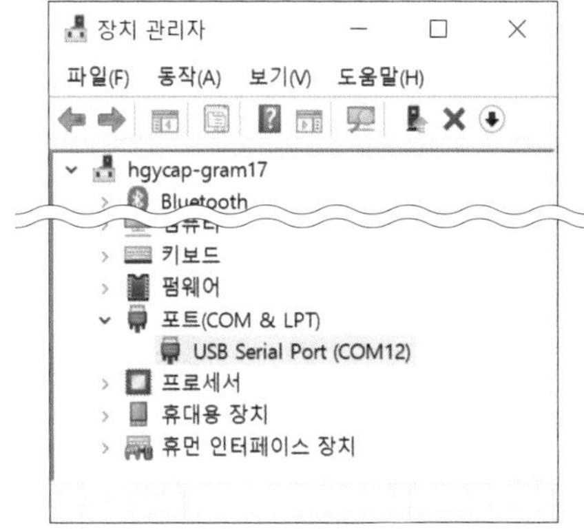

그림 22.7 **시리얼 어댑터 연결**

* https://www.digi.com/products/embedded-systems/digi-xbee/digi-xbee-tools/xctu

시리얼 어댑터에 XBee 모듈을 꽂아 컴퓨터에 연결한 후 XCTU 프로그램에서 툴바 왼쪽의 Discover 버튼( )이나 단축키 'Shift + Ctrl + D'를 눌러 'Discover radio devices' 다이얼로그를 실행한다.

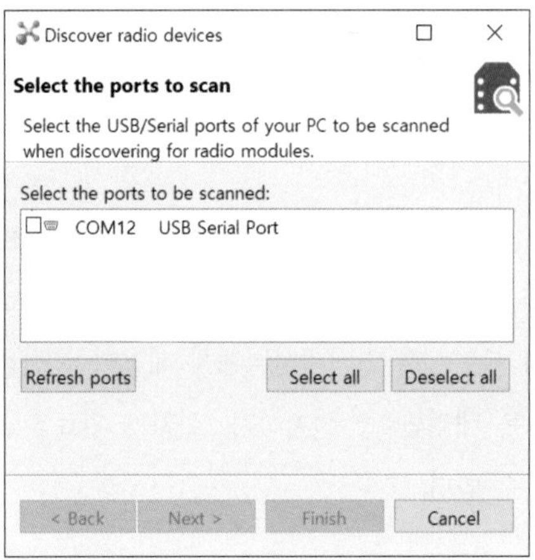

그림 22.8 시리얼 포트로 연결된 무선 장치 검색 다이얼로그

무선 장치 검색 다이얼로그에서 시리얼 어댑터가 연결된 시리얼 포트를 선택하고 'Next' 버튼을 누른다.

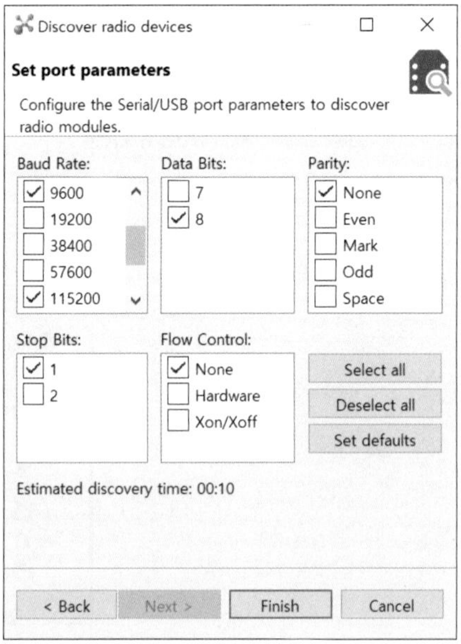

그림 22.9 무선 장치와의 UART 시리얼 통신 옵션 설정

시리얼 통신을 위한 파라미터는 디폴트값을 사용하면 된다. 'Finish' 버튼을 누르면 시리얼 포트에 연결된 XBee 모듈이 나타난다.

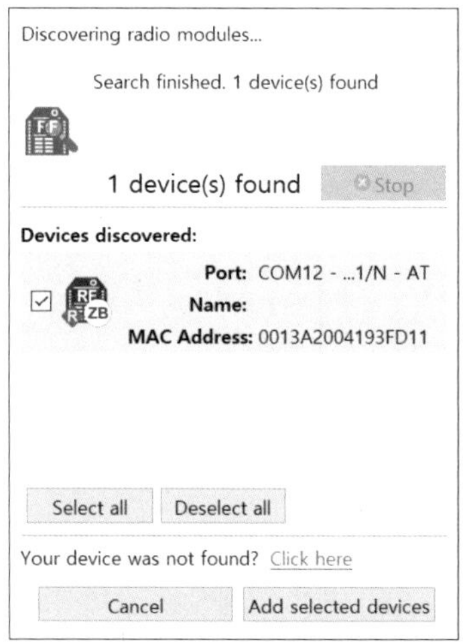

그림 22.10 **시리얼 포트에 연결된 무선 장치 검색 결과**

발견된 장치를 선택하고 'Add selected devices' 버튼을 눌러 장치를 추가하면 XCTU 프로그램의 왼쪽 패널에 모듈이 나타난다. 추가된 모듈 그림의 오른쪽 아래에 표시된 'ZB'는 지그비 펌웨어가 설치되어 있음을 의미한다. XBee 3 모듈은 디폴트로 지그비 펌웨어가 설치되어 있다. 추가된 모듈을 선택하면 오른쪽 패널에 선택된 모듈의 정보가 나타난다.

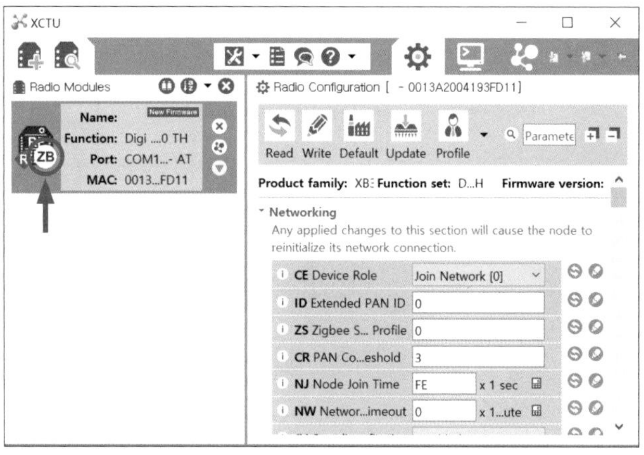

그림 22.11 **추가된 무선 장치의 정보 확인**

모듈의 정보가 출력되지 않고 펌웨어 정보를 찾을 수 없다는 메시지가 나오는 경우는 모듈에 설치된 펌웨어가 이전 버전의 펌웨어인 경우가 대부분이다.

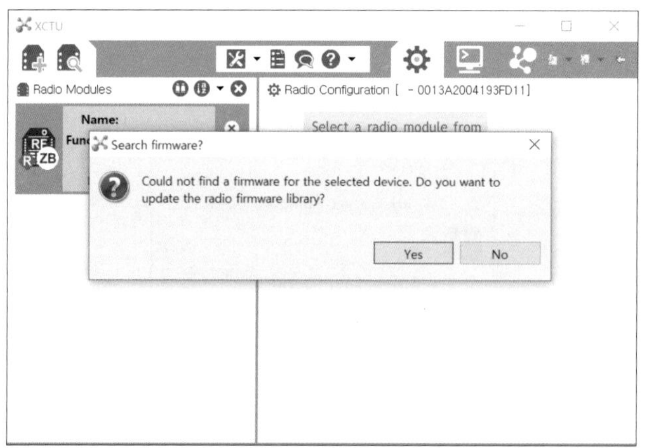

그림 22.12 펌웨어 정보 검색 실패

이전 버전 펌웨어에 대한 정보는 툴바 가운데 Help( ) 버튼을 누른 후 'Install Legacy Radio Firmware' 메뉴 항목을 선택하여 이전 버전 펌웨어를 설치하면 확인할 수 있다. 판매되는 모듈 대부분이 이전 버전의 펌웨어가 설치된 상태이므로 이전 버전의 펌웨어를 설치해 두자. 이전 버전의 펌웨어를 설치한 후에는 그림 22.12의 검색 실패 다이얼로그가 나타나지 않을 것이다.

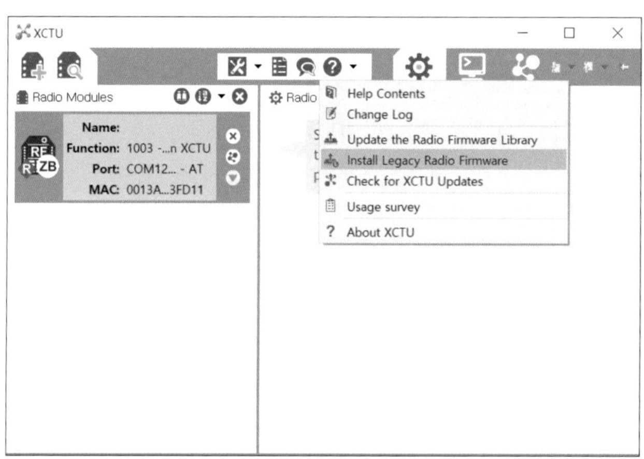

그림 22.13 이전 버전 펌웨어 설치

이 장에서 XBee 모듈에는 사용할 수 있는 가장 간단한 펌웨어인 802.15.4 펌웨어가 설치되어 있고 펌웨어의 설정은 디폴트 상태인 것으로 가정한다. XBee 3 모듈에는 디폴트로 지그비 펌웨어가 설치되어 있으므로 펌웨어를 802.15.4로 변경해 보자. 펌웨어를 변경하기 위해서는 먼저 오른쪽 패널의 'Update' 버튼( )을 눌러 펌웨어 업데이트 다이얼로그를 실행한다.

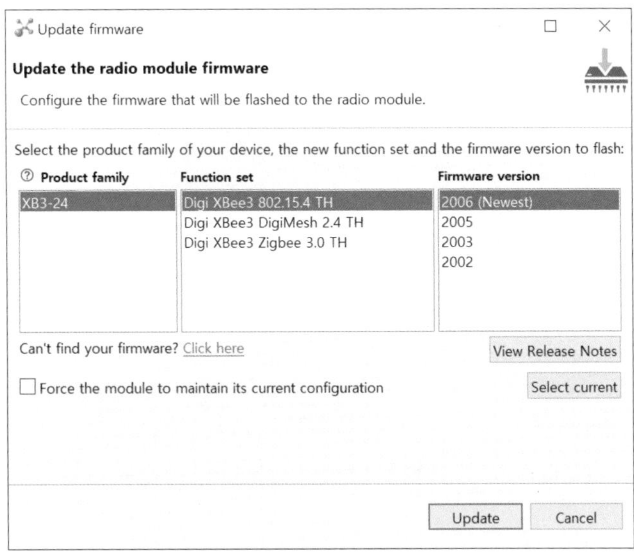

그림 22.14 **펌웨어 업데이트 다이얼로그**

'Product family'는 모듈의 뒷면에서 확인할 수 있다. XBee 3 모듈의 경우 'XB3-24'를 Product family로 선택하면 된다. 'Function set'은 802.15.4, 'Firmware version'은 최신 버전을 선택한 후 'Update' 버튼을 누르면 선택한 펌웨어로 업데이트가 진행된다. 펌웨어 업데이트가 끝나면 펌웨어의 설정을 초기 상태로 되돌린다. 오른쪽 패널에서 'Default' 버튼(🏭)을 눌러 설정을 초기화한 후 'Write' 버튼(✎)을 눌러 변경된 내용을 모듈에 기록하면 초기 상태로 변경된다. 펌웨어가 변경되면 왼쪽 패널에서 모듈에 붙은 표시가 'ZB'는 '802'로 변경된다. XBee 모듈 하나에 대한 설정이 끝났다. 나머지 2개의 모듈 역시 같은 방법으로 802.15.4 펌웨어를 설치하고 초기 상태로 설정해 두자.

2개의 XBee 모듈 사이에 데이터를 전달해 보자. 펌웨어가 초기 상태라면 설정을 변경할 필요 없이 서로 데이터를 주고받을 수 있다. XBee 모듈 하나(XBee-1)는 시리얼 어댑터를 통해 컴퓨터에 연결하고 XCTU 프로그램에 등록한다. 다른 하나(XBee-2)는 그림 22.15와 같이 전원을 연결하고 DIN과 DOUT을 연결한다.

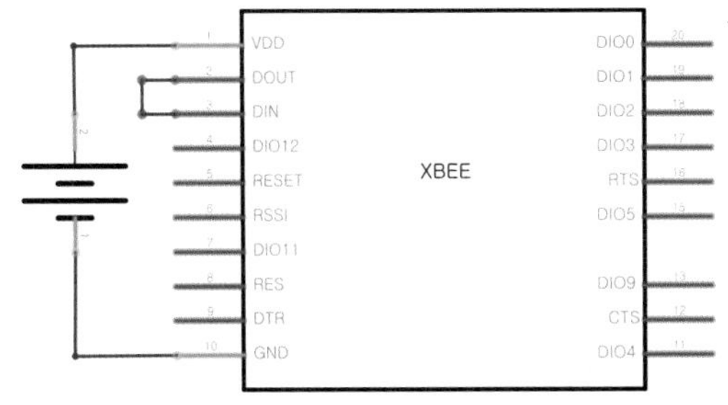

그림 22.15 **루프 백 테스트를 위한 XBee 모듈 연결 회로도**

그림 22.16 루프 백 테스트를 위한 XBee 모듈 연결 회로

XBee-1 모듈에서 데이터를 전송하면, XBee-2 모듈은 데이터를 수신한다. XBee-2 모듈은 DIN과 DOUT이 연결되어 있어 수신한 데이터는 송신으로 전달되어 재전송이 일어나고, XBee-1 모듈은 XBee-2 모듈이 보낸 데이터를 수신하게 된다. 즉, XBee-1 모듈은 전송한 데이터를 XBee-2 모듈을 거쳐 다시 수신하게 된다. 이를 루프 백loop back 테스트라고 하며 모듈의 데이터 송수신을 테스트하기 위한 목적으로 흔히 사용된다.

XCTU 프로그램에서 오른쪽에 있는 콘솔console 모드 전환 버튼( )을 누른 후 'Open' 버튼( )을 누르면 데이터를 입력할 수 있는 창이 활성화된다. 입력 창에 'Test'라고 입력하면 글자가 두 번씩 나타나는 것을 확인할 수 있다. 첫 번째 글자(파란색)는 송신한 데이터를 나타내고, 두 번째 글자(빨간색)는 루프 백에 의해 수신된 데이터를 나타낸다. 두 번씩 입력한 데이터가 표시되면 XBee 모듈의 데이터 송수신이 정상적으로 이루어지고 있다고 생각할 수 있다.

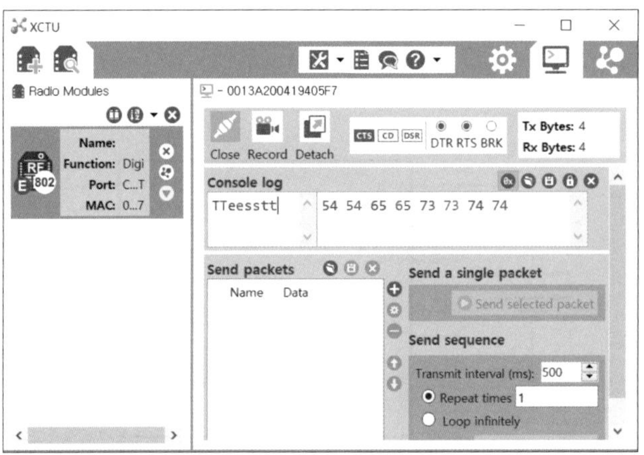

그림 22.17 루프 백 테스트

XCTU 프로그램의 왼쪽 패널에서 등록된 XBee 모듈의 옆에 있는 원격 모듈 검색 버튼(◎)을 누르면 현재 같은 네트워크상에 있는 XBee 모듈이 검색되어 나타난다.

그림 22.18 같은 네트워크상의 원격 모듈 검색

'Add selected devices' 버튼을 누르면 검색된 원격 노드가 원격 모듈로 추가되는 것을 확인할 수 있다.

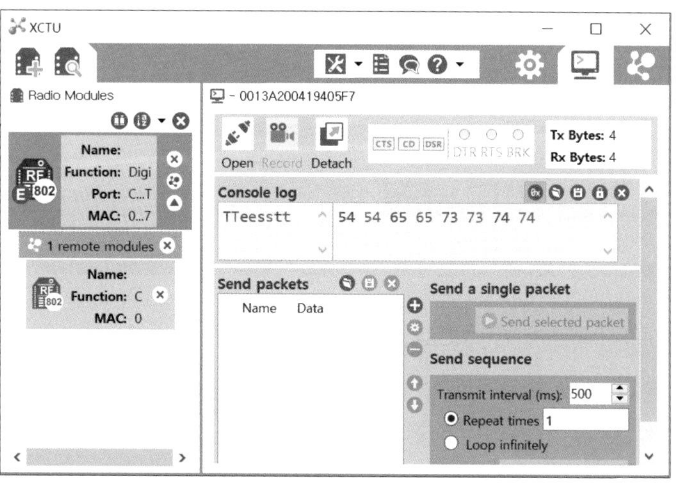

그림 22.19 원격 모듈의 추가

세 번째 XBee 모듈을 루프 백 테스트가 가능하도록 DIN과 DOUT을 연결하고 전원을 연결한 후 원격 모듈로 추가하자. 콘솔 모드에서 시리얼 연결을 수행한 후 문자를 입력해 보자. 어떤 일이 발생하는가?

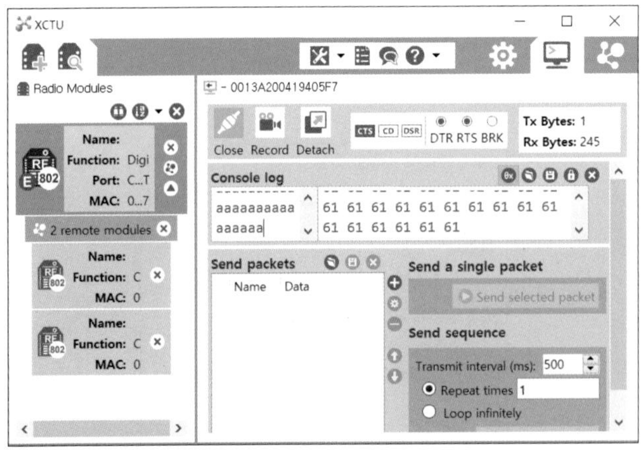

그림 22.20 3개 모듈로 구성되는 네트워크에서의 루프 백 테스트

콘솔 창에서 'a'를 입력하면 그림 22.20에 나타난 것처럼 문자가 계속 수신되는 것을 확인할 수 있다. 즉, 특정 모듈이 데이터를 보내면 나머지 2개의 모듈이 데이터를 수신하고 이를 재전송하므로 루프 백이 무한히 계속된다. 하나의 모듈에서 특정 모듈로 데이터를 전송하려면 어떻게 해야 할까? **지그비는 네트워크상에서 모듈, 즉 노드node를 구별하기 위해 주소를 사용하며, 데이터를 보낼 때 데이터를 수신할 노드의 주소를 지정하여 보낼 수 있다.** 주소를 사용하여 특정 노드로 데이터를 전달하는 방법을 살펴보자.

22.3 지그비 네트워크

여러 개의 노드로 구성되는 지그비 네트워크상에서 각 노드는 주소로 구별된다. XCTU 프로그램에서 설정 모드(⚙)로 바꾼 후 표시되는 옵션 중에서 'Networking' 부분과 '802.15.4 Addressing' 부분에 네트워크를 구별하고 네트워크 내에서 노드를 구별할 수 있는 정보가 포함되어 있다.

네트워크 부분에서 첫 번째 항목인 채널CH: Channel은 2.4GHz 대역 중에서 XBee가 사용할 채널을 나타낸다. **같은 네트워크에 연결하기 위해서는 사용하는 채널이 같아야 한다.** 두 번째 항목인 ID는 PANPersonal Area Network ID를 나타내며 네트워크 자체를 구별을 위한 네트워크 ID로 사용된다. **네트워크 ID는 0x0에서 0xFFFF 사이의 값을 가지며 같은 네트워크에 속하는, 즉 같은 PAN ID를 갖는 노드 사이의 통신만 가능하다.** 위의 두 가지 항목은 네트워크를 특징짓기 위한 파라미터에 속한다.

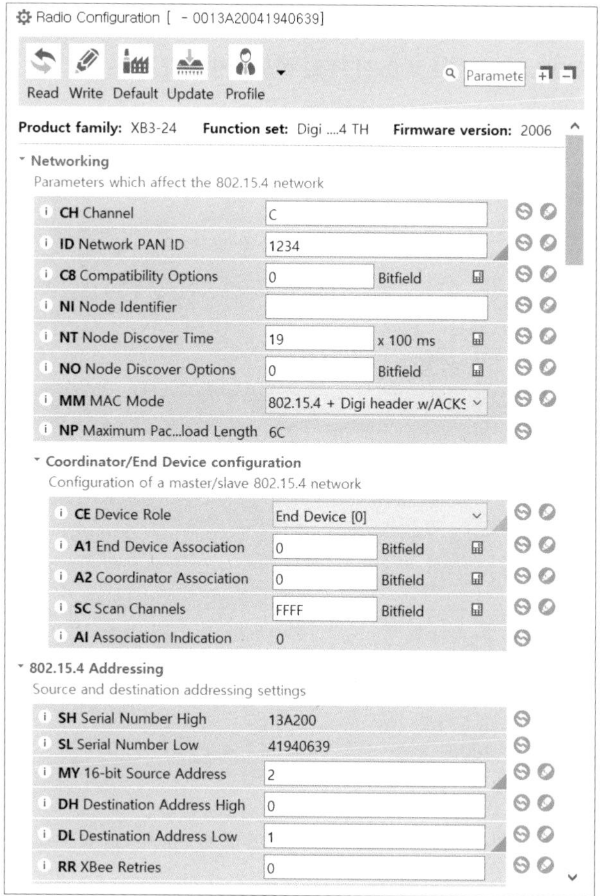

그림 22.21 **네트워크 및 노드 설정**

네트워크 내에서 노드를 구별하기 위해서는 노드 ID가 필요하다. **네트워크상에서 모든 노드는 0x0000에서 0xFFFF 사이의 16비트 주소를 가지며,** 이를 MY 주소 또는 소스 주소source address라고 한다. 또는 SHSerial Number High와 SLSerial Number Low로 구성되는 64비트 시리얼 번호를 주소로 사용할 수도 있다. 목적지 주소destination address는 노드가 데이터를 보낼 주소를 가리킨다. 목적지 주소 역시 16비트의 MY 주소나 64비트의 시리얼 번호를 사용할 수 있다. MY 주소를 목적지 주소로 사용하는 경우 DHDestination Address High 값은 0으로, DLDestination Address Low 값은 MY 주소로 설정하면 된다. 시리얼 번호를 사용하면 더 많은 수의 노드를 사용할 수 있지만, 주소를 변경할 수 없다는 단점이 있다. 이 장에서는 MY 주소를 사용하여 각 노드를 구별한다.

XBee 모듈은 디폴트값으로 모든 노드의 주소가 0으로 설정되어 있어서 한 노드가 보내는 메시지는 다른 모든 노드로 전달된다. 서로 다른 주소를 갖는 노드로 구성된 네트워크에서 모든 노드로 메시지를 전달하기 위해서는 브로드캐스트broadcast를 사용할 수 있으며, **브로드캐스트를 사용하기 위해서는 목적지 주소를 DH = 0x0, DL = 0xFFFF로 설정하면 된다.**

3개의 XBee 모듈이 스타 네트워크를 형성하고 통신할 수 있도록 표 22.1과 같이 3개 노드의 주소를 설정해 보자. IEEE 802.15.4 프로토콜은 메시 네트워크를 지원하지 않으므로, 표 22.1은 컴퓨터와 USB를 통해 연결된 노드(노드 1)를 코디네이터coordinator로 설정하고, 다른 두 노드(노드 2와 노드 3)는 노드 1로 데이터를 전송하는 단말end device로 설정한 경우다.

표 22.1 XBee 네트워크의 노드 주소 설정

파라미터	노드 1	노드 2	노드 3	비고
CH	C			통신 채널
ID	0x1234			네트워크 ID
MY	1	2	3	노드 주소
DH	0	0	0	
DL	0xFFFF	1	1	노드 1은 브로드캐스트 주소 사용
CE	Coordinator[1]	End Device[0]	End Device[0]	노드의 역할
비고	• PC와 연결 • 브로드캐스트	노드 1로 데이터 전송	노드 1로 데이터 전송	

표 22.1과 같이 주소를 설정하고 루프 백 테스트를 해보자. 노드 1은 브로드캐스트를 통해 모든 노드로 데이터를 전송하지만 노드 2와 3은 노드 1로만 데이터를 전송하므로, 노드 1에서의 메시지 수신은 노드 2와 노드 3이 재전송한 2번만 일어남을 알 수 있다.

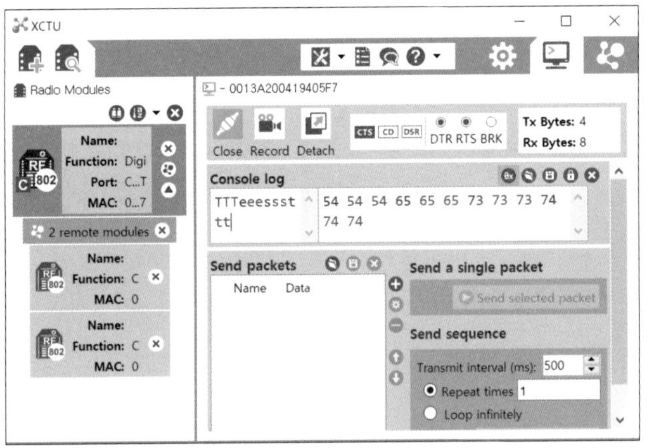

그림 22.22 스타 네트워크에서의 루프 백 테스트

22.4 아두이노-아두이노 통신

아두이노에서 지그비를 사용하는 방법 중 하나는 코디네이터에서 여러 개의 단말에 번갈아 데이터를 요청하고 데이터를 수신하는 것이다. 표 22.1과 같이 설정된 3개의 노드 중 노드 1과 노드 2를 아두이노에 연결하고 두 노드 사이에 데이터를 송수신하는 방법을 살펴보자.

아두이노와 XBee 모듈은 그림 22.23과 같이 연결한다. **아두이노와 XBee 모듈은 UART 시리얼 통신으로 데이터를 주고받으며, UART 시리얼 통신 데이터를 지그비를 통한 무선 데이터로 변환하는 것이 XBee 모듈의 역할이다.** 연결에서 주의할 사항은 XBee 모듈이 3.3V 전원을 사용한다는 점과 XBee 모듈의 데이터 입력(DIN)에 아두이노의 데이터 출력을 직접 연결해서는 안 된다는 점이다. 레벨 변환을 위해 그림 22.23에서는 저항을 사용하여 5V 기준 전압을 3.3V로 변환한 후 XBee 모듈로 연결했다. XBee 모듈의 데이터 출력 역시 3.3V 기준 전압을 사용하지만, 5V 기준 전압을 사용하는 아두이노에서 인식하는 데 문제가 없으므로 그대로 연결했다.

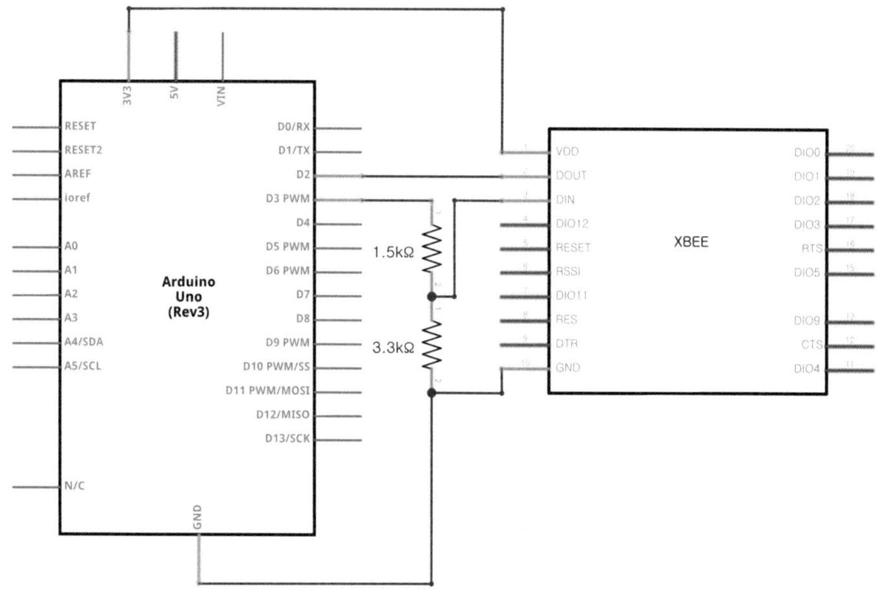

그림 22.23 XBee 모듈 연결 회로도

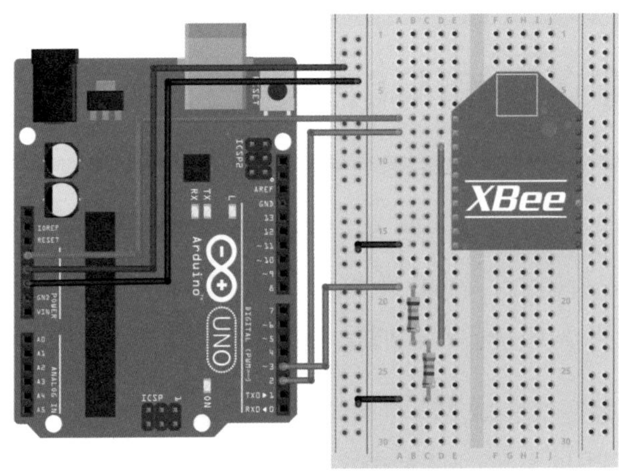

그림 22.24 XBee 모듈 연결 회로

스케치 22.1은 단말에 현재 카운터값을 요청하는 예로, 노드 1(코디네이터)이 연결된 아두이노 우노에 업로드할 스케치다. 노드 1은 브로드캐스트를 사용하므로 모든 노드가 노드 1이 보낸 메시지를 수신한다. 따라서 응답할 노드를 정하기 위해 전송하는 메시지에 노드 번호를 포함하여 보내게 했다. 노드 1을 통해 보내는 메시지 형식은 표 22.2와 같다.

표 22.2 코디네이터가 단말로 데이터를 요청하는 메시지 형식

바이트	1	2	3
의미	수신 노드 번호	'C' (카운터 전송 요청)	'$' (메시지 종료 문자)

스케치 22.1 노드 1 – 카운터값 요청

```
#include <SoftwareSerial.h>

#define BUFFER_SIZE         5
#define MESSAGE_LENGTH      3                   // 정상적인 수신 데이터의 길이

SoftwareSerial xbee(2, 3);                      // (RX, TX)
unsigned long time_previous, time_current;
char buffer[BUFFER_SIZE];
int bufferIndex = 0;
byte nodeNo;                                    // 카운터를 요청할 노드 번호

void setup() {
    Serial.begin(9600);
    xbee.begin(9600);                           // XBee 모듈 연결
    time_previous = millis();
    nodeNo = 0;
}
```

```
void loop() {
    time_current = millis();
    // 1초 간격으로 노드 2와 3에 번갈아 현재 카운터값 요청
    if (time_current - time_previous > 1000) {
        time_previous = time_current;

        // 요청 형식 : '수신 노드 번호' + 'C' + '$'
        xbee.write(nodeNo + 2);                      // 2번과 3번 노드에 번갈아 요청
        nodeNo = (nodeNo + 1) % 2;
        xbee.write('C');                             // 카운터값 요청 문자 'C'
        xbee.write('$');
    }

    if (xbee.available()) {
        byte data = xbee.read();
        buffer[bufferIndex] = data;
        bufferIndex = (bufferIndex + 1) % BUFFER_SIZE;

        if (data == '$') {                           // 종료 문자 발견
            if (bufferIndex == MESSAGE_LENGTH) {     // 정상적인 메시지 수신
                Serial.print("노드 ");
                Serial.print(int(buffer[0]));
                Serial.print(" \t: 카운터 수신\t=> ");
                Serial.println(int(buffer[1]));
                bufferIndex = 0;
            }
            else {
                Serial.println("* 잘못된 카운터 데이터 수신...");
            }
        }
    }
}
```

스케치 22.2는 단말에서 코디네이터로 현재 카운터값을 전송하는 예로, 노드 2가 연결된 아두이노 우노에 업로드할 스케치다. 카운터 전송 요청을 받은 단말은 코디네이터가 요청한 노드 번호를 메시지에서 확인하고 자신의 노드 번호와 일치하는 경우에만 카운터값을 전송한다. 단말은 코디네이터로만 메시지를 전송하므로 메시지 내에 별도로 수신 정보를 포함할 필요가 없으며, 대신 응답을 전송하는 단말의 노드 번호를 표시했다. 단말이 보내는 메시지 형식은 표 22.3과 같다.

표 22.3 단말이 코디네이터로 응답하는 메시지 형식

바이트	1	2	3
의미	송신 노드 번호	N (카운터값)	‘$’ (메시지 종료 문자)

스케치 22.2 노드 2 - 카운터값 전송

```
#include <SoftwareSerial.h>

#define BUFFER_SIZE             5
#define MESSAGE_LENGTH          3                    // 정상적인 수신 데이터의 길이
#define NODE_NO                 2                    // 노드 번호

SoftwareSerial xbee(2, 3);                           // (RX, TX)
unsigned long time_previous, time_current;
byte count = 0;                                      // 카운터
char buffer[5];
int bufferIndex = 0;

void setup() {
    xbee.begin(9600);                                // XBee 모듈 연결
    time_previous = millis();
    Serial.begin(9600);
}

void loop() {
    time_current = millis();
    if (time_current - time_previous > 1000) {      // 1초 간격으로 카운터값 증가
        time_previous = time_current;
        count++;
    }

    if (xbee.available()) {
        char data = xbee.read();
        buffer[bufferIndex] = data;
        bufferIndex = (bufferIndex + 1) % BUFFER_SIZE;

        if (data == '$') {                           // 종료 문자 발견
            if (bufferIndex == MESSAGE_LENGTH) {     // 정상적인 메시지 수신
                Serial.print("노드 ");
                Serial.print(int(buffer[0]));
                Serial.print("\t: 카운터 요청");

                if (buffer[0] == NODE_NO) {          // 자신에 대한 요청일 때 처리
                    Serial.print("\t=> ");
                    Serial.println(count);

                    // 응답 형식 : '송신 노드 번호' + '카운터값' + '$'
                    xbee.write(NODE_NO);             // 노드 번호
                    xbee.write(count);
                    xbee.write('$');
                }
                else {
                    Serial.println();
                }
            }
```

```
            else {
                Serial.println("* 잘못된 카운터 요청 수신...");
            }
            bufferIndex = 0;
        }
    }
}
```

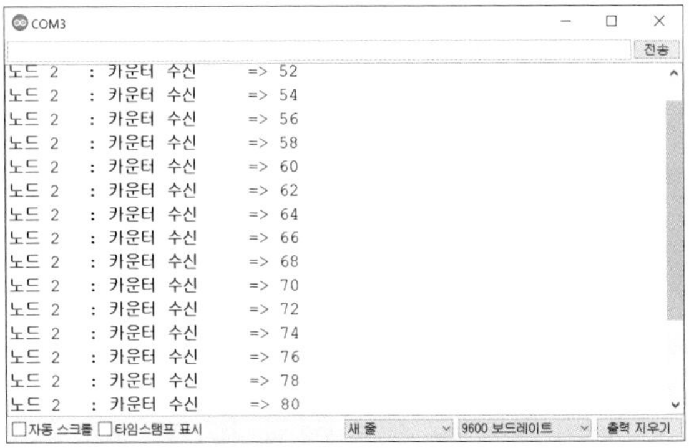

```
COM3
노드 2   : 카운터 수신      => 52
노드 2   : 카운터 수신      => 54
노드 2   : 카운터 수신      => 56
노드 2   : 카운터 수신      => 58
노드 2   : 카운터 수신      => 60
노드 2   : 카운터 수신      => 62
노드 2   : 카운터 수신      => 64
노드 2   : 카운터 수신      => 66
노드 2   : 카운터 수신      => 68
노드 2   : 카운터 수신      => 70
노드 2   : 카운터 수신      => 72
노드 2   : 카운터 수신      => 74
노드 2   : 카운터 수신      => 76
노드 2   : 카운터 수신      => 78
노드 2   : 카운터 수신      => 80
□자동 스크롤 □타임스탬프 표시        새 줄    9600 보드레이트    출력 지우기
```

그림 22.25 스케치 22.1 실행 결과 – 코디네이터

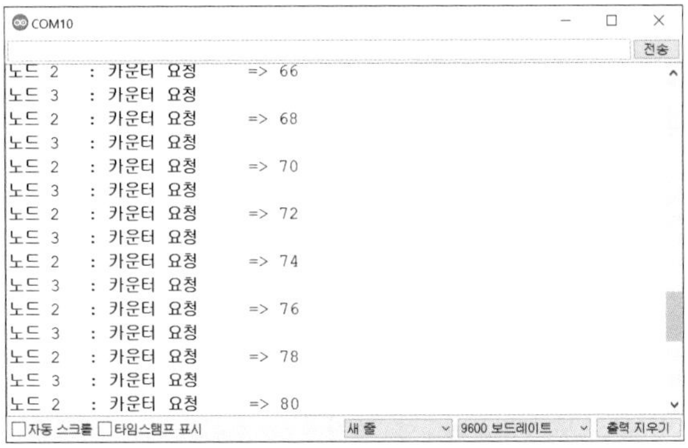

```
COM10
노드 2   : 카운터 요청      => 66
노드 3   : 카운터 요청
노드 2   : 카운터 요청      => 68
노드 3   : 카운터 요청
노드 2   : 카운터 요청      => 70
노드 3   : 카운터 요청
노드 2   : 카운터 요청      => 72
노드 3   : 카운터 요청
노드 2   : 카운터 요청      => 74
노드 3   : 카운터 요청
노드 2   : 카운터 요청      => 76
노드 3   : 카운터 요청
노드 2   : 카운터 요청      => 78
노드 3   : 카운터 요청
노드 2   : 카운터 요청      => 80
□자동 스크롤 □타임스탬프 표시        새 줄    9600 보드레이트    출력 지우기
```

그림 22.26 스케치 22.2 실행 결과 – 단말

스케치 22.2 실행 결과인 그림 22.26에서 볼 수 있듯이 단말은 노드 2번과 노드 3번에 카운터값을 요청하는 코디네이터의 메시지를 모두 수신하고 있지만, 자신의 노드 번호와 일치하는 요청에만 카운터값을 전송하고 있다. 그림 22.26에서 보낸 카운터값이 그림 22.25에서 코디네이터가 수신한 카운터값과 일치한다는 점 역시 확인할 수 있다.

스케치 22.1과 스케치 22.2의 동작은 2개의 아두이노에 블루투스 모듈을 연결하여 통신하는 경우와 차이가 없다. 블루투스 모듈 역시 아두이노와 UART 시리얼 통신으로 연결하며, UART 시리얼 통신으로 블루투스 모듈로 전달된 데이터는 무선 형식으로 변환되어 보내진다. 하지만 스케치 22.1에서는 2개의 노드로 카운터값을 요청하고 있으며, 스케치 22.2에서는 수신된 요청 중 일부만 처리하고 있다는 점을 기억해야 한다. 표 22.1에서 노드 3번으로 설정된 XBee 모듈을 그림 22.23과 같이 아두이노에 연결하고, 스케치 22.2에서 NODE_NO를 2에서 3으로 수정해서 업로드하면 간단하게 3개의 아두이노 우노가 지그비로 연결된 네트워크를 구성할 수 있다. 이처럼 **필요한 경우 네트워크에 연결된 노드의 수를 간단하게 늘릴 수 있다는 점이 블루투스를 사용하는 경우와 비교했을 때 가장 큰 차이점이며, 지그비의 가장 큰 장점이다.**

22.5 맺는말

지그비는 근거리 무선 통신 방법의 한 가지로 저속, 저전력, 저가격의 무선 통신을 특징으로 한다. 최근 사물인터넷에 관한 관심이 증가하면서 홈 오토메이션, 공장 자동화, 센서 네트워크 등의 분야에서 지그비가 널리 사용되고 있으며, 이는 지그비를 사용하면 쉽게 메시 네트워크를 구성할 수 있기 때문이다. 지그비와 흔히 비교되는 것이 블루투스로, 2개의 장치를 연결하는 경우 지그비와 블루투스는 연결 방법이나 사용 방법에서 큰 차이가 없다. 하지만 3개 이상의 장치를 무선으로 연결하기 원한다면 생각할 수 있는 첫 번째가 지그비가 될 것이다. 블루투스 역시 메시 네트워크에 대한 표준을 발표하면서 지그비와 경쟁 관계에 있지만, 블루투스의 경우 컴퓨터나 스마트폰과의 연결을 주목적으로 하고 있다면, 지그비는 처음부터 메시 네트워크 구성을 목표로 했다는 점을 간과할 수 없다. 지그비가 스마트폰에서는 지원되지 않는다는 점이 블루투스와의 경쟁에서 불리한 점이 될 수 있지만, 블루투스와는 다른 목적으로 시작되었고 블루투스와는 다른 영역에 적용되고 있으므로 향후 지그비의 행보를 주목해 볼 필요가 있다.

이 장에서는 디지 인터내셔널의 지그비 모듈인 XBee 3 모듈을 아두이노에 연결하여 사용했다. 이때 XBee 3 모듈은 UART 시리얼 통신을 통해 전달된 데이터를 무선 형식으로 바꾸어 전달하는 역할을 한다. 하지만 지그비 모듈 내에 이미 마이크로컨트롤러가 포함되어 있어 아두이노의 도움 없이 XBee 3 모듈만으로도 센서 데이터를 모아 전달하는 역할을 할 수 있으며, 이러한 기능을 하는 무선 장치를 흔히 센서 노드라고 부른다. XCTU 프로그램을 통해 XBee 3 모듈을 센서 노드로 설정할 수 있으며, 마이크로컨트롤러를 위한 파이썬 언어인 마이크로파이썬MicroPyton을 사용하여 프로그램을 작성하고 업로드하는 것도 가능하다. 여러 개의 센서 노드로 구성되는 소규모 네트워크를 구성하는 경우라면 센서 노드의 사용을 고려해 볼 수 있을 것이다.

1 표 22.1과 같이 3개의 XBee 모듈이 설정된 경우 3개의 모듈은 스타 네트워크를 형성한다. 그림 22.22는 코디네이터에서 전송된 데이터가 단말에서 되돌아오는 것을 XCTU 프로그램으로 확인한 것이지만, 루프 백 테스트는 XBee 모듈로 UART 시리얼 통신을 통해 메시지를 전달하기만 하면 되므로 터미널 프로그램을 사용해서도 가능하다. 노드 1을 시리얼 어댑터에 꽂아 컴퓨터에 연결하고, 노드 2와 3은 루프 백 테스트가 가능하도록 DIN과 DOUT을 연결하고 전원을 연결하자. 터미널 프로그램을 실행하여 노드 1에서 데이터를 전송했을 때 데이터가 되돌아오는 것loop back을 확인해 보자.

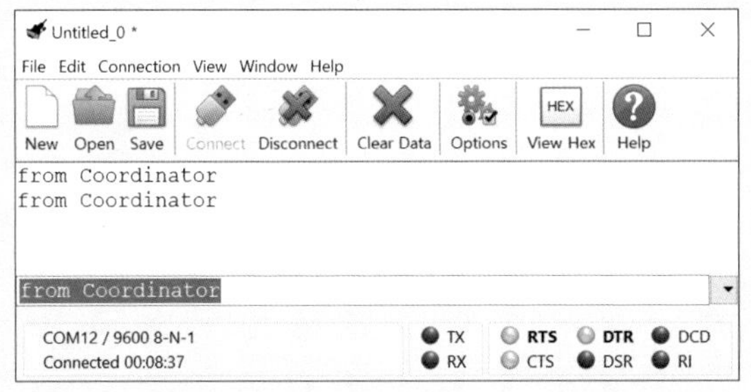

2 표 22.1의 노드 1과 2를 그림 22.23과 같이 아두이노 우노에 연결하자. 노드 2를 연결한 아두이노의 A0 핀에 가변저항을 연결하고 1초 간격으로 아날로그값을 읽어 코디네이터로 전송하는 스케치를 작성해 보자. 메시지는 노드 번호 1바이트, 문자열 형식의 가변저항값 4바이트, 메시지 종료 문자 1바이트 등 6바이트로 한다.

바이트	1	2	3	4	5	6
의미	노드 번호	'xxxx'(문자열 형식의 4바이트 숫자, 0~1023)				'$'(종료 문자)

CHAPTER

23

적외선 통신

적외선 통신은 가시광선의 인접 대역인 38kHz 적외선을 사용하는 무선 통신으로 리모컨에서 사용하는 통신 방식이기도 하다. 적외선 통신은 통신 거리가 짧고 송신기와 수신기가 마주 보고 있어야 한다는 단점이 있지만, 간단한 구조와 낮은 가격으로 쉽게 무선 통신을 구현할 수 있다는 장점이 있다. 이 장에서는 적외선 데이터 통신의 원리와 리모컨 데이터를 수신하고 이를 활용하는 방법을 알아본다.

이 장에서 사용할 부품

부품	수량	용도
아두이노 우노	× 1	➡ 적외선 통신 테스트
리모컨	× 1	➡ NEC 프로토콜 사용
적외선 수신기	× 1	➡ PL-IRM0101
적외선 LED	× 1	➡ 적외선 데이터 송신
100Ω 저항	× 1	➡ 적외선 LED 연결
LED	× 9	
220Ω 저항	× 9	

23.1 적외선 통신

적외선IR: Infrared은 가시광선의 붉은색 바깥쪽에 위치하며 가시광선보다 파장이 긴 전자기파를 말한다. 가시광선이나 자외선에 비해 강한 열작용을 갖고 있어서 열선이라고도 불린다. 적외선은 사람의 눈으로는 확인할 수 없지만, 스마트폰의 카메라로 확인할 수 있다. 리모컨과 스마트폰이 있다면 리모컨의 버튼을 누르고 리모컨의 적외선 LED를 스마트폰의 카메라를 통해 살펴보면 적외선 LED가 깜빡이는 모습을 확인할 수 있다.

적외선을 사용해 데이터를 전달하는 적외선 통신은 TV, 에어콘 등 가전제품의 리모컨에서 흔히 사용하는 통신 방식이다. 적외선 통신은 간단한 장치를 통해 10m 이내 짧은 거리에서의 무선 통신을 가능하게 해주므로, 여러 가지 단점에도 불구하고 **가장 싼 가격으로 구현할 수 있는 근거리 무선 통신** 중 하나로 사용되고 있다. 아두이노에서도 RCRadio Controlled 자동차 등의 제어를 위해 리모컨을 사용하는 예를 흔히 볼 수 있다.

리모컨은 적외선 통신을 사용하는 대표적인 예이므로 리모컨을 좀 더 자세히 살펴보자. 적외선 통신에서는 37~42kHz의 주파수를 사용한다. 적외선은 자연환경에서도 흔히 볼 수 있지만, 적외선 통신에 사용하는 주파수 범위의 적외선은 자연환경에서는 찾아보기 어려우므로 데이터 전달을 위해 사용하고 있다. 이 중에서도 **리모컨은 38kHz 주파수를 사용하는 경우가 대부분**이며 일부 다른 주파수를 사용하기도 한다. 그림 23.1은 38kHz 반송파carrier를 사용하여 데이터 신호를 변조한 예를 보여준다.

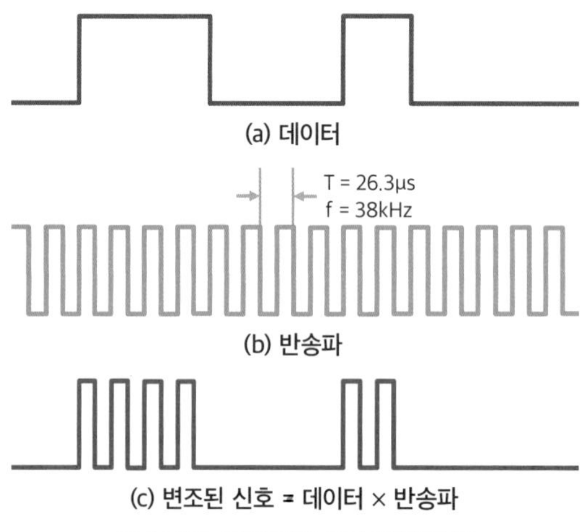

그림 23.1 적외선 통신을 위한 변조

변조된 신호는 송신 장치를 통해 보내지며 **적외선 데이터 송신 장치로 적외선 LED를 사용할 수 있다.** 적외선 LED는 일반 LED와 모양이 같으므로 외형만으로는 구별할 수 없다. 적외선 LED는 일반적인 가시광선 LED와 마찬가지로 다리가 긴 쪽이 (+), 짧은 쪽이 (–)에 해당한다.

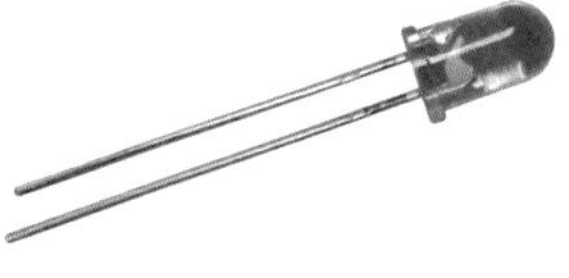

그림 23.2 적외선 LED

적외선 수신기로는 포토다이오드가 흔히 사용된다. 포토다이오드는 빛이 검출되면 광전 효과에 의해 빛 에너지가 전기 에너지로 바뀌어 전류가 흐르는 특성이 있다. 적외선 검출을 위한 포토다이오드는 대부분 검은색으로, 이는 적외선 파장만 통과시키는 필터 역할을 하기 위해서다. 포토다이오드는 적외선 주파수의 전 범위에 반응하므로 대역 통과 필터band pass filter를 사용하여 38kHz 주파수 대역만 통과하도록 만든 것이 리모컨용 적외선 포토다이오드다. 그림 23.3은 리모컨 수신기로 흔히 사용되는 PL-IRM0101로, 3개의 핀을 갖고 있다. 2번과 3번 핀을 GND와 VCC에 연결하면 OUT 핀으로 수신된 데이터가 출력된다.

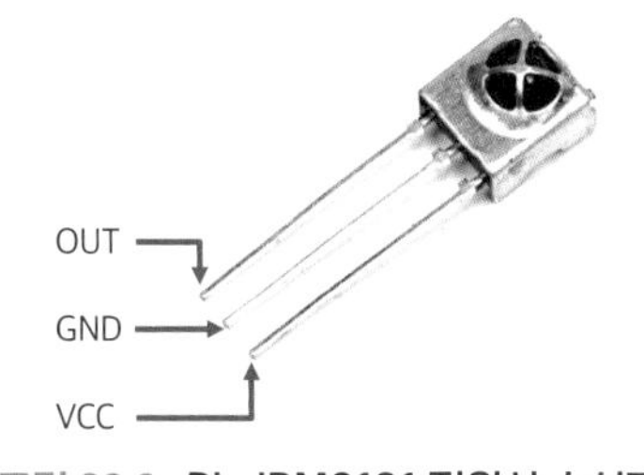

그림 23.3 PL-IRM0101 적외선 수신기

23.2 적외선 데이터 포맷

적외선 통신으로 데이터를 전달하기 위해서는 먼저 전달할 데이터를 펄스열로 바꾸어야 한다. 데이터를 펄스열로 바꾸는 방법에는 여러 가지가 있지만, 흔히 사용되는 방법 중 하나가 NEC 프로토콜이다. NEC 프로토콜은 펄스 거리 인코딩Pulse Distance Encoding 방식을 사용한다. 주변에서 볼 수 있는 리모컨 대부분은 펄스 거리 인코딩을 사용하며 이 장에서 사용하는 리모컨 역시 마찬가지다.

그림 23.4 펄스 거리 인코딩 방식을 사용하는 리모컨

펄스 거리 인코딩은 상승 에지 사이의 시간을 통해 논리 0과 논리 1을 구별한다. 펄스 거리 인코딩에서는 논리 0을 전달하기 위해 562.5μs의 HIGH 값 이후 같은 길이의 LOW 값을 전송한다. 반면, 논리 1을 전달하기 위해서는 562.5μs의 HIGH 값 이후 그 3배에 해당하는 1687.5μs의 LOW 값을 전송한다.

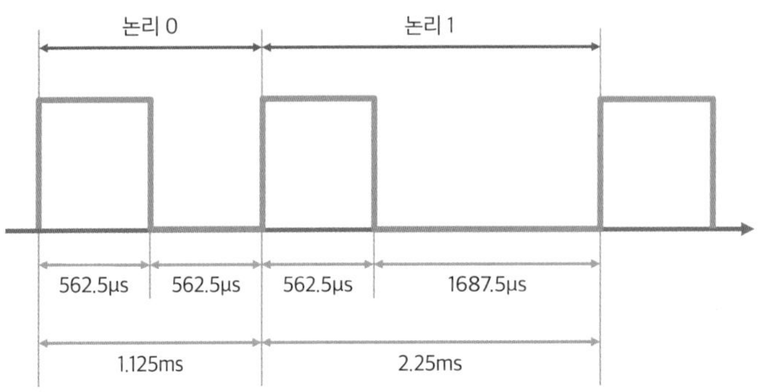

그림 23.5 펄스 거리 인코딩에 따른 논리 0과 논리 1의 표현

비트 단위 데이터 이외에도 리모컨에서는 데이터의 시작을 표시하기 위해 특별한 신호를 전송한다. 데이터 시작을 표시하는 신호는 두 가지로, 일반 데이터 시작과 반복 데이터 시작이 있다. 일반 데이터는 시작 신호 이후 펄스 거리 인코딩 방식으로 만들어진 4바이트의 데이터로 구성된다. 반면, 반복 데이터는 시작 신호 이후 하나의 562.5μs 길이 펄스만 전송한다.

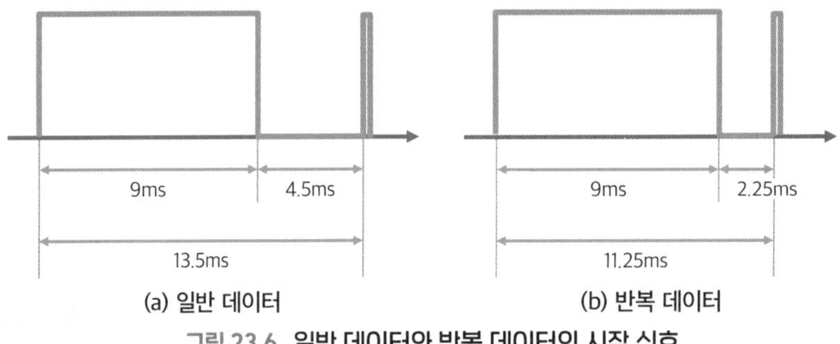

(a) 일반 데이터 (b) 반복 데이터

그림 23.6 일반 데이터와 반복 데이터의 시작 신호

그림 23.6에서 알 수 있듯이 일반 데이터와 반복 데이터의 시작 신호는 모두 9ms의 펄스로 시작된다는 점은 같지만, 이후 실제 데이터 전송이 시작될 때까지의 시간이 4.5ms와 그 절반인 2.25ms로 차이가 있다. NEC 프로토콜을 사용한 리모컨에서 처음 버튼을 누르는 경우 전달되는 데이터 신호는 그림 23.7과 같다.

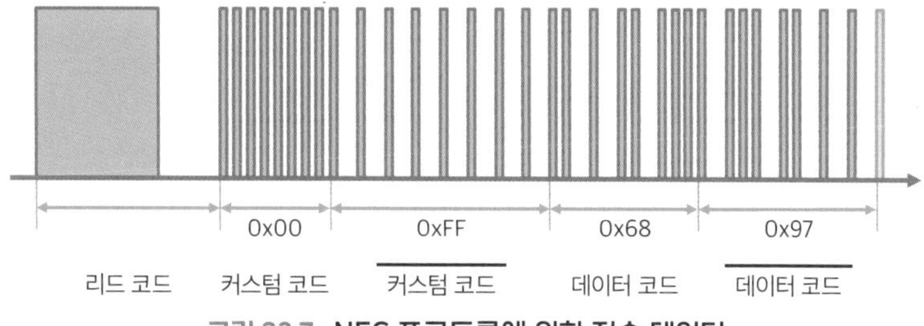

그림 23.7 NEC 프로토콜에 의한 전송 데이터

데이터의 시작을 표시하는 부분은 리드 코드$_{\text{lead code}}$라고 한다. 이후 전송되는 4바이트의 데이터는 2바이트의 커스텀 코드$_{\text{custom code}}$와 2바이트의 데이터 코드$_{\text{data code}}$로 이루어진다. 이후 전송의 끝을 표시하기 위해 562.5μs 길이 펄스가 추가된다. 4바이트 데이터 중 **커스텀 코드 2바이트는 제조사 및 제품의 종류에 따라 결정되는 값이며, 데이터 코드가 리모컨의 버튼값을 나타낸다.**

커스텀 코드 2바이트는 서로 반전된 값을 갖는다. 즉, 첫 번째 커스텀 코드값과 두 번째 커스텀 코드값을 더하면 항상 0xFF의 값을 가지며 이는 데이터 코드에서도 마찬가지다. 그림 23.7에서 데이터 코드값을 더하면 0xFF(= 0x68 + 0x97) 값을 가짐을 확인할 수 있다. 펄스 거리 인코딩에서는 논리 1과 논리 0을 전달하기 위해 사용하는 신호의 길이가 2.25ms와 1.125ms로 서로 다르다. 하지만 반전된 신호를 전송함으로써 전체 신호의 길이는 항상 같다. 커스텀 코드 2바이트는 항상 8개의 0과 8개의 1로 이루어지며 27ms(= 1.125ms × 8 + 2.25ms × 8)의 전송 시간이 필요하다. 이는 데이터 코드 2바이트 역시 마찬가지다.

리모컨의 숫자 '0'을 계속 누르고 있는 경우를 생각해 보면, 첫 번째에는 그림 23.7과 같은 펄스열이 전달되지만, 이후에는 그림 23.6(b)와 같은 반복 데이터가 전달된다. 이때 데이터가 전송되는 간격은 108ms다.

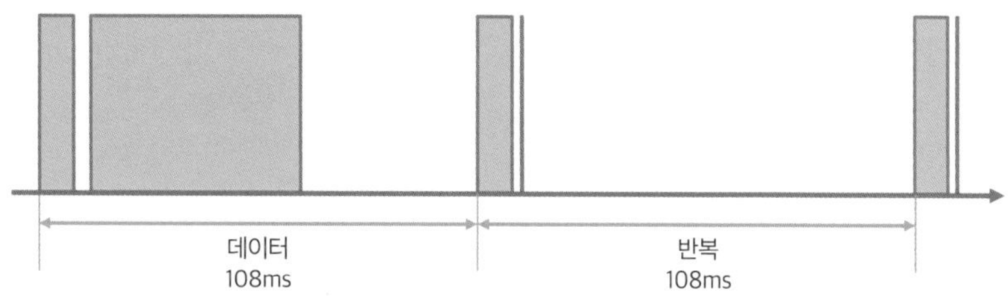

그림 23.8 NEC 프로토콜에 의한 연속적인 데이터 전송

23.3 IRremote 적외선 라이브러리

아두이노에서 적외선 송수신을 사용하기 위해서는 먼저 적외선 통신을 위한 라이브러리를 설치해야 한다. 라이브러리 매니저에서 'IRremote' 라이브러리를 검색하여 설치하자.

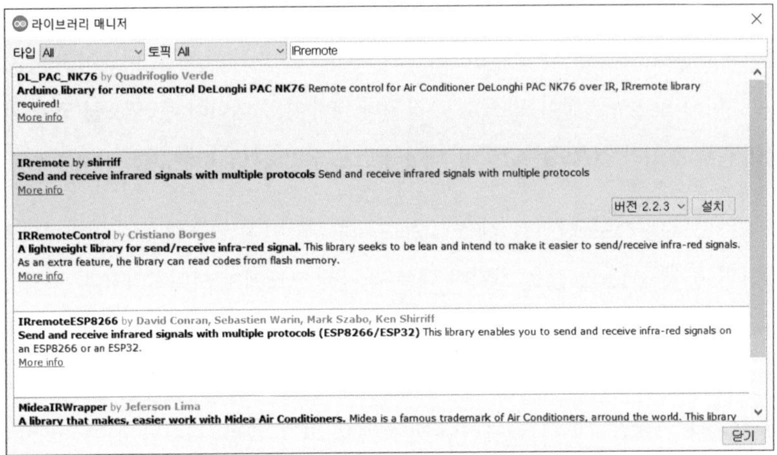

그림 23.9 IRremote 라이브러리 검색 및 설치*

IRremote 라이브러리에는 적외선 통신을 지원하기 위한 적외선 데이터 송신 클래스인 `IRsend`와 적외선 데이터 수신 클래스인 `IRrecv`를 제공하고 있다. IRremote 라이브러리를 사용하기 위해서는 먼저 헤더 파일을 포함해야 한다. '스케치 → 라이브러리 포함하기 → IRremote' 메뉴 항목을 선택하면 여러 개의 헤더 파일을 포함하지만, 꼭 포함해야 하는 헤더는 'IRremote.h' 파일뿐이므로 `#include` 문을 직접 입력해도 된다.

```
#include <IRremote.h>
```

먼저 리모컨 데이터를 수신하기 위한 `IRrecv` 클래스부터 살펴보자.

* https://github.com/z3t0/Arduino-IRremote

■ IRrecv

```
IRrecv::IRrecv(int recvpin)
IRrecv::IRrecv(int recvpin, int blinkpin)
```

- 매개변수
    - recvpin: 적외선 수신기 연결 핀
    - blinkpin: 데이터 수신 확인용 LED 연결 핀
- 반환값: 없음

적외선 수신기를 제어하기 위한 객체를 생성한다. 객체를 생성할 때는 적외선 수신기의 출력 핀을 연결한 핀을 지정한다. blinkpin은 데이터 수신 상태를 나타내는 LED를 연결하는 핀으로, 데이터가 수신될 때 LED가 점멸한다. 하지만 핀을 지정하는 것만으로는 LED가 점멸하지 않으며 blink13 멤버 함수를 써서 LED 점멸 가능 상태로 설정해야 한다.

■ blink13

```
void IRrecv::blink13(int blinkflag)
```

- 매개변수
    - blinkflag: LED 점멸 가능 상태로 true 또는 false 값 지정
- 반환값: 없음

객체를 생성할 때 지정한 LED 연결 핀에 연결된 LED의 점멸 상태를 설정한다.

■ enableIRIn

```
void IRrecv::enableIRIn()
```

- 매개변수: 없음
- 반환값: 없음

Timer2의 오버플로 인터럽트를 사용하여 50마이크로초 간격으로 인터럽트 서비스 루틴ISR: Interrupt Service Routine을 호출하도록 설정한다. ISR에서는 적외선 데이터의 수신을 검사한다. Timer2를 사용하므로 Timer2를 사용하는 tone 함수나 아두이노 우노의 경우 3번과 11번 핀의 PWM 출력은 사용할 수 없다.

■ decode

```
int IRrecv::decode(decode_results *results)
  - 매개변수
      results: 리모컨 데이터 저장 버퍼
  - 반환값: 데이터 수신 성공 여부
```

데이터 수신에 성공했으면 그 결과를 results에 저장하고 true를 반환한다. 이 외의 경우에는 false를 반환한다. 결과가 저장되는 매개변수 results는 decode_results 클래스 타입으로 다양한 인코딩 방식을 지원하기 위해 여러 가지 멤버 변수가 정의되어 있고 멤버 함수는 없다. decode_results 클래스의 멤버 변수 중 4바이트의 데이터가 저장되는 변수는 unsigned long 타입의 value이며, 여기에 2바이트의 커스텀 코드와 2바이트의 데이터 코드가 함께 저장된다.

■ resume

```
void IRrecv::resume()
  - 매개변수: 없음
  - 반환값: 없음
```

마지막으로 유효한 데이터 수신에 성공한 이후 정지 상태에 있는 적외선 데이터 수신기를 다시 시작한다. 적외선 수신기를 그림 23.10과 같이 아두이노 우노에 연결하자.

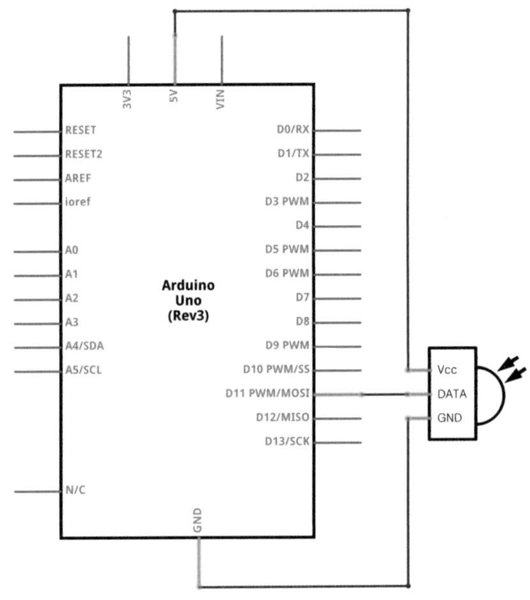

그림 23.10 **적외선 수신기 연결 회로도**

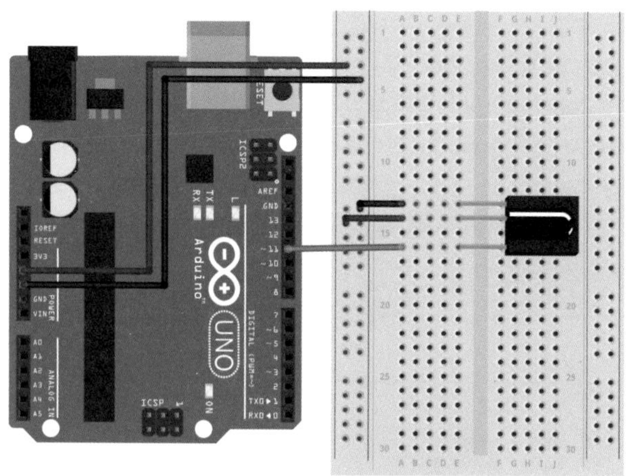

그림 23.11 **적외선 수신기 연결 회로**

스케치 23.1은 적외선 데이터 수신기로 리모컨 데이터를 수신하여 시리얼 모니터로 출력하는 예다. 적외선 통신에서는 송신기와 수신기가 마주 보고 있어야 하므로 리모컨이 수신기를 향하게 하고 버튼을 눌러 출력되는 값을 확인해 보자.

스케치 23.1 **리모컨 데이터 수신**

```
#include <IRremote.h>

int RECV_PIN = 11;                              // 적외선 수신기의 DATA 핀 연결
IRrecv irrecv(RECV_PIN);                        // 적외선 수신기 객체 생성
decode_results results;                         // 수신 데이터

void setup() {
    Serial.begin(9600);

    irrecv.enableIRIn();                        // 적외선 수신기 시작
}

void loop() {
    if (irrecv.decode(&results)) {              // 수신 성공
        char buffer[9];
        Serial.print("수신 데이터 : 0x");
        sprintf(buffer, "%08lX", results.value); // 8자의 16진수로 변환
        Serial.println(buffer);

        irrecv.resume();                        // 다음 데이터 수신
    }

    delay(100);
}
```

아두이노 프로그램의 버전업에 따라 여러 가지 라이브러리가 추가되었으며, 추가된 라이브러리 중 하나가 아두이노 로봇을 위한 RobotIRremote 라이브러리다. RobotIRremote 라이브러리는 IRremote 라이브러리를 바탕으로 만들어져 있어 IRremote 라이브러리와 많은 부분 중복된다. 만약 IRremote 라이브러리를 설치하고 스케치를 컴파일할 때 오류가 발생하거나, 컴파일은 되지만 정상적으로 동작하지 않을 때는 아두이노 설치 디렉터리 아래 'libraries\RobotIRremote' 디렉터리를 다른 곳으로 옮긴 후 다시 컴파일하고 업로드해야 정상적으로 동작한다.

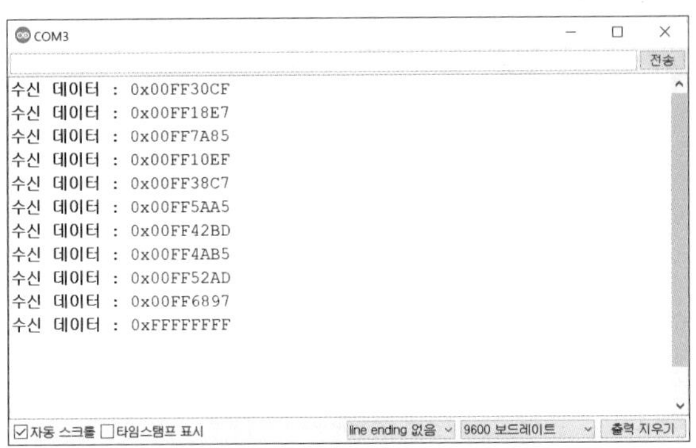

그림 23.12 스케치 23.1 실행 결과

스케치 23.1에서 볼 수 있듯이 IRremote 라이브러리를 사용하여 리모컨 데이터를 수신하는 과정은 간단하다. 먼저 적외선 수신기의 데이터 핀이 연결된 핀을 지정하여 객체를 생성하고, enableIRIn 함수로 초기화를 수행하면 준비는 끝난다. 실제 **적외선 데이터 수신은 인터럽트 서비스 루틴에서 이루어지고 decode 함수는 마지막으로 수신한 유효한 데이터를 반환한다.** 수신한 데이터를 확인한 후에는 적외선 수신기가 다시 동작하도록 resume 함수를 호출해야 한다.

수신된 결과는 decode_results 클래스의 value 멤버 변수에 저장된다. decode_results 클래스의 멤버 변수 중 하나인 decode_type에는 적외선 데이터의 인코딩 방식을 나타내는 열거형 상수가 저장된다. 인코딩 방식은 회사에 따라 약간씩의 차이가 있지만, IRremote 라이브러리는 수신된 리모컨 데이터에서 다양한 인코딩 방식을 고려해서 데이터를 자동으로 찾아내어 해당 멤버 변수에 저장하므로 decode_results 클래스의 어느 멤버 함수에 필요한 데이터가 저장되어 있는지만 알고 있으면 된다.

그림 23.12에서 처음 10개의 값은 '1'부터 '0'까지 버튼을 눌렀을 때 수신되는 값에 해당한다. 마지막 **0xFFFFFFFF는 직전에 누른 버튼이 계속해서 눌려 있는 상태**, 즉 '0'이 눌려 있음을 나타낸다.

적외선 리모컨 데이터를 수신하는 방법을 알아봤으니 이제 적외선 데이터를 송신하는 방법을 알아보자. 적외선 데이터 송수신을 위해서는 2개의 아두이노를 사용한다. 적외선 데이터 수신을 위해서는 그림 23.10과 스케치 23.1을 그대로 사용하면 된다. 적외선 데이터 송신을 위해 그림 23.13과 같이 적외선 LED를 100Ω 저항을 통해 3번 핀에 연결하자.

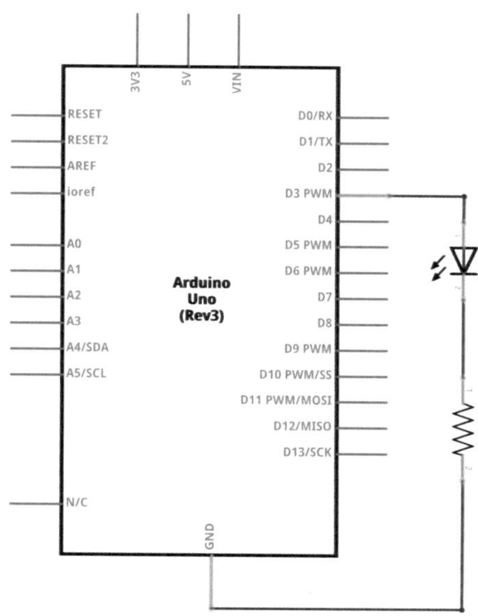

그림 23.13 **적외선 LED 연결 회로도**

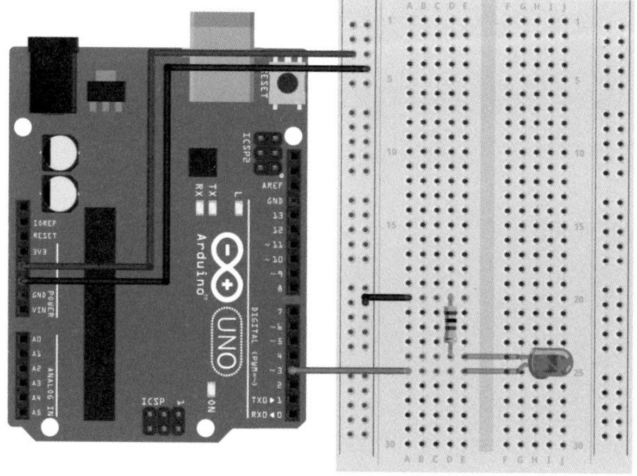

그림 23.14 **적외선 LED 연결 회로**

IRremote 라이브러리에서는 적외선 LED 연결을 위해 디지털 3번 핀을 디폴트로 사용하므로 그림 23.13에서도 디지털 3번 핀에 적외선 LED를 연결했다. 적외선 데이터 송신에 사용할 수 있는 클래스는 `IRsend` 클래스다.

■ IRsend

```
IRsend::IRsend(int pin = SEND_PIN)
  - 매개변수
      pin: 적외선 LED 연결 핀
  - 반환값: 없음
```

적외선 데이터 송신을 위한 객체를 생성한다. 이때 **적외선 LED를 연결하는 핀은 PWM 출력이 가능한 핀이어야 한다.** 아두이노 우노에서 적외선 LED 연결 핀의 디폴트값인 SEND_PIN은 3번 핀으로 정의되어 있다.

■ sendNEC

```
void IRsend::sendNEC(unsigned long data, int nbits)
  - 매개변수
      data: 전송 데이터
      nbits: 전송 데이터의 비트 수
  - 반환값: 없음
```

데이터를 전송하는 방법은 인코딩 방법에 따라 달라진다. IRremote 라이브러리는 전 세계 주요 가전제품 생산 회사에서 사용하는 다양한 인코딩 방식을 지원하며, 인코딩 방식에 따라 다른 함수로 구현되어 있다. 이 장에서는 NEC 방식을 사용하므로 sendNEC 함수를 사용한다.

스케치 23.2는 1초 간격으로 0에서 9까지 리모컨 버튼값을 반복해서 전송하는 예다. 사용한 버튼값은 스케치 23.1의 실행 결과를 사용했다.

스케치 23.2 적외선 데이터 송신

```
#include <IRremote.h>

IRsend irsend;                                   // 적외선 데이터 송신 객체

unsigned long button_data[] = {                  // 0~9 리모컨 버튼 데이터
    0xFF6897, 0xFF30CF, 0xFF18E7, 0xFF7A85, 0xFF10EF,
    0xFF38C7, 0xFF5AA5, 0xFF42BD, 0xFF4AB5, 0xFF52AD
};
int index = 0;                                   // 전송할 데이터 인덱스

void setup() {
    Serial.begin(9600);
}
```

```
void loop() {
    char buffer[9];
    Serial.print("데이터 전송 : 0x");
    sprintf(buffer, "%08lX", button_data[index]);          // 8자리 16진수로 변환
    Serial.println(buffer);

    irsend.sendNEC(button_data[index], 32);                 // NEC 방식의 4바이트 데이터 전송

    index = (index + 1) % 10;                               // 다음 전송할 데이터 인덱스

    delay(1000);
}
```

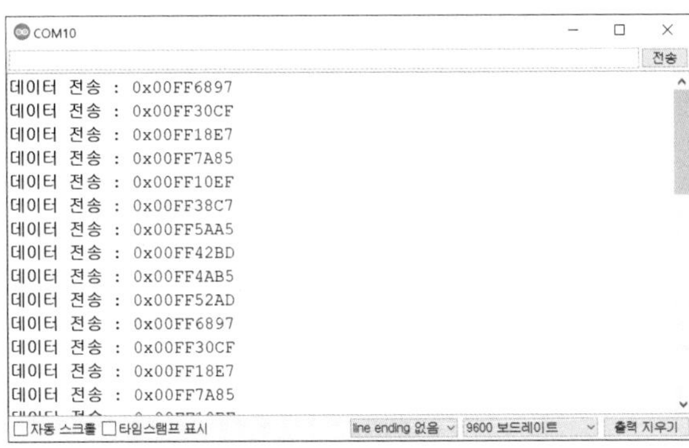

그림 23.15 스케치 23.2 실행 결과 – 송신 장치

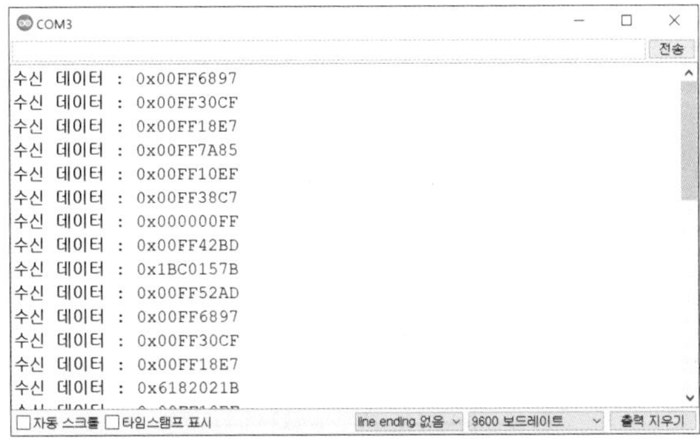

그림 23.16 스케치 23.2로 보내진 적외선 데이터를 스케치 23.1로 수신한 결과

그림 23.15와 그림 23.16을 비교해 보면 송신 데이터가 그대로 수신되고 있음을 확인할 수 있다. 이때 2개의 아두이노 우노를 컴퓨터에 연결했으므로 시리얼 모니터에 표시되는 COM 포트 번호로 송신 장치와 수신 장치를 구별할 수 있다. 적외선 데이터 송신 장치는 COM10, 적외선 데이터 수신 장치는 COM3을 통해 컴퓨터와 연결되어 있다.

23.4 리모컨을 이용한 제어

적외선 데이터 송신을 위해서는 리모컨이 주로 사용되므로 아두이노에서는 적외선 데이터 수신기 역할을 하는 경우가 대부분이며, RC 자동차 제어에 사용된 경우를 흔히 볼 수 있다. 적외선 데이터 송신기로 사용되는 예는 여러 개의 가전제품을 하나의 리모컨으로 조절하기 위한 만능 리모컨 제작에서 찾아볼 수 있다.

디지털 3번에서 디지털 11번까지 9개의 LED를 연결하고 리모컨으로 0번에서 9번까지 버튼을 눌러 켜지는 LED 개수를 조절하는 스케치를 작성해 보자. 먼저 그림 23.17과 같이 LED와 적외선 수신기를 연결한다.

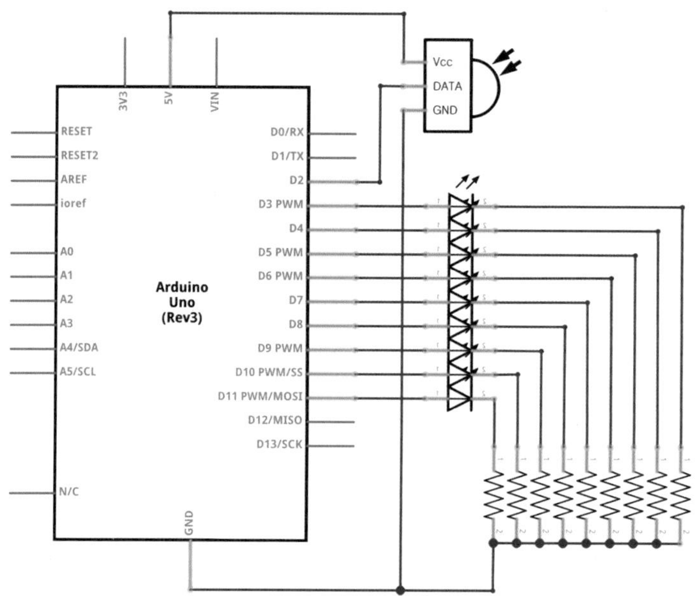

그림 23.17 적외선 수신기와 LED 연결 회로도

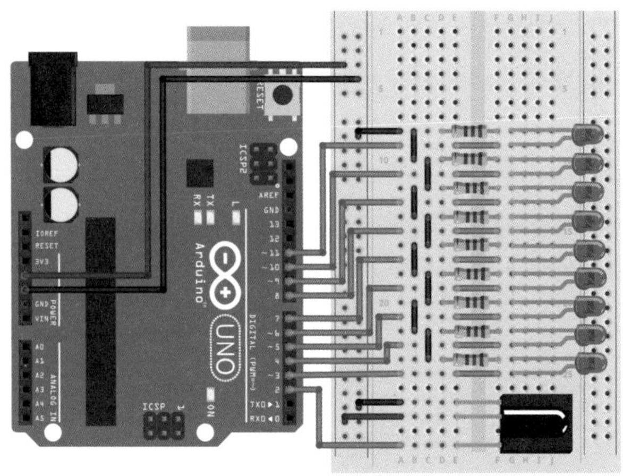

그림 23.18 적외선 수신기와 LED 연결 회로

리모컨의 숫자 키를 눌렀을 때 수신되는 값은 스케치 23.1의 결과를 사용하면 된다. 스케치 23.3은 리모컨 버튼으로 켜지는 LED 개수를 제어하는 예다. 리모컨에서 전송되는 4바이트 중 상위 2바이트인 커스텀 코드는 모든 데이터에서 같은 값을 가지므로 하위 2바이트인 데이터 코드만 사용했다.

스케치 23.3 리모컨으로 LED 제어

```
#include <IRremote.h>

int RECV_PIN = 2;                                   // 적외선 수신기의 DATA 핀 연결
IRrecv irrecv(RECV_PIN);                            // 적외선 수신기 객체 생성
decode_results results;                             // 수신 데이터

unsigned int button_data[] = {                      // 0~9 리모컨 버튼 데이터
    0x6897, 0x30CF, 0x18E7, 0x7A85, 0x10EF,
    0x38C7, 0x5AA5, 0x42BD, 0x4AB5, 0x52AD };

int pinsLED[] = { 3, 4, 5, 6, 7, 8, 9, 10, 11 };

void setup() {
    Serial.begin(9600);
    for (int i = 0; i < 9; i++) {
        pinMode(pinsLED[i], OUTPUT);                // LED 연결 핀을 출력으로 설정
        digitalWrite(pinsLED[i], LOW);              // LED는 꺼진 상태에서 시작
    }

    irrecv.enableIRIn();                            // 적외선 수신기 시작
}

void loop() {
    if (irrecv.decode(&results)) {                  // 수신 성공
        char buffer[9];
```

```
        Serial.print("수신 데이터 : 0x");
        sprintf(buffer, "%08lX", results.value); // 8자의 16진수로 변환
        Serial.print(String(buffer) + " => ");

        // 데이터 코드 2바이트만 사용
        unsigned int remote_data = results.value & 0xFFFF;
        int key = -1;
        for (int i = 0; i <= 9; i++) {
            if (remote_data == button_data[i]) {
                key = i;                            // 리모컨의 숫자 버튼 확인
            }
        }
        if (key == -1) {                            // 숫자 버튼이 아닌 경우나 계속 누른 경우
            Serial.println("알 수 없는 버튼");
        }
        else {
            Serial.println(String(key) + "개의 LED를 켭니다.");
            for (int i = 0; i < 9; i++) {           // 숫자 버튼에 따라 LED 개수 조절
                digitalWrite(pinsLED[i], i < key);
            }
        }

        irrecv.resume();                            // 다음 데이터 수신
    }

    delay(100);
}
```

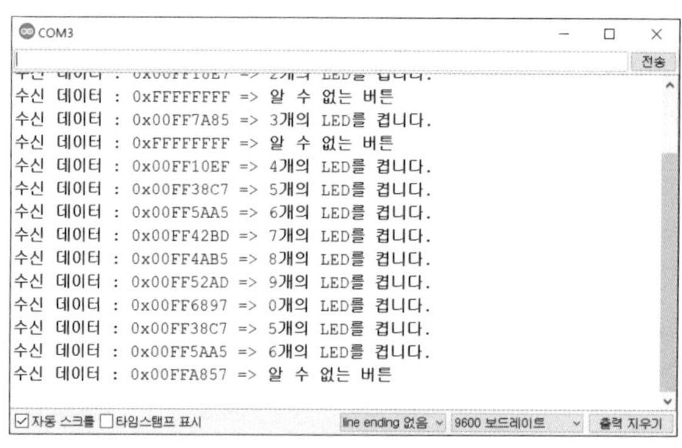

그림 23.19 스케치 23.3 실행 결과

그림 23.19는 스케치 23.3의 실행 결과로, '알 수 없는 버튼'은 숫자 버튼이 아닌 버튼을 누른 경우나 버튼을 계속 누르고 있어서 0xFFFFFFFF 값이 수신된 경우다. 버튼을 누르면서 버튼에 따라 LED가 켜지는 개수가 변하는 모습을 확인해 보자.

리모컨의 숫자 버튼을 누르면 그에 따라 LED의 개수가 변하는 것을 확인했다. 여기에 LED가 0.5초 간격으로 깜빡이는 동작을 추가해 보자. 깜빡이는 LED는 현재 켜져 있는 LED만을 대상으로 하고 이를 위해 현재 켜져 있는 LED의 개수를 저장하기 위한 변수를 추가한다. 스케치 23.4는 스케치 23.3에 LED를 점멸하는 코드를 추가한 것이다. 켜져 있는 LED가 0.5초 간격으로 점멸하는 것 이외에 리모컨의 버튼으로 켜지는 LED 수를 조절하는 것은 스케치 23.3과 같으며, 시리얼 모니터로 출력되는 내용 역시 스케치 23.3의 실행 결과와 같다.

스케치 23.4 리모컨으로 점멸하는 LED 제어

```
#include <IRremote.h>

int RECV_PIN = 2;                                // 적외선 수신기의 DATA 핀 연결
IRrecv irrecv(RECV_PIN);                         // 적외선 수신기 객체 생성
decode_results results;                          // 수신 데이터

unsigned int button_data[] = {                   // 0~9 리모컨 버튼 데이터
    0x6897, 0x30CF, 0x18E7, 0x7A85, 0x10EF,
    0x38C7, 0x5AA5, 0x42BD, 0x4AB5, 0x52AD };

int pinsLED[] = { 3, 4, 5, 6, 7, 8, 9, 10, 11 };
int LED_count = 0;                               // 켜진 LED 개수

unsigned long time_previous;
int INTERVAL = 500;                              // LED 점멸 간격
boolean LED_state = false;                       // LED 점멸 상태

void setup() {
    Serial.begin(9600);
    for (int i = 0; i < 9; i++) {
        pinMode(pinsLED[i], OUTPUT);             // LED 연결 핀을 출력으로 설정
        digitalWrite(pinsLED[i], LOW);           // LED는 꺼진 상태에서 시작
    }
    time_previous = millis();

    irrecv.enableIRIn();                         // 적외선 수신기 시작
}

void loop() {
    if (irrecv.decode(&results)) {               // 수신 성공
        char buffer[9];
        Serial.print("수신 데이터 : 0x");
        sprintf(buffer, "%08lX", results.value); // 8자의 16진수로 변환
        Serial.print(String(buffer) + " => ");

        // 데이터 코드 2바이트만 사용
        unsigned int remote_data = results.value & 0xFFFF;
        int key = -1;
        for (int i = 0; i <= 9; i++) {
```

```
            if (remote_data == button_data[i]) {
                key = i;                        // 리모컨의 숫자 버튼 확인
            }
        }
        if (key == -1) {                        // 숫자 버튼이 아닌 경우나 계속 누른 경우
            Serial.println("알 수 없는 버튼");
        }
        else {
            LED_count = key;                    // 켜지는 LED 개수 변경
            Serial.println(String(key) + "개의 LED를 켭니다.");
        }

        irrecv.resume();                        // 다음 데이터 수신
    }

    unsigned long time_current = millis();
    if (time_current - time_previous >= INTERVAL) {
        time_previous = time_current;
        LED_state = !LED_state;                 // LED 반전

        for (int i = 0; i < 9; i++) {
            if (i < LED_count) {
                digitalWrite(pinsLED[i], LED_state);
            }
            else {
                digitalWrite(pinsLED[i], LOW);
            }
        }
    }

    delay(100);
}
```

23.5 맺는말

적외선은 가시광선 중 파장이 가장 긴 붉은색 영역의 바로 바깥 영역으로, 적외선 영역 중에서도 38kHz 대역은 자연계에서 보기 힘든 주파수이므로 무선 통신을 위해 사용된다. 적외선 통신은 저렴한 가격과 쉬운 사용법으로 간단한 무선 통신을 위해 흔히 사용되지만, 통신 거리가 짧고 송신기와 수신기가 마주 보고 있어야 하며 보안성이 낮다는 등의 단점도 있다. 적외선이 아두이노와 함께 사용되는 예로는 이 장에서 살펴본 리모컨 이외에도 적외선 거리 센서, 컬러 센서, 라인트레이서 경로 감지 센서 등 다양하다.

최근 스마트 TV가 등장하면서 리모컨은 마우스로 형태로, 더 나아가 데이터 송신뿐만 아니라 데이터 수신도 가능한 장치로 진화하고 있는데, 이를 가능하게 해주는 기술 중 하나가 지그비다. 지그비를 사용한 리모컨은 데이터 송수신이 가능하여 리모컨을 어디에 두었는지 찾을 수 있고, 손쉽게 만능 리모컨을 제작할 수 있으며, 송신기와 수신기 사이에 장애물이 있어도 통신이 가능하다는 등 기존 적외선 리모컨과 비교해 많은 장점이 있다. 하지만 적외선 통신 역시 낮은 가격에 높은 신뢰성을 보장하는 무선 통신 방법으로 독자적인 영역을 차지할 것으로 예상한다.

1) 리모컨 데이터는 2바이트의 커스텀 코드와 2바이트의 데이터 코드로 이루어진다. 커스텀 코드 두 바이트는 1의 보수 관계에 있으므로 두 바이트를 더하면 항상 0xFF가 나와야 하며 데이터 코드 역시 마찬가지다. 수신된 4바이트 데이터에서 데이터 무결성을 검사하는 코드를 추가하고 그 결과를 출력하도록 스케치 23.1을 수정해 보자. 적외선 통신은 송신기와 수신기가 마주 보고 있지 않으면 오류가 발생할 수 있으므로 리모컨의 방향을 정확히 수신기로 향하지 않고 버튼을 누르면 오류가 발생하는 경우가 있음을 확인할 수 있다.

2) 2번 핀에 적외선 수신기를 연결하고 PWM 출력이 가능한 10번 핀에 LED를 연결하자. 리모컨의 '+'와 '–' 버튼을 이용하여 LED의 밝기가 바뀌도록 스케치를 작성해 보자. 이때 '+'나 '–' 버튼을 계속 누르고 있으면 LED의 밝기가 계속 변해야 한다. 하지만 버튼을 계속 누르고 있으면 0xFFFFFFFF의 반복 데이터가 수신된다. 반복 데이터는 일반 데이터가 수신된 후 약 108ms마다 수신되므로, 반복 데이터가 수신되기 약 108ms 이전에 일반 데이터가 수신되었다면 반복 데이터를 일반 데이터로 바꾸는 방법을 사용할 수 있다. 아래 실행 결과는 초깃값 100에서 시작하여 10단위로 LED의 밝기가 변하게 한 예다.

CHAPTER

24

RFID

RFID는 짧은 거리에서 이루어지는 무선 데이터 통신 방법의 한 종류로, 물류 관리, 스마트카드 등의 분야에서 사용되고 있다. 특히 10cm 이내 거리에서 사용하는 RFID는 태그에 전원이 필요하지 않으므로 휴대 장치를 간단하게 만들 수 있어 응용 범위가 넓다. 이 장에서는 RFID의 동작 방식과 RFID에서 데이터를 읽고 쓰는 방법을 알아본다.

이 장에서 사용할 부품

- 아두이노 우노 × 1 ➡ RFID 테스트
- RFID 리더기 × 1 ➡ MFRC522 칩 사용
- 마이페어 1K 카드 × 1 ➡ RFID 카드

24.1 RF

RF Radio Frequency란 무엇일까? '라디오'라고 하면 흔히 차를 타고 가면서 들을 수 있는 라디오 방송이 제일 먼저 떠오르고, '라디오 주파수'라고 하면 라디오 방송에 사용하는 주파수를 생각하게 된다. 하지만 우리가 흔히 듣는 **'라디오 방송'은 실제 '라디오'를 이용하는 한 가지 예에 불과하다.** 사전에서 라디오의 정의를 찾아보면 라디오 방송이나 라디오를 청취할 수 있는 기기가 가장 먼저 나오지만, 좀 더 일반적인 '무선 통신'이라는 뜻 역시 발견할 수 있으며 이것이 바로 이 장에서 이야기하는 '라디오'다. 즉, **라디오는 무선 통신을 의미하며 RF는 무선 통신에 사용되는 주파수를 의미한다.**

기술적으로 RF(무선 주파수)는 주어진 주파수의 신호를 안테나로 흘려보냈을 때 무선 방송이나 통신에 사용할 수 있는 전자기장이 생성되는 특성을 갖는 교류를 가리킨다. 이러한 주파수에는 사람이 들을 수 있는 가청 주파수인 kHz 대역부터 수천 GHz에 이르기까지 넓은 영역이 포함된다.

RF는 현재도 수많은 분야에서 사용되고 있으며 그 범위도 계속 넓어지고 있다. RF라는 용어도 무선 주파수를 가리키는 용어에서 무선 주파수에 의해 만들어지는 전자기파를 이용하는 장치 및 관련 기술들까지 포함하여 가리키는 용어로 의미가 확대되고 있다. 아두이노에서 사용하는 무선 통신 기술인 WiFi, 블루투스, 지그비, RFID 등은 모두 RF를 사용하고 있다. 우리가 접할 수 있는 RF 사용 예는 대부분 무선 통신 분야이지만 이 외에도 측정, 검사, 탐사, 보안 등 다양한 분야에서 RF 기술이 사용되고 있다.

표 24.1 RF 응용 분야

분야	예
군사	GPS, 위치 추적 스마트 무기
천문학	우주 공간 탐사
통신	HDTV, 컴퓨터 네트워크, 이동전화
의학	심장 자극기, 살균 소독기, CT, X-ray
원격 탐사	기상 관측, 천연자원 탐사, 수중 탐사
감시	무인 경비 시스템, 도청 탐지기
기타	충돌 방지, 구조 정밀 검사, 버스카드, 주차 관리 시스템

RF의 대표적인 응용 중 하나로 RFID Radio Frequency Identification가 있다. **RFID란 데이터가 기록된 IC 칩과 RF를 사용하여 다양한 정보를 인식하고 관리할 수 있게 해주는 기술을 말한다.** RFID는 전자 태그,

스마트 태그, 전자 라벨 등으로도 불린다. RFID는 여러 개의 태그를 동시에 판독할 수 있으며, 수정이 가능하다는 점은 전통적으로 많이 사용되는 바코드 기술이 극복할 수 없는 문제점들을 해결할 수 있게 해주어 물류 관리, 보안, 스마트카드 등의 분야에서 널리 쓰이고 있다. 표 24.2는 바코드와 RFID를 비교한 것으로, 태그 비용을 제외하면 모든 면에서 RFID가 바코드보다 우수함을 알 수 있다. 하지만 RFID 태그 역시 가격이 계속해서 하락하고 있다는 점도 기억해야 한다.

표 24.2 바코드와 RFID 비교

항목	바코드	RFID
인식 방법	비접촉식	비접촉식
인식 거리	~50cm	~27m
손상률	잦음	거의 없음
데이터	~100바이트	~64킬로바이트
보안	거의 없음	복제 불가능
재활용	불가능	가능
비용	낮음	높음

주변에서 흔히 볼 수 있는 RFID 사용 예로는 버스에서 사용하는 교통카드, 고속도로의 하이패스 카드, 마트에서 도난 방지용으로 사용하는 태그 등이 있다. RFID를 사용하기 위해서는 태그와 태그로부터 정보를 읽어 들일 수 있는 판독기가 필요하다. **태그는 정보가 기록되어 있는 IC 칩과 칩에 저장된 정보를 판독기로 전송할 수 있는 안테나로 이루어져 있다.** 그림 24.1은 RFID 태그를 나타낸 것으로, RFID 카드는 카드 형태를 띠고 있을 뿐 같은 구조를 갖고 있다.

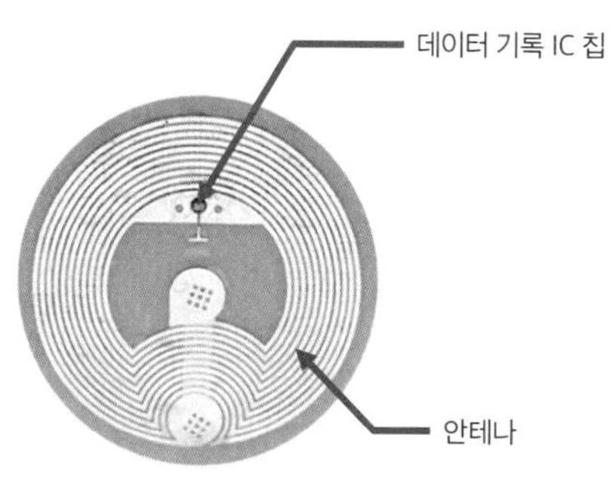

그림 24.1 RFID 태그

RFID는 사용하는 전원에 따라 몇 가지로 분류할 수 있다. 판독기의 전원만으로 동작하는 RFID를 수동형passive RFID라고 한다. 수동형 RFID의 경우, 판독기의 안테나에서 만들어지는 전자기장으로부터 상호 유도 방식으로 태그의 IC 칩을 동작시킬 수 있는 전력을 만들어 사용한다. 인식

거리가 짧고 판독기에서 많은 전력을 소비한다는 단점이 있지만, 태그를 작고 간단하게 만들 수 있다는 장점이 있다.

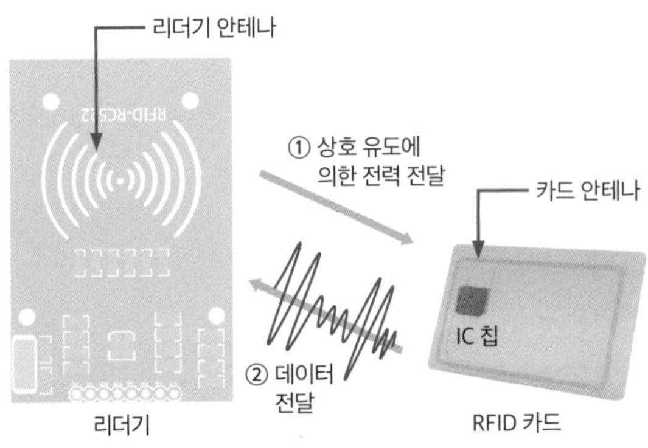

그림 24.2 수동형 RFID에서 데이터 읽기

반면, 태그에 건전지가 내장되어 칩의 정보를 읽기 위해서는 내장 전원을 사용하고 통신을 위해서는 판독기 전원을 사용하는 RFID를 반수동형semi-passive RFID라고 한다. 반수동형 RFID는 판독기로부터 신호를 받을 때까지 작동하지 않는 상태에 있으므로 전력 소비가 적어 오랜 시간 사용할 수 있다. 마지막으로 능동형active RFID는 태그의 정보를 읽고 정보 송신을 위해 태그의 전원을 사용하므로 수십 미터에 달하는 원거리 통신용으로 사용된다.

RFID는 통신에 사용하는 주파수에 따라서도 몇 가지로 분류된다. LFIDLow Frequency ID는 120~140kHz 주파수를 사용하는 RFID이며, HFIDHigh Frequence ID는 13.56MHz 주파수를 사용한다. UHFIDUltra High Frequency ID는 가장 높은 969~956MHz 주파수를 사용한다. **HFID는 RFID 중 가장 널리 사용되는 방식으로, 수동형 태그를 사용하고 60cm 이내의 동작 거리**를 가져 물품 관리, 교통카드, 출입/보안 카드 등에 흔히 사용된다. 이 장에서도 13.56MHz 주파수 대역의 HFID를 사용한다. 최근 스마트폰을 통한 편의 서비스 제공을 위해 사용되고 있는 **NFC**Near Field Communication**도 13.56MHz 주파수를 사용하며, HFID와 NFC는 호환된다.**

RFID와 NFC를 포함하는 근접형 무선 통신 기술을 위한 표준은 ISO/IEC 14443이며, ISO/IEC 14443은 다시 Type A와 Type B로 나뉜다. **ISO/IEC 14443 A는 13.56MHz 대역의 비접촉식 카드에 대한 최초의 ISO 표준으로, 세계적으로 가장 널리 사용되는 표준이다.** Type A 카드는 흔히 메모리 카드memory card라고 불린다. Type B 카드는 마이크로프로세서 카드microprocessor card라고 불리며, Type A에 비해 빠른 전송 속도를 지원한다. 소니에서 개발된 FeliCa는 ISO/IEC 14443의 Type C로 고안되었으나 표준으로 채택되지 못했다. 이들 각각은 변조modulation, 부호화bit coding, 충돌 방지anti-collision, 보안 등 데이터 전송과 관련된 세부 기술에서 약간씩의 차이가 있다.

ISO/IEC 14443 A는 마이페어MIFARE*라고 흔히 이야기한다. 하지만 엄밀히 말해 **마이페어는 ISO/IEC 14443 A 표준을 따르면서 보안 프로토콜 등 일부 애플리케이션에 대해 자체 개발 모듈을 사용하는 형태로 구성된 비접촉식 스마트카드를 위한 기술을 가리키는 NXP의 브랜드 이름이다.** 다만 마이페어가 가장 널리 알려진 기술이므로 ISO/IEC 14443 A 표준을 가리키는 용어로 혼용해서 사용되고 있다. ISO/IEC 14443 A는 국내에서도 교통카드에 적용된 예가 있으며, 일본에서는 전화카드에 사용되었다.

24.2 RFID 리더기와 마이페어 클래식 카드

그림 24.3은 이 장에서 사용하는 판독기 또는 리더기의 하나로 NXP의 MFRC522 칩을 사용하여 만들어졌다.

그림 24.3 RC522 RFID 리더기 – MFRC522 칩 사용

MFRC522 칩은 ISO/IEC 14443 A, 마이페어 그리고 NTAG를 지원한다. NTAG는 ISO/IEC 14443 A를 지원하고, 13.56MHz를 사용하며, 10cm 이내 거리의 통신을 목표로 한다는 점 등에서 마이페어와 비슷하다. 마이페어와의 가장 큰 차이는 NTAG가 물류 분야에 사용하기 위한 저비용 솔루션으로 개발되어 보안성이 낮다는 점이다.

MFRC522를 사용한 리더기에서 사용할 수 있는 카드의 종류는 MIFARE Mini, MIFARE 1K, MIFARE 4K, MIFARE Ultralight, MIFARE DESFire 등 다양하다. 이들 카드는 포함된 메모리의 크기, 보안 절차 등에서 차이가 있다. 아두이노와 함께 흔히 사용되는 카드는 마이페어 클래식

* MIFARE의 영어식 발음은 '미페어'지만 국내에서는 '마이페어'라는 용어로 더 알려져 있다. 이 장에서도 '마이페어'라는 용어를 사용한다.

MIFARE Classic 카드 중 1KB 메모리가 포함된 '마이페어 클래식 1K' 또는 간단히 '마이페어 1K' 카드가 주로 사용되며, 이 장에서도 마이페어 1K 카드를 기준으로 이야기한다.

RFID를 통한 데이터 송수신을 이야기하기 전에 몇 가지 용어를 정의할 필요가 있다. 이들 용어는 이 장에서 사용하는 RFID 라이브러리 함수에서도 사용되는 용어이므로 라이브러리 사용 방법을 이해하기 위해서도 필요하다.

- **PCD** 'Proximity Coupling Device'의 약어로, ISO/IEC 14443에서는 리더기를 PCD라고 한다. PCD는 그림 24.3과 같은 리더기를 가리키기도 하지만, 리더기에 사용된 칩인 MFRC522를 가리킬 때도 있다.
- **PICC** 'Proximity Integrated Circuit Card'의 약어로, 리더기에 사용하는 태그 또는 카드를 가리킨다.
- **UID** 'Unique ID'의 약어로, PICC를 유일하게 구별하기 위한 용도로 사용된다. 생산 시점에 결정되며 변경할 수 없다.
- **SAK** 'Select Acknowledge'의 약어로, 여러 장의 카드 중 하나의 카드가 선택되었을 때 카드에서 보내는 카드 정보를 가리킨다. 카드 정보에는 카드 종류가 포함되어 있다.

MFRC522 칩은 SPI 통신 이외에도 I2C와 UART 통신을 지원하지만 그림 24.3의 모듈은 SPI 통신만 지원한다. 표 24.3은 RFID 리더기의 연결 핀 기능을 요약한 것이다.

표 24.3 RC522 RFID 리더기 연결 핀

RFID 리더기			아두이노 연결 핀
핀 번호	핀 이름	설명	
1	SDA	SPI: Slave Select	10(변경 가능)
2	SCK	SPI: Serial Clock	13
3	MOSI	SPI: Master Out Slave In	11
4	MISO	SPI: Master In Slave Out	12
5	IRQ	Interrupt Request Output	-
6	GND	그라운드	GND
7	RST	리셋	9(변경 가능)
8	3.3V	3.3V 동작 전압	3.3V

RFID 리더기를 그림 24.4와 같이 아두이노에 연결하자.

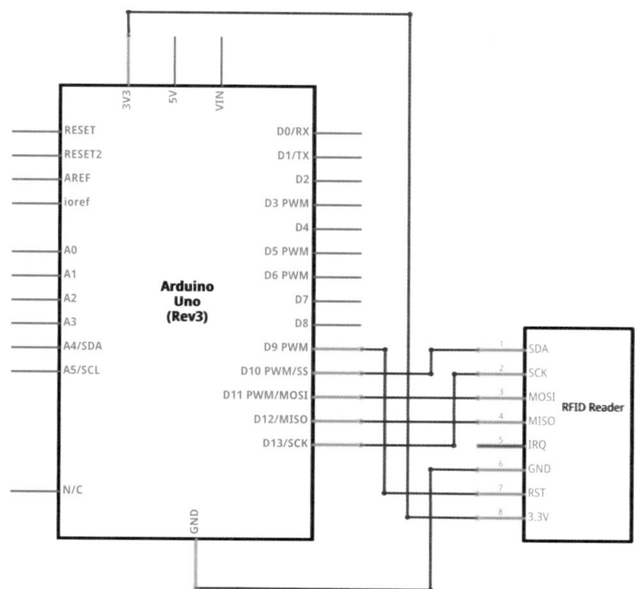

그림 24.4 RC522 RFID 리더기 연결 회로도

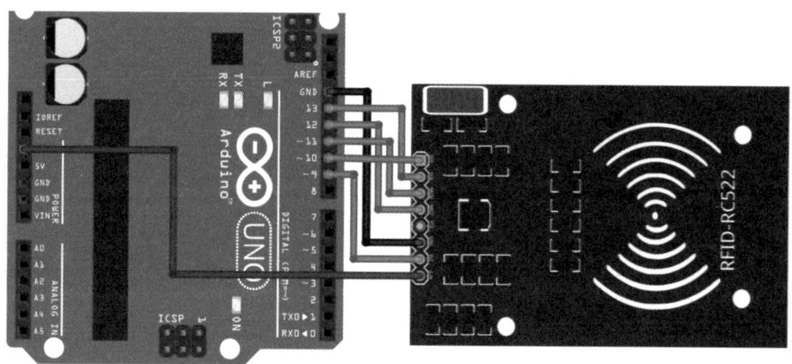

그림 24.5 RC522 RFID 리더기 연결 회로

RC522 RFID 리더기를 사용하기 위해서는 전용 라이브러리를 설치해야 한다. 라이브러리 매니저에서 'RC522'를 검색하여 MFRC522 라이브러리를 설치하자.

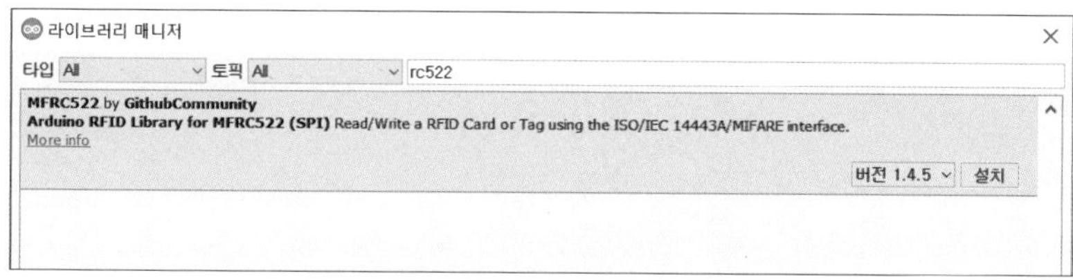

그림 24.6 MFRC522 라이브러리 검색 및 설치*

* https://github.com/miguelbalboa/rfid

MFRC522 라이브러리에서는 MFRC522 칩을 사용한 RFID 리더기 제어를 위해 MFRC522 클래스를 제공하고 있다. MFRC522 라이브러리를 사용하기 위해서는 먼저 헤더 파일을 포함해야 한다. '스케치 → 라이브러리 포함하기 → MFRC522' 메뉴 항목을 선택하면 여러 개의 헤더 파일을 포함하지만, 꼭 포함해야 하는 파일은 MFRC522.h뿐이므로 #include 문을 직접 입력해도 된다.

```
#include <MFRC522.h>
```

MFRC522 클래스에는 다음과 같은 멤버 함수들이 정의되어 있다.

■ MFRC522

MFRC522::MFRC522(byte chipSelectPin, byte resetPowerDownPin)
- 매개변수
  - chipSelectPin: 칩 선택CS, Chip Select 또는 슬레이브 선택SS, Slave Select 핀
  - resetPowerDownPin: 리셋 핀
- 반환값: 없음

MFRC522 칩(또는 리더)을 위한 객체를 생성한다. 객체를 생성할 때는 CS 핀과 리셋 핀만 지정하면 된다. 다른 SPI 통신을 위한 핀은 아두이노의 전용 핀을 사용하므로 별도로 지정하지 않아도 된다.

■ PCD_Init

void MFRC522::PCD_Init()
- 매개변수: 없음
- 반환값: 없음

MFRC522 칩(또는 리더기)을 위한 객체를 초기화한다.

■ PCD_DumpVersionToSerial

void MFRC522::PCD_DumpVersionToSerial()
- 매개변수: 없음
- 반환값: 없음

MFRC522 칩의 버전 정보를 시리얼 모니터로 출력한다. 버전 정보는 MFRC522 칩의 VersionReg 레지스터에 기록되어 있다.

■ PICC_IsNewCardPresent

```
bool MFRC522::PICC_IsNewCardPresent()
```

- 매개변수: 없음
- 반환값: 리더기에 응답하는 새로운 카드의 존재 여부

리더기의 요청에 반응하는 카드의 존재 여부를 반환한다. 리더기 근처로 카드가 움직여 왔음을 판단하기 위해 사용한다.

■ PICC_ReadCardSerial

```
bool MFRC522::PICC_ReadCardSerial()
```

- 매개변수: 없음
- 반환값: 카드의 UID 읽기 성공 여부

리더기에 반응하는 카드 중 하나의 카드에 대해 UID를 포함한 카드 데이터를 읽고 읽기 성공 여부를 반환한다. `PICC_IsNewCardPresent` 함수를 사용하여 새로운 카드의 존재 여부를 먼저 확인한 후 사용해야 한다. 2개 이상의 카드를 동시에 리더기에 가져갈 수는 있지만 2개의 카드를 동시에 읽을 수는 없다.

■ PICC_DumpToSerial

```
void MFRC522::PICC_DumpToSerial(Uid *uid)
```

- 매개변수
  - uid: 카드의 UID에 대한 포인터
- 반환값: 카드의 UID 읽기 성공 여부

선택된 카드의 메모리 내용을 시리얼 모니터로 출력한다. 카드 선택은 카드의 UID를 통해 이루어진다. `PICC_ReadCardSerial` 함수를 통해 읽어온 카드 데이터에 UID가 포함되어 있으므로 이를 사용하면 된다.

스케치 24.1은 마이페어 1K 카드의 내용을 읽어 시리얼 모니터로 출력하는 예다. 마이페어 카드 내용을 읽기 위해서는 인증이 먼저 이루어져야 하지만, 시리얼 모니터로 정보를 출력하는 `PICC_DumpToSerial` 함수에서는 마이페어 카드의 디폴트 설정을 사용하여 인증을 수행한다. 따라서 인증을 위한 키$_{key}$가 변경된 카드는 스케치 24.1을 통해 내용을 확인할 수 없다.

스케치 24.1 마이페어 1K 카드 내용 읽기

```
#include <MFRC522.h>

#define RST_PIN     9
#define SS_PIN      10

MFRC522 mfrc522(SS_PIN, RST_PIN);                          // MFRC522 객체 생성

void setup() {
    Serial.begin(9600);

    SPI.begin();                                           // SPI 버스 초기화
    mfrc522.PCD_Init();                                    // MFRC522 초기화

    mfrc522.PCD_DumpVersionToSerial();                     // 리더기 버전 정보
    Serial.println(F("* 카드나 태그를 가까이 가져가세요."));
}

void loop() {
    if ( !mfrc522.PICC_IsNewCardPresent() ) {              // 새로운 카드 접근 검사
        return;
    }

    if ( !mfrc522.PICC_ReadCardSerial() ) {                // 카드 선택
        return;
    }

    mfrc522.PICC_DumpToSerial(&(mfrc522.uid));             // 카드 정보 출력
}
```

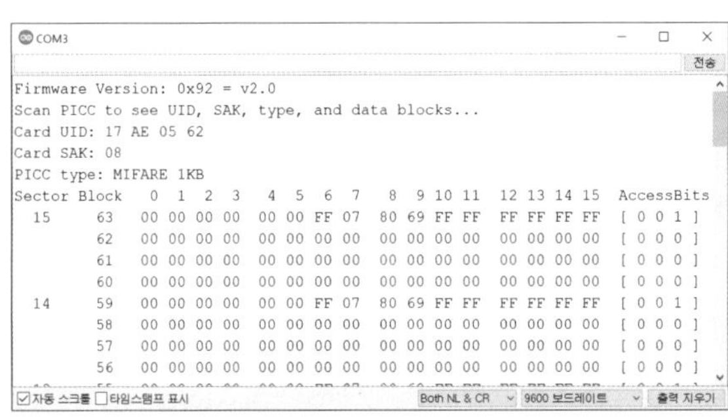

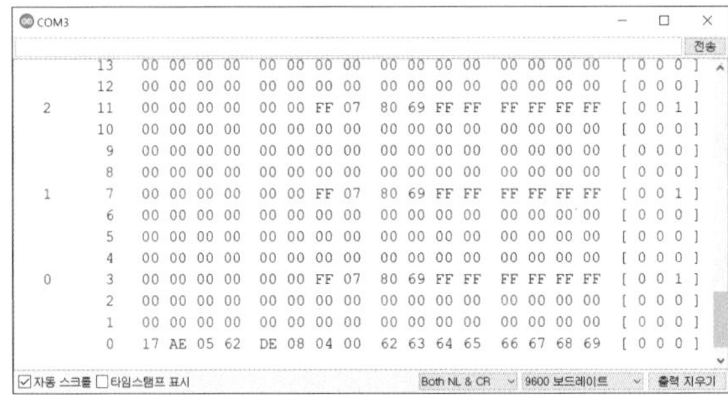

그림 24.7 스케치 24.1 실행 결과

마이페어 1K 카드에 포함된 1KB 크기 메모리는 **16바이트 크기의 블록block을 기본으로 하며, 4개 블록이 하나의 섹터sector를 구성한다.** 따라서 마이페어 1K 카드는 0번부터 15번까지 16개 섹터로 이루어지고, 각 섹터의 블록은 0번 섹터부터 0번에서 63번까지 블록 번호가 할당되어 있다. 이 중 **0번 섹터의 0번 블록은 제조사 블록 또는 제조사 데이터라고 불리는 읽기 전용 블록이다.** 제조사 블록의 첫 4바이트에는 마이페어 1K 카드의 UID가 기록되어 있어 카드를 유일하게 구별하는 용도로 사용한다.

표 24.4 마이페어 1K 카드의 메모리 구조

섹터	블록	블록 내 바이트 번호																설명
		0	1	2	3	4	5	6	7	8	9	10	11	12	13	14	15	
15	63	Key A						Access Bits			GPB	Key B						섹터 트레일러
	62																	데이터
	61																	데이터
	60																	데이터
		...																
0	3	Key A						Access Bits			GPB	Key B						섹터 트레일러
	2																	데이터
	1																	데이터
	0	UID																제조사 블록

각 섹터의 네 번째 블록은 섹터 트레일러sector trailer 블록이라고 한다. **섹터 트레일러 블록에는 섹터의 정보를 읽고 쓰기 위한 키(Key A와 Key B)와 키를 활용하여 섹터 내 블록의 데이터를 읽고 쓸 수 있는 접근 권한 정보가 기록되어 있다.** 접근 권한 정보는 접근 비트access bit로 표시되며 접근 비트의 설정에 따라 리더기는 Key A나 Key B를 통해 인증을 수행한 후 데이터 블록의 정보에 접근할 수 있다. Key B는 사용하지 않는 경우도 있으며, 이때 Key B를 위한 공간은 데이터 기록을 위해 사용할 수 있다. Key A의 경우 값을 읽을 수 없어 0의 값만 읽히지만, Key B는 설정에 따라 값을 확인할 수 있다. **마이페어 클래식 태그의 경우 모든 키값은 디폴트로 0xFFFFFFFFFFFF로 설정되어 있다.**

9번 바이트는 범용 바이트General Purpose Byte라고 불리며 마이페어 클래식 태그에서는 사용하지 않는다. 접근 비트는 3바이트 24비트로 이루어지며, 이 중 12비트는 나머지 12비트의 반전된 정보가 기록되어 있으므로 실제 정보는 12비트만 포함되어 있다. 12비트의 접근 비트는 3비트씩 4개 그룹으로 나뉘며, 각 그룹은 섹터에서 각 블록의 읽기 및 쓰기 권한을 정하는 용도로 사용된다. 3비트로 각 블록에 대한 읽기 및 쓰기 권한을 정하므로 8가지 설정이 가능하다. 접근 비트의 공장 초기 상태는 'FF 07 80'으로 그림 24.7에서 볼 수 있듯이 섹터 트레일러 블록은 001, 데이터 블록은 000의 접근 상태에 해당한다. 섹터 트레일러 블록에 대한 접근 상태인 001은 Key A로 섹터 트레일러 블록의 모든 데이터를 읽고 쓸 수 있음을 의미한다. 한 가지 예외는 Key A 값은 읽을 수 없다는 점으로, Key A는 어떤 설정에서도 읽을 수 없다. 데이터 블록에 대한 접근 상태인 000은 Key A나 Key B로 자유롭게 데이터를 읽거나 쓸 수 있음을 의미한다. 즉, **초기 설정은 읽고 쓸 수 있는 범위가 가장 넓은 설정**이며 이 장에서도 초기 설정을 그대로 사용한다*.

24.3 RFID 활용

RFID를 활용하는 가장 간단한 방법은 UID를 읽어 사용하는 것이다. 스케치 24.1에서는 카드 내의 모든 정보를 출력했다면 스케치 24.2는 UID만 출력하는 예다. 스케치 24.2는 스케치 24.1과 초기화 및 카드 선택 과정이 같지만, 전체 정보가 아닌 MFRC522 클래스의 uid에 저장된 값만 출력한다는 차이가 있다. 이때 한 가지 주의할 점은 UID를 출력한 후 PICC_HaltA 함수를 사용하여 카드의 상태를 활성(ACTIVE) 상태에서 정지(HALT) 상태로 변경해야 한다는 점이다. 상태를 변경하지 않으면 카드가 계속 활성 상태로 남아 있어 계속해서 UID가 출력된다.

■ PICC_HaltA

```
StatusCode MFRC522::StatusCode MFRC522::PICC_HaltA()
  - 매개변수: 없음
  - 반환값: 정지 상태 변경 여부
```

카드의 상태를 활성 상태에서 정지 상태로 변경하고 상태 변경 여부를 반환한다. 카드를 뗐다가 다시 가져가면 다시 활성 상태가 된다.

스케치 24.2 마이페어 1K UID 읽기

```
#include <MFRC522.h>

#define RST_PIN     9
#define SS_PIN      10

MFRC522 mfrc522(SS_PIN, RST_PIN);                              // MFRC522 객체 생성
```

* 이 외에도 다양한 설정이 가능하며 자세한 내용은 NXP의 'MF1S503x MIFARE Classic 1K' 기술문서를 참고하면 된다.

```
void setup() {
    Serial.begin(9600);

    SPI.begin();                                        // SPI 버스 초기화
    mfrc522.PCD_Init();                                 // MFRC522 초기화

    mfrc522.PCD_DumpVersionToSerial();                  // 리더기 버전 정보
    Serial.println(F("* 카드나 태그를 가까이 가져가세요."));
}

void loop() {
    if ( !mfrc522.PICC_IsNewCardPresent() ) {           // 새로운 카드 접근 검사
        return;
    }

    if ( !mfrc522.PICC_ReadCardSerial() ) {             // 카드 선택
        return;
    }

    // UID 출력
    Serial.print(F("Card UID :"));
    dumpByteArrayInHEX(mfrc522.uid.uidByte, mfrc522.uid.size);
    Serial.println(String(" (") + mfrc522.uid.size + " 바이트)");
    mfrc522.PICC_HaltA();                               // 카드를 정지 상태로 변경
}

void dumpByteArrayInHEX(byte *buffer, byte bufferSize) {
    for (byte i = 0; i < bufferSize; i++) {
        Serial.print(buffer[i] < 0x10 ? " 0" : " ");
        Serial.print(buffer[i], HEX);
    }
}
```

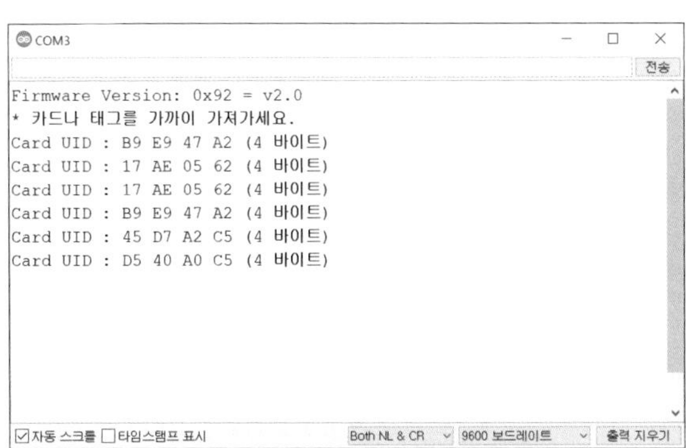

그림 24.8 **스케치 24.2 실행 결과**

UID를 사용하는 경우 이외에도 마이페어 카드 내의 메모리에는 여러 가지 내용을 읽고 쓸 수 있다. 데이터 블록은 각 섹터의 처음 3개 블록을 가리키며, 0번 섹터의 경우 0번 제조사 블록

을 제외한 1, 2번 블록이 데이터 블록에 해당한다. 데이터 블록은 읽고 쓰기 블록read/write block과 가치 블록value block으로 설정할 수 있다. **읽고 쓰기 블록은 사용자가 원하는 임의의 데이터를 바이트 단위로 읽고 쓸 수 있는 블록이다.** 반면, **가치 블록은 전자 지갑 기능을 지원하기 위한 블록으로 읽고 쓰는 기능 이외에도 블록 내 값의 증가increment와 감소decrement 등을 지원한다.** 데이터 블록에 데이터를 읽거나 쓰기 위해서는 먼저 인증을 진행해야 한다. 마이페어 클래식 카드의 경우 6바이트의 키를 사용하며 구조체로 정의된 MIFARE_Key 형식을 사용하면 된다. 스케치 24.1과 스케치 24.2에서는 디폴트 키를 사용하여 자동으로 인증이 진행되므로 별도로 인증 과정이 포함되어 있지 않다.

```
typedef struct {
    byte keyByte[MF_KEY_SIZE];
} MIFARE_Key;
```

이 외에도 데이터를 읽고 쓰는 과정에서 다음 함수들이 사용된다.

■ PICC_GetType

```
static PICC_Type MFRC522::PICC_GetType(byte sak)
  - 매개변수
      sak: 카드 종류
  - 반환값: 카드 종류 상수
```

SAKselect acknowledge 바이트 정보로부터 카드의 종류를 반환한다. 반환되는 PICC_Type 형식은 열거형으로 정의되어 있다. 이 장에서는 마이페어 클래식 카드를 사용하므로 열거형 상수 중 PICC_TYPE_MIFARE_1K 또는 PICC_TYPE_MIFARE_4K만 고려한다. 매개변수인 sak는 PICC_ReadCardSerial 함수에서 읽은 정보를 사용하면 된다.

■ PICC_GetTypeName

```
static const __FlashStringHelper *MFRC522::PICC_GetTypeName(PICC_Type type)
  - 매개변수
      type: 카드 종류 상수
  - 반환값: 카드 종류를 나타내는 문자열 포인터
```

PICC_GetType 함수에서 반환한 카드 종류 상수에 해당하는 문자열을 반환한다. 문자열은 플래시 메모리 내에 저장되어 있으므로 __FlashStringHelper가 사용되었다.

■ PCD_Authenticate

```
StatusCode MFRC522::PCD_Authenticate(byte command, byte blockAddr,
MIFARE_Key *key, Uid *uid)
```

- 매개변수
  - command: 인증 방식으로 Key A 또는 Key B 사용 지정
  - blockAddr: 블록 주소
  - key: 인증에 사용할 키에 대한 포인터
  - uid: 데이터를 읽거나 쓸 카드의 UID에 대한 포인터
- 반환값: 인증에 성공하면 MFRC522::STATUS_OK를, 실패하면 다른 값을 반환

키를 사용하여 데이터 읽거나 쓰기 위한 인증을 진행한다. command에는 인증에 사용할 키의 종류를 지정하며, 상수 MFRC522::PICC_CMD_MF_AUTH_KEY_A 또는 MFRC522::PICC_CMD_MF_AUTH_KEY_B를 사용하면 된다.

■ GetStatusCodeName

```
const __FlashStringHelper *MFRC522::GetStatusCodeName(MFRC522::StatusCode code)
```

- 매개변수
  - code: 상태 상수
- 반환값: 상태를 나타내는 문자열 포인터

PCD_Authenticate 함수에서 반환한 상태 상수에 해당하는 문자열을 반환한다. 문자열은 플래시 메모리 내에 저장되어 있으므로 __FlashStringHelper가 사용되었다.

■ PICC_DumpMifareClassicSectorToSerial

```
void MFRC522::PICC_DumpMifareClassicSectorToSerial(Uid *uid, MIFARE_Key *key,
byte sector)
```

- 매개변수
  - uid: 섹터 데이터를 읽을 카드의 UID에 대한 포인터
  - key: 인증에 사용할 키에 대한 포인터
  - sector: 섹터 번호
- 반환값: 없음

지정한 번호의 섹터 내용을 시리얼 모니터로 출력한다.

■ MIFARE_Read

```
StatusCode MFRC522::MIFARE_Read(byte blockAddr, byte *buffer, byte *bufferSize)
  - 매개변수
      blockAddr: 블록 주소
      buffer: 블록 데이터를 저장할 버퍼
      bufferSize: 블록 데이터를 저장할 버퍼의 크기에 대한 포인터
  - 반환값: 블록 읽기에 성공하면 MFRC522::STATUS_OK를, 실패하면 다른 값을 반환
```

카드에서 블록 데이터를 읽는다. 이때 블록 데이터는 16바이트이지만 오류 검사를 위한 CRC 2바이트까지 총 18바이트의 데이터를 읽는다.

■ MIFARE_Write

```
StatusCode MFRC522::MIFARE_Write(byte blockAddr, byte *buffer, byte bufferSize)
  - 매개변수
      blockAddr: 블록 주소
      buffer: 블록에 쓸 데이터를 포함하고 있는 버퍼
      bufferSize: 블록에 쓸 데이터를 포함하고 있는 버퍼의 크기
  - 반환값: 블록 쓰기에 성공하면 MFRC522::STATUS_OK를, 실패하면 다른 값을 반환
```

지정한 주소의 블록에 데이터를 쓴다.

■ PCD_StopCrypto1

```
void MFRC522::PCD_StopCrypto1()
  - 매개변수: 없음
  - 반환값: 없음
```

리더기의 인증 상태를 종료한다. 리더기가 인증 상태에 있으면 다른 카드를 읽거나 쓸 수 없으므로 하나의 카드에 대한 읽기 또는 쓰기를 끝낸 후에는 반드시 인증 상태를 종료해야 한다.

스케치 24.3은 데이터 블록을 읽고 쓰기 블록으로 사용하는 예를 보여준다. 먼저 데이터를 읽거나 쓸 수 있도록 인증을 진행한 후, 현재 트랙 정보를 보여준다. 트랙 중 하나의 데이터 블록에는 랜덤으로 생성한 데이터를 쓴 후 다시 읽어 원본 데이터와 비교하는 과정을 거친다. 스케치가 길고 복잡해 보이지만, 기본적인 읽기와 쓰기 이외에는 동작 확인을 위한 메시지 출력이 대부분이므로 어렵지 않게 이해할 수 있을 것이다.

스케치 24.3 마이페어 1K 블록 읽기와 쓰기

```
#include <MFRC522.h>

#define RST_PIN     9
#define SS_PIN     10

MFRC522 mfrc522(SS_PIN, RST_PIN);                          // MFRC522 객체 생성
MFRC522::MIFARE_Key key;                                   // 인증 키

void setup() {
    Serial.begin(9600);

    SPI.begin();                                           // SPI 버스 초기화
    mfrc522.PCD_Init();                                    // MFRC522 초기화

    // 초깃값 0xFFFFFFFFFFFF를 Key A 값으로 사용
    for (byte i = 0; i < 6; i++) {
        key.keyByte[i] = 0xFF;
    }

    randomSeed(analogRead(A0));                            // 난수 발생기 초기화

    Serial.println("** 1번 섹터 4번 데이터 블록에 랜덤 데이터를 씁니다.");
    Serial.println("** 카드나 태그를 가까이 가져가세요.");
    Serial.println();
}

void loop() {
    if ( !mfrc522.PICC_IsNewCardPresent() ) {              // 새로운 카드 접근 검사
        return;
    }

    if ( !mfrc522.PICC_ReadCardSerial() ) {                // 카드 선택
        return;
    }

    // UID 출력
    Serial.println("* 새로운 카드가 발견되었습니다.");
    Serial.print(" => Card UID\t:");
    dumpByteArrayInHEX(mfrc522.uid.uidByte, mfrc522.uid.size);
    Serial.println(String(" (") + mfrc522.uid.size + " 바이트)");

    Serial.print(" => PICC type\t: ");
    MFRC522::PICC_Type piccType = mfrc522.PICC_GetType(mfrc522.uid.sak);
    Serial.println(mfrc522.PICC_GetTypeName(piccType));

    if (piccType != MFRC522::PICC_TYPE_MIFARE_1K
            && piccType != MFRC522::PICC_TYPE_MIFARE_4K) {
        Serial.println(" => 마이페어 1K나 4K 카드만 사용할 수 있습니다.");
        return;
    }
```

```
else {
    Serial.println(" => 사용할 수 있는 카드입니다.");
}

byte sector = 1;                                    // 1번 섹터의 4~7번 블록 중
byte blockAddr = 4;                                 // 4번 블록에 씀
byte dataBlock[16];                                 // 쓰기 데이터

byte trailerBlock = 7;
MFRC522::StatusCode status;
byte buffer[18];                                    // 블록 데이터 읽기 버퍼
byte size = sizeof(buffer);

// Key A를 사용한 인증
Serial.println("* Key A를 사용하여 인증을 진행합니다.");
status = (MFRC522::StatusCode) mfrc522.PCD_Authenticate(
        MFRC522::PICC_CMD_MF_AUTH_KEY_A, trailerBlock, &key, &(mfrc522.uid));
if (status != MFRC522::STATUS_OK) {
    Serial.print(" => 인증에 실패했습니다.");
    Serial.println(mfrc522.GetStatusCodeName(status));
    return;
}
else {
    Serial.println(" => 인증에 성공했습니다.");
}
Serial.println();

printSectorData(sector);                            // 현재 섹터 데이터 출력

// 4번 데이터 블록 읽기
Serial.println(String("* 블록 ") + blockAddr + "번 데이터를 읽습니다.");
status = (MFRC522::StatusCode) mfrc522.MIFARE_Read(blockAddr, buffer, &size);
if (status != MFRC522::STATUS_OK) {
    Serial.print(" => 데이터 읽기에 실패했습니다 : ");
    Serial.println(mfrc522.GetStatusCodeName(status));
}
else {
    Serial.print(String(" => 블록 ") + blockAddr + "번 데이터 : ");
    dumpByteArrayInHEX(buffer, 16);
    Serial.println();
}

Serial.println("* 블록에 쓸 데이터를 생성합니다.");
for (int i = 0; i < 16; i++) {                      // 랜덤 데이터 생성
    dataBlock[i] = random(0, 256);
}
Serial.print(" => 랜덤 데이터 : ");
dumpByteArrayInHEX(dataBlock, 16);
Serial.println();

// 4번 데이터 블록에 쓰기
Serial.println(String("* 블록 ") + blockAddr + "번에 데이터를 씁니다.");
```

```
        status = (MFRC522::StatusCode) mfrc522.MIFARE_Write(blockAddr, dataBlock, 16);
        if (status != MFRC522::STATUS_OK) {
            Serial.print(" => 데이터 쓰기에 실패했습니다 : ");
            Serial.println(mfrc522.GetStatusCodeName(status));
        }
        else {
            Serial.println(" => 데이터 쓰기에 성공했습니다.");
        }

        // 4번 데이터 블록 다시 읽기
        Serial.println(String("* 블록 ") + blockAddr + "번 데이터를 다시 읽습니다.");
        status = (MFRC522::StatusCode) mfrc522.MIFARE_Read(blockAddr, buffer, &size);
        if (status != MFRC522::STATUS_OK) {
            Serial.print(" => 데이터 읽기에 실패했습니다 : ");
            Serial.println(mfrc522.GetStatusCodeName(status));
        }
        else {
            Serial.print(String(" => 블록 ") + blockAddr + "번 데이터 : ");
            dumpByteArrayInHEX(buffer, 16);
            Serial.println();

            Serial.println("* 쓴 데이터와 읽은 데이터를 비교합니다.");

            bool resultOK = true;
            for (byte i = 0; i < 16; i++) {
                if (buffer[i] != dataBlock[i]) {
                    resultOK = false;
                    break;
                }
            }

            if (resultOK) {
                Serial.println(" => 데이터 검증에 성공했습니다.");
            }
            else {
                Serial.println(" => 데이터 검증에 실패했습니다.");
            }
            Serial.println();
        }

        printSectorData(sector);                        // 현재 섹터 데이터 출력

        mfrc522.PICC_HaltA();                           // 카드를 정지 상태로 변경
        mfrc522.PCD_StopCrypto1();                      // 인증 종료
    }

    void printSectorData(int sector) {
        Serial.println("* 현재 섹터 데이터");
        mfrc522.PICC_DumpMifareClassicSectorToSerial(&(mfrc522.uid), &key, sector);
        Serial.println();
    }
```

```
void dumpByteArrayInHEX(byte *buffer, byte bufferSize) {
    for (byte i = 0; i < bufferSize; i++) {
        Serial.print(buffer[i] < 0x10 ? " 0" : " ");
        Serial.print(buffer[i], HEX);
    }
}
```

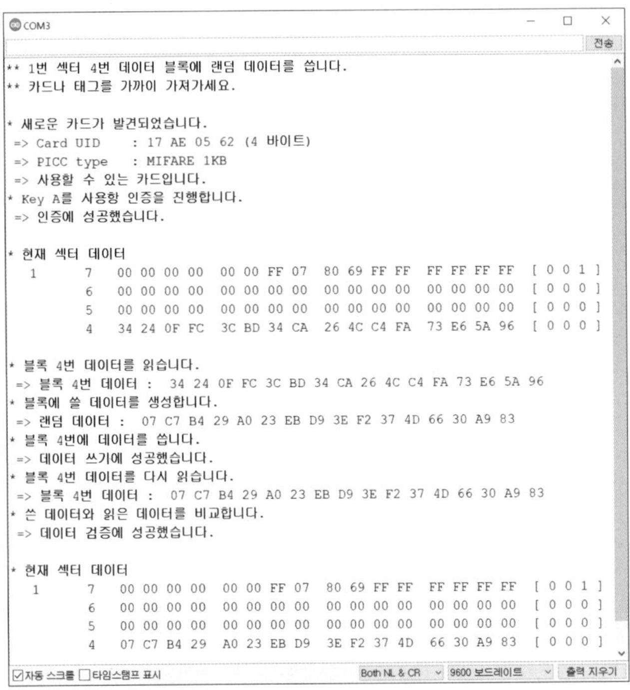

그림 24.9 스케치 24.3 실행 결과

24.4 맺는말

RFID는 짧은 거리에서 이루어지는 무선 통신을 위한 표준의 하나로 물류 및 재고 관리, 출입 카드, 교통카드 등 다양한 분야에서 사용되고 있다. 특히 아주 짧은 거리에서의 RFID는 전원을 내장할 필요 없이 리더기를 통해 전원을 공급받을 수 있으므로 소형화 및 경량화가 가능해 응용 범위가 넓다. RFID의 변형이면서 스마트폰에서의 사용을 주목적으로 하는 NFC 역시 10cm 이내의 아주 짧은 거리에서만 동작한다. RFID와 NFC가 공통으로 동작하는 이 거리는 의도적인 접근에 의한 사용자의 요구를 반영하는 것으로 볼 수 있으므로 사용자와의 상호 작용을 위한 수단으로 RFID와 NFC가 흔히 사용된다.

이 장에서는 MFRC522 칩을 사용하여 만든 RFID 리더기와 마이페어 클래식 1K 카드를 사용하여 데이터를 읽고 쓰는 방법을 살펴봤다. 이 장에서 사용한 리더기 칩과 카드는 RFID의 기본적인 기능을 지원하므로 아두이노와 함께 사용된 예를 흔히 발견할 수 있다. 이 외에도 아두이노와 함께 사용되는 리더기 칩에는 MFRC522 칩보다 많은 종류의 카드를 지원하는 PN532 칩이 있다. PN532 칩 역시 전용 라이브러리*가 공개되어 있으므로 어렵지 않게 사용할 수 있다. 마이페어 클래식 카드가 RFID에서 사용되는 대표적인 카드이지만, 다양한 카드 사용이 필요하다면 PN532 칩을 사용한 리더기를 고려해 볼 수 있다.

그림 24.10 **PN532 칩을 사용한 RFID 리더기**

* https://github.com/adafruit/Adafruit-PN532

1 그림 24.7에서 각 블록에 대한 접근 권한은 트레일러 블록의 설정을 통해 결정되며 블록 데이터 출력의 마지막 부분에 있는 접근 비트Access Bits 3비트가 접근 권한을 나타낸다. 접근 권한은 데이터 블록과 트레일러 블록에 따라 다르게 설정되며 디폴트 상태 역시 데이터 블록의 경우 000, 트레일러 블록의 경우 001로 다르게 설정되어 있다. 각 블록에 대한 접근은 기본적으로 Key A나 Key B를 사용하여 데이터를 읽거나 쓸 수 있는지를 설정하는 것으로, 3비트에 의해 설정되므로 8가지 다른 설정이 가능하다. 데이터시트*를 참고하여 각 설정에서 Key A와 Key B의 역할을 알아보자.

2 NFC는 RFID를 기반으로 스마트폰에서 사용할 목적으로 만들어진 근거리 무선 통신을 위한 기술을 말한다. NFC와 RFID는 사용하는 주파수와 사용 거리 등에서 공통점이 있어 아두이노에서 사용하는 RFID 리더기 중에는 두 가지를 모두 지원하는 제품도 볼 수 있다. 두 방법의 가장 큰 차이는 RFID에서 태그와 리더기는 역할이 고정되어 있다면, NFC는 양방향 통신을 바탕으로 역할을 바꾸면서 동작할 수 있다는 점이다. RFID와 NFC의 공통점과 차이점을 알아보자.

* NXP의 'MF1S503x MIFARE Classic 1K'

CHAPTER

25

BLE

블루투스는 유선 통신인 RS-232C를 대체하기 위해 만들어진 무선 통신 표준으로, 클래식 블루투스로 불리는 3.x 버전까지의 연결 기반 블루투스와 4.0 버전에서 추가된 저전력 블루투스BLE: Bluetooth Low Energy의 두 가지로 이루어져 있다. BLE는 연결 없이 적은 데이터를 전달할 수 있게 해 주므로 다양한 응용에서 사용되고 있다. 데이터의 양이 많은 경우에는 BLE에서도 연결 기반의 통신을 사용하지만, 클래식 블루투스와는 동작 방식이 달라 호환되지 않는다. 이 장에서는 블루투스 4.0 BLE를 사용하여 연결 기반의 통신을 수행하는 방법과 연결 없이 다수의 기기가 데이터를 수신할 수 있도록 데이터를 게시하는 방법을 알아본다.

이 장에서 사용할 부품

- 아두이노 우노 × 2 ➡ BLE 테스트
- HM-10 모듈 × 2 ➡ 블루투스 4.0 BLE 지원
- USB-UART 변환 장치 × 1 ➡ USB2SERIAL
- 가변저항 × 1

25.1 BLE 모듈

블루투스 4.x 버전은 3.x 버전까지 고속으로 데이터를 전송하는 데 중점을 둔 BR/EDR Basic Rate/Enhanced Data Rate과 소비 전력을 줄이는 데 중점을 두고 4.x 버전에서 새롭게 소개된 BLE의 두 가지로 구성되어 있다. 흔히 **클래식 블루투스라고 이야기하는 BR/EDR과 BLE는 목적 자체가 다른 만큼 서로 호환되지 않는다.** 블루투스 4.x 버전을 구현한 기기는 클래식 블루투스와 BLE를 모두 지원하는 듀얼 모드와 BLE만 지원하는 싱글 모드로 구현될 수 있다. 스마트폰이나 컴퓨터 등이 대표적인 듀얼 모드 기기로 이전 버전의 블루투스 기기와 하위 호환성을 유지해야 하는 경우 사용된다. 반면, 싱글 모드는 센서 노드, 웨어러블 기기 등과 같이 듀얼 모드 기기로 데이터를 전송하는 기기에서 주로 사용된다. 블루투스 4.x 모듈 역시 듀얼 모드를 지원하는 모듈과 BLE만을 지원하는 싱글 모드 모듈로 구분되어 있다.

이 장에서는 블루투스 4.0 BLE를 지원하는 싱글 모드 모듈인 HM-10 모듈을 사용한다. HM-10 모듈은 텍사스 인스트루먼츠Texas Instruments의 CC2540 또는 CC2541 칩을 사용하여 제작되며, 시중에서 구할 수 있는 대부분 모듈은 CC2541 칩을 사용하고 있다. CC2541 칩은 CC2540 칩의 기능을 일부 개선한 버전으로, CC2540보다 소비 전력이 적고 통신 거리가 짧다는 차이점이 있다.

HM-10 모듈을 제작하는 제남화무과기유한공사Jinan Huamao Technology(济南华茂科技有限公司)에서는 지원하는 블루투스 버전과 모듈의 크기 및 용도에 따라 다양한 모듈을 제작하여 판매하고 있으며, 블루투스 4.0 BLE를 지원하는 대표적인 모듈이 HM-10 모듈이다. HM-10 모듈 역시 HM-10C와 HM-10S의 두 가지 모듈이 판매되고 있으며, 사용할 수 있는 CC254x 블루투스 칩의 핀 수에서 차이가 있다. 그림 25.1에서 알 수 있듯이 HM-10S 모듈이 사용할 수 있는 핀 수가 더 많지만, HC-06 모듈과 마찬가지로 백보드를 연결하여 사용하는 경우에는 차이가 없다.

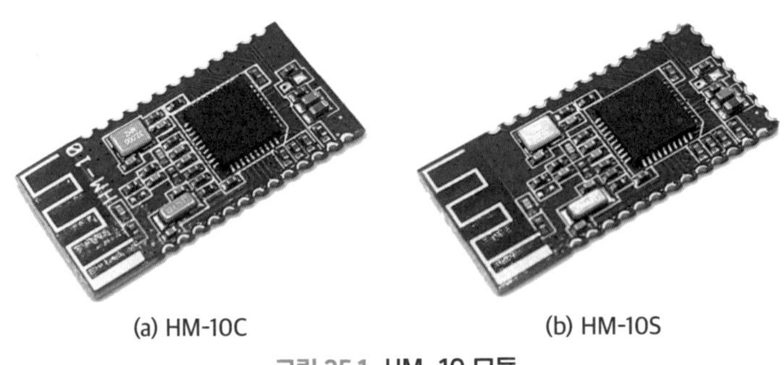

(a) HM-10C　　(b) HM-10S

그림 25.1 HM-10 모듈

HM-10 모듈은 저렴한 가격에 간단하게 블루투스 4.0 BLE를 사용할 수 있게 해주지만 핀 간격이 1.5mm로 브레드보드의 홀 간격인 2.54mm보다 좁고, CC254x 블루투스 칩의 동작 전압이 3.3V로 아두이노와 같이 5V 전압을 사용하는 기기와는 직접 연결할 수 없다는 점 등이 불편하다. 따라서 아두이노에서는 핀 간격을 2.54mm로 바꾸고, 5V 전압을 사용할 수 있도록 전압 변환 회로가 내장되어 있으며*, UART 시리얼 통신으로 제어할 수 있는 HM-10 모듈 기반의 블루투스 4.0 BLE 시리얼 모듈이 주로 사용된다. 이 장에서도 블루투스 4.0 BLE 시리얼 모듈을 사용하며, 블루투스 4.0 BLE 시리얼 모듈은 흔히 HM-10 모듈이라고 불린다. 이 장에서도 HM-10 모듈은 블루투스 4.0 BLE 시리얼 모듈을 가리킨다. HM-10 모듈은 블루투스 4.0 BLE만 지원하므로 21장 '블루투스'에서 사용한 HC-06 모듈과는 연결할 수 없다.

그림 25.2 HM-10 기반 블루투스 4.0 시리얼 모듈

그림 25.2의 HM-10 모듈은 6개의 핀을 갖고 있지만, UART 시리얼 통신을 통해 아두이노 보드와 연결하므로 전원 핀 2개(VCC, GND), UART 시리얼 통신을 위한 핀 2개(RX, TX) 총 4개 핀만 사용한다. HM-10 모듈을 사용하기 전에 먼저 HM-10 모듈의 펌웨어를 최신 버전으로 업데이트하자. HM-10 모듈의 펌웨어 업데이트를 위해서는 USB-UART 변환 장치가 필요하다. HM-10 모듈을 그림 25.3과 같이 USB-UART 변환 장치와 연결하자. 이때 USB-UART 변환 장치와 HM-10 모듈의 RX와 TX 핀은 서로 교차해서 연결해야 한다.

---

* CC254x 칩의 데이터 핀 역시 3.3V 레벨을 사용하므로 5V 레벨을 사용하는 아두이노 우노의 TX 핀을 직접 연결하는 것은 위험할 수 있다. 인터넷에서 찾을 수 있는 예의 대부분은 레벨 변환 없이 아두이노 우노의 TX 핀을 HM-10 모듈의 RX 핀으로 직접 연결하고 있으며, 이 장에서도 직접 연결하여 사용하고 동작에 문제는 없었다. 하지만 어디에서도 레벨 변환 없이 직접 연결할 수 있다는 근거는 찾을 수 없다.

그림 25.3 HM-10 모듈과 USB-UART 변환 장치 연결

USB-UART 변환 장치를 컴퓨터에 연결하고 CoolTerm 프로그램으로 USB-UART 변환 장치를 통해 HM-10 모듈에 연결한다. 터미널 프로그램의 옵션은 'Terminal' 패널에서 'Line Mode'를 선택하여 문자열 단위로 데이터가 전달되게 하고, 'Enter Key Emulation'을 'Custom'으로 설정한 후 'Custom Sequence' 내용을 모두 지워 추가 문자가 전달되지 않게 하며, 'Local Echo'를 선택하여 입력한 내용이 화면에도 나타나게 한다. 'Serial Port' 패널에서 'Port'는 USB-UART 변환 장치에 할당된 포트를 선택하고, 'Baudrate'는 9,600 또는 115,200을 선택한다. 보율은 펌웨어 버전에 따라 디폴트값이 9,600 또는 115,200으로 다르게 설정되어 있으므로 두 가지 모두를 시도해 봐야 한다.

표 25.1 CoolTerm 옵션 설정

패널	옵션	선택	비고
Terminal	Terminal Mode	Line Mode	문자열 단위 전송
	Enter Key Emulation	Custom	
	Custom Sequence	(추가 문자 없음)	
	Local Echo	선택	입력 명령 확인
Serial Port	Port	COM5	USB-UART 변환 장치에 할당된 포트
	Baudrate	① 9600	설치된 펌웨어 버전에 따라 ① 또는 ② 선택
		② 115200	

먼저 터미널 프로그램에서 'AT' 명령을 전송하여 HM-10 모듈로부터 'OK'를 응답으로 받는지 확인해 보자. 'OK'가 수신되지 않는다면 보율을 변경해서 다시 시도해 보자. 'AT+VERS?' 명령으로 펌웨어 버전을 확인하고 최신 펌웨어가 아닌 경우에는 'AT+SBLUP' 명령으로 펌웨어 업데이트 모드로 설정한다.

표 25.2 HM-10 모듈 펌웨어 업데이트를 위한 AT 명령 실행 순서

AT 명령	결과	설명
AT	OK	
AT+VERS?	HMSoft V545	펌웨어 버전
AT+SBLUP	OK+SBLUP	펌웨어 업데이트 모드 진입

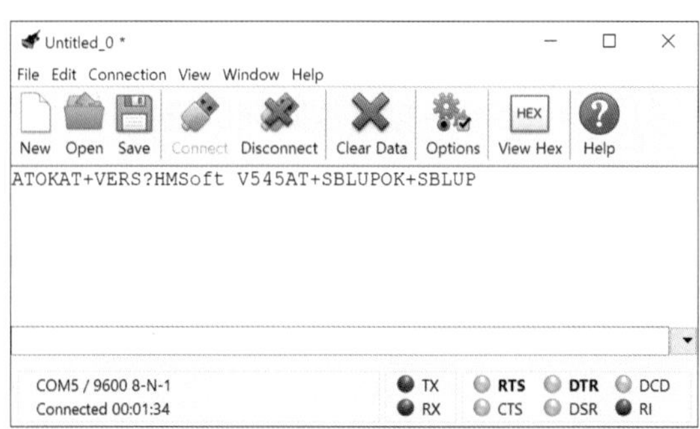

그림 25.4 HM-10 모듈의 펌웨어 업데이트 모드 진입

최신 펌웨어는 제조사의 다운로드 페이지*에서 내려받을 수 있다. 내려받은 압축 파일에는 펌웨어 업데이트 프로그램과 펌웨어 파일이 포함되어 있다. 펌웨어 업데이트 모드로 진입되었으면 터미널 프로그램에서 연결을 끊고 내려받은 펌웨어 업데이트 프로그램을 실행한다. 'Image File'에는 내려받은 펌웨어 파일(HMSoft.bin)을 지정하고 'COM Port'에는 USB-UART 변환 장치에 할당된 포트를 지정한다. 'Load Image' 버튼을 누르면 펌웨어 업데이트가 진행된다.

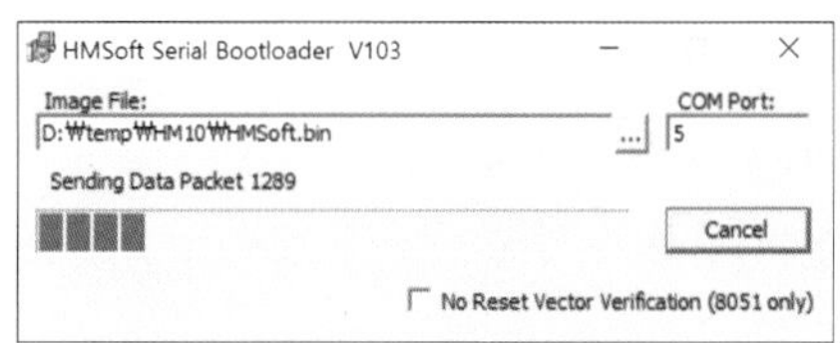

그림 25.5 펌웨어 업데이트

펌웨어 업데이트가 완료되면 터미널 프로그램으로 연결하여 버전을 확인해 보자. **최신 펌웨어에서는 AT 명령의 끝에 추가되는 개행문자를 자동으로 인식하여 처리**하므로 CoolTerm 옵션의 'Terminal' 패널에서 'Enter Key Emulation'을 'CR+LF'로 선택하면 그림 25.4에서와 달리 명령과 결과를 쉽게 구별할 수 있다.

* http://www.jnhuamao.cn/index_en.asp?ID=1

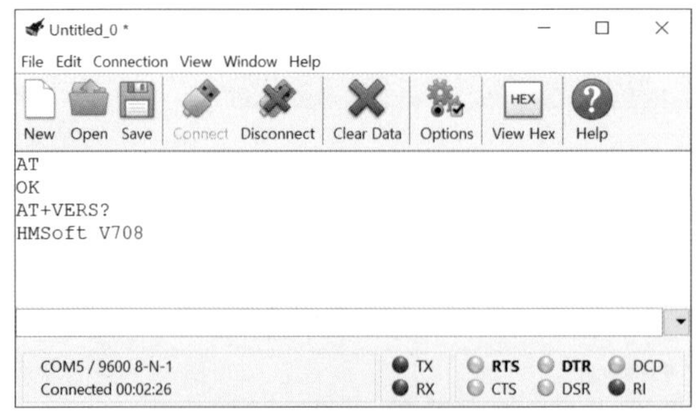

그림 25.6 펌웨어 업데이트 확인

이 장에서는 2개의 HM-10 모듈을 사용하므로 다른 HM-10 모듈도 같은 버전의 펌웨어로 업데이트해 두자.

25.2 BLE에서의 연결

BLE는 게시(broadcast 또는 advertise) 모드와 연결connection **모드의 두 가지 모드로 다른 기기와 통신할 수 있으며 HM-10은 두 가지 모드를 모두 지원한다. 게시 모드는 특정 기기를 지정하지 않고 주변의 모든 기기가 신호를 받을 수 있도록 게시하는 방식**이다. 게시 모드에서 신호를 보내는 기기는 신호를 받는 기기와 무관하게 신호를 보내며, 일정한 시간 간격으로 보내는 것이 일반적이다. 게시 모드에서 신호를 보내는 기기는 게시 장치(broadcaster 또는 advertiser)라고 하고, 신호를 받는 기기는 관찰 장치observer라고 한다. 게시 모드는 기기가 자신의 존재를 알리거나 적은 양의 데이터를 보낼 때 사용한다.

게시 모드가 단방향으로 적은 양의 데이터를 전달하기 위해 사용된다면, **연결 모드는 양방향으로 특정 기기와 데이터를 교환하기 위해 사용되는 방식**이다. 연결 모드는 클래식 블루투스에서와 마찬가지로 연결 후 대상을 지정해서 데이터를 보내므로 일대일 통신만 가능하다. 연결 모드에서 마스터 역할을 하는 기기는 중앙 장치central, 슬레이브 역할을 하는 기기는 주변장치peripheral라고 한다. BLE에서 연결 모드의 동작은 클래식 블루투스의 동작과 비슷하지만, 실제 데이터를 교환하는 방식은 전혀 다르므로 클래식 블루투스와 BLE는 서로 연결할 수 없다.

그림 25.7 BLE의 통신 모드*

BLE에서 데이터 교환은 서비스service **및 서비스와 관련된 1개 이상의 특성**characteristic**을 통해 이루어진다. 서비스는 정보의 집합을 가리키는 용어다.** 예를 들어 센서값과 이와 관련된 센서의 종류, 설치 장소 등의 정보를 모아놓은 것을 서비스라고 한다. **서비스는 하나 이상의 특성으로 구성되며 특성에는 실제 값이 저장된다.** 블루투스 SIGSpecial Interest Group는 흔히 사용되는 서비스에 대한 ID를 정의하고 있다. 심박수 서비스를 생각해 보자. 심박수 서비스에는 심박수를 나타내는 특성이 반드시 포함되어야 하고 심박수를 측정한 위치를 나타내는 특성이 옵션으로 포함될 수 있다. 미리 정의된 서비스와 특성에는 고유의 ID를 부여하고 있으므로 심박수 서비스를 사용하려는 장치는 ID 검색을 통해 심박수 관련 데이터를 얻어올 수 있다. 이때 **서비스와 서비스에 포함된 특성을 구별하기 위한 ID로 UUID가 사용된다.**

UUID는 범용 고유 식별자Universally Unique IDentifier의 약어로 네트워크상에서 개체를 유일하게 나타내기 위해 사용하는 이름이다. UUID는 16바이트(128비트)의 숫자로 32자리의 16진수로 나타내며 8-4-4-4-12자리의 5개 16진수 숫자 그룹을 하이픈으로 구분하여 나타낸다. 블루투스 표준에서는 미리 정의된 서비스와 특성에 UUID를 부여하고 있다. **미리 정의된 UUID는 128비트의 UUID 중 상위의 2바이트 또는 4바이트만을 사용하는 축약된 16비트 또는 32비트 형식을 사용하며, 16비트만 사용하는 방식이 흔히 사용된다.** 나머지 112비트는 미리 정의된 표준 서비스 제공을 위한 베이스 UUID라고 하며 다음과 같이 정의되어 있다.

* BLE에서 마스터와 슬레이브라는 단어를 사용하지는 않지만, 연결 모드에서는 통신을 주도하는 중앙 장치를 마스터로, 게시 모드에서는 데이터를 제공하는 게시 장치를 마스터로 구분했다.

베이스 UUID: 0000xxxx-0000-1000-8000-00805F9B34FB

이처럼 BLE에서 단순히 데이터를 전달하지 않고 서비스와 특성을 정의하는 이유는 데이터 전달과 애플리케이션 구현의 편이를 위해서다. 심박수 데이터를 제공하는 기기는 정해진 UUID와 심박수 데이터를 패킷 형태로 만들어 게시 또는 전송하고, 심박수 데이터를 사용하는 기기는 심박수 서비스를 나타내는 UUID와 심박수 특성을 나타내는 UUID를 포함하고 있는 패킷을 스캔하여 심박수 데이터를 얻을 수 있다.

25.3 아두이노 연결

HM-10 모듈을 아두이노 우노에 연결하자. HM-10 모듈은 HC-06 모듈과 마찬가지로 UART 시리얼 통신으로 AT 명령을 사용하여 설정하고 제어할 수 있다. HM-10 모듈은 펌웨어 업데이트 이후 'AT+RENEW' 명령으로 공장 초기화 상태에 있는 것으로 가정한다.

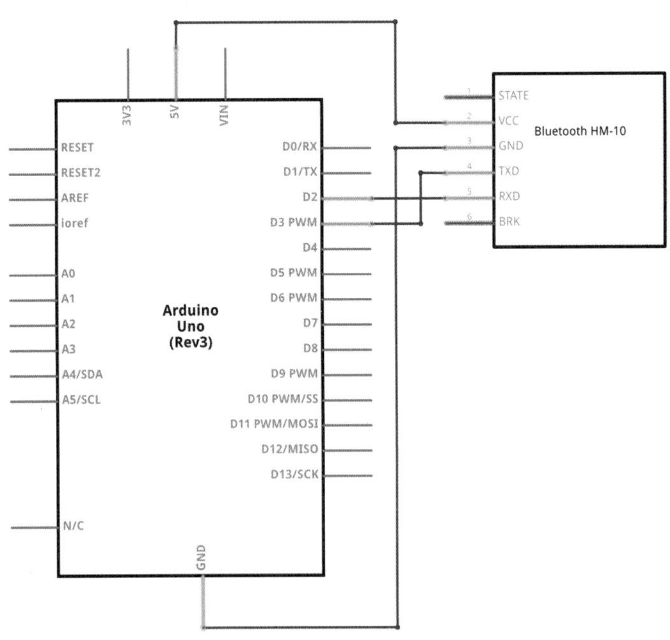

그림 25.8 HM-10 모듈 연결 회로도

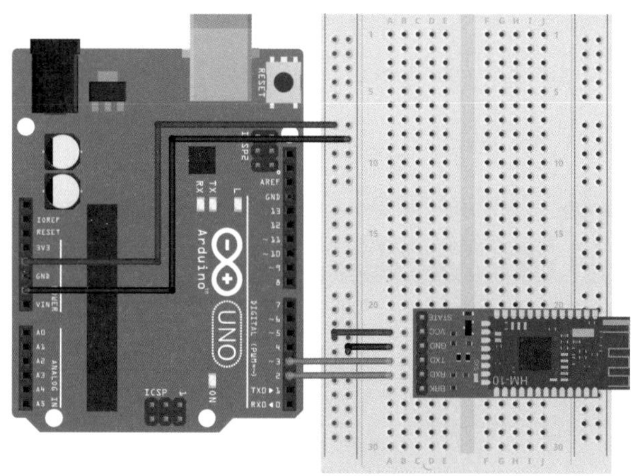

그림 25.9 **HM-10 모듈 연결 회로**

아두이노 우노에는 스케치 25.1을 업로드한다. 스케치 25.1은 시리얼 모니터에 입력된 내용을 HM-10 모듈로 전달하고, HM-10 모듈에서 출력된 내용을 시리얼 모니터로 출력하는 스케치다. 시리얼 모니터는 9600보율을 선택하고, 추가 문자는 'Both NL & CR'을 선택한다.

스케치 25.1 **HM-10 모듈 설정**

```
#include <SoftwareSerial.h>

SoftwareSerial HM10(3, 2);                  // (RX, TX) → HM-10의 (TX, RX)

void setup() {
    Serial.begin(9600);                     // 컴퓨터와의 시리얼 통신 초기화
    HM10.begin(115200);                     // 블루투스 모듈과의 시리얼 통신 초기화
}

void loop() {
    if (Serial.available()) {               // 시리얼 모니터 → 아두이노 → 블루투스 모듈
        char ch = Serial.read();
        Serial.write(ch);
        HM10.write(ch);
    }

    if (HM10.available()) {                 // 블루투스 모듈 → 아두이노 → 시리얼 모니터
        char ch = HM10.read();
        Serial.write(ch);
    }
}
```

시리얼 모니터에 'AT' 명령을 입력하여 'OK'가 수신되는지 확인해 보고, 'AT+VERS?' 명령으로 펌웨어 버전을 확인해 보자. 'AT+NAME?'은 모듈의 이름을 확인하는 명령이다. 모듈 이름은 스마트

폰과 같은 블루투스 기기에서 검색되는 이름으로 디폴트값은 'HMSoft'다. 'AT+NAMEcapBLE'로 모듈의 이름을 변경하자. 'AT+BAUD?' 명령은 통신 속도를 검사하는 명령으로, 반환되는 상수에 따른 통신 속도는 표 25.3과 같다.

표 25.3 통신 속도에 따른 상수

상수	속도(보율)	상수	속도(보율)
0	9,600	5	4,800
1	19,200	6	2,400
2	38,400	7	1,200
3	57,600	8	230,400
4	115,200		

표 25.4는 HM-10 모듈을 설정하기 위한 AT 명령을 나타낸 것이다.

표 25.4 HM-10 모듈 설정을 위한 AT 명령 실행 순서

AT 명령	결과	설명
AT	OK	
AT+VERS?	HMSoft V708	펌웨어 버전
AT+NAME?	OK+NAME:HMSoft	HM-10 모듈 이름 확인
AT+NAMEcapBLE	OK+Set:capBLE	HM-10 모듈 이름 설정
AT+BAUD?	OK+Get:4	통신 속도 확인, 115200보율

그림 25.10 스케치 25.1을 사용한 HM-10 모듈 설정 확인

25.4 연결 모드

그림 25.8과 같이 HM-10 모듈을 아두이노에 연결하고 아두이노에는 스케치 25.1을 업로드한다. HM-10 모듈은 최신 펌웨어로 업데이트하고 공장 초기 상태에서 표 25.4의 명령만을 실행한 것으로 가정한다. 먼저 아두이노를 스마트폰과 연결해 보자. 스마트폰에는 BLE 연결을 확인할 수 있는 애플리케이션이 설치되어 있어야 한다. 여러 가지 애플리케이션을 사용할 수 있지만 이 장에서는 'BLE 스캐너'*를 사용한다. 애플리케이션을 설치하고 실행하면 주변의 BLE 기기를 검색하여 보여준다.

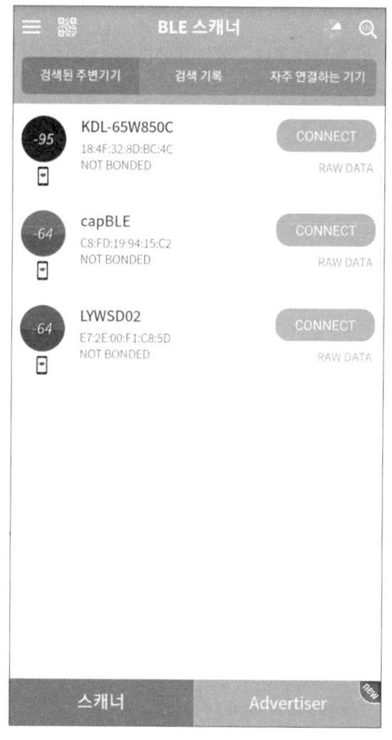

그림 25.11 BLE 스캐너의 스캐닝 결과

목록에서 'capBLE'에 연결해 보자. **연결 전에 HM-10 모듈의 LED는 깜빡거리는 상태에 있지만, 연결된 후에는 켜진 상태로 바뀐다.** HM-10 모듈에 연결되면 HM-10 모듈에서 제공하는 서비스 목록이 나타난다.

---

* https://play.google.com/store/apps/details?id=com.macdom.ble.blescanner&hl=ko

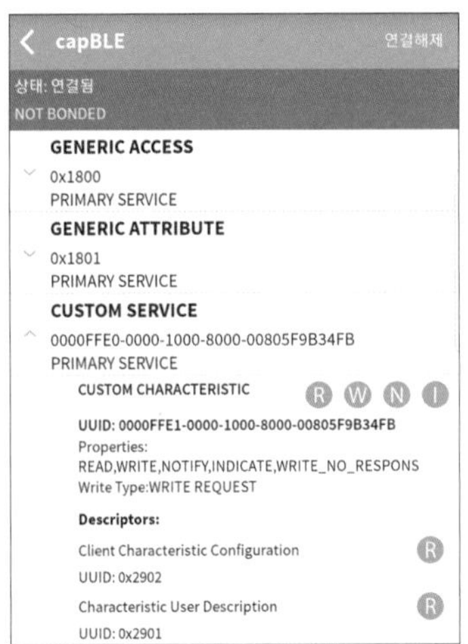

그림 25.12 **HM-10 모듈의 서비스 목록**

서비스 목록 중 Generic Access와 Generic Attribute는 기기의 이름, 주소 등 일반적인 기기의 특성을 나타낸다. 나머지 하나는 커스텀 서비스custom service로, HM-10 모듈은 1개의 커스텀 서비스에 커스텀 특성을 갖고 있다. **HM-10 모듈은 UART 시리얼 통신을 통해 데이터를 주고받기 위해 커스텀 특성을 사용한다.** 아두이노에서 시리얼 통신을 통해 송신하는 데이터는 HM-10 모듈의 커스텀 특성으로 저장되고, 이후 HM-10 모듈은 연결된 기기에 통보notification를 보내 새로운 데이터가 있음을 알려준다. **HM-10 모듈의 커스텀 특성에는 최대 20바이트의 데이터를 저장할 수 있다.** 데이터를 주고받기 위해서는 먼저 통보 버튼을 눌러 변경된 데이터가 자동으로 업데이트되게 해야 한다.

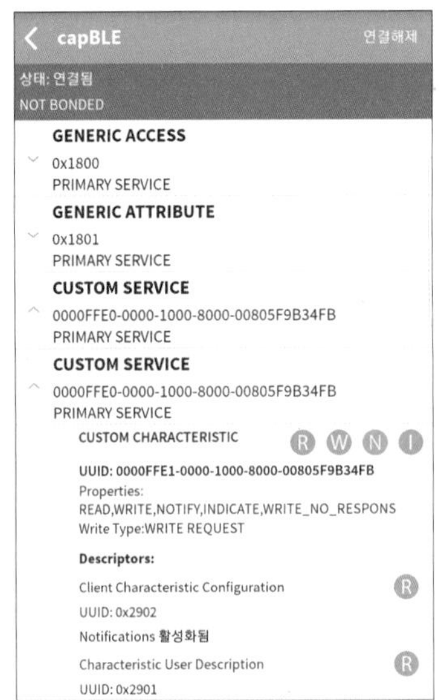

그림 25.13 **통보(Notification) 활성화**

아두이노 우노에 스케치 25.1이 업로드된 상태에서 시리얼 모니터를 열고 'Arduino'를 입력해 보자. 스마트폰에서 커스텀 특성의 'Value' 값이 'Arduino'로 바뀐 것을 확인할 수 있다.

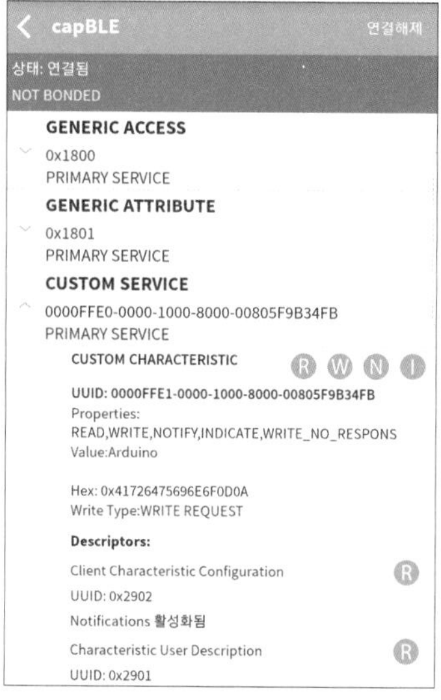

그림 25.14 **스마트폰의 데이터 수신**

스마트폰에서 아두이노로 데이터를 보내는 것도 가능하다. 쓰기Write 버튼을 눌러 'Smartphone'을 입력하고 'OK' 버튼을 누르면 커스텀 특성의 값이 'Smartphone'으로 바뀌고 아두이노의 시리얼 모니터에도 'Smartphone'이 출력된다.

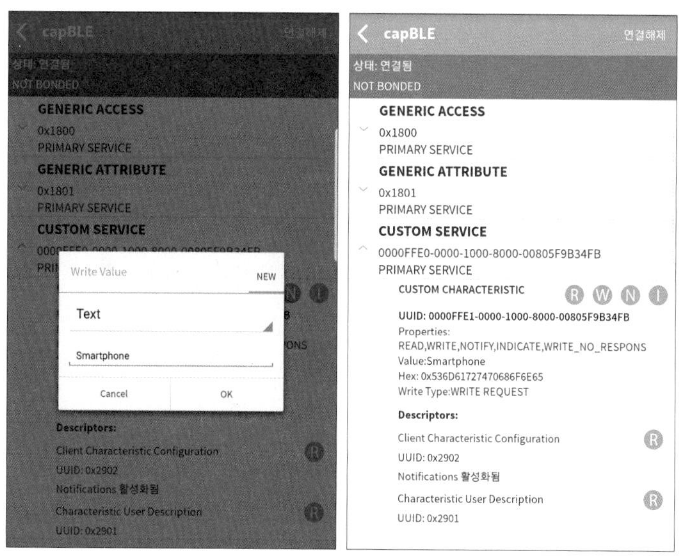

그림 25.15 **스마트폰의 데이터 송신**

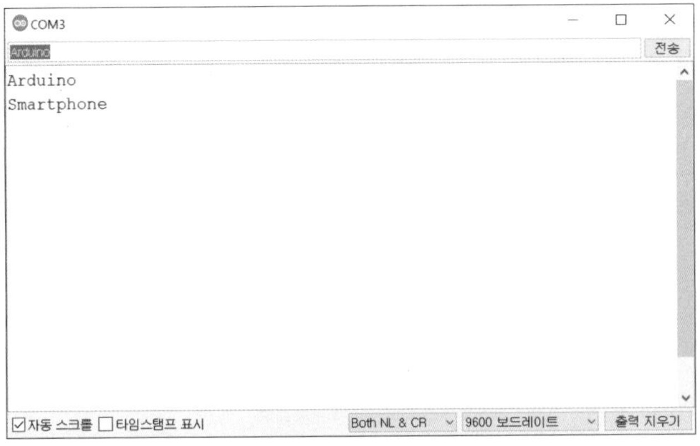

그림 25.16 스마트폰과의 연결 모드 BLE 통신

스마트폰과 연결 모드로 데이터를 주고받는 방법을 살펴봤다. 하지만 스마트폰에서 아두이노와 데이터를 주고받기 위해서는 HM-10 모듈에서 제공하는 커스텀 서비스와 커스텀 특성의 UUID를 알고 있어야 한다는 점도 기억해야 한다.

2개의 아두이노를 연결 모드로 연결하고 데이터를 주고받는 방법을 알아보자. 이를 위해서는 2개의 아두이노 우노에 그림 25.8과 같이 HM-10 모듈을 연결하고 2개의 아두이노 우노에 스케치 25.1을 업로드한 상태여야 한다. **2개의 HM-10 모듈을 하나는 중앙 장치로, 다른 하나는 주변장치로 설정한 후 두 HM-10 모듈의 이름을 같은 이름으로 설정하면 2개의 HM-10 모듈은 자동으로 연결된다.** HM-10 모듈은 표 25.4의 AT 명령으로 공장 초기화를 실행한 후 모듈 이름은 'capBLE'로 설정된 것으로 가정한다. 먼저 표 25.5의 AT 명령으로 HM-10 모듈을 주변장치로 설정하자.

표 25.5 주변장치 설정

주변장치 설정		
AT 명령	**결과**	**설명**
AT	OK	동작 확인
AT+RENEW	OK+RENEW	공장 초기화
AT+NAMEcapBLE	OK+Set:capBLE	중앙 장치와 같은 이름으로 설정
AT	OK	동작 확인
AT+RESET	OK+RESET	리셋
AT+IMME1	OK+Set:1	AT 명령으로 설정 가능한 상태로 AT+START 명령으로 모듈 시작 대기
AT+ROLE0	OK+Set:0	주변장치로 설정
AT+START	OK+START	모듈 시작(연결 대기)

중앙 장치를 설정하는 과정도 주변장치를 설정하는 과정과 거의 같으며, 역할을 설정하는 'AT+ROLE' 명령에서 파라미터를 0이 아닌 1을 사용하여 중앙 장치로 설정한다는 점만 차이가 있다.

표 25.6 중앙 장치 설정

주변장치 설정		
AT 명령	결과	설명
AT	OK	동작 확인
AT+RENEW	OK+RENEW	공장 초기화
AT+NAMEcapBLE	OK+Set:capBLE	주변장치와 같은 이름으로 설정
AT	OK	동작 확인
AT+RESET	OK+RESET	리셋
AT+IMME1	OK+Set:1	AT 명령으로 설정 가능한 상태로 AT+START 명령으로 모듈 시작 대기
AT+ROLE1	OK+Set:1	중앙 장치로 설정
AT+START	OK+START	모듈 시작(연결 대기)

'AT+START' 명령으로 모듈이 시작되면 같은 이름을 가진 중앙 장치와 주변장치는 자동으로 연결되고, 시리얼 모니터에서 두 장치가 연결되었다는 'OK+CONN' 메시지를 확인할 수 있다. 중앙 장치와 주변장치가 연결되면 깜빡이던 LED는 켜진 상태로 바뀐다. 연결이 완료되면 중앙 장치와 주변장치는 클래식 블루투스에서와 마찬가지로 시리얼 모니터를 통해 데이터를 주고받을 수 있다. BLE의 연결 모드는 서비스와 특성을 통해 이루어지므로 클래식 블루투스와 그 방식이 다르지만, 저수준의 연결 및 데이터 교환은 HM-10 모듈에서 처리하므로 연결된 이후 동작만 생각하면 클래식 블루투스와 비슷한 방법으로 사용할 수 있다.

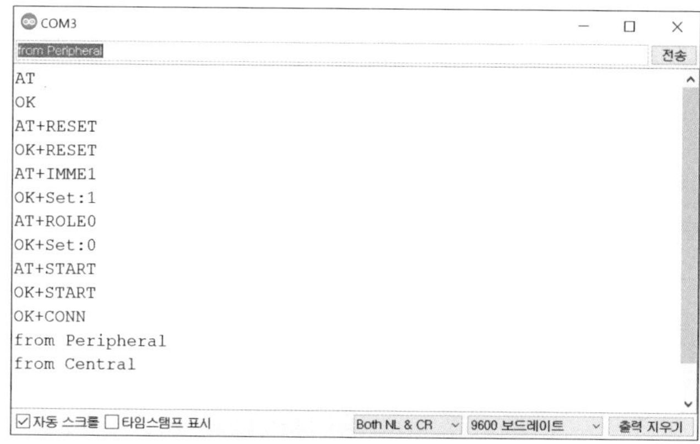

그림 25.17 주변장치의 출력 결과

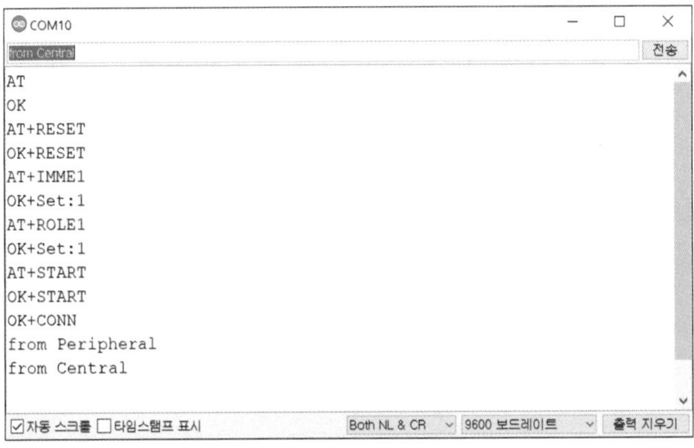

그림 25.18 중앙 장치의 출력 결과

25.5 게시 모드

게시 모드는 연결 모드와 달리 연결 없이 데이터를 전송하는 방식으로 **게시 장치**advertiser**는 관찰 장치**observer**의 데이터 수신 여부와 관계없이 주기적으로 데이터를 전송하고, 관찰 장치는 주기적으로 게시 장치가 보내는 신호를 스캔한다.** 게시 모드는 TV와 비슷한 점이 있다. 방송국에서는 TV에서 방송을 수신하고 있는지와 상관없이 채널에 따라 방송을 송출하고, TV에서는 원하는 채널을 선택하여 방송을 시청할 수 있다. TV에서는 채널로 방송을 구분한다면, 관찰 장치는 데이터에 포함된 UUID로 정보를 구분한다는 차이가 있다.

게시 장치로 흔히 사용되는 것이 비콘이며, 애플의 아이비콘iBeacon이 대표적이다. 스마트폰(관찰 장치)은 수신한 아이비콘(게시 장치)의 신호 강도를 바탕으로 스마트폰과 아이비콘 사이의 거리를 계산할 수 있으므로 거리를 기반으로 하는 서비스 제공을 위해 아이비콘이 흔히 사용된다. 아이비콘은 표 25.7과 같은 형식의 데이터를 BLE의 게시 패킷advertise packet에 담아 게시한다. HM-10 모듈은 아이비콘 모드를 지원하므로 간단하게 아이비콘을 구현할 수 있다.

표 25.7 아이비콘의 데이터 형식

필드	아이비콘 헤더	UUID	메이저 번호	마이너 번호	전송 전력
크기(바이트)	9	16	2	2	1

- 아이비콘 헤더에는 BLE의 게시 관련 정보가 들어간다.
- **UUID**는 16바이트값으로 제조사 등을 유일하게 나타내기 위해 사용한다. 또는 백화점 내의 모든 비콘을 같은 UUID로 설정하는 것과 같이 **연관된 비콘을 큰 그룹으로 묶기 위해 사용**할 수 있다.
- **메이저**Major **번호**는 2바이트값으로 **연관성이 높은 비콘을 작은 그룹으로 묶기 위해 사용**한다. 예를 들어, 백화점 내의 가구점에 있는 모든 비콘은 같은 메이저 번호를 가질 수 있다.
- **마이너**Minor **번호** 역시 2바이트값으로 **비콘을 유일하게 구별하기 위해 사용**한다. 예를 들어, 가구점 내에 비치된 가구별로 비콘의 마이너 번호를 달리 지정하여 특정 가구 옆에 있는 고객에게 관련된 제품 정보를 제공할 수 있다. 또는 마이너 번호 2바이트 전부 또는 일부를 데이터 전송을 위해 사용할 수도 있다. 예를 들어 2바이트 중 1바이트는 비콘을 유일하게 나타내기 위한 아이디로 사용하고, 나머지 1바이트는 가격을 저장하여 게시할 수 있다.
- **전송 전력**transmit power은 측정 전력measured power이라고도 불린다. 전송 전력은 스마트폰에서 수신된 신호의 강도를 나타내는 것이 아니라 **비콘에서 1m 거리에서 측정되어야 하는 신호의 강도**를 나타낸다. 실제 수신된 신호의 강도는 수신기에서 측정하는 RSSIReceived Signal Strength Indicator 값으로 알아낼 수 있으며, 전송 전력과 RSSI 값으로부터 거리를 계산할 수 있다. 하지만 HM-10 모듈 같은 저가형 모듈에서는 정확한 전송 전력과 RSSI 값을 얻을 수 없으므로 대략적인 거리만을 계산할 수 있을 뿐이다.

RSSI 값과 전송 전력을 통해 비콘과 수신기 사이의 거리는 다음과 같이 계산할 수 있다.

$$\text{distance} = 10^{\frac{\text{TXP} - \text{RSSI}}{10 \times n}}$$

식에서 n은 환경에 따른 상수로, 장애물이 없는 환경에서는 $n = 2$가 주로 사용된다. TXP는 전송 전력을, distance는 비콘과 스마트폰(수신기) 사이의 거리를 나타낸다.

HM-10 모듈을 비콘으로 설정하고 스마트폰에서 비콘의 게시 데이터를 확인해 보자. 먼저 HM-10 모듈을 비콘으로 설정한다. 그림 25.8과 같이 HM-10 모듈을 아두이노 우노에 연결하고 아두이노 우노에는 스케치 25.1을 업로드한다. HM-10 모듈을 비콘으로 설정하기 위해서는 표 25.8의 순서로 AT 명령을 실행하면 된다.

표 25.8 게시 장치 설정

게시 장치 설정 – 비콘		
AT 명령	**결과**	**설명**
AT	OK	동작 확인
AT+RENEW	OK+RENEW	공장 초기화
AT	OK	동작 확인
AT+MARJ0x1234	OK+Set:0x1234	메이저 번호 설정
AT+MINO0xFA01	OK+Set:0xFA01	마이너 번호 설정
AT+ADVI2	OK+Set:2	게시 주기 설정(211.25ms 주기)
AT+ADTY3	OK+Set:3	게시 동작만 가능하고 연결은 불가능
AT+IBEA1	OK+Set:1	아이비콘 모드 켜기
AT+DELO2	OK+DELO2	게시만 가능하고 스캐닝은 불가능한 상태
AT+RESET	OK+RESET	리셋

HM-10 모듈을 아이비콘으로 설정했으면 이제 스마트폰으로 아이비콘의 상태를 확인해 보자. 스마트폰에는 비콘을 스캔할 수 있는 애플리케이션이 설치되어 있어야 하며, 'BLE 스캐너' 역시 비콘 스캔 기능이 포함되어 있다. 하지만 비콘까지의 거리를 숫자로 표시해 주지는 않으므로 이 장에서는 'Locate Beacon' 애플리케이션*을 사용한다. 애플리케이션을 설치하고 실행해 보자.

그림 25.19 Locate Beacon 메인 화면

* https://play.google.com/store/apps/details?id=com.radiusnetworks.locate&hl=ko

메인 화면에서 'Locate Beacons' 버튼을 누르면 주변의 비콘을 스캔하여 정보를 보여준다. 스캔된 비콘 중 위에서 설정한 메이저(0x1234 = 4660) 번호와 마이너(0xFA01 = 64001) 번호를 갖는 비콘을 확인할 수 있다.

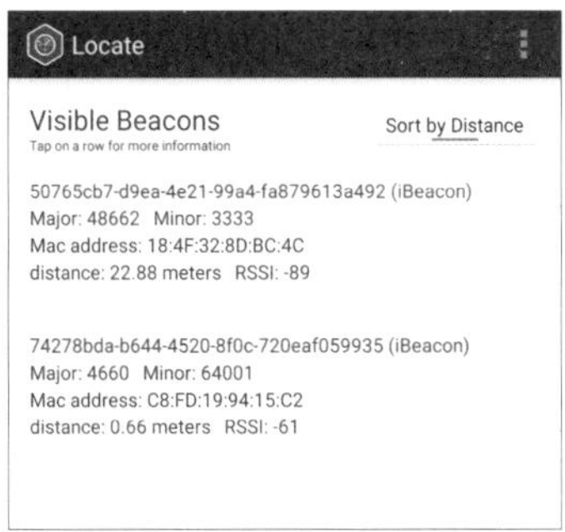

그림 25.20 **비콘 스캔 화면**

비콘을 선택하면 신호 수신 강도와 거리를 확인할 수 있으며, 'Distance to Beacon' 버튼을 누르면 거리만 표시해 준다. 스마트폰을 멀리 가져가면 거리가 바뀌지만, 앞에서도 언급한 것처럼 거리가 정확하지는 않으므로 참고용으로만 사용하는 것이 좋다.

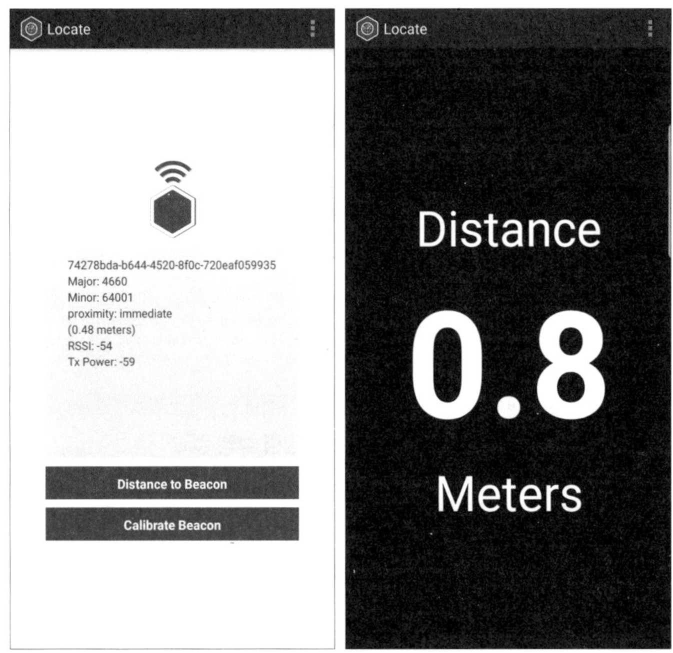

그림 25.21 **비콘 정보**

HM-10 모듈은 비콘 신호를 수신하기 위한 용도로, 즉 Locate Beacon 애플리케이션과 같은 용도로 사용할 수 있으며 이를 흔히 '비콘 스캐너'라고 한다. 비콘으로 설정한 HM-10 모듈을 연결한 아두이노 우노와 다른 아두이노 우노에 HM-10 모듈을 그림 25.8과 같이 연결하고 비콘 스캐너로 설정해 보자. 아두이노 우노에는 스케치 25.1을 업로드한다. HM-10 모듈을 비콘 스캐너로 설정하기 위해서는 표 25.9의 순서로 AT 명령을 실행하면 된다.

표 25.9 관찰 장치 설정

관찰 장치 - 비콘 스캐너		
AT 명령	**결과**	**설명**
AT	OK	동작 확인
AT+RENEW	OK+RENEW	공장 초기화
AT	OK	동작 확인
AT+IMME1	OK+Set:1	AT 명령으로 설정 가능한 상태로 AT+DISI? 명령을 대기
AT+ROLE1	OK+Set:1	관찰 장치로 설정
AT+SHOW1	OK+Set:1	스캔된 장치 정보 출력
AT+DISI?	-	비콘 스캔

'AT+DISI?' 명령을 실행하면 주변에 있는 비콘이 보내는 신호를 스캔하여 정보를 출력한다.

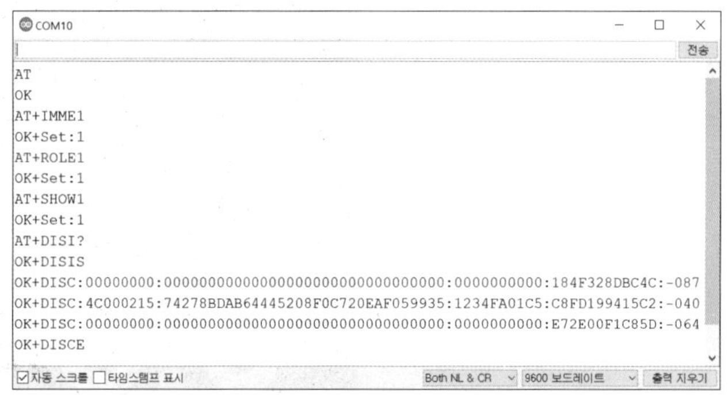

그림 25.22 **비콘 스캔 명령 수행 결과**

출력하는 내용은 문자열 형식으로, 콜론(:)으로 분리되어 있고 각 행은 '\r\n'으로 구분된다. 첫 번째 줄 'OK+DISIS'는 스캔을 시작한다는 표시이고, 이어서 비콘 정보가 출력된다. 마지막 'OK+DISCE'는 스캔이 끝났다는 표시다.

HM-10 모듈이 출력하는 비콘 정보는 66바이트 크기의 문자열로, 콜론으로 분리된 6개 필드로 구성된다. 각 필드에는 표 25.7의 비콘 데이터와 신호의 수신 강도를 나타내는 RSSI가 포함되어 있다. 그림 25.22의 결과에서 표 25.8로 설정한 아이비콘에 해당하는 정보를 나타낸 것이 표 25.10이다.

표 25.10 HM-10 모듈이 출력하는 비콘 정보

필드		크기(바이트)	설명
번호	내용		
1	OK+DISC	-	비콘 정보 수신 확인
2	4C000215	8	제조사 ID
3	74278BDAB64445208F0C720EAF059935	32	비콘의 UUID
4	1234FA01C5	10	메이저(4바이트), 마이너(4바이트), 전송 전력(2바이트)
5	C8FD199415C2	12	MAC 주소
6	-040	4	RSSI

그림 25.22에서 MAC 주소와 RSSI 이외의 필드가 모두 0인 기기는 아이비콘을 지원하지 않는 기기에 해당한다. HM-10 모듈에서 출력하는 비콘 정보 중 4번 필드에는 메이저 번호와 마이너 번호 그리고 전송 전력이 포함되어 있다.

표 25.11 4번 필드 정보

서브 필드	크기(바이트)	설명
1234	4	메이저 번호(표 25.8 설정값 참고)
FA01	4	마이너 번호(표 25.8 설정값 참고)
C5	2	2의 보수로 표현된 전송 전력(-59)

4번 필드에서 **메이저 번호와 마이너 번호는 임의로 변경할 수 있으므로 간단한 정보 전달에 사용할 수 있다.** 하지만 메이저 번호는 특정 기능을 하는 아이비콘 그룹을 지정하기 위해 사용하므로 사용자 정보는 마이너 번호로 저장하는 것이 일반적이다. 3번 필드의 UUID에도 사용자 데이터를 담을 수 있지만, UUID는 서비스를 구별하기 위해 사용하므로 다른 용도로 사용하지 않는 것이 좋다.

아두이노 우노에 가변저항을 연결하고 가변저항값을 아이비콘을 통해 게시하는 경우를 생각해 보자. 먼저 아두이노에는 그림 25.23과 같이 HM-10 모듈과 가변저항을 연결한다.

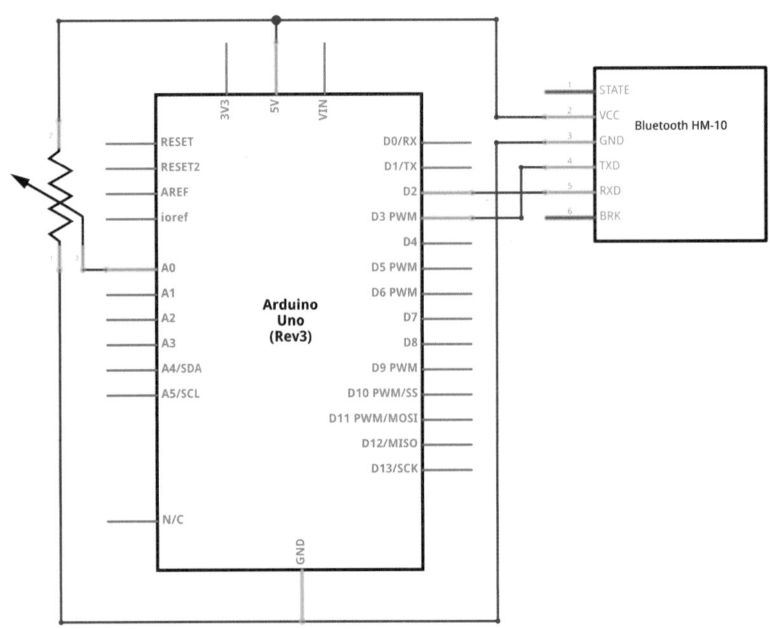

그림 25.23 **가변저항과 HM-10 모듈 연결 회로도**

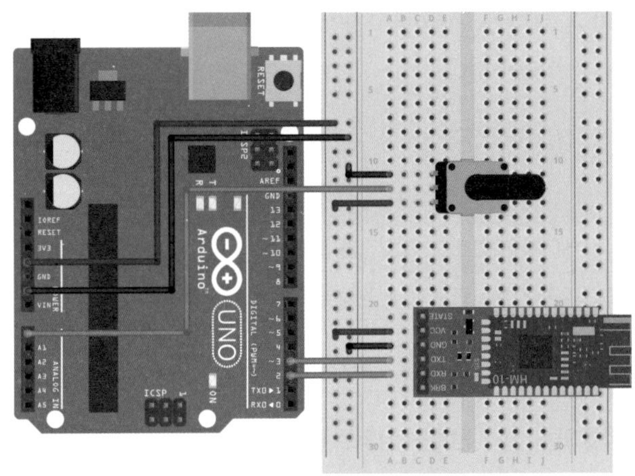

그림 25.24 **가변저항과 HM-10 모듈 연결 회로**

HM-10 모듈은 표 25.8의 순서에 따라 아이비콘으로 설정된 것으로 가정한다. 메이저 번호는 0x1234로 가변저항값을 게시하는 비콘 그룹을 지정하기 위해 사용한다. 반면, 마이너 값 2바이트 중 상위 6비트는 개별 비콘을 구별하기 위한 ID로 사용하고 나머지 하위 10비트는 ADC로 읽은 가변저항의 값을 저장하기 위해 사용한다.

표 25.12 가변저항값 게시를 위한 마이너 번호 구성

비트 번호	15	14	13	12	11	10	9	8	7	6	5	4	3	2	1	0
필드값	가변저항값을 게시하는 비콘의 ID						가변저항값(0~1023)									

스케치 25.2는 1초 간격으로 가변저항값을 읽고 가변저항값을 사용하여 HM-10 모듈의 마이너 번호를 변경하는 예다. 정보 게시는 AT+ADVI 명령으로 설정한 간격인 211.25ms 주기로 HM-10 모듈에서 자동으로 이루어진다.

스케치 25.2 가변저항값을 비콘을 통해 게시

```
#include <SoftwareSerial.h>

int ID = 1;                                       // 비콘 ID
int INTERVAL = 2000;                              // 마이너 값 변경 간격, 밀리초 단위
unsigned long t_previous, t_current;

// (RX 핀, TX 핀) → (HM-10 TX 핀, HM-10 RX 핀)
SoftwareSerial BLE(3, 2);

void setup() {
    BLE.begin(115200);                            // HM-10 모듈과의 통신 속도
    Serial.begin(9600);                           // 컴퓨터와의 통신 속도
    t_previous = millis();
}

void loop() {
    t_current = millis();

    // INTERVAL 간격에 따라 마이너 값 변경
    if (t_current - t_previous >= INTERVAL) {
        t_previous = t_current;

        int vr = analogRead(A0);
        unsigned int minor = vr + (ID << 10);

        char buffer[5] = "";
        sprintf(buffer, "%04X", minor);           // 숫자를 16진수 문자열로 변환

        Serial.println(String("* 가변저항값 : ") + vr);     // 가변저항값 출력

        // AT 명령을 사용하여 마이너 값 변경
        BLE.println(String("AT+MINO0x") + buffer);
        Serial.println(String("AT+MINO0x") + buffer);
    }

    // 마이너 값 변경에 따른 HM-10 모듈의 출력을 시리얼 모니터로 출력
    while (BLE.available() > 0) {
        Serial.write(BLE.read());
    }
}
```

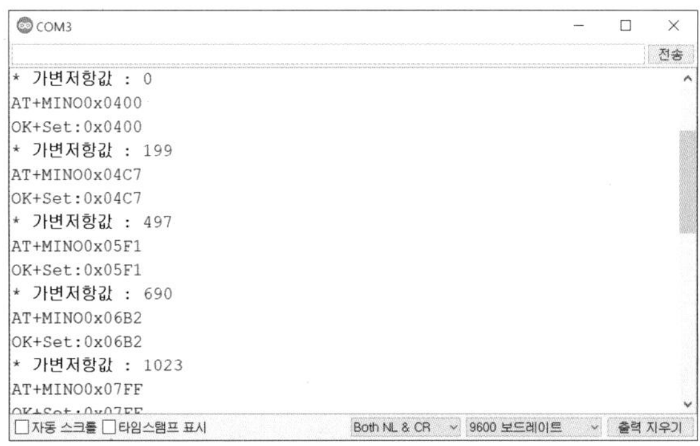

그림 25.25 스케치 25.2 실행 결과

관찰 장치로 설정된 HM-10 모듈을 비콘 스캐너로 동작하도록 해보자. 다른 아두이노 우노에 표 25.9의 AT 명령으로 관찰 장치로 구성된 HM-10 모듈을 그림 25.8과 같이 연결한다. HM-10 모듈은 관찰 장치로, 즉 비콘 스캐너로 구성되어 있으므로 'AT+DISI?' 명령을 주기적으로 실행하고, 스캔한 비콘 정보에서 가변저항값을 찾아 출력하면 된다. 스케치 25.3은 아이비콘을 스캔하고 메이저 번호가 0x1234인 아이비콘(가변저항값을 게시하는 아이비콘)을 찾은 후, 마이너 값에서 비콘 아이디와 가변저항값을 찾아 출력하는 예다.

스케치 25.3 비콘 스캐너

```
#include <SoftwareSerial.h>
#include <stdlib.h>

SoftwareSerial BLE(3, 2);                    // (RX, TX) → (HM-10 TX, HM-10 RX)
boolean process_it = false;                  // 수신 문장 처리 여부
boolean scan_start = false;                  // 스캔 명령 실행 여부

String buffer = "";                          // HM-10 모듈의 출력 저장 버퍼
String MY_BEACON_MAJOR = "1234";             // 비콘의 메이저 번호

int INTERVAL = 2000;                         // 스캔 간격, 밀리초 단위
unsigned long t_previous, t_current;

void setup() {
    BLE.begin(115200);                       // HM-10 모듈과의 통신 속도
    Serial.begin(115200);                    // 시리얼 모니터와의 통신 속도

    t_previous = millis();
}

void loop() {
    t_current = millis();

    // 이전 스캔이 끝나고 최소 INTERVAL 시간이 지났을 때 다시 스캔
    if (!scan_start && (t_current - t_previous) >= INTERVAL) {
        t_previous = t_current;
```

```
        BLE.println("AT+DISI?");                    // 스캔 시작 명령
        Serial.println("** 비콘 스캔을 시작합니다.");
        scan_start = true;
    }

    if (BLE.available() > 0) {                      // HM-10 모듈의 출력 저장
        char ch = BLE.read();
        if (ch == '\n') {                           // 문장의 끝
            process_it = true;                      // 문장 단위의 처리
        }
        else {
            buffer += ch;
        }
    }

    if (process_it) {
        process_it = false;
        buffer.trim();                              // 수신 문장에서 화이트 스페이스 제거

        if (buffer.equals("OK+DISCE")) {            // 스캔 데이터 수신 종료
            scan_start = false;
            Serial.println("** 비콘 스캔이 끝났습니다.\n");
            t_previous = millis();
        }
        else if (buffer.equals("OK+DISIS")) {       // 스캔 데이터 수신 시작
            Serial.println("** 비콘 데이터를 받기 시작합니다.");
        }
        else {
            if (buffer.startsWith("OK+DISC")) {     // 비콘 데이터 문장인 경우
                int pos[5] = {0, };
                int start = 0;

                for (int i = 0; i < 5; i++) {       // 세미콜론으로 분리되는 필드 구분
                    pos[i] = buffer.indexOf(':', start + 1);
                    start = pos[i];
                }
                // (메이저, 마이너, 전송 전력)을 포함하는 필드
                String info_string = buffer.substring(pos[2] + 1, pos[3]);
                // 메이저 번호, 상위 2바이트
                String major = info_string.substring(0, 4);

                // 가변저항값을 게시하는 비콘의 메이저 번호와 일치하는 경우
                if (major.equals(MY_BEACON_MAJOR)) {
                    String minor = info_string.substring(4, 8);  // 마이너 값
                    // 16진수 문자열을 정숫값으로 변환
                    unsigned int minor_no = strtol(minor.c_str(), NULL, 16);
                    // 상위 6비트 노드 ID
                    unsigned int node_id = minor_no >> 10;
                    // 하위 10비트 가변저항값
                    unsigned int value = minor_no & 0x03FF;

                    Serial.println(buffer);
                    Serial.println(String(" : 메이저 \t=> ") + major);
                    Serial.println(String(" : 마이너 \t=> ") + minor);
```

```
                Serial.println(String(" : 노드 ID\t=> ") + node_id);
                Serial.println(String(" : 가변저항값\t=> ") + value);
            }
        }
    }

    buffer = "";
  }
}
```

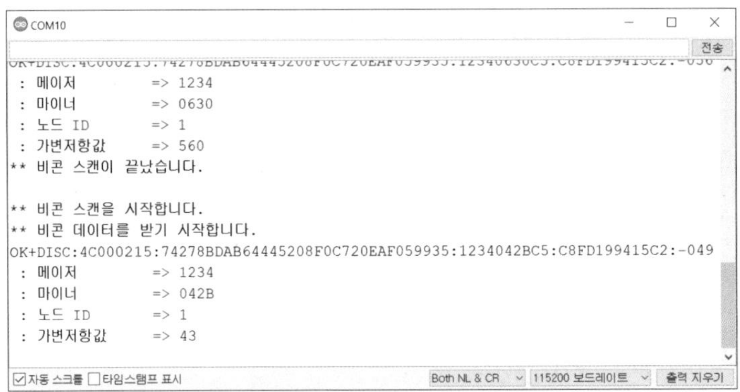
COM10
전송
: 메이저 => 1234
: 마이너 => 0630
: 노드 ID => 1
: 가변저항값 => 560
** 비콘 스캔이 끝났습니다.
** 비콘 스캔을 시작합니다.
** 비콘 데이터를 받기 시작합니다.
OK+DISC:4C000215:74278BDAB64445208F0C720EAF059935:1234042BC5:C8FD199415C2:-049
: 메이저 => 1234
: 마이너 => 042B
: 노드 ID => 1
: 가변저항값 => 43
자동 스크롤
타임스탬프 표시
Both NL & CR
115200 보드레이트
출력 지우기

그림 25.26 스케치 25.3 실행 결과

25.6 맺는말

BLE(저전력 블루투스)는 기존의 마스터-슬레이브 구조를 갖는 클래식 블루투스에서의 문제점 중 하나인 소비 전력 문제를 해결하기 위해 블루투스 4.0에서 새로 소개된 프로토콜이다. 클래식 블루투스가 연결 기반의 통신으로 연결된 상태에서 계속해서 전력을 소비하는 문제가 있었다면, BLE는 연결 없이 통신을 수행함으로써 소비 전력을 대폭 줄였다. 이처럼 BLE를 통해 소비 전력 문제를 해결함으로써 블루투스 4.0은 스마트폰과 연동하는 다양한 웨어러블 기기에서 사용되고 있다. BLE에서도 많은 데이터를 전송하기 위해서는 연결 기반 통신을 사용할 수 있지만, 클래식 블루투스와는 다른 방식을 사용하므로 클래식 블루투스와 호환되지 않는다.

BLE의 응용 중 흔히 이야기되는 것이 비콘이다. 비콘은 적은 양의 데이터를 주기적으로 게시하는 장치로, 여러 기기에서 동시에 데이터를 수신할 수 있어 다양한 응용에 사용된다. 특히, 신호 강도를 기반으로 송신 기기와 수신 기기 사이의 거리를 측정할 수 있어 실내 측위나 위치 기반 서비스에서 사용되고 있다.

이 장에서는 연결 기반의 일대일 통신과 아이비콘을 사용한 일대다 통신 방법을 살펴봤다. 연결 기반의 통신은 클래식 블루투스와 통신 방식에서 많은 차이가 있지만 실제로 아두이노에서 사용할 때는 크게 차이가 없다. 특히 HM-10과 같은 BLE 시리얼 모듈을 사용하는 경우에는 HC-06 모듈을 사용하는 경우와 차이를 발견하기 어렵다. 비콘을 이용한 통신은 아이비콘으로 간단한 데이터를 보내는 방법을 살펴봤다. 하지만 아이비콘의 목적은 데이터를 전달하는 것이 아니라 존재를 알리는 것이다. 예를 들어 가전제품에 아이비콘을 설치해 두고 TV 근처로 스마트폰을 가져가면 스마트폰의 TV 리모컨 프로그램이 자동으로 실행되고, 냉장고 근처로 스마트폰을 가져가면 스마트폰에 필요한 식료품 목록이 나타나는 식으로 위치 기반으로 스마트폰과 연동하는 경우 그 진가를 발휘한다. 아이비콘 이외에도 여러 종류의 비콘이 소개되고 있고 비콘을 활용한 서비스도 증가하고 있으므로, 향후 비콘 기술의 발전과 이를 활용하는 서비스를 지켜보는 것은 흥미로운 일이 될 것이다.

1 아이비콘은 애플에서 2013년 발표한 비콘 표준으로 UUID, 메이저 번호, 마이너 번호를 통해 비콘을 구별하고 비콘까지의 거리를 통해 위치 기반 서비스를 제공하는 것이 주요 목적이다. 아이비콘의 단점 중 하나는 고정된 값만을 게시할 수 있다는 점으로 시간에 따라 변하는 값 등은 게시할 수 없다. 이러한 단점을 보완하기 위해 여러 가지 형식의 데이터를 게시할 수 있도록 만들어진 것이 2015년 구글이 발표한 에디스톤Eddystone이다. 아이비콘과 에디스톤을 포함하여 BLE를 기반으로 하는 비콘의 종류를 알아보고 이들의 특징을 비교해 보자.

2 2016년 발표된 블루투스 5는 저전력 모드에서 전송 속도를 2Mbit/s로 2배 늘리거나 전송 거리를 40m로 4배로 늘릴 수 있는 옵션을 선택할 수 있게 함으로써 다양한 환경에서 그에 맞는 방법으로 블루투스를 사용할 수 있는 길을 열어주었다. 특히 게시 패킷의 크기가 늘어나 아이비콘에서 한정적인 데이터만을 게시할 수 있었던 한계를 보완할 수 있어 비콘을 이용하는 다양한 서비스가 가능해질 것으로 기대되고 있다. 블루투스 4.0과 블루투스 5를 비교해 보고 블루투스 5에서 달라진 점을 확인해 보자.

CHAPTER

26

USB 호스트

USB는 컴퓨터와 주변기기를 쉽고 간단하게 연결할 수 있도록 만들어진 시리얼 통신 방법 중 하나로, 최근 판매되는 컴퓨터 주변장치 대부분이 USB 연결을 사용하고 있다. USB는 마스터-슬레이브 구조를 가지며, 컴퓨터 주변장치의 경우 컴퓨터가 마스터 역할을 하고 주변장치가 슬레이브로 컴퓨터에 연결된다. 이때 마스터로 동작하는 컴퓨터를 USB 호스트라고 한다. USB 호스트 쉴드는 아두이노가 USB 호스트 역할을 할 수 있게 해주는 쉴드로, 다양한 USB 장치를 아두이노에 연결할 수 있게 해준다. 이 장에서는 USB 호스트 쉴드를 사용하여 마우스와 키보드를 아두이노에 연결하고 입력 장치로 사용하는 방법을 알아본다.

이 장에서 사용할 부품

- 아두이노 우노 × 1 ➡ USB 호스트 쉴드 테스트
- USB 호스트 쉴드 × 1
- USB 키보드와 마우스 × 1 ➡ 하나의 USB 동글을 사용하는 세트

26.1 USB

USBUniversal Serial Bus**는 컴퓨터와 주변기기 사이의 다양한 연결 방식을 하나로 통합하려는 목적으로 만들어졌다.** USB는 1996년 1.0 버전이 출시된 이후 개정을 거듭하여 2019년 버전 4까지 발표되었다. 최신의 USB 4는 초당 40기가비트의 전송 속도를 낼 수 있어 USB의 적용 범위는 더 넓어질 것으로 예상된다. 버전에 따른 USB 표준의 특징은 표 26.1과 같다.

표 26.1 USB 표준 전송 속도

버전	이름	속도(bps)	비고
1.x	Low Speed	1.5M	
	Full Speed	12M	
2.0	High Speed	480M	
3.2 Gen 1	Super Speed USB	5G	3.0 버전과 같음
3.2 Gen 2	Super Speed USB 10Gbps	10G	3.1 버전과 같음
3.2 Gen 2×2	Super Speed USB 20Gbps	20G	
4	-	40G	

USB는 마스터-슬레이브 구조를 가지며 호스트, 허브, USB 장치들이 트리 형식으로 연결된다. 호스트 또는 USB 호스트는 USB 연결의 마스터로 USB를 통한 데이터 전송의 모든 권한과 책임을 지고 연결된 장치들을 관리한다. 호스트 역할을 하는 대표적인 예가 컴퓨터다. 허브는 여러 개의 USB 장치가 하나의 연결을 함께 사용할 수 있게 해주며, 호스트 컨트롤러에 있는 USB 허브를 루트 허브라 한다. **일반적으로 호스트는 호스트 컨트롤러와 루트 허브의 조합을 말한다.** USB에서는 각 장치를 식별하기 위해 7비트의 주소를 사용하므로 하나의 호스트에는 최대 127개의 장치가 연결될 수 있다. 나머지 하나인 0번은 연결된 후 주소 할당이 이루어지지 않은 장치를 위해 예약된 주소다. 그림 26.1은 USB 버스에 호스트를 중심으로 장치들이 허브를 통해 트리 구조로 연결된 예를 나타낸다. USB는 최대 7개 층tier을 지원하므로, 루트 허브를 제외하고 허브는 직렬로 최대 5개까지 연결될 수 있다.

이론적으로 USB 연결에서는 허브를 포함하여 127개의 장치를 연결할 수 있지만 연결된 장치들이 대역폭을 나누어 사용하므로 여러 장치를 동시에 사용하는 경우 통신 속도가 느려지는 문제가 발생한다. 또한 USB 4와 USB 3.2 Gen 2×2의 경우 최대 5V 3A의 전력을 공급할 수 있지만, 아직도 많이 사용하고 있는 USB 2.0은 5V 0.5A, USB 3.0(3.2 Gen 1)은 5V 0.9A의 전력만 공급할 수 있으므로 USB만으로는 연결된 모든 장치에 전력을 공급하기 어려울 수 있다는 점도 염두에 두어야 한다.

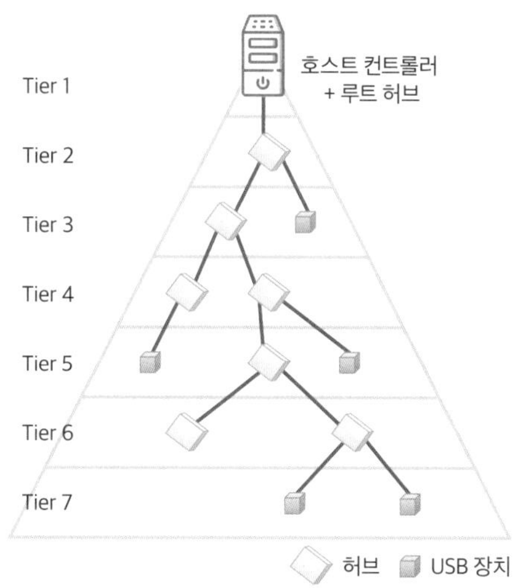

그림 26.1 USB의 트리 구조 연결

26.2 USB 호스트 쉴드

아두이노의 공식 쉴드 중 하나인 USB 호스트 쉴드는 아두이노 보드가 USB 호스트로 동작할 수 있게 해주는 쉴드로, 쉴드를 통해 다양한 USB 장치를 아두이노 보드에 연결할 수 있다.

그림 26.2 USB 호스트 쉴드*

* 아두이노 USB 호스트 쉴드는 공식적으로 판매가 중단되었지만 온라인에서 구입할 수 있으며, 호환 쉴드 역시 쉽게 찾아볼 수 있다.

USB 호스트 쉴드는 맥심Maxim사의 MAX3421 칩을 USB 컨트롤러로 사용하고 있다. MAX3421 칩은 USB 2.0을 지원하며 12Mbps의 주변장치와 호스트 동작을 지원한다. 컴퓨터의 경우 다양한 USB 장치를 연결할 수 있으며 그 종류는 계속 늘어나고 있다. 하지만 모든 USB 장치를 USB 호스트 쉴드를 통해 아두이노에 연결할 수 있는 것은 아니다. 컴퓨터에 USB 장치를 연결하는 경우 컴퓨터는 호스트의 역할을 하기 위해 연결하는 장치에 대한 정보를 알고 있어야 하며 이를 위해 장치 드라이버가 필요하다. 아두이노 보드를 처음 컴퓨터와 연결했을 때 드라이버가 설치되었던 이유도 USB 연결을 통해 컴퓨터가 아두이노 보드와 데이터를 주고받을 수 있도록 하기 위해서다. 하지만 아두이노는 컴퓨터와 같은 방법으로 드라이버를 설치할 수 없다. 따라서 **USB 호스트 쉴드를 통해 아두이노 보드에 연결할 수 있는 USB 장치는 라이브러리에서 지원하는 장치로 제한된다.** 하지만 컴퓨터와 비교했을 때 연결할 수 있는 장치가 제한적이라는 의미이며, USB 호스트 쉴드는 표 26.2에 나열된 다양한 장치들을 연결하여 사용할 수 있다. 또한 필요하다면 USB 장치에 대한 라이브러리를 직접 구현하여 사용할 수도 있다.

표 26.2 USB 호스트 쉴드에 연결 가능한 장치

종류	예
HID 장치	키보드, 마우스, 조이스틱 등
게임 컨트롤러	소니 PS3, 닌텐도 Wii, Xbox 360 등
USB-UART 변환 장치	FTDI, PL-2303 등
디지털 카메라	캐논 EOS, 니콘 DSLR 등
대용량 저장장치	USB 메모리, 메모리 카드 리더, 외장 하드 등
기타	구글 ADK(Accessory Development Kit) 지원 스마트폰과 태블릿, 블루투스 동글 등

USB 호스트 쉴드를 사용하기 위해서는 먼저 USB 호스트 쉴드 라이브러리를 설치해야 한다. 라이브러리 매니저에서 'USB Host'를 검색하여 USB Host Shield Library를 설치하자. 아두이노에서 제공하는 USB Host 라이브러리는 아두이노 듀에 보드에서만 사용할 수 있는 라이브러리로, 아두이노 우노에서는 사용할 수 없다.

USB 호스트 쉴드에 사용된 MAX3421 칩은 SPI 통신을 사용하며, 아두이노 보드의 ICSP 핀 헤더를 통해 연결된다. ICSP 핀 헤더는 VCC와 GND의 전원 핀, RESET 핀, 그리고 SPI 통신을 위한 SCK, MISO, MOSI 핀 등 6핀으로 구성되어 있다. 따라서 USB 호스트 쉴드를 사용하는 경우 SCK(13번 핀), MISO(12번 핀), MOSI(11번 핀) 핀은 입출력 핀으로 사용할 수 없다.

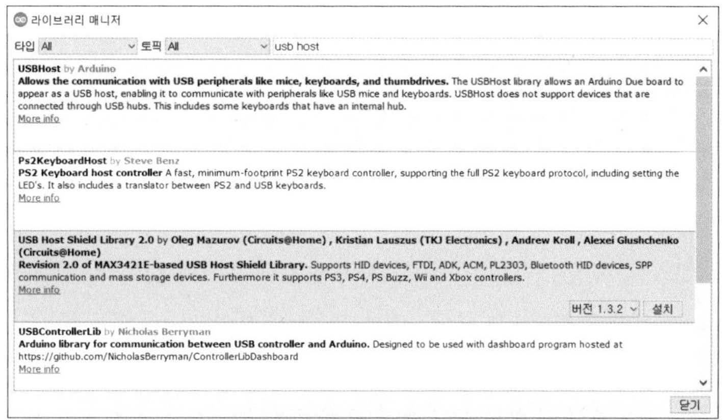

그림 26.3 USB Host Shield Library 검색 및 설치*

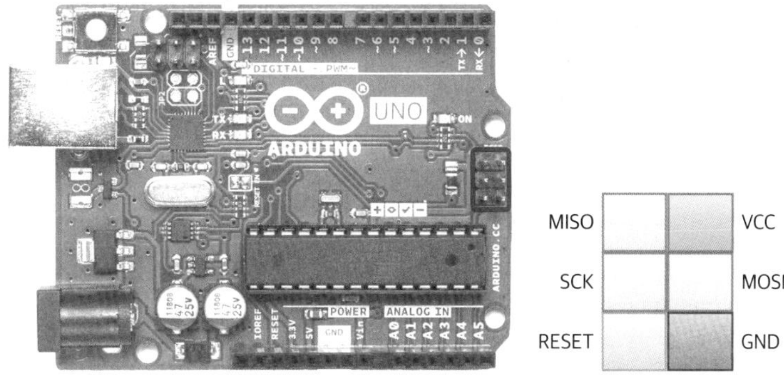

그림 26.4 아두이노 우노의 ICSP 핀 헤더

SPI 통신을 사용하는 장치들이 함께 사용하는 SCK, MISO, MOSI 핀 이외에 SPI 통신을 위해서는 특정 장치의 선택을 위한 SS 핀이 필요하다. **USB 호스트 쉴드는 SS 핀으로 SPI의 디폴트 핀인 10번 핀을 사용한다.**

USB Host Shield Library를 사용하기 위해서는 먼저 헤더 파일을 포함해야 한다. '스케치 → 라이브러리 포함하기 → USB Host Shield Library' 메뉴 항목을 선택하면 수십 개의 헤더 파일을 포함한다. 이 장에서 사용할 마우스와 키보드를 USB 호스트 쉴드에 연결하기 위해 꼭 필요한 파일은 hidboot.h뿐이므로 `#include` 문을 직접 입력하면 된다.

```
#include <hidboot.h>
```

* https://github.com/felis/USB_Host_Shield_2.0

26.3 마우스 연결

USB 호스트 쉴드를 아두이노 우노에 적층하고 USB 동글을 USB 호스트 쉴드에 연결하여 마우스 입력을 아두이노에서 받아보자. 이 장에서 사용하는 마우스는 컴퓨터에서 흔히 사용하는 무선 키보드 마우스 세트에 포함된 마우스로, 키보드를 연결하여 키 입력을 받는 방법은 뒤에서 별도로 다룬다.

그림 26.5 USB 호스트 쉴드에 연결할 USB 방식 무선 키보드와 마우스

이 장에서 사용하는 마우스와 키보드는 HID 프로토콜을 사용한다. HID는 'Human Interface Device'의 약어로, 컴퓨터에서 흔히 사용하는 입력 장치를 쉽고 간단하게 설치하여 사용할 수 있도록 만들어졌으며 마우스, 키보드, 조이스틱 등이 HID 프로토콜을 사용하는 대표적인 장치에 속한다.

USB 마우스 연결을 위해서는 `USB`, `HIDBoot`, `MouseActionParser`의 3개 클래스가 사용된다. `USB` 클래스는 USB 호스트 쉴드를 통한 USB 연결을 관리하는 클래스다. 먼저 `USB` 클래스의 객체를 생성한 후 객체 초기화를 통해 실제로 USB 연결을 처리하는 MAX3421 칩을 초기화한다. USB 장치의 연결 및 해제는 `Task` 함수로 관리한다.

■ USB

```
USB::USB()
  - 매개변수: 없음
  - 반환값: 없음
```

USB 연결을 위한 객체를 생성한다.

■ Init

```
int8_t USB::Init()
```
- 매개변수: 없음
- 반환값: 초기화에 성공하면 0, 실패하면 −1

MAX3421 USB 컨트롤러 칩을 초기화한다. 초기화에 성공하면 0을, 실패하면 −1을 반환한다.

■ Task

```
void USB::Task()
```
- 매개변수: 없음
- 반환값: 없음

새로운 장치가 연결되거나 기존 연결이 끊어지는 등의 USB 장치 연결을 관리한다. loop 함수에서 Task 함수를 호출하는 것이 일반적이므로 실행 중 USB 장치 연결이 가능하다.

USB 클래스 객체가 생성되면 생성된 USB 객체에 연결된 USB 장치를 제어하는 HIDBoot 클래스 객체를 생성하고, USB 장치의 이벤트를 처리할 이벤트 처리 객체를 등록한다.

■ HIDBoot

```
HIDBoot<BOOT_PROTOCOL>::HIDBoot(USB *p)
```
- 매개변수
    - p: USB 연결에 사용되는 객체에 대한 포인터
- 반환값: 없음

USB 연결을 위해 사용할 객체에 대한 포인터를 매개변수로 하여 USB 장치에 대한 객체를 생성한다. HIDBoot 클래스는 템플릿 형식으로 프로토콜의 종류를 지정할 수 있다. 마우스는 USB_HID_PROTOCOL_MOUSE를, 키보드는 USB_HID_PROTOCOL_KEYBOARD를 사용하면 된다.

■ SetReportParser

```
bool HIDBoot<BOOT_PROTOCOL>::SetReportParser(uint8_t id, HIDReportParser *prs)
```
- 매개변수
    - id: 파서 객체의 아이디
    - prs: USB 장치 동작에 대한 파서 객체 포인터
- 반환값: 없음

USB 장치의 동작에 대해 이벤트 처리를 담당할 파서parser 객체를 등록한다. 첫 번째 매개변수는 마우스와 키보드가 함께 사용되는 경우와 같이 서로 다른 장치의 이벤트를 함께 처리해야 할 때 이벤트를 발생시킨 장치를 구별하기 위해 사용하는 ID다. 파서 객체는 HIDReportParser 형식의 매개변수를 지정해야 하지만, HIDReportParser → MouseReportParser → MouseActionParser 순서로 상속이 이루어지므로 사용자 정의 클래스를 형 변환을 통해 사용하면 된다.

MouseActionParser는 사용자 정의 클래스로, MouseReportParser 클래스를 상속하여 만들어지며 마우스의 동작에 따라 아두이노에서 수행할 작업을 정의하기 위해 사용된다. MouseActionParser 클래스는 사용자 정의 클래스이므로 클래스 이름은 임의로 정할 수 있다. **MouseReportParser 클래스에는 마우스의 움직임과 버튼 클릭 이벤트에 해당하는 7개의 가상virtual 함수가 선언되어 있으므로 MouseActionParser 클래스에서 필요한 가상 함수를 구현하면 된다.** 가상 함수는 전부를 구현할 수도 있지만, 필요에 따라 일부만 구현할 수도 있다.

```
virtual void OnMouseMove(MOUSEINFO *mi);
virtual void OnLeftButtonUp(MOUSEINFO *mi);
virtual void OnLeftButtonDown(MOUSEINFO *mi);
virtual void OnRightButtonUp(MOUSEINFO *mi);
virtual void OnRightButtonDown(MOUSEINFO *mi);
virtual void OnMiddleButtonUp(MOUSEINFO *mi);
virtual void OnMiddleButtonDown(MOUSEINFO *mi);
```

MouseReportParser 함수에 선언된 가상 함수는 마우스의 움직임과 버튼 상태에 대한 정보를 갖는 구조체인 MOUSEINFO 타입의 변수를 매개변수로 갖는다.

```
struct MOUSEINFO {
    struct {                                        // 버튼 상태
        uint8_t bmLeftButton        : 1;
        uint8_t bmRightButton       : 1;
        uint8_t bmMiddleButton      : 1;
        uint8_t bmDummy             : 5;
    };
    int8_t dX;                                      // X축 이동
    int8_t dY;                                      // Y축 이동
};
```

비트 구조체

마우스 정보를 저장하는 MOUSEINFO 구조체에는 또 다른 구조체인 비트 구조체가 포함되어 있다. 비트 구조체는 비트 필드라고도 불리며, 변수의 값을 비트 단위로 지정하여 저장할 수 있게 해주므로 메모리의 효율적인 사용이 가능하다. 비트 구조체를 선언하는 방법은 일반 구조체를 선언하는 방법과 기본적으로 같지만, 여기에 비트 수를 지정하는 부분이 추가되어 있다. 비트 구조체에 사용되는 변수는 정수형만 가능하다.

```
struct {                                        // 버튼 상태
    uint8_t bmLeftButton        : 1;            // 왼쪽 버튼의 눌린 상태 1비트
    uint8_t bmRightButton       : 1;            // 오른쪽 버튼의 눌린 상태 1비트
    uint8_t bmMiddleButton      : 1;            // 가운데 버튼의 눌린 상태 1비트
    uint8_t bmDummy             : 5;
};
```

MOUSEINFO 구조체 내에 포함된 구조체의 경우 4개 필드를 포함하고 있으며, 3개 마우스 버튼의 눌린 상태를 1바이트의 메모리에 저장할 수 있게 해준다. 마지막 bmDummy는 모든 변수를 저장하기 위한 메모리의 합이 8비트의 정수배가 되도록 추가된 변수다.

USB 호스트 쉴드를 통해 마우스를 연결할 때 필요한 클래스와 각 클래스의 역할을 요약한 것이 표 26.3이다.

표 26.3 USB 마우스 연결을 위한 클래스

클래스	역할
USB	MAX3421 USB 컨트롤러 칩을 통해 USB 연결을 관리한다.
HIDBoot	USB를 통해 연결된 USB 장치를 관리한다.
MouseActionParser	• USB 장치를 통해 입력되는 마우스 이벤트를 관리한다. • 애플리케이션에 따라 다른 이벤트 처리 내용을 구현하기 위한 사용자 정의 클래스로 클래스 이름은 임의로 정할 수 있다.

스케치 26.1은 MouseReportParser 클래스를 상속한 MouseActionParser 클래스를 통해 각 마우스의 동작을 시리얼 모니터에 표시하도록 구현한 예다. 스케치 26.1을 업로드하고 마우스를 움직이거나 버튼을 눌렀을 때 시리얼 모니터로 출력되는 결과를 확인해 보자.

스케치 26.1 **마우스 연결**

```
#include <hidboot.h>

/*****************************************
*  마우스 동작 처리를 위한 클래스 정의 시작
*****************************************/
class MouseActionParser : public MouseReportParser {
protected:
    void OnMouseMove(MOUSEINFO *mi);
    void OnLeftButtonUp(MOUSEINFO *mi);
    void OnLeftButtonDown(MOUSEINFO *mi);
    void OnRightButtonUp(MOUSEINFO *mi);
    void OnRightButtonDown(MOUSEINFO *mi);
    void OnMiddleButtonUp(MOUSEINFO *mi);
    void OnMiddleButtonDown(MOUSEINFO *mi);
};

void MouseActionParser::OnMouseMove(MOUSEINFO *mi) {
    Serial.print("마우스 이동 (x, y) : (");
    Serial.println(mi->dX + String(", ") + mi->dY + ")");
};

void MouseActionParser::OnLeftButtonUp(MOUSEINFO *mi) {
    Serial.println("왼쪽 버튼 뗌");
};

void MouseActionParser::OnLeftButtonDown(MOUSEINFO *mi) {
    Serial.println("왼쪽 버튼 누름");
};

void MouseActionParser::OnRightButtonUp(MOUSEINFO *mi) {
    Serial.println("오른쪽 버튼 뗌");
};

void MouseActionParser::OnRightButtonDown(MOUSEINFO *mi) {
    Serial.println("오른쪽 버튼 누름");
};

void MouseActionParser::OnMiddleButtonUp(MOUSEINFO *mi) {
    Serial.println("가운데 버튼 뗌");
};

void MouseActionParser::OnMiddleButtonDown(MOUSEINFO *mi) {
    Serial.println("가운데 버튼 누름");
};
/*****************************************
*  마우스 동작 처리를 위한 클래스 정의 끝
*****************************************/

USB Usb;                                          // USB 연결을 위한 객체
```

```
// USB를 통해 HID 프로토콜을 사용하는 마우스 연결
HIDBoot<USB_HID_PROTOCOL_MOUSE> HidMouse(&Usb);

MouseActionParser parser;                         // 마우스 동작 처리 객체 생성

void setup() {
    Serial.begin(115200);

    Usb.Init();                                   // USB 연결 초기화
    delay(200);

    // 마우스 동작 처리 객체 등록
    HidMouse.SetReportParser(0, (HIDReportParser*)&parser);
    Serial.println("* 시작... 마우스를 움직이거나 버튼을 누르세요.");
}

void loop() {
    Usb.Task();                                   // USB 장치 연결 및 연결 해제 처리
}
```

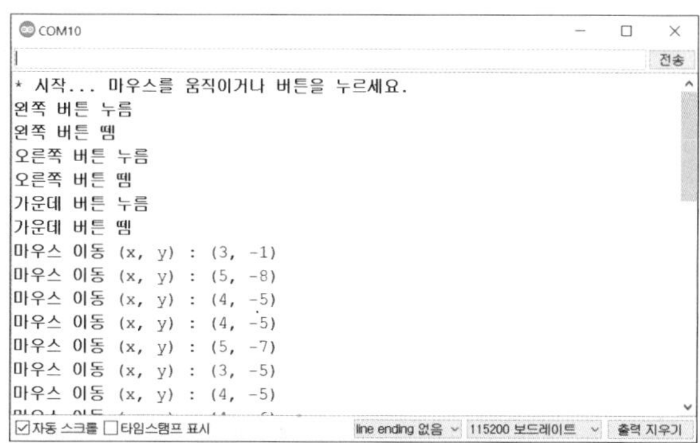

그림 26.6 **스케치 26.1 실행 결과**

그림 26.6은 스케치 26.1을 업로드한 후 왼쪽, 오른쪽, 가운데 버튼을 한 번씩 누른 후 오른쪽 위로 마우스를 움직인 경우다. 마우스 버튼을 누를 때와 뗄 때 각각 이벤트가 발생하며, 마우스가 움직일 때의 값은 이전 위치와의 상대적인 위치 차이에 해당한다.

26.4 키보드 연결

키보드 역시 마우스와 비슷한 방법으로 아두이노에 연결할 수 있다. **키보드를 연결하기 위해서도 USB, HIDBoot, KeyboardReportParser를 상속하여 만든 KeyboardActionParser의 3개 클래스가 사용된다.** USB 클래스와 HIDBoot 클래스의 객체가 수행하는 역할은 마우스를 연결할 때와 같다(표 26.3 참조). 다만 HIDBoot 클래스의 객체를 생성할 때 마우스를 위한 프로토콜인 USB_HID_PROTOCOL_MOUSE가 아니라 키보드를 위한 프로토콜인 USB_HID_PROTOCOL_KEYBOARD를 사용해야 한다는 차이가 있다.

마우스의 동작을 처리하기 위해 MouseReportParser 클래스를 상속한 사용자 정의 클래스인 MouseActionParser 클래스가 필요한 것처럼, 키보드 동작을 처리하기 위해서는 KeyboardReportParser 클래스를 상속한 사용자 정의 클래스인 KeyboardActionParser 클래스가 필요하다. KeyboardActionParser 클래스 역시 사용자 정의 클래스이므로 이름은 임의로 정할 수 있다.

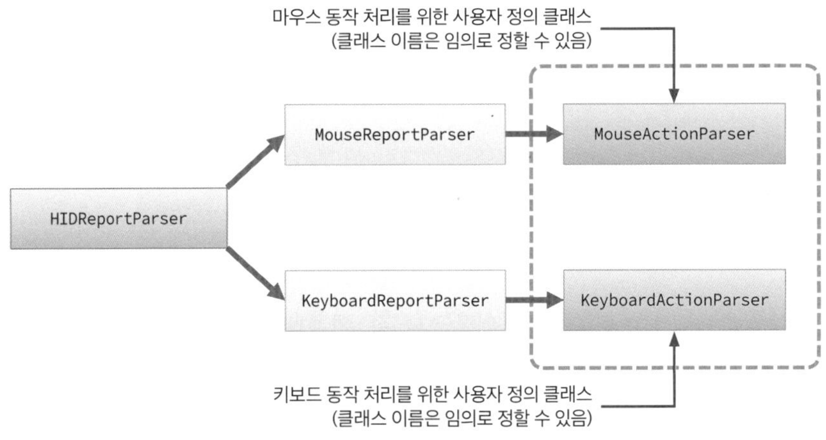

그림 26.7 마우스/키보드 동작 처리를 위한 클래스 계층도

사용자 정의 클래스인 KeyboardActionParser 클래스에서는 키를 누를 때 호출되는 OnKeyDown 함수와 키를 뗄 때 호출되는 OnKeyUp 함수를 구현할 수 있다.

```
virtual void OnKeyDown(uint8_t mod, uint8_t key);
virtual void OnKeyUp((uint8_t mod, uint8_t key);
```

두 멤버 함수에서 매개변수 mod는 Shift, Ctrl, Alt 등의 모디파이어 키modifier key 상태를 나타낸다. 모디파이어 키의 상태는 MODIFIERKEYS 구조체 형식으로 정의되어 있다.

```
struct MODIFIERKEYS {
    uint8_t bmLeftCtrl                : 1;
    uint8_t bmLeftShift               : 1;
    uint8_t bmLeftAlt                 : 1;
    uint8_t bmLeftGUI                 : 1;
    uint8_t bmRightCtrl               : 1;
    uint8_t bmRightShift              : 1;
    uint8_t bmRightAlt                : 1;
    uint8_t bmRightGUI                : 1;
};
```

마지막으로 주의할 점 한 가지는 **키보드의 키가 눌렸을 때 전달되는 값이 아스키 코드가 아닌 OEM 코드**라는 점이다. 따라서 OEM 코드를 아스키 코드로 변환해야 하며, 변환을 위해서는 OemToAscii 함수를 사용하면 된다.

■ OemToAscii

uint8_t KeyboardReportParser::OemToAscii(uint8_t mod, uint8_t key)
- 매개변수
  - mod: 모디파이어 키
  - key: OEM 코드
- 반환값: 아스키 코드 또는 0

OEM 코드값을 아스키 코드값으로 변환한다. 아스키 코드값으로 변환할 수 없는 경우에는 0을 반환한다.

스케치 26.2는 키보드 입력을 받아 시리얼 모니터로 출력하는 예다. 스케치 26.2를 업로드하고 키보드 버튼을 눌러 시리얼 모니터로 출력되는 메시지를 확인해 보자.

스케치 26.2 키보드 연결

```
#include <hidboot.h>

/******************************************
키보드 동작 처리를 위한 클래스 정의 시작
******************************************/
class KeyboardActionParser : public KeyboardReportParser {
    void PrintKey(uint8_t mod, uint8_t key);            // 키값 출력
```

```
protected:
    void OnKeyDown(uint8_t mod, uint8_t key);
    void OnKeyUp(uint8_t mod, uint8_t key);
};

void KeyboardActionParser::PrintKey(uint8_t m, uint8_t key) {
    MODIFIERKEYS mod;                                      // 모디파이어 키 상태
    *((uint8_t*)&mod) = m;

    // 왼쪽 모디파이어 키
    Serial.print((mod.bmLeftCtrl == 1) ? "Ctrl " : " ");
    Serial.print((mod.bmLeftShift == 1) ? "Shift " : " ");
    Serial.print((mod.bmLeftAlt == 1) ? "Alt " : " ");

    Serial.print(" << ");
    Serial.print(key);                                     // OEM 키값 출력

    // 아스키 문자로 변환 가능한 키가 눌린 경우 아스키 문자 출력
    uint8_t c = OemToAscii(m, key);                        // 아스키 문자로 변환
    if (c) {                                               // 아스키 문자가 존재하는 경우
        Serial.print(String(", ") + (char)c);
    }
    Serial.print(" >> ");

    // 오른쪽 모디파이어 키
    Serial.print((mod.bmRightCtrl == 1) ? "Ctrl" : " ");
    Serial.print((mod.bmRightShift == 1) ? "Shift" : " ");
    Serial.print((mod.bmRightAlt == 1) ? "Alt" : " ");
    Serial.println();
};

void KeyboardActionParser::OnKeyDown(uint8_t mod, uint8_t key) {
    Serial.print("키 누름\t: ");
    PrintKey(mod, key);
}

void KeyboardActionParser::OnKeyUp(uint8_t mod, uint8_t key) {
    Serial.print("키 뗌\t: ");
    PrintKey(mod, key);
}
/*****************************************
키보드 동작 처리를 위한 클래스 정의 끝
*****************************************/

USB Usb;                                                   // USB 연결을 위한 객체
// USB를 통해 HID 프로토콜을 사용하는 키보드 연결
HIDBoot<USB_HID_PROTOCOL_KEYBOARD> HidKeyboard(&Usb);

KeyboardActionParser parser;                               // 키보드 동작 처리 객체 생성

void setup() {
    Serial.begin(115200);
```

```
    Usb.Init();                                     // USB 연결 초기화
    delay(200);

    // 키보드 동작 처리 객체 등록
    HidKeyboard.SetReportParser(0, (HIDReportParser*)&parser);
    Serial.println("* 시작... 키보드 버튼을 누르세요.");
}

void loop() {
    Usb.Task();                                     // USB 장치 연결 및 연결 해제 처리
}
```

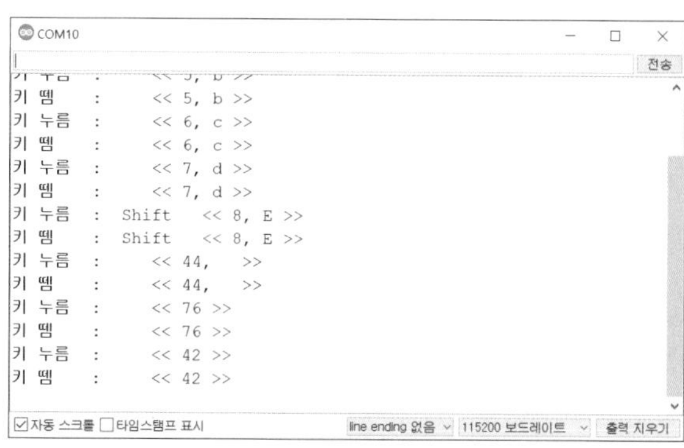

그림 26.8 **스케치 26.2 실행 결과**

그림 26.8은 스케치 26.2를 업로드한 후 화면에 표시할 수 있는 키들과 표시할 수 없는 Delete, Back space 키를 누른 경우다. 화면에 표시할 수 있는 키를 누른 경우 OEM 코드값과 아스키 문자가 표시되지만, 화면에 표시할 수 없는 키를 누른 경우에는 OEM 코드값만 표시된다. 또한 키를 누를 때와 뗄 때 서로 다른 이벤트가 발생함을 알 수 있다.

26.5 마우스와 키보드 동시 연결

이 장에서 사용한 마우스와 키보드는 하나의 USB 동글을 사용한다. 즉, 하나의 USB 연결로 마우스와 키보드 입력을 받아들인다. 이를 동시에 사용하기 위해서는 USB_HID_PROTOCOL_MOUSE와 USB_HID_PROTOCOL_KEYBOARD의 두 가지 프로토콜을 모두 처리할 수 있는 HIDBoot 객체를 생성하고, 두 종류의 파서를 HIDBoot 객체에 등록하면 된다.

먼저 아두이노 프로그램에서 툴바의 시리얼 모니터 버튼 아래에 있는 삼각형 버튼을 눌러 '새 탭' 메뉴 항목을 선택하거나 'Ctrl + Shift + N' 단축키를 눌러 새 탭을 만들고 'parsers.h' 파일을 생성하자. parsers.h 파일에는 마우스와 키보드의 동작 처리를 위한 사용자 정의 파서 클래스 2개를 정의한다. 두 클래스는 스케치 26.1의 MouseActionParser 클래스와 스케치 26.2의 KeyboardActionParser 클래스를 사용하면 된다. 메인 스케치는 스케치 26.3을 사용한다. 스케치 26.3이 스케치 26.1이나 스케치 26.2와 다른 점은 HIDBoot 클래스 객체를 생성할 때 키보드 프로토콜과 마우스 프로토콜을 모두 지정한다는 점이다. 또한 두 장치의 서로 다른 입력을 처리하기 위해 2개의 파서를 등록한다는 점도 차이가 있다. 스케치 26.3에서는 스케치 26.1 및 스케치 26.2에서 사용한 파서를 그대로 사용하므로 키보드와 마우스 동작에 대해 시리얼 모니터로 출력되는 내용은 같다. 스케치 26.3을 업로드하고 키보드와 마우스를 움직이면서 시리얼 모니터로 출력되는 결과가 스케치 26.1이나 스케치 26.2의 결과와 같은지 비교해 보자.

</> 스케치 26.3 키보드 마우스 연결

```
#include <hidboot.h>
#include "parsers.h"                                    // 사용자 정의 클래스

USB Usb;                                                // USB 연결을 위한 객체

// USB를 통해 HID 프로토콜을 사용하는 키보드 & 마우스 연결
HIDBoot<USB_HID_PROTOCOL_MOUSE | USB_HID_PROTOCOL_KEYBOARD> HidMK(&Usb);

KeyboardActionParser keyboardParser;                    // 키보드 동작 처리 객체 생성
MouseActionParser mouseParser;                          // 마우스 동작 처리 객체 생성

void setup() {
    Serial.begin(115200);

    Usb.Init();                                         // USB 연결 초기화
    delay(200);

    // 키보드와 마우스 동작 처리 객체 등록
    HidMK.SetReportParser(0, (HIDReportParser*)&keyboardParser);
    HidMK.SetReportParser(1, (HIDReportParser*)&mouseParser);

    Serial.println("* 시작...");
}

void loop() {
    Usb.Task();                                         // USB 장치 연결 및 연결 해제 처리
}
```

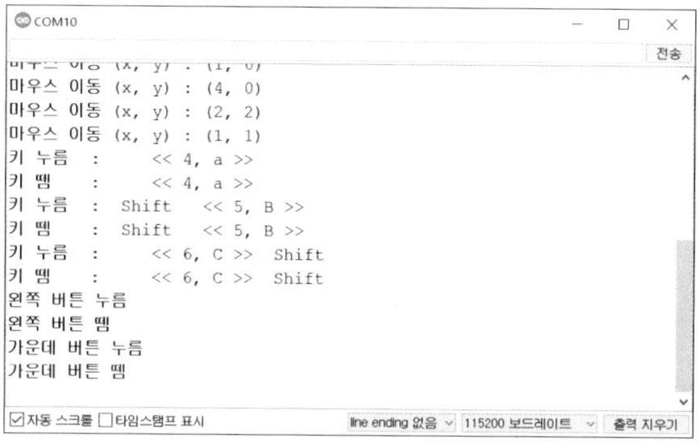
COM10
전송
마우스 이동 (x, y) : (4, 0)
마우스 이동 (x, y) : (2, 2)
마우스 이동 (x, y) : (1, 1)
키 누름 : << 4, a >>
키 뗌 : << 4, a >>
키 누름 : Shift << 5, B >>
키 뗌 : Shift << 5, B >>
키 누름 : << 6, C >> Shift
키 뗌 : << 6, C >> Shift
왼쪽 버튼 누름
왼쪽 버튼 뗌
가운데 버튼 누름
가운데 버튼 뗌
자동 스크롤 타임스탬프 표시
line ending 없음
115200 보드레이트
출력 지우기

그림 26.9 스케치 26.3 실행 결과

26.6 타자 연습 프로그램

USB 호스트 쉴드에 키보드를 연결하자. 랜덤 함수를 사용하여 길이 3에서 10 사이의 대소문자 알파벳으로 구성되는 문자열을 무작위로 생성하여 제시하고 이를 글자당 0.5초 이내로 입력하는 타자 연습 프로그램을 작성해 보자. 문자열을 랜덤으로 생성하기 위해서는 randomSeed와 random 함수를 사용하면 된다. 랜덤 함수로 생성한 문자열은 시리얼 모니터에 출력하고 키보드로 입력하는 내용 역시 시리얼 모니터로 출력하며, 엔터 키를 누르면 두 내용을 비교하여 비교 결과를 알려 준다. 또한 주어진 문자열을 입력하는 데 걸린 시간을 계산하여 주어진 시간 이하와 초과를 구분하여 메시지를 출력한다. 이때 입력에 걸리는 시간은 주어진 문자열의 첫 번째 문자를 입력할 때부터 엔터 키를 누를 때까지로 한다.

스케치 26.4는 타자 연습을 위한 파서 클래스인 KeyboardTypingParser 클래스다. 키를 누르는 동작만 구현하고 떼는 동작은 구현하지 않았으므로 키를 누를 때 화면에 입력한 문자를 표시한다.

스케치 26.4 타자 연습을 위한 파서 클래스 – parser.h

```
class KeyboardTypingParser : public KeyboardReportParser {
protected:
    void OnKeyDown(uint8_t mod, uint8_t key);
};

void KeyboardTypingParser::OnKeyDown(uint8_t mod, uint8_t key) {
    MODIFIERKEYS m;                                    // 모디파이어 키 상태
```

```
    *((uint8_t*)&m) = mod;

    uint8_t c = OemToAscii(mod, key);                       // 아스키 코드값으로 변환
    if (c) {                                                // 화면 출력 가능 문자인 경우
        if (input_string.length() == 0) {                   // 첫 번째 문자 입력
            time_previous = millis();                       // 입력 시작 시간
        }

        if (key != 40) {                                    // 엔터 키가 아닌 경우
            Serial.print((char)c);                          // 화면 출력
            input_string += (char)c;                        // 입력 문자열에 추가
        }
        else {                                              // 엔터 키인 경우
            Serial.println();
            compare_it = true;                              // 검사 시작
        }
    }
}
```

스케치 26.5는 타자 연습을 위한 메인 스케치의 예다.

</> 스케치 26.5 타자 연습 스케치 – typingTest.ino

```
#include <hidboot.h>

boolean compare_it = false;                                 // 검사 시점 결정
String test_string, input_string;                           // 테스트 문자열과 입력 문자열
int test_string_len;                                        // 테스트 문자열 길이
int MIN_LEN = 3, MAX_LEN = 10;                              // 테스트 문자열 최소, 최대 길이

unsigned long time_previous, time_current;
unsigned long MS_PER_CH = 500;                              // 문자당 입력 제한 시간(밀리초)
USB Usb;                                                    // USB 연결을 위한 객체

#include "parser.h"

// USB를 통해 HID 프로토콜을 사용하는 키보드 연결
HIDBoot<USB_HID_PROTOCOL_KEYBOARD> HidKeyboard(&Usb);
KeyboardTypingParser keyboardParser;                        // 키보드 동작 처리 객체 생성

void make_test_string() {                                   // 테스트 문자열 생성
    // 테스트 문자열 길이 랜덤 결정
    test_string_len = random(MAX_LEN - MIN_LEN + 1) + MIN_LEN;
    test_string = "";
    for (int i = 0; i < test_string_len; i++) {
        int big_small = random(2);                          // 대소문자 결정
        int c = random(26);                                 // 알파벳 결정
        test_string += char(big_small ? 'A' + c : 'a' + c);
    }
    Serial.println("* 아래 알파벳을 입력하세요.");
```

```
    Serial.println("\t\t" + test_string);
    input_string = "";
    Serial.print("\t\t");                              // 입력 문자열 표시 위치 조정
}

void setup() {
    Serial.begin(115200);
    randomSeed(analogRead(A0));                        // 난수 발생기 초기화

    Usb.Init();                                        // USB 연결 초기화
    delay(200);

    // 키보드 동작 처리 객체 등록
    HidKeyboard.SetReportParser(0, (HIDReportParser*)&keyboardParser);

    make_test_string();
}

void loop() {
    Usb.Task();                                        // USB 장치 연결 및 연결 해제 처리

    if (compare_it) {                                  // 엔터 키를 누른 경우
        time_current = millis();                       // 입력 종료 시간
        unsigned long interval = time_current - time_previous;

        Serial.println(" => 입력한 알파벳\t: " + input_string);
        Serial.print(" => 소요 시간\t: ");
        Serial.print(interval / 1000.0, 2);
        Serial.print("초 ");

        if (interval > MS_PER_CH * test_string_len) {  // 시간 검사
            Serial.println("(제한 시간을 초과했습니다.)");
        }
        else {
            Serial.println("(시간 내에 입력했습니다.)");
        }

        if (input_string.equals(test_string)) {        // 입력 내용 검사
            Serial.println(" => 정확히 입력했습니다.");
        }
        else {
            Serial.println(" => 잘못 입력했습니다.");
        }
        Serial.println();

        compare_it = false;                            // 다시 시작
        make_test_string();
    }
}
```

스케치 26.4와 스케치 26.5는 2개의 탭으로 입력한다. 이때 주의할 점은 #include "parser.h"의 위치다. KeyboardTypingParser 클래스에서는 메인 스케치에서 정의된 몇 개의 전역 변수를 사용하고 있다. 따라서 헤더 파일을 포함하는 위치는 사용하는 전역 변수가 정의된 이후여야 한다.

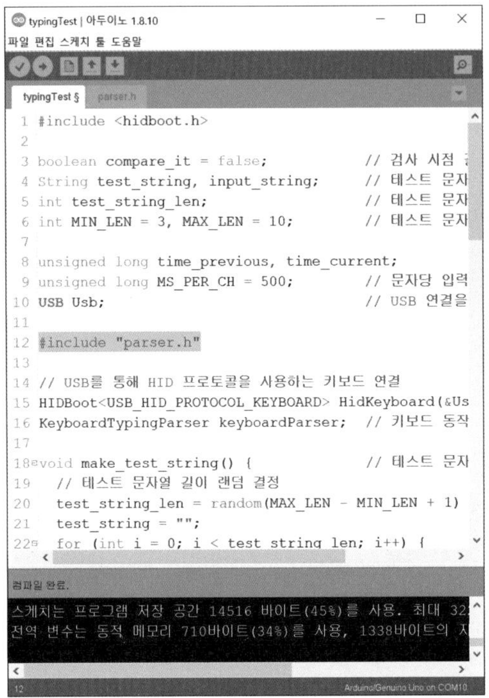

그림 26.10 타자 연습 프로그램 작성

타자 연습 스케치를 업로드하고 타자 연습을 해보자.

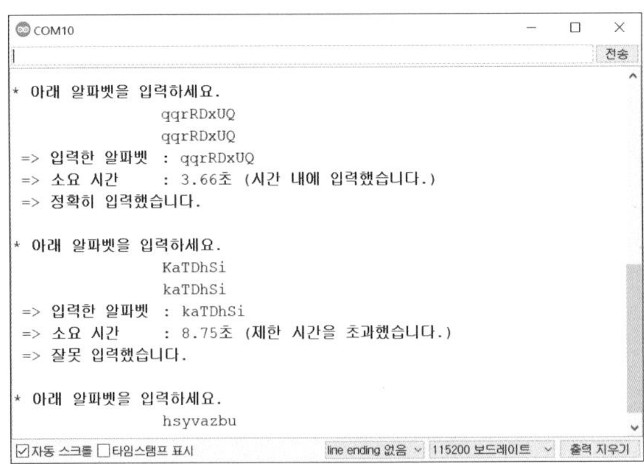

그림 26.11 스케치 26.5 실행 결과

26.7 맺는말

USB는 컴퓨터와 주변장치 사이 통신을 위한 표준의 하나로, 주요 IT 기업들이 상호 접속의 편이성을 높이기 위해 개발했다. 초기 USB는 전송 속도가 느려 적은 양의 데이터 전송이 필요한 마우스나 키보드 등에서만 주로 사용되었지만, USB 3.0 이후로는 대용량의 고속 저장장치에도 사용되는 등 활용 범위가 넓어지고 있다.

USB는 마스터-슬레이브 구조를 가지며, USB 호스트는 USB 연결의 마스터 역할을 담당하며 USB를 통한 데이터 전송의 모든 권한과 책임을 진다. USB 호스트 쉴드는 아두이노가 USB 호스트 역할을 할 수 있게 해주는 쉴드로, 다양한 USB 장치를 아두이노에 연결하여 사용할 수 있다. 이 장에서는 입력 장치로 흔히 사용되는 마우스와 키보드를 아두이노와 연결하는 방법을 살펴봤다. 아두이노에 연결할 수 있는 주변장치는 다양한 유무선 통신 방법을 사용하지만, 주변에서 흔히 볼 수 있는 USB 방식의 주변장치를 아두이노에 직접 연결하여 사용할 수 있다는 점에서 USB 호스트 쉴드의 장점을 찾아볼 수 있다. 하지만 모든 USB 장치를 아두이노와 연결할 수 있는 것은 아니므로 아두이노와의 연결 지원 여부를 먼저 확인할 필요는 있다. 좀 더 근본적으로 아두이노는 컴퓨터에서 사용하는 주변장치를 연결하는 것과는 다른 목적을 갖고 있다는 점을 기억해야 하며, 이는 응용이 가능함에도 아두이노의 USB 호스트 쉴드가 단종된 이유 중 하나다. 하지만 여전히 USB 호스트 쉴드 호환 제품을 쉽게 찾아볼 수 있다.

1 MOUSEINFO 구조체에 저장되는 dX와 dY는 이전 위치를 기준으로 마우스가 움직인 상대적인 위치를 나타낸다. 스케치 26.1을 참고하여 현재 마우스의 절대적인 위치를 나타내도록 스케치를 작성해 보자. 마우스가 움직일 수 있는 범위는 x, y 모두 0부터 200까지로 하고 시작 위치는 (100, 100)으로 한다. 아래 실행 결과는 마우스를 움직이면서 절대적인 위치를 시리얼 플로터로 출력한 것이다.

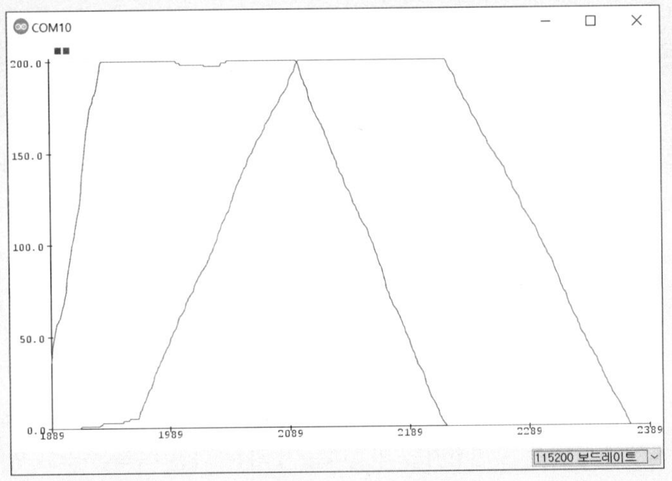

2 스케치 26.4와 스케치 26.5는 타자 연습을 위한 스케치로, 시간의 초과 여부와 입력한 내용의 정확성을 별개로 출력하고 있다. 이를 수정하여 입력 시간 초과 여부와 입력의 정확성에 따라 네 가지 경우로 나누어 결과를 알려주는 스케치를 작성해 보자.

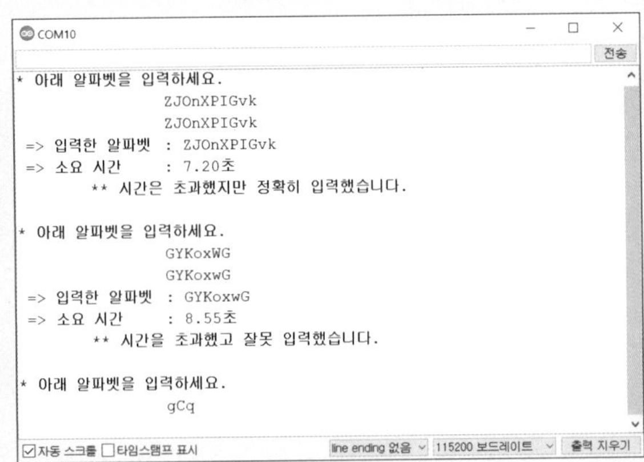

CHAPTER

27

아두이노-아두이노 연결

아두이노를 사용하여 데이터를 수집하고 이를 처리하는 장치를 만드는 것은 어렵지 않지만, 많은 양의 데이터를 처리하거나 서로 다른 장소의 데이터를 수집하여 이를 한꺼번에 처리하기 위해서는 하나의 아두이노로는 어려울 수 있다. 2개 이상의 아두이노를 사용하는 경우에는 아두이노 사이에 통신을 수행하는 방법이 필요하며 다양한 유무선 통신 방법이 사용될 수 있다. 이 장에서는 UART, 블루투스, SPI, I2C 등의 유무선 통신 방법을 사용하여 2개 이상의 아두이노를 연결하고 데이터를 주고받는 방법에 대해 알아본다.

이 장에서 사용할 부품

- 아두이노 우노 × 3 ➡ 아두이노 연결 테스트
- HC-06 블루투스 모듈 × 2 ➡ 마스터와 슬레이브로 동작
- 1.5kΩ 저항 × 2 ➡ 레벨 변환
- 3.3kΩ 저항 × 2 ➡ 레벨 변환

2개 이상의 아두이노를 연결해서 사용하는 경우는 생각보다 많다. 2개 이상의 아두이노를 사용하는 이유 중 하나는 아두이노의 메모리와 연산 능력이 충분하지 않기 때문이다. 8비트의 AVR 시리즈 마이크로컨트롤러를 사용하는 아두이노에서 복잡하고 많은 시간이 필요한 계산을 하는 것은 추천하지 않지만, 필요하다면 시스템의 안정성을 높이기 위해 시스템을 모듈화하고 각 모듈에 별도의 아두이노를 사용하는 방법을 생각해 볼 수 있다. 또 다른 이유는 물리적으로 떨어져 있는 위치의 데이터를 수집하고, 이를 모아서 처리하기 위해 각 위치에 아두이노를 하나씩 두는 경우에서 찾을 수 있다. 이처럼 여러 개의 아두이노를 사용하는 경우에는 아두이노 사이에 데이터를 주고받기 위한 방법이 필요하다.

이 장에서는 아두이노에서 기본적으로 지원하는 UART, I2C, SPI 등의 유선 통신을 사용하여 2개 이상의 아두이노를 연결하고 통신하는 방법과 블루투스를 사용하여 2개의 아두이노를 연결하는 방법을 살펴본다. 블루투스는 UART 통신을 대체하기 위한 목적으로 만들어진 통신이므로 UART 통신에 사용한 스케치를 거의 그대로 블루투스 통신을 위한 스케치로 사용할 수 있다. 블루투스 통신은 일대다 연결을 지원하지만, 이 장에서 사용하는 HC-06 블루투스 모듈이 일대일 연결만 지원하므로 일대일 연결만을 고려한다. 반면, I2C와 SPI는 일대다 연결이 가능하다. 표 27.1은 이 장에서 살펴볼 아두이노의 연결 방법을 요약한 것이다. 통신 방법에 대한 자세한 내용은 해당 장을 참고하면 된다.

표 27.1 아두이노-아두이노 연결 방법

	UART	블루투스	I2C	SPI
일대일 연결	○	○	○	○
일대다 연결	×	×	○	○
마스터-슬레이브 구조	×	○	○	○
지원 클래스	• Serial • SostwareSerial	• Serial • SostwareSerial	• Wire	• SPI

27.1 UART 연결

2개의 아두이노 우노를 연결하기 위해서는 2개의 아두이노 우노가 있어야 하는 것은 당연하다. 2개의 아두이노 우노를 컴퓨터에 연결하면 서로 다른 COM 포트가 할당되며 이는 장치 관리자에서도 확인할 수 있다. 2개의 아두이노가 각각 COM3과 COM10에 연결되었다고 가정하고 COM3에 연결된 아두이노를 마스터, COM10에 연결된 아두이노를 슬레이브라고 하자*. 그림 27.1에서는 COM11에 연결된 또 다른 아두이노 우노 역시 확인할 수 있으며, 이는 I2C나 SPI 통신에서 3개의 아두이노를 연결할 때 두 번째 슬레이브에 해당한다.

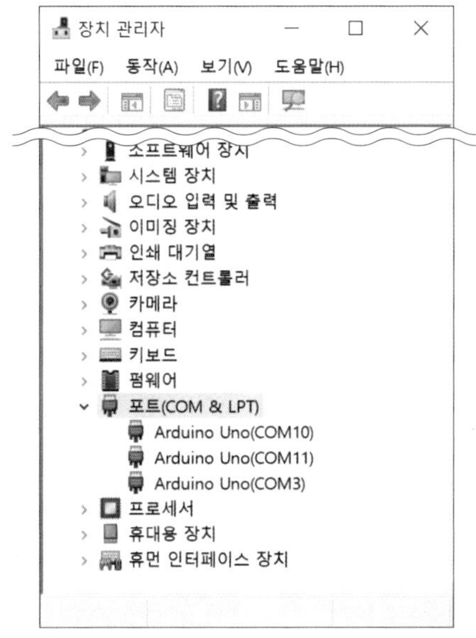

그림 27.1 3개의 아두이노 우노를 컴퓨터에 연결

2개의 아두이노를 UART 통신을 통해 연결하기 위해서는 RX와 TX를 서로 교차하여 연결하면 된다. 하지만 아두이노 우노는 하나의 UART 통신 포트만을 지원하며 이 포트는 스케치 업로드와 컴퓨터와의 시리얼 통신을 위해 사용되므로 아두이노 사이의 연결을 위해서는 `SoftwareSerial` 클래스를 사용한다. 2개의 아두이노를 2번과 3번 핀을 사용하는 소프트웨어 시리얼 포트를 통해 연결하자. 이때 **2개의 아두이노를 위한 그라운드를 공통으로 연결해야 한다**는 점에 주의해야 한다.

* UART 통신에서는 마스터와 슬레이브 구조를 사용하지 않지만, 다른 통신 방법과의 비교를 위해 SPI나 I2C 통신에서 마스터 기능을 하는 아두이노를 UART 통신에서도 마스터라고 지칭한다.

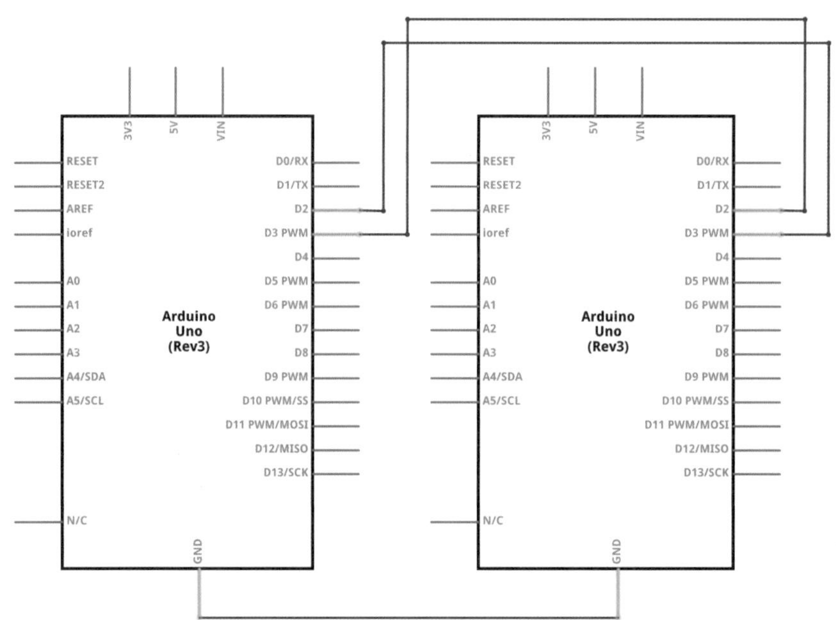

그림 27.2 2개의 아두이노 우노 UART 연결 회로도

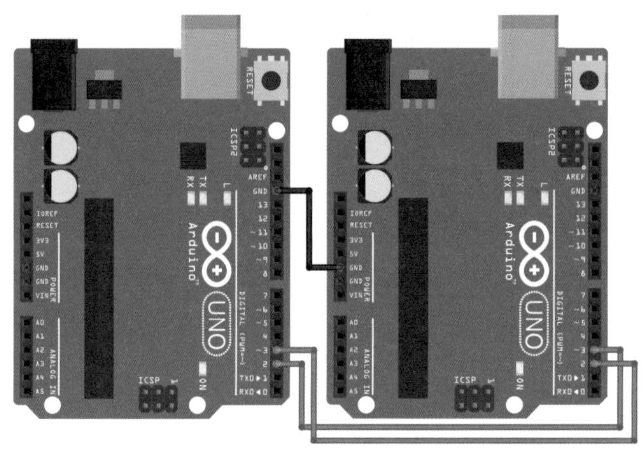

그림 27.3 2개의 아두이노 우노 UART 연결 회로

그림 27.2에서 마스터로 동작하는 아두이노는 (SoftwareSerial 클래스를 통해) 슬레이브의 데이터를 받아 (Serial 클래스를 통해) 컴퓨터로 전송하여 시리얼 모니터로 표시하며 이를 위해 2개의 시리얼 포트를 사용한다. 슬레이브로 동작하는 아두이노는 (SoftwareSerial 클래스를 통해) 마스터로 카운터값을 전송한다. 스케치 27.1은 마스터를 위한 스케치이고, 스케치 27.2는 슬레이브를 위한 스케치다. 스케치 27.2는 byte 타입의 데이터를 write 함수를 사용하여 전송하고 있으며, 스케치 27.1 역시 byte 단위 데이터를 수신하고 이를 정수로 변환하여 시리얼 모니터로 출력한다.

스케치 27.1 아두이노 사이의 1바이트 단위 UART 통신 – 마스터

```
#include <SoftwareSerial.h>

SoftwareSerial SSerial(2, 3);                          // (RX, TX)

void setup() {
    Serial.begin(9600);                                // 컴퓨터와의 연결
    SSerial.begin(9600);                               // 슬레이브와의 연결
}

void loop() {
    if(SSerial.available()){                           // 데이터 수신 확인
        byte data = SSerial.read();                    // 데이터 읽기

        Serial.println(String("슬레이브로부터 수신한 값 : ") + (int)data);
    }
}
```

스케치 27.2 아두이노 사이의 1바이트 단위 UART 통신 – 슬레이브

```
#include <SoftwareSerial.h>

SoftwareSerial SSerial(2, 3);                          // (RX, TX)

byte count = 0;                                        // 카운터

void setup() {
    SSerial.begin(9600);                               // 마스터와의 연결
}

void loop() {
    count = count + 1;                                 // 카운터 증가
    SSerial.write(count);                              // 카운터값 전송

    delay(1000);                                       // 1초 대기
}
```

그림 27.4 스케치 27.1과 스케치 27.2 실행 결과

스케치 27.1과 스케치 27.2를 통한 2개의 아두이노 사이 통신에 아무런 문제가 없어 보인다. 하지만 보낼 수 있는 값의 범위가 좁다는 점은 문제가 될 수 있다. 스케치 27.2에서 마스터로 전송되는 카운터값을 나타내기 위해 byte 타입을 사용했으며 byte 타입으로 나타낼 수 있는 최댓값은 255다. 그림 27.5는 슬레이브의 카운터값이 오버플로에 의해 0이 되는 경우를 보여준다.

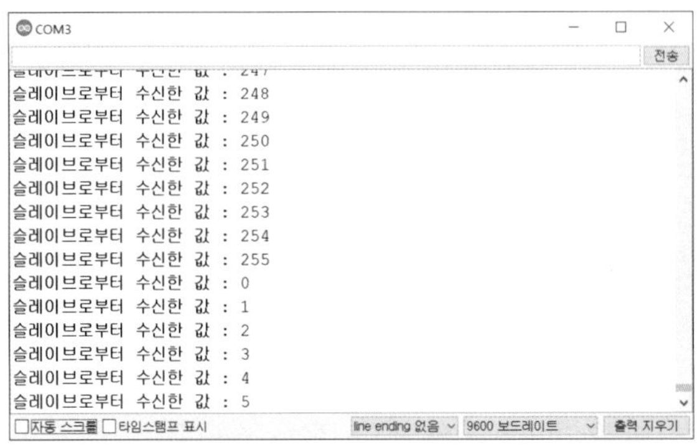

그림 27.5 스케치 27.1과 스케치 27.2 실행 결과 – 오버플로

255보다 큰 값을 마스터로 보내고 싶다면 어떻게 해야 할까? byte 타입보다 큰 수를 다루기 위해서는 int 타입을 사용하면 된다. 하지만 바이트 단위 통신을 기본으로 하는 시리얼 통신에서 2바이트 크기를 갖는 int 타입 데이터를 스케치 27.2와 같은 방법을 사용할 수는 없다. **2바이트 크기를 갖는 int 타입 정수를 보내는 방법은 write 함수를 두 번 사용하는 방법과 print 함수를 사용하는 방법, 두 가지가 흔히 사용된다.** write 함수를 두 번 사용하는 방법을 살펴보자. 슬레이브에서 두 번에 걸쳐 데이터를 보내면 마스터 역시 두 번 데이터를 읽어야 한다. 이때 2바이트 크기 데이터를 바이트 단위로 나누는 방법과 바이트 단위 데이터를 보내는 순서에 주의해야 한다. 스케치 27.3은 마스터에서 read 함수를 두 번 사용하여 int 타입 값을 상위 바이트와 하위 바이트로 나누어 받고 이를 int 값으로 조합하는 예이고, 스케치 27.4는 슬레이브에서 int 타입 값을 바이트 단위로 나누어 write 함수를 사용하여 마스터로 보내는 예다.

스케치 27.3 아두이노 사이의 2바이트 단위 UART 통신 – 마스터

```
#include <SoftwareSerial.h>

typedef union {                                    // 공용체 정의
    int no;
    byte b[2];
} INT;
INT count;

SoftwareSerial SSerial(2, 3);                      // (RX, TX)
```

```
boolean start = false;                          // 첫 번째 바이트 수신 여부

void setup() {
    Serial.begin(9600);                         // 컴퓨터와의 연결
    SSerial.begin(9600);                        // 슬레이브와의 연결
}

void loop() {
    if (SSerial.available()) {                  // 데이터 수신 확인
        byte data = SSerial.read();             // 데이터 읽기

        if (start == false) {                   // 첫 번째 바이트를 받은 경우
            start = true;
            count.b[0] = data;
        }
        else {                                  // 두 번째 바이트를 받은 경우
            start = false;
            count.b[1] = data;
            Serial.println(String("슬레이브로부터 수신한 값 : ") + count.no);
        }
    }
}
```

스케치 27.4 아두이노 사이의 2바이트 단위 UART 통신 – 슬레이브

```
#include <SoftwareSerial.h>

typedef union {                                 // 공용체 정의
    int no;
    byte b[2];
} INT;
INT count;                                      // 카운터

SoftwareSerial SSerial(2, 3);                   // (RX, TX)

void setup() {
    SSerial.begin(9600);                        // 마스터와의 연결
    count.no = 999;
}

void loop() {
    count.no = count.no + 1;                    // 카운터 증가

    SSerial.write(count.b[0]);                  // int 타입의 첫 번째 바이트 전송
    SSerial.write(count.b[1]);                  // int 타입의 두 번째 바이트 전송

    delay(1000);                                // 1초 대기
}
```

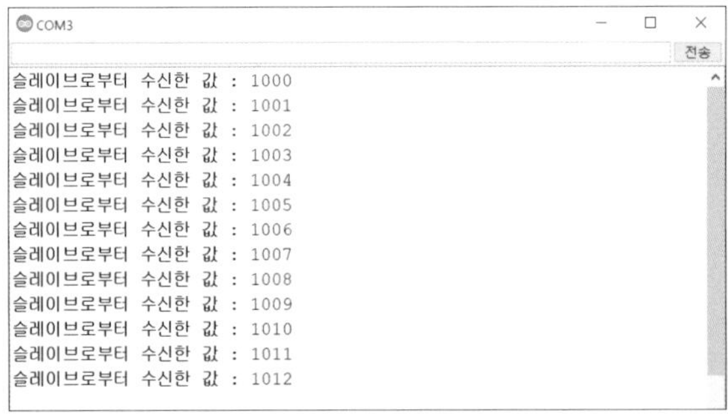
COM3
전송
슬레이브로부터 수신한 값 : 1000
슬레이브로부터 수신한 값 : 1001
슬레이브로부터 수신한 값 : 1002
슬레이브로부터 수신한 값 : 1003
슬레이브로부터 수신한 값 : 1004
슬레이브로부터 수신한 값 : 1005
슬레이브로부터 수신한 값 : 1006
슬레이브로부터 수신한 값 : 1007
슬레이브로부터 수신한 값 : 1008
슬레이브로부터 수신한 값 : 1009
슬레이브로부터 수신한 값 : 1010
슬레이브로부터 수신한 값 : 1011
슬레이브로부터 수신한 값 : 1012

그림 27.6 스케치 27.3과 스케치 27.4 실행 결과

그림 27.6의 실행 결과에서 알 수 있듯이 255보다 큰 정수도 바이트 단위로 나누어 전송하고 수신 후 재조합하는 과정을 통해 마스터로 전송할 수 있다. 스케치 27.3과 스케치 27.4에서는 2바이트 크기의 int 타입 데이터를 1바이트 크기의 데이터로 나누기 위해 공용체union를 사용했다.

print 함수로 int 타입 값을 전송하는 경우에는 이보다 좀 더 복잡하다. 그 이유는 print 함수가 정수를 문자열로 변환하여 전송하기 때문이다. 스케치 27.4에서 정수는 항상 2바이트값으로 보내진다. 하지만 **print 함수를 사용하면 숫자의 자릿수에 따라 보내지는 바이트 수가 달라진다.** 따라서 숫자의 끝을 나타내는 표시를 추가로 보내야 하며, NULL 문자나 '\n', '\r' 등의 개행문자가 문자열의 끝을 표시하기 위해 흔히 사용된다.

스케치 27.5는 문자열 끝을 나타내는 데이터를 수신할 때까지 데이터를 받아 문자열로 저장하고 문자열 끝을 나타내는 문자를 수신하면 저장된 문자열을 String 클래스의 toInt 함수를 사용하여 숫자로 변환한 후 시리얼 모니터로 출력하는 마스터를 위한 스케치의 예다. 스케치 27.6은 print 함수를 사용하여 int 타입의 값을 문자열로 바꾸어 전송한 후 문자열 끝 표시를 이어서 전송하는 슬레이브를 위한 스케치의 예다. 스케치 27.5와 스케치 27.6의 실행 결과는 스케치 27.3과 스케치 27.4의 실행 결과인 그림 27.6과 같다.

스케치 27.5 아두이노 사이의 가변 길이 데이터 UART 통신 – 마스터

```
#include <SoftwareSerial.h>

byte TERMINATOR = 0;

SoftwareSerial SSerial(2, 3);                    // (RX, TX)
String buffer = "";

void setup() {
    Serial.begin(9600);                          // 컴퓨터와의 연결
    SSerial.begin(9600);                         // 슬레이브와의 연결
}
```

```
void loop() {
    if (SSerial.available()) {                  // 데이터 수신 확인
        byte data = SSerial.read();             // 데이터 읽기

        if (data == TERMINATOR) {               // 문자열의 끝
            Serial.println(String("슬레이브로부터 수신한 값 : ") + buffer.toInt());
            buffer = "";                        // 버퍼 비우기
        }
        else {
            buffer += (char)data;               // 버퍼에 저장
        }
    }
}
```

스케치 27.6 아두이노 사이의 가변 길이 데이터 UART 통신 – 슬레이브

```
#include <SoftwareSerial.h>

byte TERMINATOR = 0;
int count = 999;                                // 카운터

SoftwareSerial SSerial(2, 3);                   // (RX, TX)

void setup() {
    SSerial.begin(9600);                        // 마스터와의 연결
}

void loop() {
    count  = count + 1;                         // 카운터 증가

    SSerial.print(count);                       // 숫자를 문자열로 변환해서 전송
    SSerial.write(TERMINATOR);                  // 문자열의 끝 표시 전송

    delay(1000);                                // 1초 대기
}
```

데이터는 전송 중에 다양한 이유로 데이터가 전달되지 못하거나 값이 바뀔 수 있다. 스케치 27.4에서 2바이트의 데이터를 슬레이브가 보냈지만, 마스터는 한 바이트 데이터만 수신했다고 생각해 보자. 마스터는 슬레이브가 보낸 두 번째 정수 데이터의 첫 번째 바이트를 첫 번째 정수 데이터의 두 번째 바이트로 생각할 것이고, 따라서 마스터가 출력하는 데이터는 슬레이브가 보낸 데이터와는 전혀 다른 데이터가 될 것이다. 그러므로 **가변 길이 데이터가 아닐 때도 데이터의 끝을 표시하는 것이 좋으며, 고정 길이 데이터를 사용할 때도 가변 길이 데이터를 수신할 수 있음을 염두에 두어야 한다.**

정수를 보낼 때 데이터의 끝은 무엇으로 표시하면 좋을까? 문자열의 경우 NULL 문자나 개행문자를 주로 사용하지만, 숫자를 직접 보내게 되면 이야기가 달라진다. NULL 문자를 데이터 끝으로 사용하는 경우 숫자 0과 구별할 수 없다. 마찬가지로 개행문자 '\n'으로 데이터 끝을 표시하는 경우 '\n'의 아스키 코드값인 10과 숫자 10을 구별할 수 없다. 이러한 이유로 많은 데이터를 보내야

한다는 단점에도 불구하고 숫자를 문자열로 바꾸어 전송하는 방법이 흔히 사용된다. 하지만 I2C나 SPI와 같이 마스터가 슬레이브로 데이터의 크기를 지정해서 요청하는 경우에는 가변 길이의 데이터를 수신하기가 복잡할 수 있으므로 보내고자 하는 데이터를 담을 수 없는 충분히 큰 고정 길이의 데이터로 보내는 방법을 사용하기도 한다.

문자열의 끝을 표시하는 것과 함께 한 가지 추가할 수 있는 것은 오류 검사를 위한 데이터다. 전송 과정에서 발생하는 오류를 검사하는 간단한 방법 중 하나는 체크섬을 사용하는 방법으로, 전송하는 데이터의 바이트 단위 XOR 연산 결과를 흔히 사용한다. 표 27.2는 최대 5자리로 이루어지는 정수를 고정 길이 문자열로 변환하고 체크섬과 문자열 종료 문자까지 7바이트 데이터를 전송하는 예를 보인 것으로 정수 1024를 전송하고 있다.

표 27.2 데이터 전송 형식

바이트	1	2	3	4	5	6	7
의미	숫자 데이터(아스키 코드값)					체크섬	종료 문자
데이터	'0'	'1'	'0'	'2'	'4'	0x37	NULL
	0x30	0x31	0x30	0x32	0x34		0x00

스케치 27.7은 표 27.2와 같은 형식으로 보내진 문자열 데이터를 수신한 후 정수로 변환하여 시리얼 모니터로 출력하는, 마스터를 위한 스케치의 예다. 스케치 27.8은 정수를 표 27.2와 같은 형식으로 변환한 후 마스터로 전송하는, 슬레이브를 위한 스케치의 예다.

스케치 27.7 아두이노 사이의 체크섬 포함 고정 길이 데이터 UART 통신 – 마스터

```
#include <SoftwareSerial.h>

byte TERMINATOR = 0;

SoftwareSerial SSerial(2, 3);                    // (RX, TX)
String buffer = "";

void setup() {
    Serial.begin(9600);                          // 컴퓨터와의 연결
    SSerial.begin(9600);                         // 슬레이브와의 연결
}

void loop() {
    if (SSerial.available()) {                   // 데이터 수신 확인
        byte data = SSerial.read();              // 데이터 읽기

        if (data == TERMINATOR) {                // 문자열의 끝
            int N = buffer.length();             // 수신 데이터 길이
            int no = buffer.substring(0, N - 1).toInt();  // 수신 문자열을 변환
```

```
            Serial.print(String("슬레이브로부터 수신한 값 : ") + no);

            byte checksum = 0;                          // 체크섬 계산
            for (int i = 0; i < N - 1; i++) {
                checksum = checksum ^ buffer[i];
            }

            if (checksum == buffer[N - 1]) {            // 수신한 체크섬과 계산한 체크섬 비교
                Serial.println(" (체크섬 정상)");
            }
            else {
                Serial.println(" (체크섬 오류)");
            }

            buffer = "";                                // 버퍼 비우기
        }
        else {
            buffer += (char)data;                       // 버퍼에 저장
        }
    }
}
```

스케치 27.8 아두이노 사이의 체크섬 포함 고정 길이 데이터 UART 통신 – 슬레이브

```
#include <SoftwareSerial.h>

byte TERMINATOR = 0;
int count = 999;                                        // 카운터

SoftwareSerial SSerial(2, 3);                           // (RX, TX)

void setup() {
    SSerial.begin(9600);                                // 마스터와의 연결
}

void loop() {
    count = count + 1;                                  // 카운터 증가

    char buffer[6];
    sprintf(buffer, "%05d", count);                     // 5자리 고정 길이 문자열로 변환

    byte checksum = 0;
    for (int i = 0; i < 5; i++) {                       // 오류 검출을 위한 체크섬 계산
        checksum = checksum ^ buffer[i];
    }

    for (int i = 0; i < 5; i++) {                       // 고정 길이 문자열 전송
        SSerial.write(buffer[i]);
    }
    SSerial.write(checksum);                            // 체크섬 전송
    SSerial.write(TERMINATOR);                          // 문자열의 끝 표시 전송

    delay(1000);                                        // 1초 대기
}
```

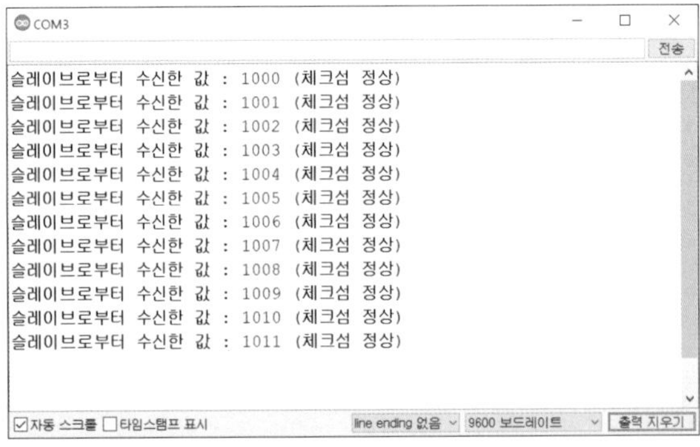

그림 27.7 스케치 27.7과 스케치 27.8 실행 결과

27.2 블루투스 연결

2개의 아두이노 우노를 블루투스로 연결해 보자. 2개의 아두이노를 블루투스로 연결하기 위해서는 마스터 역할을 하는 모듈과 슬레이브 역할을 하는 모듈이 하나씩 준비되어 있어야 한다. 2개의 아두이노에 HC-06 블루투스 모듈을 그림 27.8과 같이 연결하자. 마스터 모듈과 슬레이브 모듈을 아두이노에 연결하는 방법은 같다.

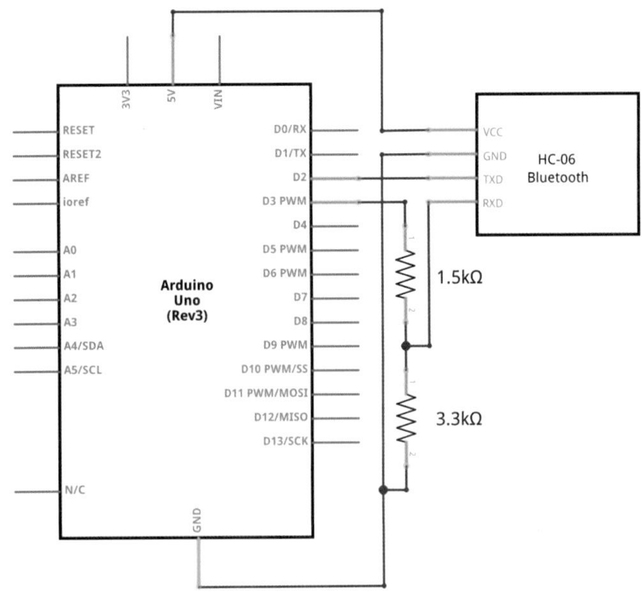

그림 27.8 블루투스 모듈 연결 회로도

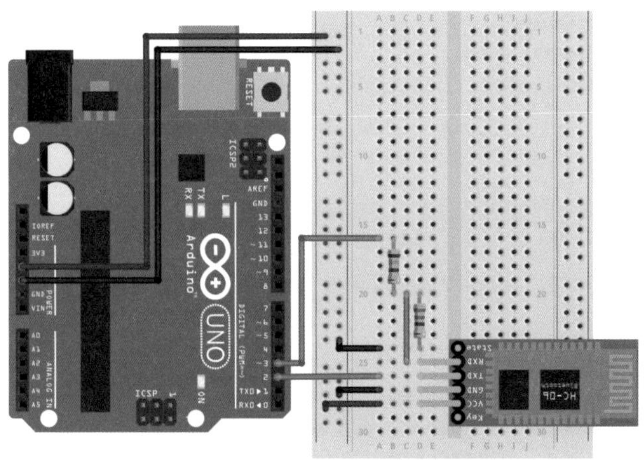

그림 27.9 **블루투스 모듈 연결 회로**

2개의 아두이노에 블루투스 모듈 설정을 위한 스케치 27.9를 업로드한다. COM3 포트에 연결된 아두이노의 HC-06 블루투스 모듈은 마스터로 설정하고, COM10 포트에 연결된 아두이노의 HC-06 블루투스 모듈은 슬레이브로 설정한다.

스케치 27.9 **블루투스 모듈 설정**

```
#include <SoftwareSerial.h>

SoftwareSerial BTSerial(2, 3);                  // 소프트웨어 시리얼 포트(RX, TX)
boolean NewLine = true;

void setup() {
    Serial.begin(9600);                         // 컴퓨터와의 시리얼 통신 초기화
    BTSerial.begin(9600);                       // 블루투스 모듈과의 시리얼 통신 초기화
}

void loop() {
    if (Serial.available()) {                   // 시리얼 모니터 → 아두이노 → 블루투스 모듈
        char ch = Serial.read();

        if (ch != '\r' && ch != '\n') {         // 개행문자는 블루투스 모듈로 전달하지 않음
            BTSerial.write(ch);
        }
        if (NewLine) {
            Serial.print("\n> ");
            NewLine = false;
        }
        if (ch == '\n') {
            NewLine = true;
        }
        Serial.write(ch);
    }
```

```
    if (BTSerial.available()) {                    // 블루투스 모듈 → 아두이노 → 시리얼 모니터
        char ch = BTSerial.read();
        Serial.write(ch);
    }
}
```

표 27.3과 표 27.4는 HC-06 블루투스 모듈을 마스터와 슬레이브 역할을 하면서 서로 연결될 수 있도록 설정하는 AT 명령을 나타낸 것으로, 명령 실행 결과는 그림 27.10과 같다*.

표 27.3 블루투스 마스터 모듈 설정

AT 명령	사용 방법	반환값	비고
AT	AT	OK	모듈 동작 확인
AT+PIN	AT+PIN**1234**	OKsetPIN	PIN 설정
AT+ROLE	AT+ROLE=**M**	OK+ROLE:M	마스터 설정

표 27.4 블루투스 슬레이브 모듈 설정

AT 명령	사용 방법	반환값	비고
AT	AT	OK	모듈 동작 확인
AT+PIN	AT+PIN**1234**	OKsetPIN	PIN 설정
AT+ROLE	AT+ROLE=**S**	OK+ROLE:S	슬레이브 설정

그림 27.10 마스터 및 슬레이브 모듈 설정 결과

* HC-06 블루투스 모듈의 AT 명령 형식과 반환값은 펌웨어 버전에 따라 달라질 수 있다. 이 장에서는 1.8 버전을 기준으로 한다.

마스터와 슬레이브 역할을 하는 HC-06 모듈에 전원이 가해졌을 때 두 모듈의 PIN이 같으면 두 모듈은 자동으로 연결된다. 그림 27.10의 AT 명령 실행 결과는 블루투스 모듈이 서로 연결되지 않은 상태에서만 얻을 수 있다. 블루투스 모듈이 연결되어 있으면 입력한 AT 명령은 설정을 위한 명령이 아니라 문자열로 취급되어 연결된 다른 모듈로 전달한다. 따라서 **블루투스 모듈을 설정할 때는 원하지 않게 블루투스 모듈이 연결되는 상황을 방지하기 위해 한 번에 하나씩만 전원을 연결하여 설정해야 한다.** HC-06 블루투스 모듈은 연결되지 않았을 때 모듈의 LED가 깜빡거리는 상태에 있다가 두 모듈이 연결된 후에는 켜진 상태로 바뀌므로 연결 상태를 쉽게 확인할 수 있다. 또한 연결되지 않았을 때 마스터로 설정된 모듈의 LED가 깜빡거리는 속도보다 슬레이브로 설정된 모듈의 LED가 깜빡거리는 속도가 더 빠르므로 LED가 깜빡이는 속도로 마스터와 슬레이브를 구별할 수 있다.

2개 블루투스 모듈의 설정을 끝낸 후 블루투스 모듈을 다시 시작하면 두 모듈이 자동으로 연결된다. 스케치 27.9가 업로드된 상태에서 두 블루투스 모듈이 연결되면 서로 데이터를 주고받을 수 있다. 스케치 27.9는 AT 명령으로 블루투스 모듈을 설정하기 위해 사용했지만, 앞에서 이야기한 것처럼 **AT 명령은 블루투스 모듈이 다른 블루투스 모듈과 연결되지 않은 상태에서만 사용할 수 있다.** 즉, 스케치 27.9는 마스터와 슬레이브 사이의 통신을 테스트하기 위해서도 사용할 수 있다. 마스터 모듈이 연결된 아두이노의 시리얼 모니터(COM3) 입력창에 입력한 내용은 슬레이브 모듈이 연결된 아두이노의 시리얼 모니터(COM10) 출력창에 나타날 것이며 그 반대의 경우도 마찬가지다.

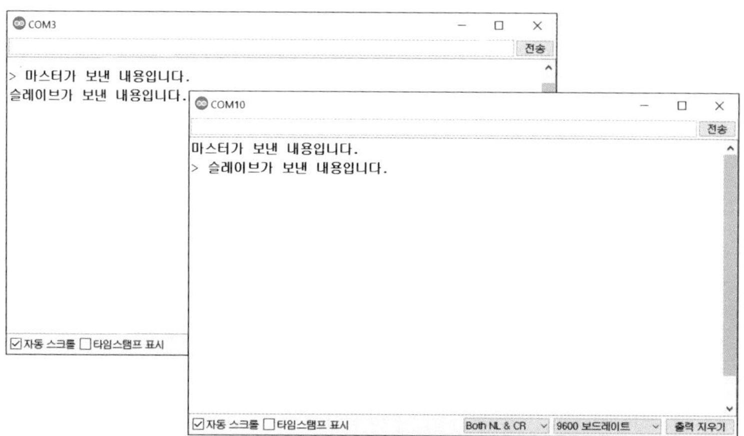

그림 27.11 스케치 27.9가 업로드된 상태에서 마스터와 슬레이브의 통신

HC-06 모듈을 사용할 때 한 가지 주의할 점은 **마스터와 슬레이브가 한번 연결된 후에는 마스터 모듈에 슬레이브 모듈과의 페어링 정보가 저장되어 전원이 가해지면 자동으로 다시 연결된다**는 점이다. 자동으로 다시 연결되는 것은 편리한 기능이지만, 새로운 모듈과 연결할 수 없다는 것은 단점이기도 하다. 페어링 정보를 삭제하는 버튼이 있는 모듈의 경우에는 버튼을 눌러 페어링 정보를 삭제

할 수 있지만, HC-06 모듈 대부분이 페어링 정보 삭제 버튼을 갖고 있지 않다. 페어링 정보 삭제 버튼이 없는 경우 **페어링 정보를 삭제하기 위해서는 블루투스 모듈의 역할**role**을 슬레이브로 바꾸었다가 다시 마스터로 바꾸면 된다.** 역할을 바꾼 후에는 전원을 끊었다 다시 연결하는 것을 추천한다.

시리얼 블루투스 모듈은 UART 통신을 대체할 목적으로 만들어졌으므로 UART 통신을 위한 스케치를 조금만 수정하면 블루투스를 위한 스케치로 사용할 수 있다. 게다가 UART 통신을 위한 스케치에서 `SoftwareSerial` 객체를 위해 사용한 핀은 블루투스 모듈을 연결하기 위해 사용한 핀과 같다. 따라서 앞 절의 UART 통신을 위한 스케치는 블루투스를 위한 스케치로 그대로 사용할 수 있다. 스케치 27.7을 블루투스 마스터 모듈이 연결된 아두이노에 업로드하고 스케치 27.8을 블루투스 슬레이브 모듈이 연결된 아두이노에 업로드하자. COM3 포트에 연결된 시리얼 모니터를 열면 그림 27.7과 같은 결과를 볼 수 있을 것이다.

27.3 I2C 연결

2개의 아두이노를 I2C 통신으로 연결해 보자. 마스터 역할을 하는 아두이노는 컴퓨터와 COM3 포트로 연결되고 슬레이브 역할을 하는 아두이노는 COM10 포트로 연결된 것으로 가정한다. **아두이노 우노에 사용된 ATmega328은 I2C 통신을 하드웨어로 지원하므로 I2C 통신을 위해서는 전용 핀을 사용해야 한다.** 또한 아두이노에서는 I2C 통신을 위한 Wire 라이브러리를 기본 라이브러리로 제공하고 있으므로 이를 사용하면 된다.

표 27.5 I2C 통신 연결 핀

핀	이름	설명
A4	SDA	시리얼 데이터(Serial Data)
A5	SCL	시리얼 클록(Serial Clock)

2개의 아두이노 우노를 그림 27.12와 같이 연결하자. I2C 통신에서 SDA와 SCL 연결선에는 풀업 저항을 사용해야 하지만, **아두이노의 Wire 라이브러리에서 A4 핀과 A5 핀의 내부 풀업 저항을 사용하도록 설정하고 있으므로 별도로 저항을 연결하지 않아도 된다.**

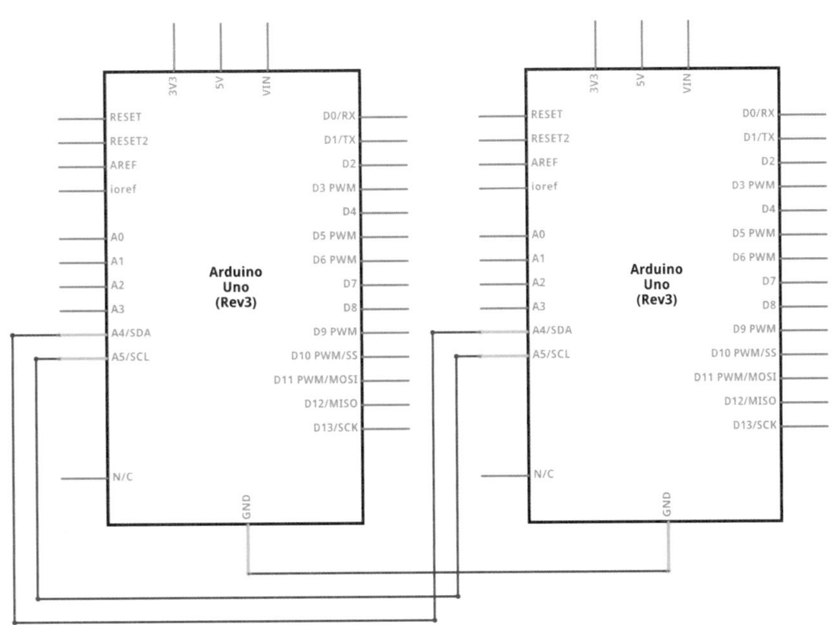

그림 27.12 **2개의 아두이노 우노 I2C 연결 회로도**

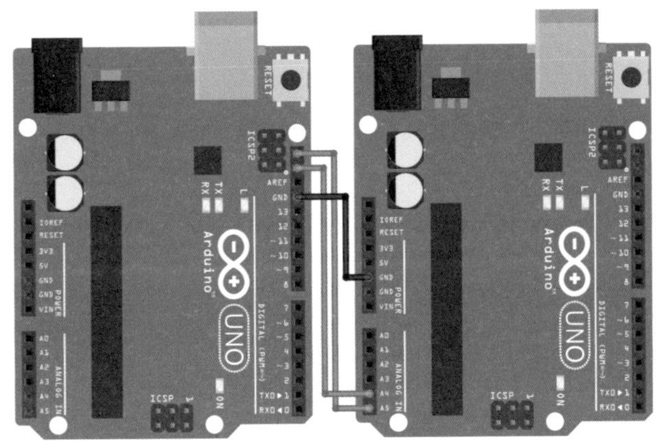

그림 27.13 **2개의 아두이노 우노 I2C 연결 회로**

I2C 통신에서 모든 데이터 송수신은 마스터에서 정한 순서에 따라 이루어진다. 마스터에서 슬레이브로 데이터를 전송하거나, 슬레이브에 데이터를 요청하는 경우 전형적인 멤버 함수 사용 순서는 그림 27.14와 같다. 반면, 슬레이브는 인터럽트 기반으로 동작하여 슬레이브가 데이터를 수신한 경우 onReceive, 마스터가 슬레이브로 데이터 전송을 요청한 경우 onRequest 함수로 등록한 핸들러 함수가 자동으로 호출된다.

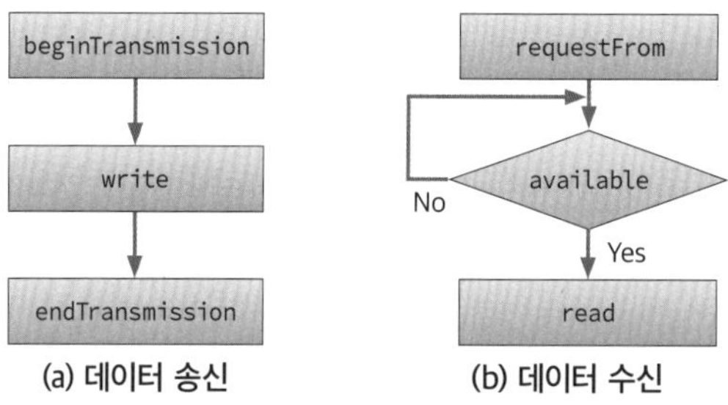

(a) 데이터 송신 (b) 데이터 수신

그림 27.14 Wire 라이브러리를 사용한 마스터의 데이터 송수신 함수 사용 순서

스케치 27.10은 마스터에서 슬레이브로 1초 간격으로 메시지와 카운터값을 전송하는 예다. 그림 27.14에서 볼 수 있듯이 I2C를 통한 데이터 전송은 beginTransmission 함수에서 시작되고, write나 print 함수로 전송하고자 하는 데이터를 버퍼에 기록한 후 endTransmission 함수를 호출하여 버퍼에 저장된 데이터를 전송한 후 통신을 끝내는 순서를 따른다.

스케치 27.10 슬레이브로 데이터 전송 - 마스터

```
#include <Wire.h>
#define SLAVE 4                                  // 슬레이브 주소
int count = 0;

void setup() {
    Wire.begin();                                // 마스터 모드로 Wire 라이브러리 초기화
}

void loop() {
    String str = "마스터 카운터 : ";

    Wire.beginTransmission(SLAVE);               // I2C 통신을 통한 전송 시작

    Wire.print(str);
    Wire.println(count++);

    Wire.endTransmission(SLAVE);                 // I2C 통신을 통한 전송 끝

    delay(1000);
}
```

스케치 27.11은 슬레이브에서 마스터로부터 전송된 데이터를 시리얼 모니터로 출력하는 예다. 마스터의 경우와 마찬가지로 begin 함수로 Wire 라이브러리를 초기화하며, **슬레이브 모드인 경우에는 초기화 과정에서 I2C 주소를 매개변수로 지정해야 한다. 마스터로부터 데이터가 수신되면 onReceive 함수로 등록한 처리 함수가 자동으로 호출된다.** 수신 처리 함수는 수신된 바이트 수를 매개변수로 가지므로 수신된 데이터의 바이트 수를 알 수 있다. 이처럼 슬레이브는 인터럽트 방식으로 수신

데이터를 처리하므로 loop 함수는 비어 있다. 데이터 수신 처리 함수에서 데이터를 모두 저장한 후 한 번에 출력하는 이유는 한글이 포함된 데이터를 수신하기 때문이다. 한글 한 글자의 크기는 3바이트이므로 바이트 단위로 읽어 바로 출력하면 한글이 정상적으로 출력되지 않는다.

스케치 27.11 슬레이브로 데이터 전송 - 슬레이브

```
#include <Wire.h>
#define SLAVE 4

void setup() {
    // 슬레이브 모드로 Wire 라이브러리 초기화를 위해 슬레이브 주소 지정
    Wire.begin(SLAVE);
    // 마스터로부터 데이터가 전송된 경우 처리할 함수 등록
    Wire.onReceive(receiveFromMaster);

    Serial.begin(9600);
}

void loop() {
}

void receiveFromMaster(int bytes) {
    char *p = (char*)malloc(bytes + 1);          // 수신 데이터를 위한 메모리 할당
    for (int i = 0; i < bytes; i++) {
        p[i] = Wire.read();                      // 수신 버퍼 읽기
    }
    p[bytes] = 0;
    Serial.print(p);

    delete(p);                                   // 메모리 해제
}
```

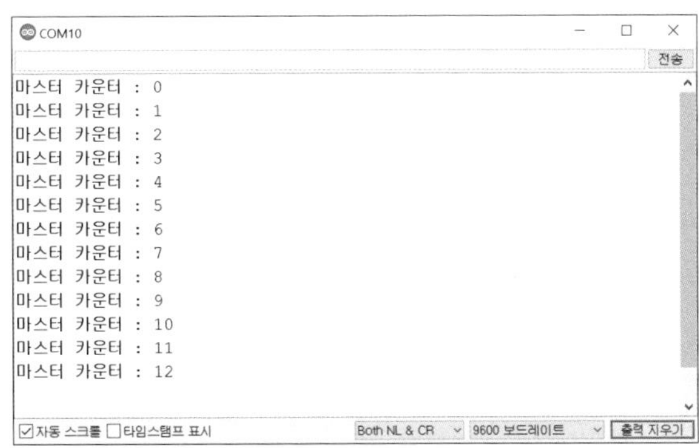

그림 27.15 스케치 27.10과 스케치 27.11 실행 결과

슬레이브로부터 데이터를 수신하는 경우를 생각해 보자. I2C 통신에서는 마스터가 모든 데이터 송수신을 관리하며 슬레이브로부터 데이터를 받기 위해서는 먼저 슬레이브에 요청을 보내야 한다. 스케치 27.12는 마스터를 위한 스케치의 예로, 1초에 한 번 슬레이브에 2바이트의 카운터값을 요청하고 수신된 데이터를 시리얼 모니터에 출력한다. 슬레이브로 데이터를 요청하기 위해서는 requestFrom 함수를 사용한다는 점이 데이터를 전송할 때와는 차이가 있다. 데이터 요청 후 실제 슬레이브에서 전송된 데이터를 읽기 위해서는 먼저 available 함수로 데이터 수신을 확인한 후 read 함수를 사용하여 읽으면 된다(그림 27.14 참조).

스케치 27.12 카운터값 요청 - 마스터

```
#include <Wire.h>
#define SLAVE 4                                    // 슬레이브 주소

void setup() {
    Wire.begin();                                  // 마스터 모드로 Wire 라이브러리 초기화
    Serial.begin(9600);
}

void loop() {
    Wire.requestFrom(SLAVE, 2);                    // 슬레이브에 2바이트 크기의 데이터 요청
    int count = read_2_byte_from_I2C();            // 슬레이브로부터 2바이트 데이터 수신
    Serial.println(String("슬레이브 카운터 : ") + count);

    delay(1000);
}

int read_2_byte_from_I2C() {
    byte buffer[2];                                // 데이터 수신 버퍼

    for (int receiveCount = 0; receiveCount < 2; ) {
        if (Wire.available()) {                    // 데이터 수신 확인
            buffer[receiveCount] = Wire.read();    // 데이터 읽기
            receiveCount++;
        }
    }

    return (buffer[0] << 8) | buffer[1];           // 2바이트 데이터로 int 타입 값 조합
}
```

스케치 27.13은 슬레이브를 위한 스케치의 예로 마스터의 요청이 있을 때 2바이트 크기의 카운터값을 증가시키고 증가된 카운터값을 마스터로 전송한다. 슬레이브가 마스터가 보낸 데이터를 처리하기 위한 함수를 onReceive 함수로 등록한 것과 비슷하게, **마스터의 데이터 요청을 처리하기 위한 함수는 onRequest 함수로 등록한다.** 데이터 요청을 처리할 함수는 데이터 수신을 처리하는 함수와 달리 매개변수를 갖지 않는다.

스케치 27.13 카운터값 요청 - 슬레이브

```
#include <Wire.h>
#define SLAVE 4

int count = 999;                                    // 카운터

void setup() {
    // 슬레이브 모드로 Wire 라이브러리 초기화를 위해 슬레이브 주소 지정
    Wire.begin(SLAVE);

    // 마스터의 데이터 전송 요구가 있을 때 처리할 함수 등록
    Wire.onRequest(sendToMaster);
}

void loop() {
}

void sendToMaster() {
    count++;                                        // 카운터값 증가

    // 2바이트 크기의 int 타입 값을 바이트 단위로 나누어 전송
    Wire.write( (count >> 8) & 0xFF );
    Wire.write( count & 0xFF );
}
```

그림 27.16 스케치 27.12와 스케치 27.13 실행 결과

I2C 통신은 일대다 연결을 지원하며 연결하는 슬레이브의 수가 늘어나도 필요한 연결선의 수는 2개뿐이다. 3개의 아두이노를 그림 27.17과 같이 연결해 보자. 마스터는 COM3, 슬레이브는 COM10과 COM11 포트로 컴퓨터와 연결된 것으로 가정한다.

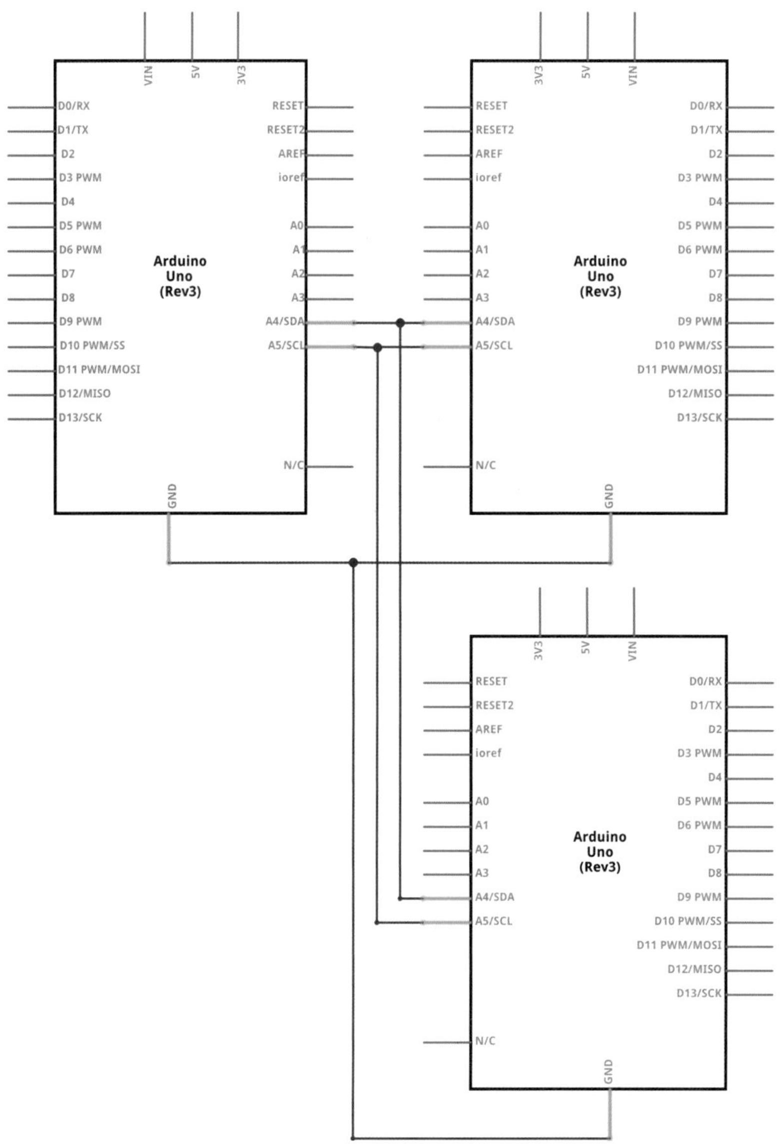

그림 27.17 3개의 아두이노 우노 I2C 연결 회로도

두 슬레이브는 SDA와 SCL의 2개 연결선을 공유하고 있으므로 연결선으로는 두 슬레이브를 구별할 수 없다. 두 슬레이브를 구별하기 위해서는 주소를 다르게 지정해야 한다. 스케치 27.14는 마스터에서 1초 간격으로 두 슬레이브에 번갈아 카운터값을 가변 길이 문자열로 전송하는 예다. 가변 길이 문자열 전송을 위해서는 `print` 함수나 `write` 함수를 사용할 수 있으며, 스케치 27.14에서는 두 가지 방법을 사용한 예를 모두 보여준다.

스케치 27.14 2개 슬레이브로 카운터값 전송 - 마스터

```
#include <Wire.h>
#define SLAVE1 4                                     // 슬레이브 1 주소
#define SLAVE2 5                                     // 슬레이브 2 주소

byte count = 0;                                      // 마스터 카운터

void setup() {
    Wire.begin();                                    // 마스터 모드로 Wire 라이브러리 초기화
}

void loop() {
    count++;

    if (count % 2) {
        Wire.beginTransmission(SLAVE1);              // I2C 통신을 통한 전송 시작
        Wire.print(count);                           // * print 함수 사용
        Wire.print('\n');
        Wire.endTransmission(SLAVE1);                // I2C 통신을 통한 전송 끝
    }
    else {
        Wire.beginTransmission(SLAVE2);              // I2C 통신을 통한 전송 시작
        char buffer[4];
        sprintf(buffer, "%d", count);                // 숫자를 문자열로 변환
        for (int i = 0; i < strlen(buffer); i++) {
            Wire.write(buffer[i]);                   // * write 함수 사용
        }
        Wire.write('\n');
        Wire.endTransmission(SLAVE2);                // I2C 통신을 통한 전송 끝
    }

    delay(1000);
}
```

슬레이브에는 스케치 27.15를 업로드한다. 스케치 27.15는 스케치 27.11과 비슷하지만, 마스터로부터 수신된 데이터를 모두 저장한 후 한꺼번에 출력하는 것이 아니라 바이트 단위로 읽은 데이터를 바로 출력한다. 스케치 27.11의 경우 마스터에서 한글 문자열을 전달하므로 버퍼에 저장한 후 출력했지만, 스케치 27.15의 경우에는 숫자 문자열을 전달하므로 바이트 단위로 읽고 출력해도 문제가 없다. 2개의 슬레이브에 스케치 27.15를 업로드할 때 슬레이브별로 Wire.begin 함수에서 주소를 다르게 선택해야 한다는 점도 잊지 말아야 한다.

스케치 27.15 2개의 슬레이브로 카운터값 전송 - 슬레이브

```
#include <Wire.h>
#define SLAVE1 4
#define SLAVE2 5

void setup() {
```

```
    // 슬레이브 모드로 Wire 라이브러리 초기화를 위해 슬레이브 주소 지정
    // 슬레이브에 따라 SLAVE1 또는 SLAVE2를 선택해서 서로 다른 주소로 지정
    Wire.begin(SLAVE1);
    // 마스터로부터 데이터가 전송된 경우 처리할 함수 등록
    Wire.onReceive(receiveFromMaster);

    Serial.begin(9600);
}

void loop() {
}

void receiveFromMaster(int bytes) {
    Serial.print("마스터 카운터 : ");

    for (int i = 0; i < bytes; i++) {
        char ch = Wire.read();
        Serial.print(ch);                        // 수신 버퍼 읽기
    }
}
```

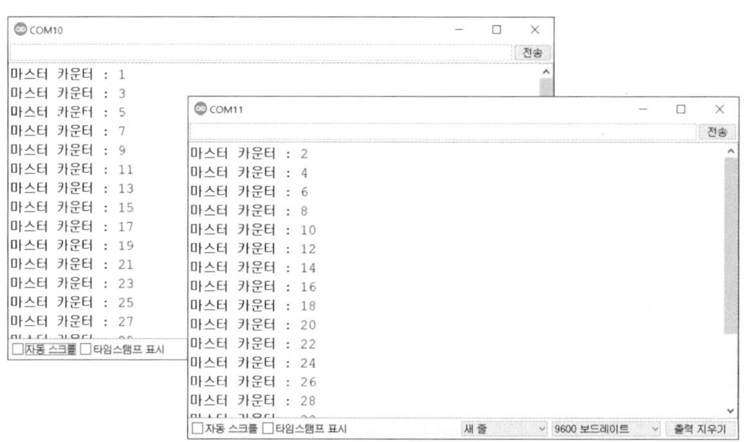

그림 27.18 **스케치 27.14와 스케치 27.15 실행 결과**

27.4 SPI 연결

2개의 아두이노를 SPI 통신으로 연결해 보자. 마스터 역할을 하는 아두이노는 컴퓨터와 COM3 포트로 연결되고 슬레이브 역할을 하는 아두이노는 COM10 포트로 연결된 것으로 가정한다. **아두이노 우노에 사용된 ATmega328은 SPI 통신을 하드웨어로 지원하므로 SPI 통신을 위해서는 전용**

핀을 사용해야 한다. 4개의 핀 중 MOSI, MISO, SCK 핀은 모든 슬레이브가 공유하는 핀으로 지정된 핀을 사용해야 한다. 반면, SS 핀은 슬레이브별로 하나씩 필요하므로 임의의 디지털 핀을 사용할 수 있다. SS 핀은 디폴트로 10번 핀이 지정되어 있다.

표 27.6 SPI 통신 연결 핀

핀	이름	설명
11	MOSI	Master Out Slave In
12	MISO	Master In Slave Out
13	SCK	Serial Clock
10	SS	Slave Select, 사용 핀은 임의의 디지털 입출력 핀으로 변경 가능

2개의 아두이노 우노를 그림 27.19와 같이 연결하자.

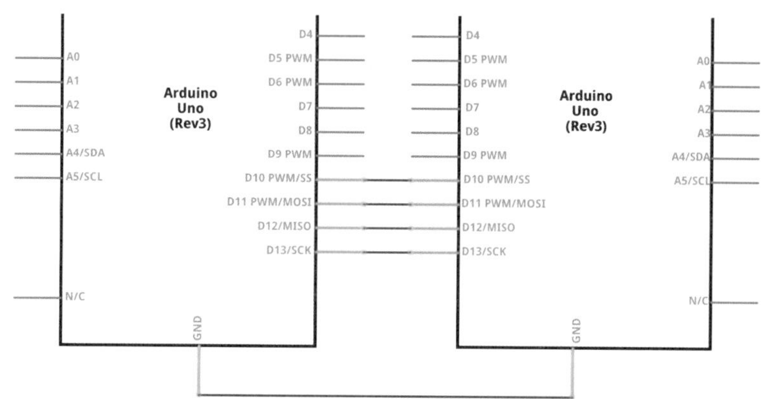

그림 27.19 **2개의 아두이노 우노 SPI 연결 회로도**

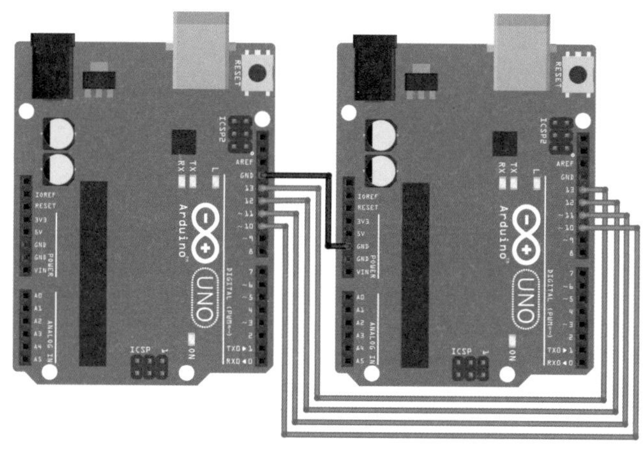

그림 27.20 **2개의 아두이노 우노 SPI 연결 회로**

아두이노에서는 SPI 통신을 위한 SPI 라이브러리를 기본 라이브러리로 제공하고 있으므로 별도의 라이브러리를 설치할 필요는 없다. SPI 통신은 I2C 통신과 마찬가지로 마스터-슬레이브 구조의 일대다 연결을 지원하므로 모든 데이터 송수신은 마스터에서 정한 순서에 따라 이루어진다. SPI 라이브러리를 사용하여 마스터에서 슬레이브로 데이터를 보내고 받는 전형적인 멤버 함수 사용 순서는 12페이지의 그림 18.9 SPI 라이브러리의 사용 순서와 같다.

그림 27.21 SPI 라이브러리를 사용한 마스터의 데이터 송수신 함수 사용 순서

스케치 27.16은 마스터에서 슬레이브로 1초 간격으로 메시지와 카운터값을 전송하는 예다. 그림 27.21에서 볼 수 있듯이 SPI 통신은 beginTransaction 함수에서 시작되고 transfer 함수로 데이터를 전송한 후 endTransaction 함수에서 끝난다. 또한 특정 슬레이브를 선택하기 위해서는 해당 슬레이브의 슬레이브 선택 핀으로 LOW를 출력하는 것도 잊지 말아야 한다.

스케치 27.16 슬레이브로 데이터 전송 – 마스터

```
#include <SPI.h>
#define TERMINATOR  '\n'

int count = 99;

void setup() {
    SPI.begin();                                    // SPI 통신 초기화
}

void loop() {
    // 안정적인 전송을 위해 전송 속도를 1MHz로 낮춤
    SPI.beginTransaction( SPISettings(1000000, MSBFIRST, SPI_MODE0) );

    count++;                                        // 카운터값 증가
    digitalWrite(SS, LOW);                          // 슬레이브 선택
```

```
    char buffer[6] = "";
    sprintf(buffer, "%d", count);          // 카운터값을 문자열로 변환
    int N = strlen(buffer);                // 문자열의 길이

    for (int i = 0; i < N; i++) {          // 바이트 단위 전송
        SPI.transfer(buffer[i]);
    }
    SPI.transfer(TERMINATOR);

    digitalWrite(SS, HIGH);                // 슬레이브 선택 해제
    SPI.endTransaction();                  // 전송 종료

    delay(1000);
}
```

마스터를 위한 스케치는 스케치 27.16과 같이 SPI 라이브러리를 사용하여 간단하게 작성할 수 있다. 슬레이브를 위한 코드는 어떨까? 아쉽지만 **아두이노의 SPI 라이브러리는 마스터 모드만 지원**하므로 슬레이브를 위한 코드는 스케치 27.16만큼 쉽게 작성할 수는 없으며 ATmega328의 레지스터를 직접 조작해야 한다. **ATmega328에서 SPI는 인터럽트 방식으로 동작한다.** SPI 통신을 통해 데이터가 수신되면 인터럽트 서비스 루틴ISR: Interrupt Service Routine이 자동으로 호출된다. 이때 ISR의 매개변수로는 SPI 통신을 통한 데이터 수신 인터럽트에 해당하는 SPI_STC_vectSPI Serial Transfer Complete Vector가 주어진다. ATmega328이 SPI에 의한 데이터 수신 인터럽트를 처리하기 위해서는 다음 세 가지 설정이 필요하다.

- SPI 통신을 사용할 수 있도록 설정한다.
- SPI 통신에서 슬레이브로 동작하도록 설정한다.
- SPI 통신을 통해 데이터가 수신된 경우 인터럽트가 발생하도록 설정한다.

위의 세 가지 설정은 모두 SPI Control Register인 SPCR 레지스터에서 해당 비트를 통해 설정할 수 있다. SPCR 레지스터 구조는 그림 27.22와 같다.

비트	7	6	5	4	3	2	1	0
	SPIE	SPE	DORD	MSTR	CPOL	CPHA	SPR1	SPR0
읽기/쓰기	R/W	R/W	R/W	R/W	R/W	R/W	R/W	R/W
초깃값	0	0	0	0	0	0	0	0

그림 27.22 SPCR 레지스터 구조

SPI 통신을 사용할 수 있도록 하기 위해서는 SPCR 레지스터의 6번 비트인 SPESPI Enable 비트를 1로 설정하면 된다. SPI 통신에서 슬레이브로 동작하기 위해서는 4번 비트인 MSTRMaster/Slave Select

비트를 0으로 설정하면 된다. MSTR 비트가 1인 경우에는 마스터로 동작하며 디폴트값은 0으로 슬레이브로 동작한다. SPI 통신을 통해 데이터가 수신된 경우 인터럽트 처리를 허용하기 위해서는 7번 SPIE SPI Interrupt Enable 비트를 1로 설정하면 된다. MSTR, SPE, SPIE는 각각 비트 번호에 해당하는 4, 6, 7의 값을 갖는 상수로 정의되어 있다.

```
#define MSTR        4                    // 1로 설정: SPI 통신 가능
#define SPE         6                    // 0으로 설정: 슬레이브 모드로 동작
#define SPIE        7                    // 1로 설정: 데이터 수신 인터럽트 설정
```

스케치 27.17은 슬레이브가 SPI 통신을 통해 문자열을 수신하고 개행문자를 만나는 경우 시리얼 모니터로 수신된 문자열을 출력하는 예다. 슬레이브가 데이터를 수신하면 인터럽트 서비스 루틴이 호출되며 수신된 데이터는 SPDR SPI Data Register 레지스터에 저장된다.

스케치 27.17 슬레이브로 데이터 전송 – 슬레이브

```
#include <SPI.h>
#define TERMINATOR  '\n'

char buffer[10] = "";                    // 수신된 문자 저장을 위한 버퍼
volatile int pos = 0;                    // 버퍼 내 저장 위치
volatile boolean process_it;             // 시리얼 모니터로 수신 내용 출력 여부

void setup() {
    Serial.begin(9600);

    // SPI 통신을 위한 핀들의 입출력 설정
    pinMode(MISO, OUTPUT);    // 마스터 입력 슬레이브 출력(Master In Slave Out)이므로 출력으로 설정
    pinMode(MOSI, INPUT);
    pinMode(SCK, INPUT);
    pinMode(SS, INPUT);

    // 마스터의 전송 속도에 맞추어 1MHz로 통신 속도를 설정
    SPI.setClockDivider(SPI_CLOCK_DIV16);

    // SPI 통신을 위한 레지스터를 설정
    SPCR |= (1 << SPE);                  // SPI 활성화
    SPCR &= ~(1 << MSTR);                // 슬레이브 모드 선택
    SPCR |= (1 << SPIE);                 // 인터럽트 허용

    process_it = false;
}

// SPI 통신으로 데이터가 수신될 때 발생하는 인터럽트 서비스 루틴
ISR (SPI_STC_vect) {
    byte c = SPDR;                       // 수신된 데이터
```

```
    if (c == TERMINATOR) {                          // 개행문자를 수신한 경우
        buffer[pos] = 0;                            // 문자열 끝 표시
        process_it = true;                          // 시리얼 모니터로 출력
    }
    else {                                          // 개행문자 이외의 문자를 수신한 경우
        buffer[pos] = c;                            // 버퍼에 저장
        pos++;
    }
}

void loop() {
    // 개행문자를 수신하여 지금까지의 수신 내용을 시리얼 모니터로 출력
    if (process_it) {
        Serial.print("마스터 카운터 : ");
        Serial.println(buffer);
        process_it = false;
        pos = 0;
    }
}
```

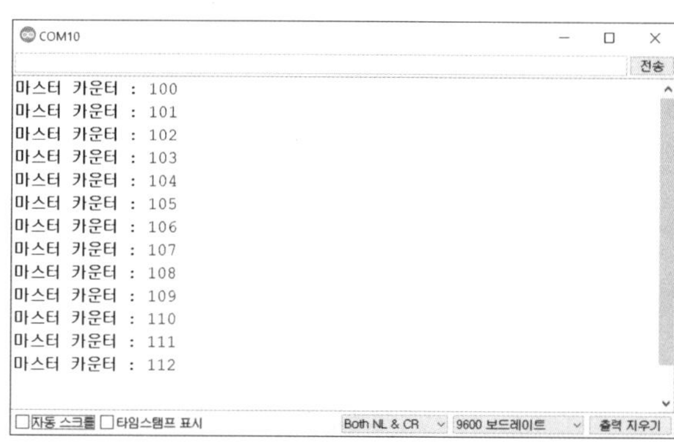

그림 27.23 스케치 27.16과 스케치 27.17 실행 결과

SPI 통신에서 데이터 송수신을 위한 마스터와 슬레이브의 버퍼는 원형 큐를 이루면서 연결되어 있으므로 마스터가 한 바이트의 데이터를 슬레이브로 보내면 슬레이브 역시 한 바이트의 데이터를 마스터로 보낸다. 스케치 27.16에서 `transfer` 함수는 슬레이브에서 마스터로 보내진 데이터를 반환하지만 의미 없는 데이터이므로 사용하지는 않는다.

슬레이브를 위해 1초에 1씩 증가하는 카운터값을 마스터로 전달하는 스케치를 작성해 보자. **마스터가 보낸 데이터를 슬레이브에서 확인하기 위해서는 인터럽트 서비스 루틴에서 SPDR 레지스터를 읽으면 된다.** 마찬가지로 **슬레이브에서 마스터로 데이터를 보내기 위해서는 인터럽트 서비스 루틴에서 SPDR 레지스터에 보낼 데이터를 쓰면 된다.** 즉, SPDR 레지스터는 데이터를 보내고 받는 용도로 모두 사용할 수 있다. 하지만 마스터로 데이터를 보낼 때는 주의해야 할 점이 있다. 바로 시작 바이트가 필요하다는 점이다.

마스터가 슬레이브에 1바이트 데이터를 요청하는 경우를 생각해 보자. `transfer` 함수를 사용하면 매개변수로 지정한 값이 슬레이브로 전달되고 이와 동시에 슬레이브에서 1바이트 데이터가 마스터로 전달된다. 하지만 슬레이브에서 보낸 값은 의미가 없는 값이다. 마스터가 언제 데이터를 요청할지 알 수 없으므로 슬레이브는 아직 마스터로 보낼 데이터를 준비하지 않은 상태에 있다. 즉, 아직 마스터로 보낼 값을 SPDR 레지스터에 쓰지 않았다. 따라서 마스터에서 슬레이브로 보내는 첫 번째 바이트는 슬레이브에게 마스터로 보낼 데이터를 준비하라는 신호에 해당한다. 데이터 준비 신호를 받으면 **슬레이브는 SPDR 레지스터에 값을 쓰고, 이 값은 다음번 데이터 교환에서 마스터로 보내진다.** 이러한 과정은 2바이트 이상의 데이터를 슬레이브에서 얻기 위해서도 마찬가지다. 즉, **슬레이브에서 *N*바이트의 데이터를 받기 위해서는 *N* + 1바이트의 데이터를 슬레이브와 교환해야 한다.**

스케치 27.18은 슬레이브의 카운터값을 5바이트의 문자열로 변환하여 수신하는 마스터를 위한 예로, 2초에 한 번 카운터값을 요청하고 있다. 5바이트 문자열을 수신하기 위해서는 6바이트의 데이터 교환이 필요하며, 마스터는 시작 신호인 '$' 문자와 의미 없는 5바이트의 값을 보낸다. 스케치 27.19는 마스터의 요청에 따라 슬레이브가 카운터값을 문자열로 변환하여 전송하는 예다. 마스터와 마찬가지로 6바이트 데이터를 마스터로 보내야 한다. 마스터가 시작 신호를 보낼 때 슬레이브가 마스터로 보내는 데이터는 중요하지 않지만, 연속된 요청에서 첫 번째 바이트는 '#'이 보내지게 했다. 표 27.7은 마스터가 슬레이브의 카운터값 999, 1001, 1003을 2초 간격으로 수신하는 순서를 나타낸 것이다. SPDR 레지스터에 기록하는 값이 다음번 데이터 교환에서 전송된다는 점, 그리고 999를 수신하는 첫 번째 전송에서는 SPDR 레지스터에 값이 기록되지 않아 '#'이 아닌 임의의 데이터가 보내질 수 있다는 점을 기억해야 한다.

표 27.7 마스터와 슬레이브 사이의 카운터값 교환

전송 순서		첫 번째 카운터값						두 번째 카운터값						세 번째 카운터값					
		1	2	3	4	5	6	7	8	9	10	11	12	13	14	15	16	17	18
마스터	슬레이브로 전송하는 값	$	0	0	0	0	0	$	0	0	0	0	0	$	0	0	0	0	0
슬레이브	SPDR에 쓰는 값 (다음 전송값)	0	0	9	9	9	#	0	1	0	0	1	#	0	1	0	0	3	#
	마스터로 전송하는 값 (이전 SPDR 값)	_*	0	0	9	9	9	#	0	1	0	0	1	#	0	1	0	0	3

* SPDR 레지스터에 값이 준비되지 않아 임의의 값이 전송된다. 이후로는 # 문자가 전송된다.

스케치 27.18 마스터로 고정 길이 문자열 데이터 전송 – 마스터

```
#include <SPI.h>

#define DELAY_BETWEEN_TRANSFER_US 100            // transfer 함수 사이 시간 간격

void setup() {
    SPI.begin();                                 // SPI 통신 초기화
    Serial.begin(9600);
}

void loop() {
    uint8_t from_slave;                          // 슬레이브로부터의 수신 데이터
    String receive_data = "";                    // 수신 데이터 버퍼

    // 안정적인 전송을 위해 전송 속도를 1MHz로 낮춤
    SPI.beginTransaction( SPISettings(1000000, MSBFIRST, SPI_MODE0) );

    digitalWrite(SS, LOW);                       // 슬레이브 선택

    from_slave = SPI.transfer('$');              // 전송 시작 신호 전송
    delayMicroseconds(DELAY_BETWEEN_TRANSFER_US);
    receive_data += (char)from_slave;

    for (int pos = 0; pos < 5; pos++) {          // 5자리 문자열로 변환된 정수 수신
        from_slave = SPI.transfer(0);
        delayMicroseconds(DELAY_BETWEEN_TRANSFER_US);
        receive_data += (char)from_slave;
    }

    digitalWrite(SS, HIGH);                      // 슬레이브 선택 해제
    SPI.endTransaction();                        // 전송 종료

    Serial.print("슬레이브 카운터 : [");
    Serial.print(receive_data + "] ");
    Serial.println(receive_data.substring(1).toInt());

    delay(2000);                                 // 2초에 한 번 요청
}
```

스케치 27.19 마스터로 고정 길이 문자열 데이터 전송 – 슬레이브

```
#include <SPI.h>

unsigned int count = 99;

char transmit_data[6];                           // 전송할 문자열 버퍼
volatile int transmit_count = 0;                 // 전송한 문자 수
volatile boolean transmit_start = false;         // 전송 시작 여부

void setup() {
    Serial.begin(9600);

    // SPI 통신을 위한 핀들의 입출력 설정
    pinMode(MISO, OUTPUT);
    pinMode(MOSI, INPUT);
```

```
    pinMode(SCK, INPUT);
    pinMode(SS, INPUT);

    // 마스터의 전송 속도에 맞추어 1MHz로 통신 속도를 설정
    SPI.setClockDivider(SPI_CLOCK_DIV16);

    SPCR |= _BV(SPE);                               // SPI 활성화
    SPCR &= ~_BV(MSTR);                             // 슬레이브 모드 선택
    SPCR |= _BV(SPIE);                              // 인터럽트 허용
}

// SPI 통신으로 데이터가 수신될 때 발생하는 인터럽트 서비스 루틴
ISR (SPI_STC_vect) {
    uint8_t received = SPDR;                        // 마스터로부터의 수신 데이터
    if (received == '$') {
        transmit_start = true;                      // 데이터 전송 시작
        transmit_count = 0;
        sprintf(transmit_data, "%05d", count);      // 5자리 고정 길이 문자열로 변환
    }

    if (transmit_start) {
        if (transmit_count < 5) {                   // 정수 문자열 데이터
            SPDR = transmit_data[transmit_count];
            transmit_count++;
        }
        else if (transmit_count == 5) {             // 마지막 '#' 문자
            SPDR = '#';
            transmit_start = false;
        }
    }
}

void loop() {
    count++;
    Serial.println(String("슬레이브 카운터 : ") + count);

    delay(1000);                                    // 1초에 한 번 증가
}
```

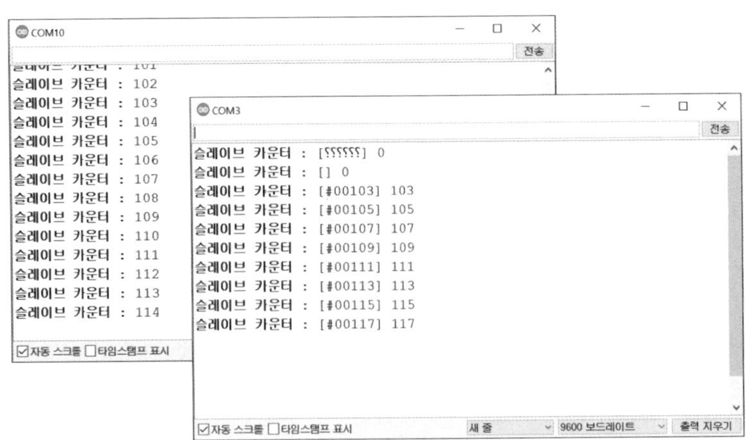

그림 27.24 스케치 27.18과 스케치 27.19 실행 결과

그림 27.24의 실행 결과에서 볼 수 있듯이 슬레이브의 카운터는 1초에 한 번 증가하고 있고, 마스터는 2초에 한 번 슬레이브의 카운터값을 요청하고 있다. 마스터에서 데이터가 정상적으로 수신되지 않은 시작 부분은 슬레이브가 준비되지 않은 상태를 나타낸다.

SPI 통신은 I2C 통신과 마찬가지로 일대다 연결을 지원하지만, 연결하는 슬레이브의 수가 늘어나면 슬레이브 선택(SS)을 위한 연결선의 수 역시 늘어난다. 3개의 아두이노를 그림 27.25와 같이 연결해 보자. 마스터는 COM3, 슬레이브는 COM10과 COM11 포트로 컴퓨터와 연결된 것으로 가정한다.

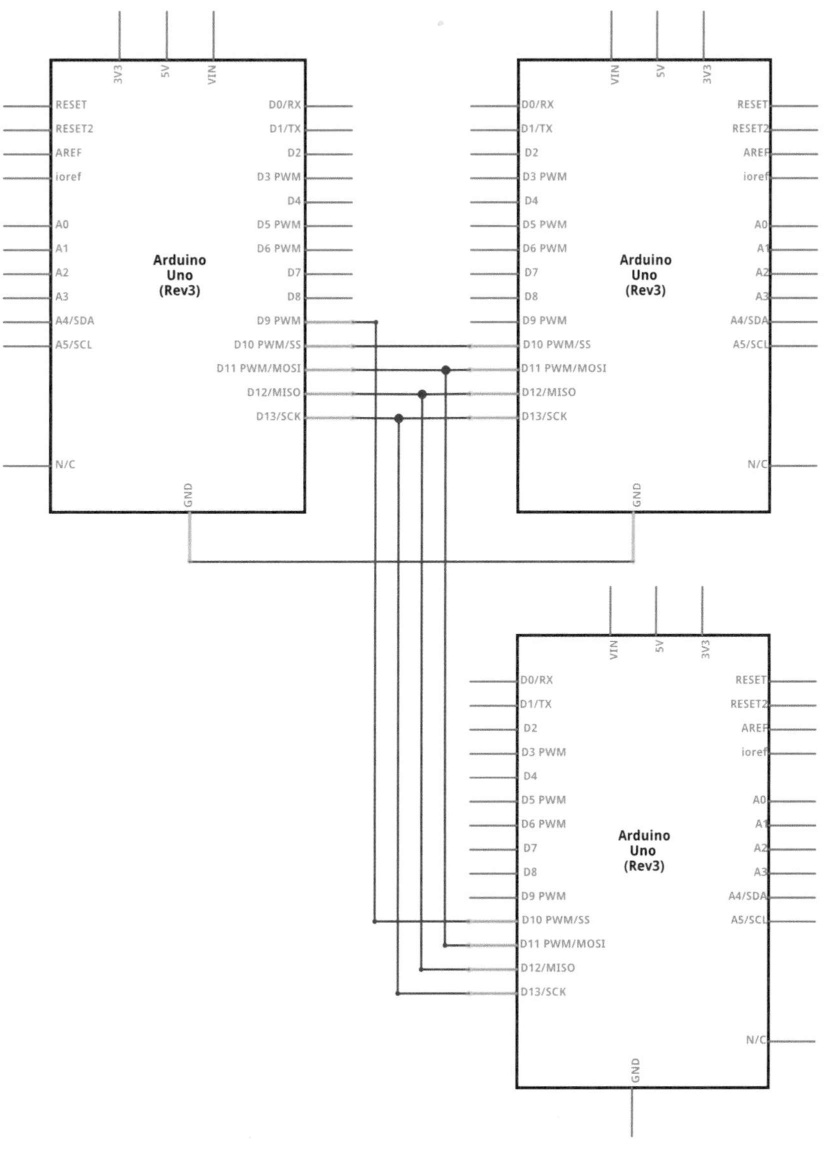

그림 27.25 3개의 아두이노 우노 SPI 연결 회로도

두 슬레이브는 MISO, MOSI, SCK의 3개 연결선을 공유하고 있으며 두 슬레이브를 구별하기 위해서는 슬레이브별로 SS 연결선을 사용해야 한다. 마스터는 두 슬레이브의 슬레이브 선택을 위해 9번과 10번 핀을 사용하고 있으며, 두 슬레이브는 모두 슬레이브 선택으로 10번 핀을 사용하고 있다. 스케치 27.20은 마스터에서 초 단위로 두 슬레이브로 번갈아 카운터값을 전송하는 스케치로, 스케치 27.16과 다르지 않다. 다만 2개의 슬레이브가 연결되어 있으므로 한 번에 하나씩 슬레이브를 번갈아 선택하는 부분에서 차이가 있다.

스케치 27.20 2개 슬레이브로 카운터값 전송 - 마스터

```
#include <SPI.h>
#define TERMINATOR  '\n'

int slave_SS[] = { 10, 9 };                         // 슬레이브 선택 핀
byte which_one = 0;                                 // 슬레이브 번호

int count = 99;

void setup() {
    SPI.begin();                                    // SPI 통신 초기화

    // 10번 SS 핀에 대해서는 설정 작업이 필요하지 않다.
    pinMode(slave_SS[1], OUTPUT);                   // SS 핀을 출력으로 설정
    digitalWrite(slave_SS[1], HIGH);                // SS 핀으로 HIGH 출력
}

void loop() {
    which_one = (which_one + 1) % 2;                // 슬레이브 번호를 번갈아 선택

    // 안정적인 전송을 위해 전송 속도를 1MHz로 낮춤
    SPI.beginTransaction( SPISettings(1000000, MSBFIRST, SPI_MODE0) );

    count++;                                        // 카운터값 증가
    digitalWrite(slave_SS[which_one], LOW);         // 슬레이브 선택

    char buffer[6] = "";
    sprintf(buffer, "%d", count);                   // 카운터값을 문자열로 변환
    int N = strlen(buffer);                         // 문자열의 길이

    for (int i = 0; i < N; i++) {                   // 바이트 단위 전송
        SPI.transfer(buffer[i]);
    }
    SPI.transfer(TERMINATOR);

    digitalWrite(slave_SS[which_one], HIGH);        // 슬레이브 선택 해제
    SPI.endTransaction();                           // 전송 종료

    delay(1000);
}
```

마스터를 위한 스케치가 스케치 27.16과 크게 다르지 않다면 슬레이브를 위한 스케치는 스케치 27.17을 그대로 사용하면 된다. I2C 통신의 경우 슬레이브별로 주소를 달리 지정한다는 차이는 있었지만, SPI 통신의 경우 물리적인 슬레이브 선택 핀을 사용하며 두 슬레이브가 같은 핀을 슬레이브 선택 핀으로 사용하고 있으므로 슬레이브에 따라 스케치를 수정할 필요가 없다.

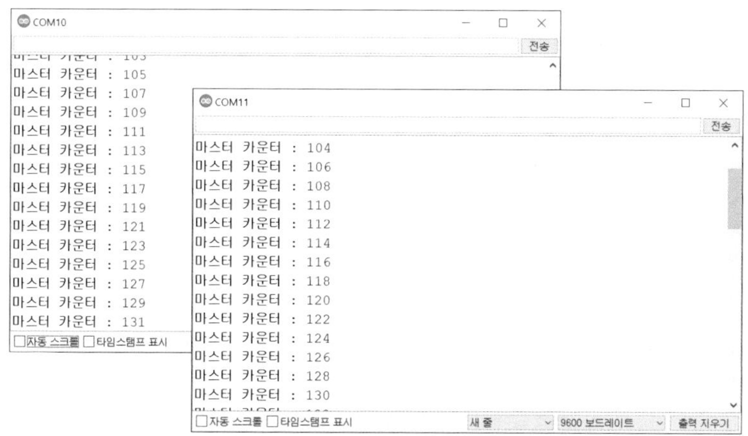

그림 27.26 **스케치 27.20과 스케치 27.17 실행 결과**

27.5 맺는말

2개 이상의 아두이노를 연결하여 사용하는 경우는 흔히 볼 수 있으며, 2개 이상의 아두이노를 연결하는 방법 역시 다양하다. 이 장에서는 유선 통신을 중심으로 하고, 그중에서도 아두이노에서 기본적으로 지원하는 UART, I2C, SPI 등의 시리얼 통신을 사용하여 아두이노를 연결하는 방법을 살펴봤다. 또한 시리얼 블루투스 모듈을 사용하여 UART 통신을 위한 스케치를 거의 그대로 사용할 수 있는 블루투스 역시 살펴봤다. 여러 가지 연결 방법 중에서도 UART 통신의 예를 다양하게 다룬 이유는 UART 통신이 아두이노를 연결하는 데 흔히 사용되기 때문이기도 하지만, UART 통신에서 사용한 방법들을 다른 시리얼 통신에서도 사용할 수 있기 때문이다.

UART 통신과 비교했을 때 I2C 통신이나 SPI 통신의 장점은 3개 이상의 아두이노를 쉽게 연결할 수 있다는 점이다. 아두이노에서 제공하는 라이브러리를 사용하면 마스터에서 슬레이브로 데이터를 전달하는 것이 그리 어렵지 않다. 하지만 문제는 슬레이브에서 마스터로 데이터를 전송하는 경우다. 이 장에서 살펴본 예들은 다양한 예외 처리를 생략했으므로 간단해 보일 수도 있지만, 실제로는 이보다 훨씬 복잡하다. 특히 I2C와 SPI 통신에서는 마스터가 모든 통신 과정을 책임져야 하므로 슬레이브로부터 수신할 데이터의 크기를 정확하게 알고 있어야 한다. 따라서 I2C와 SPI 통신에서는 데이터 전송 방식을 엄밀히 정의해야 하고 이를 반드시 지켜야 하므로 UART 통신보다는 양방향 통신을 구현하기가 쉽지 않다. 다행히 3개 이상의 아두이노를 함께 사용하는 일은 그리 흔하지 않으므로 아두이노 사이에 연결이 필요한 경우 대부분은 UART 통신을 사용하여 간단한 연결과 자유로운 통신이 가능할 것이다.

1 그림 27.8과 같이 마스터와 슬레이브 역할을 하는 아두이노에 블루투스 모듈을 연결하자. 슬레이브에는 4번부터 11번까지 8개의 LED를 연결한다. 마스터에서는 시리얼 모니터로 8개 LED를 비트 단위로 제어하는 0부터 255 사이의 정수 문자열을 입력받아 이를 1바이트 크기의 정수로 변환하여 슬레이브로 보내고, 슬레이브는 1바이트의 데이터를 받아 LED를 그에 따라 제어하도록 스케치를 작성해 보자.

2 그림 27.12와 같이 2개의 아두이노를 I2C 통신으로 연결하고 슬레이브의 A0 핀에 가변저항을 연결하자. 마스터에서는 1초에 한 번 가변저항의 값을 요청하고 슬레이브는 4자리의 고정 길이 문자열과 체크섬까지 5바이트로 가변저항값을 반환하는 스케치를 작성해 보자. 체크섬은 표 27.2와 스케치 27.7의 예를 참고하면 된다.

```
COM3
가변저항값 : 0 (데이터 정상)
가변저항값 : 0 (데이터 정상)
가변저항값 : 26 (데이터 정상)
가변저항값 : 107 (데이터 정상)
가변저항값 : 158 (데이터 정상)
가변저항값 : 243 (데이터 정상)
가변저항값 : 369 (데이터 정상)
가변저항값 : 496 (데이터 정상)
가변저항값 : 635 (데이터 정상)
가변저항값 : 810 (데이터 정상)
가변저항값 : 933 (데이터 정상)
가변저항값 : 1023 (데이터 정상)
가변저항값 : 1023 (데이터 정상)
자동 스크롤 타임스탬프 표시 새 줄
```

3) 그림 27.19와 같이 2개의 아두이노를 SPI 통신으로 연결하고 슬레이브의 8번 핀에 LED를 연결하자. 마스터에서는 시리얼 모니터를 통해 문자를 입력받는다. 입력받은 문자가 'o'나 'O'인 경우에는 슬레이브로 8번 핀에 연결된 LED를 켜는 명령을 전송하고, 'x'나 'X'인 경우에는 슬레이브로 8번 핀에 연결된 LED를 끄는 명령을 전송하는 스케치를 작성해 보자. 슬레이브는 수신된 명령에 따라 LED를 제어한다.

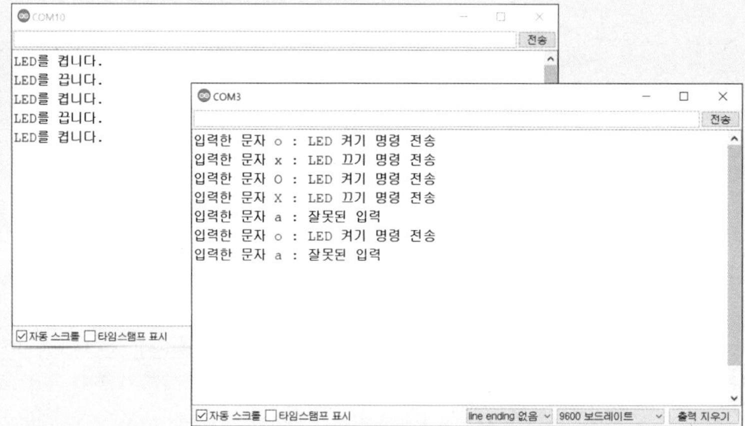

CHAPTER

28

입출력 확장

마이크로컨트롤러는 간단한 제어 장치를 만들기 위해 주로 사용되므로 입출력 핀의 수가 많지 않은 것이 사실이다. 하지만 가끔은 마이크로컨트롤러에 많은 수의 입력 또는 출력 장치를 연결하여 사용해야 하는 경우가 있다. 이처럼 입출력 핀의 수가 부족할 때 사용할 수 있는 방법 중 하나가 전용 칩을 사용하여 입출력 핀을 확장하는 것이다. 이 장에서는 아두이노에서 디지털 및 아날로그 입출력 핀 확장을 위해 사용할 수 있는 다양한 전용 칩의 사용 방법을 알아본다.

이 장에서 사용할 부품

- 아두이노 우노 × 1 ➡ 입출력 확장 테스트
- 74595 칩 × 1 ➡ 디지털 데이터 출력 확장 칩
- LED × 8
- 220Ω 저항 × 8
- 74165 칩 × 1 ➡ 디지털 데이터 입력 확장 칩
- 푸시 버튼 × 8
- 1kΩ 저항 × 8 ➡ 푸시 버튼 풀다운 저항
- MCP23017 칩 × 1 ➡ 디지털 데이터 입출력 확장 칩
- 744051 칩 × 1 ➡ 아날로그 멀티플렉서
- 가변저항 × 2

아두이노 우노에 사용된 ATmega328 마이크로컨트롤러는 28개의 핀을 갖고 있으며 이 중 20개는 입출력 핀으로 사용할 수 있다. 아두이노 우노에서도 ATmega328의 입출력 핀 20개 전부를 사용할 수 있도록 핀 헤더를 제공하고 있다. 하지만 키보드를 만든다면 100개에 달하는 푸시 버튼이 필요할 수 있고, 크리스마스 트리 장식을 만든다면 100개에 달하는 LED가 필요할 수 있으므로 이러한 경우라면 20개의 입출력 핀으로는 부족한 것이 사실이다. 적은 수의 핀을 사용하여 많은 수의 핀을 사용하는 것과 유사한 효과를 얻는 방법으로 4자리 7세그먼트 표시장치나 LED 매트릭스에서 사용하는 잔상 효과와 키패드에서 사용하는 키 스캔 등이 있지만, 이러한 방법들은 모두 많은 수의 입출력 핀을 사용하는 것과 비슷한 효과를 내는 방법이다. 즉, 소프트웨어를 통해 비슷한 효과를 내는 방법이므로 많은 연산이 필요하다는 단점이 있다. 전용 칩을 사용한다면 이러한 단점은 피할 수 있어 연산 능력이 높지 않은 아두이노에서 흔히 사용되는 방법 중 하나다. 이 장에서는 디지털 및 아날로그 입출력 핀을 확장하기 위해 사용할 수 있는 여러 가지 전용 칩의 사용 방법을 살펴볼 것이다.

전용 칩을 사용하여 입출력을 확장하는 방법은 시리얼 통신을 사용하는 것과 기본적으로 같다. UART 시리얼 통신의 경우 데이터 전송을 위해 사용되는 핀은 RX와 TX의 2개뿐이다. UART 시리얼 통신을 사용하는 텍스트 LCD로 알파벳 대문자 'A'를 전달한다고 생각해 보자. 아두이노 우노의 ATmega328 마이크로컨트롤러는 8비트 단위로 데이터를 처리하므로 8비트 데이터가 8개 연결선을 통해 동시에 이동한다. 하지만 TX 핀으로 'A'에 해당하는 아스키 코드값인 65(= $0100\ 0001_2$)를 보낼 때는 비트 단위로 8번에 나누어 보낸다. 이때 필요한 것이 병렬 데이터를 직렬로 변환하는 하드웨어다. 비트 단위의 데이터를 8번에 걸쳐 수신한 텍스트 LCD는 이를 바이트 단위의 데이터인 65로 조합하여 화면에 알파벳 대문자 'A'를 표시한다. 이때 필요한 하드웨어는 앞에서와는 반대인 직렬 데이터를 병렬로 변환하는 하드웨어다.

직렬 데이터를 병렬로 변환하기 위해서는 74595 칩이 흔히 사용된다. 74595 칩은 직렬 입력 병렬 출력SIPO: Serial In Parallel Out 이동 레지스터shift register라고 불리며, 직렬로 입력된 데이터를 병렬로 변환하여 출력하는 역할을 한다. 반면, 74165 칩은 병렬 입력 직렬 출력PISO: Parallel In Serial Out 이동 레지스터라고 불리며, 병렬로 입력된 데이터를 직렬로 변환하여 출력하는 역할을 한다. 74595 레지스터는 마이크로컨트롤러에서 직렬로 출력한 데이터를 이용하여 많은 수의 LED를 병렬로 제어하기 위해 사용할 수 있으며, 74165 레지스터는 많은 수의 버튼 입력을 직렬 데이터로 변환하여 마이크로컨트롤러로 전달하기 위해 사용할 수 있다.

74595와 74165 칩은 한 방향으로만 데이터 전달이 가능하므로 출력 또는 입력 확장을 위해 사용할 수 있다. 반면, MCP23017 칩은 양방향으로 데이터 전달이 가능하므로 입력과 출력 확장 모두를 위해 사용될 수 있으며, 다른 칩과 달리 16개의 입출력 확장이 가능하다. 또한 MCP23017 칩은 I2C 통신을 사용하므로 여러 개의 MCP23017 칩을 연결하여 사용할 수 있는 것도 장점 중 하나다.

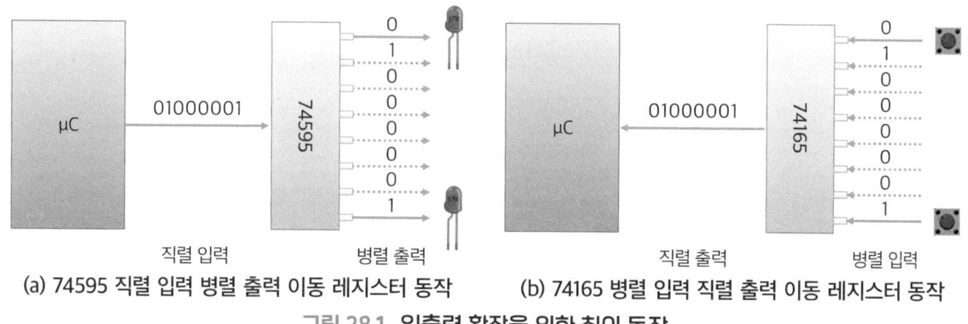

(a) 74595 직렬 입력 병렬 출력 이동 레지스터 동작 (b) 74165 병렬 입력 직렬 출력 이동 레지스터 동작

그림 28.1 입출력 확장을 위한 칩의 동작

아날로그 핀의 확장은 디지털 핀의 확장과 달리 멀티플렉서를 사용한다. 멀티플렉서는 여러 개의 입력 중 하나를 선택하기 위해 사용하는 논리 회로로, 여러 개의 아날로그 입력 중 하나만을 선택하여 아날로그 입력 핀으로 연결하는 스위치로 생각할 수 있다. 이 장에서 사용하는 744051 멀티플렉서는 아날로그 신호뿐만 아니라 디지털 신호를 멀티플렉싱하기 위해서도 사용할 수 있다. 멀티플렉서를 사용하여 N개의 입력 중 하나만 선택하여 전송하는 경우 나머지 $N - 1$개 입력은 버려진다는 점이 디지털 핀 확장과는 차이가 있다.

28.1 74595: 디지털 데이터 출력 확장

74595는 16핀의 칩으로 하나의 데이터 입력 핀과 2개의 제어 핀, 총 **3개의 출력 핀을 사용하여 8개의 출력을 사용할 수 있게 해준다.**

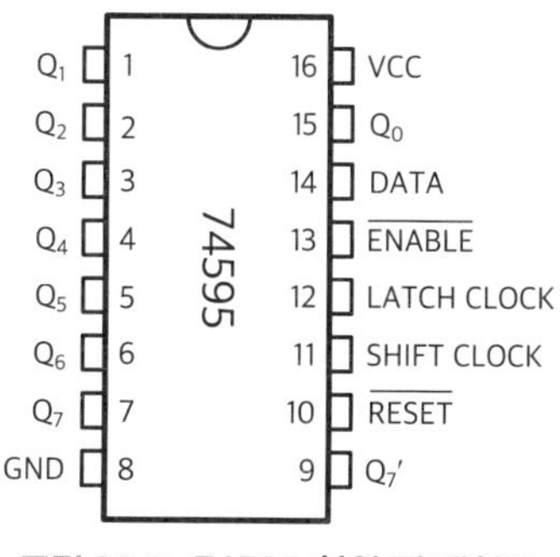

그림 28.2 74595 칩의 핀 배치도

표 28.1 74595 칩 핀 설명

핀 번호	핀 이름	설명
15, 1, 2, 3, 4, 5, 6, 7	Q_n(n = 0, ..., 7)	병렬 데이터 출력
8	GND	
9	Q_7'	다른 74595 칩으로 데이터 출력
10	RESET	리셋(Active Low)
11	SHIFT CLOCK	74595 칩 내 데이터 이동
12	LATCH CLOCK	74595 칩 내 저장된 8비트 데이터 출력
13	ENABLE	데이터 출력 활성화(Active Low)
14	DATA	시리얼 데이터 입력 핀
16	VCC	

74595 칩은 직렬로 1비트씩 8번에 걸쳐 8비트 데이터를 입력받아 이를 한 번에 병렬로 출력하며 이를 위해 내부에 8비트의 메모리(래치)를 갖고 있다. 그림 28.2에서 14번 데이터 핀이 직렬 입력에 해당하며, Q_0~Q_7은 데이터의 병렬 출력에 해당하는 핀이다. 74595 칩은 11번과 12번 핀에 이동 클록과 래치 클록의 2개 클록을 사용한다. 11번 핀의 이동 클록shift clock은 14번 핀으로 입력된 데이터를 수신하여 74595 내부 메모리에서 1비트씩 이동시키기 위해 사용된다. 반면, 12번 핀의 래치 클록latch clock(또는 저장장치storage 클록)은 74595 칩에서 병렬로 데이터가 출력되는 시점을 결정하는 클록이다. **이동 클록이 8번 발생하면 8비트 데이터의 전송이 완료되어 8비트 래치에 저장되고, 이때 래치 클록이 발생하면 현재 래치에 저장된 데이터가 Q_0에서 Q_7 핀을 통해 병렬로 출력된다.** 출력 가능output enable 핀에 LOW가 가해졌을 때 병렬 출력 핀으로 데이터 출력이 가능하므로 출력 가능 핀을 GND(LOW 상태)에 연결하고 출력 시점은 래치 클록으로 조절함으로써 병렬 데이터를 출력할 수 있다. 물론 래치 클록을 이동 클록과 같이 설정하고, 8비트 데이터가 전송된 이후 출력 가능 핀에 LOW를 가하여 병렬 데이터를 출력할 수도 있다. 이 장에서는 첫 번째 방법을 사용한다.

10번 리셋reset 핀은 비동기 초기화 핀으로 VCC에 연결하면 아무런 동작도 수행하지 않는다. 9번 Q_7'는 레지스터의 값을 직렬로 출력하는 핀으로 74595를 여러 개 연결할 수 있게 해준다. 9번 Q_7' 핀을 다른 74595의 데이터 핀으로 연결하면 3개의 디지털 입출력 핀으로 16비트 또는 그 이상의 데이터를 병렬로 출력하도록 구성할 수 있다. 표 28.2는 '0000 0000'으로 초기화된 74595 칩에 1비트의 HIGH 데이터가 8번 전달되는 과정을 보여준다. 이동 클록이 발생할 때마다 74595 내의 8비트 래치는 왼쪽 비트 이동 연산 후 현재 데이터 핀의 값이 LSB에 추가된다. 왼쪽 이동 연산으로 버려지는 값이 출력되는 핀이 9번 Q_7' 핀이다.

표 28.2 74595 칩에 데이터가 저장되는 과정

이동 클록	MSB Q_7	Q_6	Q_5	Q_4	Q_3	Q_2	Q_1	LSB Q_0
0	0	0	0	0	0	0	0	0
1	0	0	0	0	0	0	0	1
2	0	0	0	0	0	0	1	1
3	0	0	0	0	0	1	1	1
4	0	0	0	0	1	1	1	1
5	0	0	0	1	1	1	1	1
6	0	0	1	1	1	1	1	1
7	0	1	1	1	1	1	1	1
8	1	1	1	1	1	1	1	1

74595 칩을 그림 28.3과 같이 아두이노 우노에 연결하자. 데이터 핀은 8번, 래치 클록 핀은 9번, 이동 클록 핀은 10번에 연결했다.

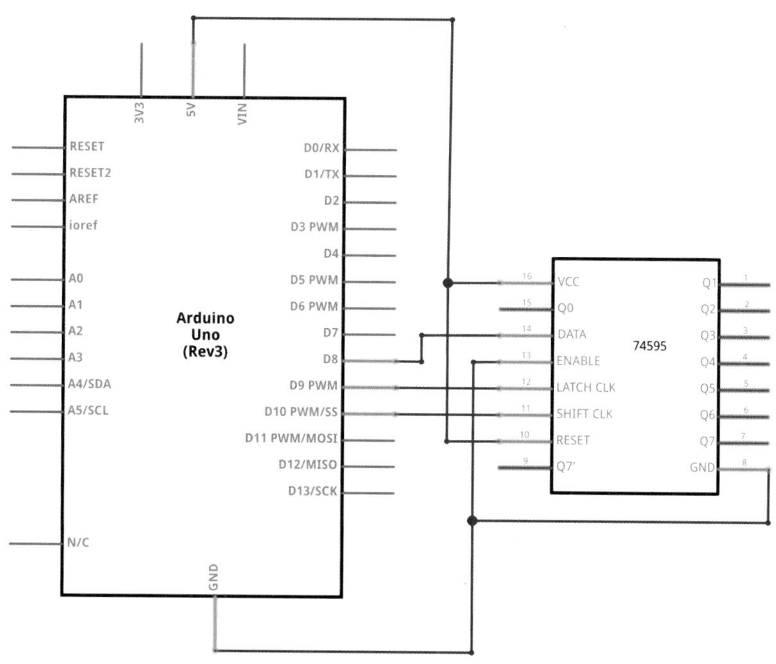

그림 28.3 74595 칩 연결 회로도

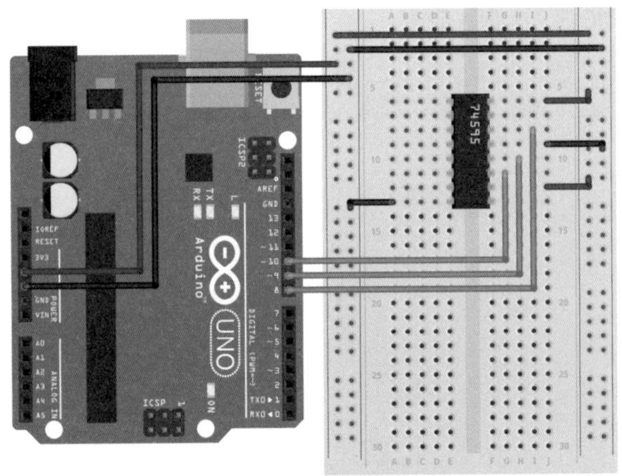

그림 28.4 **74595 칩 연결 회로**

8개 LED는 그림 28.5와 같이 74595 칩의 Q_0에서 Q_7 핀으로 연결한다.

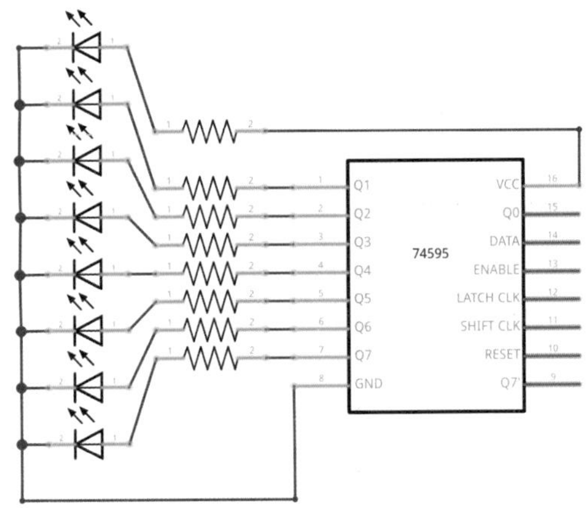

그림 28.5 **74595 칩과 LED 연결 회로도**

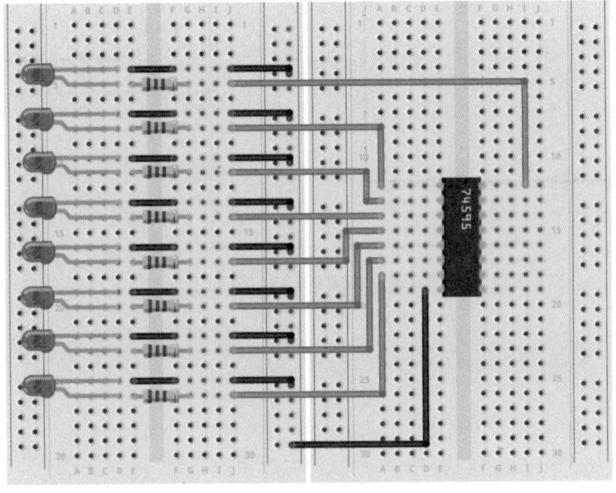

그림 28.6 **74595 칩과 LED 연결 회로**

스케치 28.1은 이동 클록과 래치 클록을 통해 데이터를 74595 칩으로 전달하는 과정을 보여준다. shiftOut 함수는 8비트 데이터를 전송하는 함수로, 여기서는 0의 값을 전송하여 74595 내의 래치에 저장된 값을 0으로 만드는 데 사용했다.

■ shiftOut

void shiftOut(uint8_t dataPin, uint8_t clockPin, uint8_t bitOrder, uint8_t value)

- 매개변수
  - dataPin: 데이터 출력 핀
  - clockPin: 이동 클록 출력 핀
  - bitOrder: 비트 출력 순서로 MSB 우선(MSBFIRST) 또는 LSB 우선(LSBFIRST)
  - value: 출력될 바이트 단위 데이터
- 반환값: 없음

지정한 번호의 데이터 핀(dataPin)으로 바이트 단위의 값(value)을 출력 순서(bitOrder)에 따라 출력한다. 출력 순서는 MSB나 LSB부터 출력하도록 지정할 수 있으며, 하나의 비트가 출력된 이후에는 clockPin으로 펄스를 출력하여 데이터를 이동시키는 데 사용한다.

스케치 28.1 비트 단위 데이터 출력

```
int DATA_PIN = 8;
int LATCH_CLOCK_PIN = 9;
int SHIFT_CLOCK_PIN = 10;

void setup() {
    pinMode(DATA_PIN, OUTPUT);                  // 데이터와 제어 핀을 출력으로 설정
    pinMode(LATCH_CLOCK_PIN, OUTPUT);
    pinMode(SHIFT_CLOCK_PIN, OUTPUT);

    // 레지스터 내 데이터를 모두 0으로 설정
    digitalWrite(LATCH_CLOCK_PIN, LOW);
    shiftOut(DATA_PIN, SHIFT_CLOCK_PIN, MSBFIRST, 0);
    digitalWrite(LATCH_CLOCK_PIN, HIGH);
}

void loop() {
    digitalWrite(DATA_PIN, HIGH);               // 래치에 기록할 데이터
    for (int i = 0; i < 8; i++) {
        // 상승 에지에서 왼쪽 이동 후 LSB에 DATA 핀 값 추가
        digitalWrite(SHIFT_CLOCK_PIN, LOW);
        digitalWrite(SHIFT_CLOCK_PIN, HIGH);

        // 상승 에지에서 현재 래치의 8비트값을 출력
        digitalWrite(LATCH_CLOCK_PIN, LOW);
        digitalWrite(LATCH_CLOCK_PIN, HIGH);
```

```
        delay(500);
    }

    digitalWrite(DATA_PIN, LOW);                    // 래치에 기록할 데이터
    for (int i = 0; i < 8; i++) {
        digitalWrite(SHIFT_CLOCK_PIN, LOW);
        digitalWrite(SHIFT_CLOCK_PIN, HIGH);

        digitalWrite(LATCH_CLOCK_PIN, LOW);
        digitalWrite(LATCH_CLOCK_PIN, HIGH);

        delay(500);
    }
}
```

스케치 28.1을 업로드하면 LSB부터 하나씩 LED가 켜지고, 8개 LED가 다 켜지면 LSB부터 하나씩 LED가 꺼져 8개 LED가 모두 꺼지는 과정을 반복한다.

스케치 28.1에서는 이동 클록과 래치 클록의 기본적인 동작을 보이기 위해 1비트씩 데이터를 전달하는 과정을 보였지만, 실제 사용할 때는 8비트씩 데이터를 출력하는 경우가 대부분이며 8비트 데이터를 한 번에 전달하기 위해 shiftOut 함수를 사용한다. 스케치 28.2는 shiftOut 함수를 사용하여 8개 LED 중 한 번에 하나씩만 켜지고, 켜지는 위치가 이동하게 하는 예다.

스케치 28.2 바이트 단위 데이터 출력

```
int DATA_PIN = 8;
int LATCH_CLOCK_PIN = 9;
int SHIFT_CLOCK_PIN = 10;

void setup() {
    pinMode(DATA_PIN, OUTPUT);                      // 데이터와 제어 핀을 출력으로 설정
    pinMode(LATCH_CLOCK_PIN, OUTPUT);
    pinMode(SHIFT_CLOCK_PIN, OUTPUT);
}

void loop() {
    byte data = 1;

    for (int i = 0; i < 8; i++) {
        digitalWrite(LATCH_CLOCK_PIN, LOW);
        // 8개 비트를 MSB 우선으로 전송하면 74595의 출력 순서와 일치함
        shiftOut(DATA_PIN, SHIFT_CLOCK_PIN, MSBFIRST, data << i);
        // 래치 클록의 상승 에지에서 래치 데이터 출력
        digitalWrite(LATCH_CLOCK_PIN, HIGH);

        delay(500);
    }
}
```

28.2 74165: 디지털 데이터 입력 확장

74165 칩 역시 16핀의 칩으로 하나의 데이터 입력 핀과 2개의 제어 핀, 총 **3개의 핀을 사용하여 8개의 디지털 데이터 입력을 사용할 수 있게 해준다.** 74595 칩의 경우 3개의 핀을 모두 출력으로 설정했지만, 74165 칩은 데이터 입력을 위해 사용되므로 제어 핀 2개는 출력으로 설정하지만 데이터 입력 핀은 입력으로 설정해야 한다.

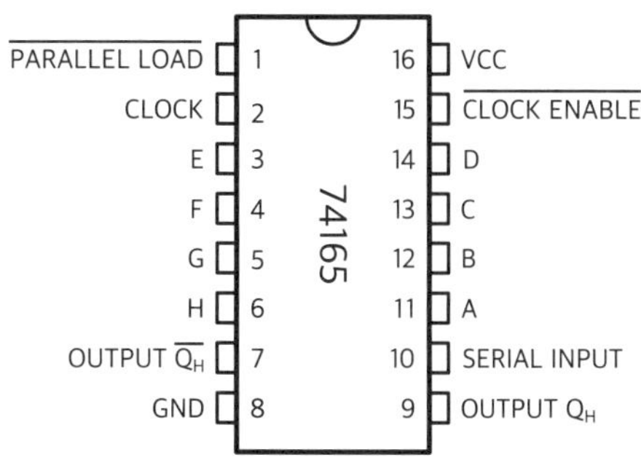

그림 28.7 74165 칩의 핀 배치도

표 28.3 74165 칩 핀 설명

핀 번호	핀 이름	설명
1	PARALLEL LOAD	병렬 데이터의 래치 저장(Active Low)
2	CLOCK	74165 칩 내 데이터 이동 및 출력
11, 12, 13, 14, 3, 4, 5, 6	A, B, C, D, E, F, G, H	병렬 데이터 입력
7	OUTPUT $\overline{Q_H}$	반전된 직렬 데이터 입력
8	GND	
9	OUTPUT Q_H	직렬 데이터 입력
10	SERIAL INPUT	다른 74165 칩에서 직렬 데이터 입력
15	CLOCK ENABLE	클록 기능 활성화(Active Low)
16	VCC	

74165 칩은 내부에 8비트 메모리가 포함되어 있어 현재 입력이 저장된다. 입력이 가해지는 핀은 11번부터 14번까지의 핀과 3번부터 6번까지의 핀으로 이 장에서는 8개의 버튼을 연결하여 사용한다. 8개의 입력(A~H)이 직렬로 출력되는 핀은 7번 $\overline{Q_H}$와 9번 Q_H 핀으로 서로 반전된 값이 출력된다.

직렬 입력Serial Input 핀은 여러 개의 74165 칩을 연결하는 경우 다른 74165 칩의 출력을 연결하는 용도로 사용한다. 2개의 74165 칩을 연결하여 사용하면 3개의 연결 핀으로 16개의 디지털 입력 핀을 사용할 수 있다.

74165 칩은 8개의 입력을 칩 내부의 메모리에 저장하는 단계와 저장된 8비트의 값을 직렬로 출력하는 두 단계를 거쳐 사용한다. 저장 단계는 병렬 저장parallel load 핀에 LOW 값이 가해질 때 발생하므로 평소에는 병렬 저장 핀에 HIGH 값을 가하고, 데이터를 읽어 들일 시점에서 LOW 값으로 변경하면 된다.

직렬 출력 단계는 병렬 저장 핀에 HIGH 값이 가해지고, 클록 활성화clock enable 핀에 LOW 값이 가해진 상태여야 한다. 클록 활성화 핀에 HIGH 값이 가해지면 74165 칩의 직렬 출력을 사용할 수 없으며, 저장 단계는 클록 활성화 핀의 값과 무관하게 동작하므로 클록 활성화 핀은 GND에 연결하여 사용할 수 있다. 비트 단위의 데이터 전송은 클록clock 핀이 LOW에서 HIGH로 변하는 상승 에지에서 일어난다.

74165 칩과 그림 28.8과 같이 아두이노 우노에 연결하자. 데이터 로드 핀은 8번, 클록 핀은 9번, 데이터 입력 핀은 10번에 연결한다.

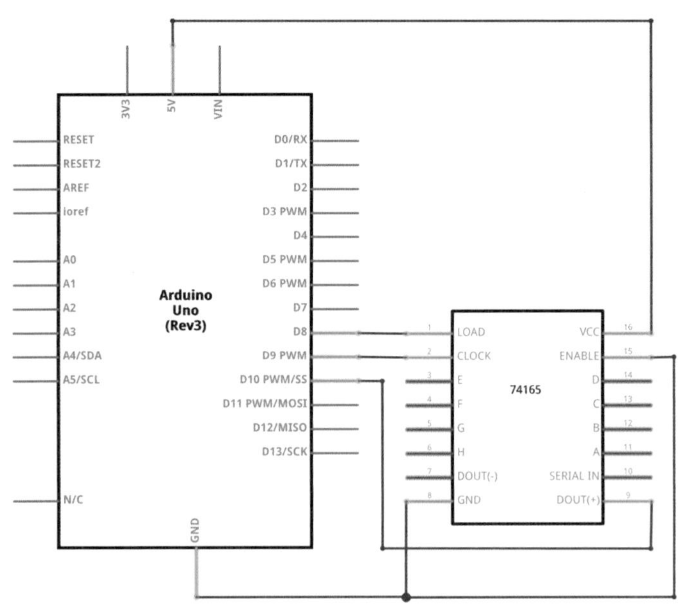

그림 28.8 **74165 연결 회로도**

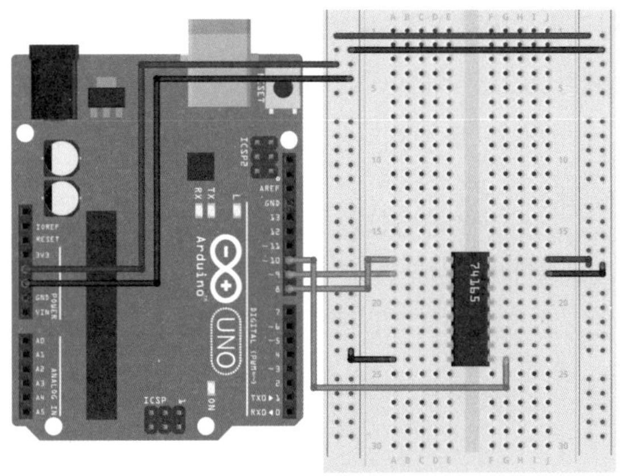

그림 28.9 **74165 연결 회로**

8개 버튼은 풀다운 저항을 사용하여 그림 28.10과 같이 74165 칩의 A에서 H까지 병렬 입력 핀에 연결한다.

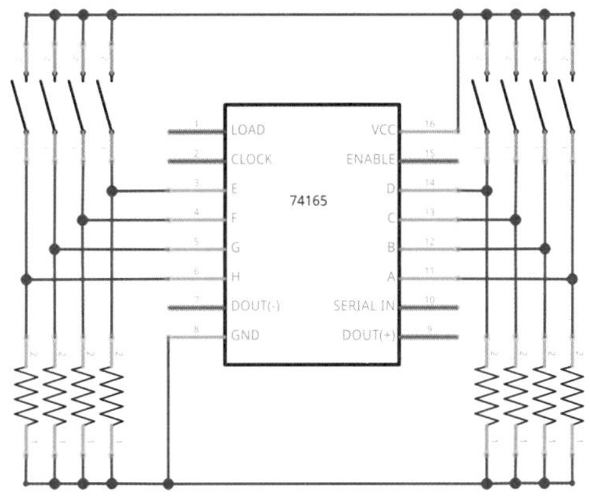

그림 28.10 **74165 칩과 버튼 연결 회로도**

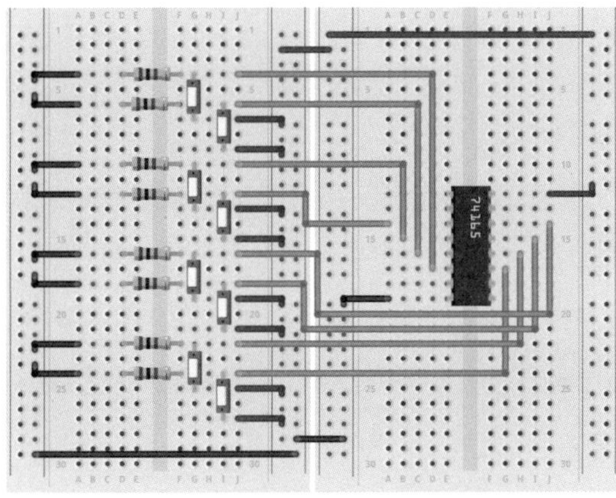

그림 28.11 **74165 칩과 버튼 연결 회로**

스케치 28.3은 3개의 디지털 입출력 핀을 사용하여 8개의 버튼 입력을 받아 시리얼 모니터로 출력하는 예다. 직렬로 데이터를 읽을 때는 MSB에 해당하는 H부터 읽으며, 병렬 저장 명령 후에는 데이터를 읽을 준비가 된 상태이므로 데이터를 읽은 후에 다음 데이터를 읽기 위한 클록을 발생시켜야 한다는 점에 주의해야 한다.

스케치 28.3 74165 칩을 통한 버튼 상태 읽기

```
#define PULSE_WIDTH 5

int LOAD_PIN = 8;                               // 데이터 로드
int CLOCK_PIN = 9;                              // 클록
int DATA_PIN = 10;                              // 데이터 입력

byte buttonValues, oldbuttonValues;

byte readButtons() {
    digitalWrite(LOAD_PIN, LOW);                // 메모리에 버튼 상태를 저장하는 단계
    delayMicroseconds(PULSE_WIDTH);
    digitalWrite(LOAD_PIN, HIGH);

    byte byteValue = 0;
    for (int i = 0; i < 8; i++){                // H부터 A 순서로 비트 데이터 읽기
        byteValue = (byteValue << 1) | digitalRead(DATA_PIN);

        digitalWrite(CLOCK_PIN, HIGH);          // 다음 비트 읽기
        delayMicroseconds(PULSE_WIDTH);
        digitalWrite(CLOCK_PIN, LOW);
    }

    return byteValue;                           // 8개 버튼값 반환
}

void displayButtonState() {
    Serial.print("현재 버튼 상태 : ");
    for (int i = 0; i < 8; i++) {
        boolean onoff = (buttonValues >> (7 - i)) & 0x01;
        Serial.print(onoff ? "O " : ". ");
    }
    Serial.println();
}

void setup() {
    Serial.begin(9600);

    pinMode(LOAD_PIN, OUTPUT);                  // 데이터 로드와 클록은 출력
    pinMode(CLOCK_PIN, OUTPUT);
    pinMode(DATA_PIN, INPUT);                   // 데이터 입력은 입력

    digitalWrite(CLOCK_PIN, LOW);
    digitalWrite(LOAD_PIN, HIGH);
```

```
        buttonValues = readButtons();
        displayButtonState();
        oldbuttonValues = buttonValues;
}

void loop() {
        buttonValues = readButtons();

        if (buttonValues != oldbuttonValues) {
                displayButtonState();
                oldbuttonValues = buttonValues;
        }

        delay(10);                                                    // 디바운스
}
```

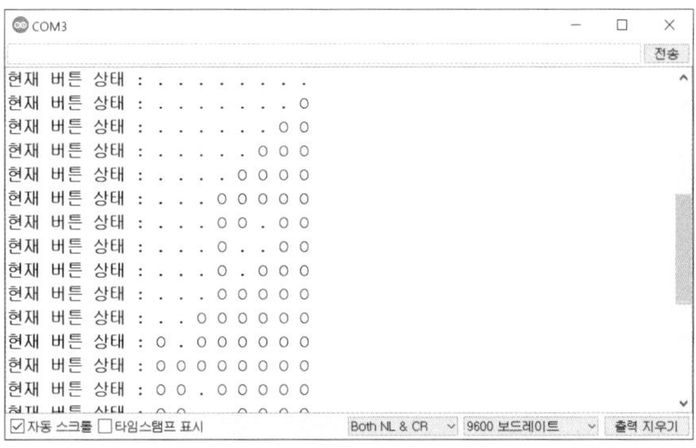

그림 28.12 스케치 28.3 실행 결과

28.3 MCP23017: 디지털 데이터 입출력 확장

74595와 74165 칩이 3개의 입출력 핀으로 8개의 출력이나 입력 핀을 사용할 수 있게 해주는 칩이라면, **MCP23017 칩은 I2C 통신을 사용하여 2개의 입출력 핀만으로 16개의 입출력 핀을 사용할 수 있게 해주는 칩이다.** I2C 통신을 사용하는 장치는 주소가 다르다면 여러 개의 장치를 2개의 연결선만을 사용하여 연결할 수 있다. **MCP23017 칩은 3비트 주소 비트를 제공하므로 최대 8개까지 동시에 연결하여 사용**할 수 있으므로 최대 128개(= 16 × 8)의 입출력 핀을 사용할 수 있다. MCP23017은 28개의 핀을 가지며 16비트의 입출력을 뱅크$_{\text{bank}}$라 불리는 8비트 단위의 그룹으로 나누어 관리한다.

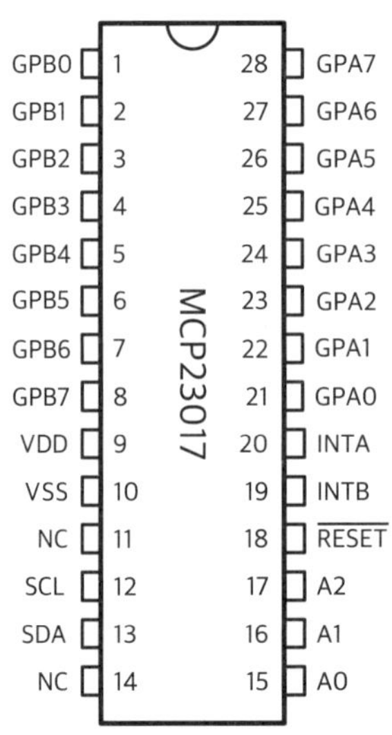

그림 28.13 **MCP23017 칩의 핀 배치도**

표 28.4 **MCP23017 칩 핀 설명**

핀 번호	핀 이름	설명
1, 2, 3, 4, 5, 6, 7, 8	GPBn(n = 0, ..., 7)	뱅크 B 데이터 핀
9	VDD	5V
10	VSS	GND
11, 14	NC	Not Connected
12	SCL	I2C 통신 직렬 클록
13	SDA	I2C 통신 직렬 데이터
15, 16, 17	An(n = 0, 1, 2)	I2C 주소 설정
18	RESET	리셋(Active Low)
19, 20	INTA, INTB	인터럽트
21, 22, 23, 24, 25, 26, 27, 28	GPAn(n = 0, ..., 7)	뱅크 A 데이터 핀

MCP23017의 9번 핀 VDD는 5V에, 10번 핀 VSS는 GND에 연결하는 전원 핀이다. 11번과 14번 핀은 사용하지 않으며NC: Not Connected, 12번과 13번 핀은 각각 I2C 연결을 위한 클록(SCL)과 데이터(SDA) 핀으로 아두이노 우노의 SCL(A5)과 SDA(A4) 핀에 연결하면 된다. 18번 RESET 핀은 GND에 연결하여 칩을 초기화하기 위해 사용하는 핀으로 5V에 연결하면 아무런 동작도 하지 않는다. 19번과 20번 핀은 인터럽트 관련 핀으로 여기서는 사용하지 않는다. 마지막 15번에서 17번까지의 핀은 I2C 통신을 위한 주소 지정에 사용된다. **MCP23017 칩의 기본 I2C 주소는 0x20** = $0010\ 0000_2$으로 여기에 $(A2A1A0)_2$ 값을 더해 주소가 결정된다. 만약 A2를 5V에 연결하고 A1과 A0를 GND

에 연결했다면 MCP23017 칩의 I2C 주소는 $0010\ 0000_2 + 0000\ 0100_2 = 0010\ 0100_2$ = 0x24가 된다. 이처럼 MCP23017 칩에는 0x20에서 0x27까지 8개의 서로 다른 I2C 주소를 지정할 수 있으므로 최대 8개까지 연결하여 사용할 수 있다. 여기서는 기본 주소인 0x20을 사용한다. MCP23017을 그림 28.14와 같이 아두이노 우노에 연결한다.

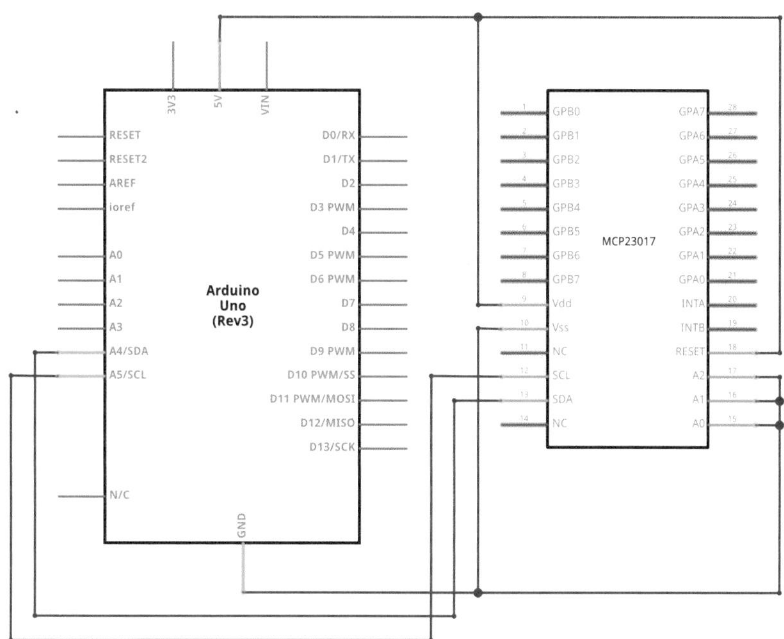

그림 28.14 MCP23017 연결 회로도

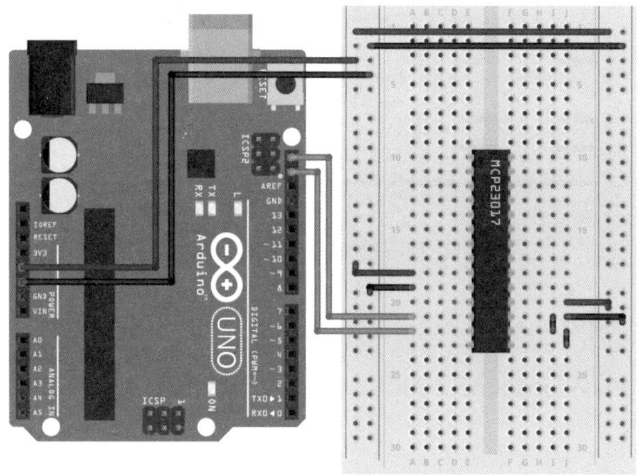

그림 28.15 MCP23017 연결 회로

뱅크 A의 8개 핀에는 LED를 연결하고 뱅크 B의 8개 핀에는 버튼을 연결한다. 여기서는 MCP23017 칩에 포함된 내부 풀업 저항을 사용하므로 버튼은 저항 없이 그림 28.16과 같이 MCP23017 칩의 핀과 GND 사이에 연결하면 된다. LED는 뱅크 A에 그림 28.5를 참고하여 연결하면 된다.

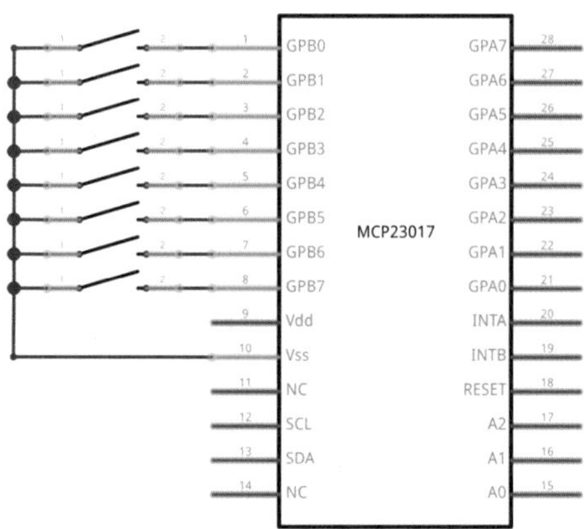

그림 28.16 MCP23017 칩과 버튼 연결 회로도

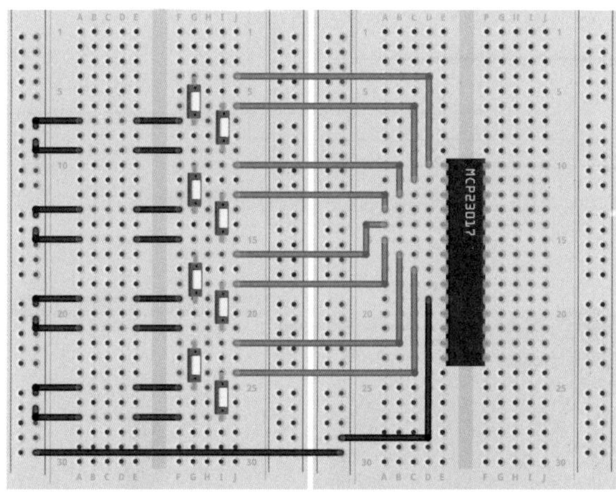

그림 28.17 MCP23017 칩과 버튼 연결 회로

MCP23017 칩을 사용하기 위해서는 먼저 라이브러리를 설치해야 한다. 라이브러리 매니저에서 'MCP23017'을 검색하여 Adafruit MCP23017 Arduino Library를 설치하자.

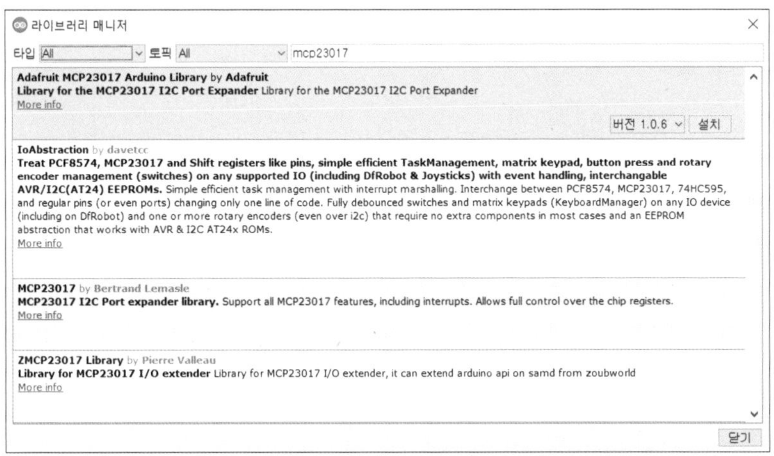

그림 28.18 Adafruit MCP23017 Arduino Library 검색 및 설치*

Adafruit MCP23017 Arduino Library는 MCP23017 칩을 제어하기 위한 Adafruit_MCP23017 클래스를 제공한다. 라이브러리를 사용하기 위해서는 먼저 헤더 파일을 포함해야 한다. '스케치 → 라이브러리 포함하기 → Adafruit MCP23017 Arduino Library' 메뉴 항목을 선택하거나 #include 문을 직접 입력하면 된다.

```
#include <Adafruit_MCP23017.h>
```

라이브러리에서는 16개의 확장된 디지털 입출력 핀을 0에서 15번까지의 번호로 관리하고 있다. 이때 0번은 GPA0 핀(MCP23017의 21번 핀)에 해당하고 15번은 GPB7 핀(MCP23017의 8번 핀)에 해당한다. MCP23017은 동시에 8개까지 연결할 수 있으므로 여러 개의 칩을 동시에 사용하는 경우에는 칩별로 하나씩의 객체를 생성해야 한다. Adafruit_MCP23017 클래스에는 다음과 같은 멤버 함수들이 정의되어 있다.

■ begin

```
void Adafruit_MCP23017::begin()
void Adafruit_MCP23017::begin(uint8_t addr)
```

- 매개변수
    addr: MCP23017 칩의 I2C 주소
- 반환값: 없음

* https://github.com/adafruit/Adafruit-MCP23017-Arduino-Library

MCP23017 칩을 초기화한다. 이때 I2C 주소를 지정할 수 있으며, 지정하지 않았을 때는 기본 주소인 0x20이 사용된다.

■ pinMode

```
void Adafruit_MCP23017::pinMode(uint8_t p, uint8_t d)
  - 매개변수
      p: 핀 번호 [0, 15]
      d: 핀 모드(INPUT 또는 OUTPUT)
  - 반환값: 없음
```

지정한 핀을 입력(INPUT) 또는 출력(OUTPUT)으로 사용하도록 설정한다.

■ pullUp

```
void Adafruit_MCP23017::pullUp(uint8_t p, uint8_t d)
  - 매개변수
      p: 핀 번호 [0, 15]
      d: 풀업 저항 사용 여부(true 또는 false)
  - 반환값: 없음
```

지정한 핀의 풀업 저항을 사용하거나(true) 사용하지 않도록(false) 설정한다.

■ digitalRead

```
uint8_t Adafruit_MCP23017::digitalRead(uint8_t pin)
  - 매개변수
      pin: 핀 번호 [0, 15]
  - 반환값: HIGH 또는 LOW의 핀 입력
```

지정한 핀의 입력을 읽어 HIGH 또는 LOW로 반환한다.

■ digitalWrite

```
void Adafruit_MCP23017::digitalWrite(uint8_t pin, uint8_t d)
  - 매개변수
      pin: 핀 번호 [0, 15]
      d: HIGH 또는 LOW의 핀으로 출력할 값
  - 반환값: 없음
```

지정한 핀으로 HIGH 또는 LOW의 디지털값을 출력한다.

■ readGPIOAB

```
uint16_t Adafruit_MCP23017::readGPIOAB()
```

- 매개변수: 없음
- 반환값: 16개 핀에서 읽은 값

16개 핀 전체를 읽어 16비트값을 반환한다. 16비트값에서 GPA0(0번 핀) 값이 LSB, GPB7(15번 핀) 값이 MSB에 해당한다.

■ readGPIO

```
uint8_t Adafruit_MCP23017::readGPIO(uint8_t b)
```

- 매개변수
  b: 0(뱅크 A) 또는 1(뱅크 B)
- 반환값: 지정한 뱅크의 8개 핀에서 읽은 값

지정한 뱅크의 8개 핀을 읽어 8비트값을 반환한다. 뱅크는 0번이 뱅크 A, 1번이 뱅크 B를 나타낸다.

■ writeGPIOAB

```
void Adafruit_MCP23017::writeGPIOAB(uint16_t ba)
```

- 매개변수
  ba: 16개 핀으로 쓸 값
- 반환값: 없음

16개 핀 전체에 값을 쓴다. 16비트값에서 GPA0(0번 핀) 값이 LSB, GPB7(15번 핀) 값이 MSB에 해당한다.

스케치 28.4는 뱅크 B에 연결된 8개 버튼의 상태를 뱅크 A에 연결된 8개 LED에 나타내는 예다. 내부 풀업 저항을 사용했으므로 버튼의 상태를 반전하여 출력했다. 스케치 28.4를 살펴보면 Adafruit_MCP23017 클래스의 객체인 mcp가 디지털 데이터 입출력 함수와 함께 나오는 것을 제외하면 아두이노의 디지털 핀을 제어하는 함수와 사용법이 비슷하다.

스케치 28.4 MCP23017 비트 단위 제어

```
#include <Adafruit_MCP23017.h>

Adafruit_MCP23017 mcp;                          // MCP23017 객체

void setup() {
    mcp.begin();                                // 기본 0x20 주소를 사용한 초기화

    for (int i = 0; i < 8; i++) {
        mcp.pinMode(i, OUTPUT);                 // 뱅크 A는 출력
        mcp.digitalWrite(i, LOW);               // LED는 꺼진 상태
        mcp.pinMode(i + 8, INPUT);              // 뱅크 B는 입력
        mcp.pullUp(i + 8, true);                // 버튼 연결 핀의 풀업 저항 사용
    }
}

void loop() {
    for (int i = 0; i < 8; i++) {
        boolean b = mcp.digitalRead(i + 8);     // 버튼 상태 읽기
        mcp.digitalWrite(i, !b);                // 풀업 저항 사용으로 반전 출력
    }

    delay(10);
}
```

스케치 28.4가 핀 단위로 제어하는 스케치의 예라면, 스케치 28.5는 뱅크 단위로 제어하는 스케치의 예다. 스케치 28.5에서는 16비트의 값을 한 번에 읽거나 쓰지만, 입력 또는 출력으로 설정한 상태에 따라 실제로는 8비트값을 한 번에 읽거나 쓴다. 스케치 28.5에서는 버튼의 상태를 읽고 이전 버튼 상태와 달라진 경우에만 LED의 상태를 변경하고 동시에 시리얼 모니터로는 버튼 상태를 출력하게 했다.

스케치 28.5 MCP23017 뱅크 단위 제어

```
#include <Adafruit_MCP23017.h>

Adafruit_MCP23017 mcp;                          // MCP23017 객체
uint16_t value_previous = 0xFF, value_current = 0;

void setup() {
    Serial.begin(9600);
    mcp.begin();                                // 기본 0x20 주소를 사용한 초기화

    for (int i = 0; i < 8; i++) {
        mcp.pinMode(i, OUTPUT);                 // 뱅크 A는 출력
        mcp.digitalWrite(i, LOW);               // LED는 꺼진 상태
        mcp.pinMode(i + 8, INPUT);              // 뱅크 B는 입력
        mcp.pullUp(i + 8, true);                // 버튼 연결 핀의 풀업 저항 사용
    }
}
```

```
void loop() {
    // 뱅크 B에 연결된 8개 버튼의 상태, 풀업 저항이 사용된 버튼이므로 직관적인 값으로 반전시킴
    value_current = ~(mcp.readGPIOAB() >> 8);

    if (value_current != value_previous) {          // 버튼 상태가 바뀐 경우
        value_previous = value_current;
        mcp.writeGPIOAB(value_current);             // 뱅크 A에 연결된 LED로 출력
        displayButtonState(value_current);          // 시리얼 모니터로 버튼 상태 출력
        delay(10);
    }
}

void displayButtonState(uint8_t state) {
    Serial.print("현재 버튼 상태 : ");
    for (int i = 0; i < 8; i++) {
        boolean onoff = (state >> (7 - i)) & 0x01;
        Serial.print(onoff ? "O " : ". ");
    }
    Serial.println();
}
```

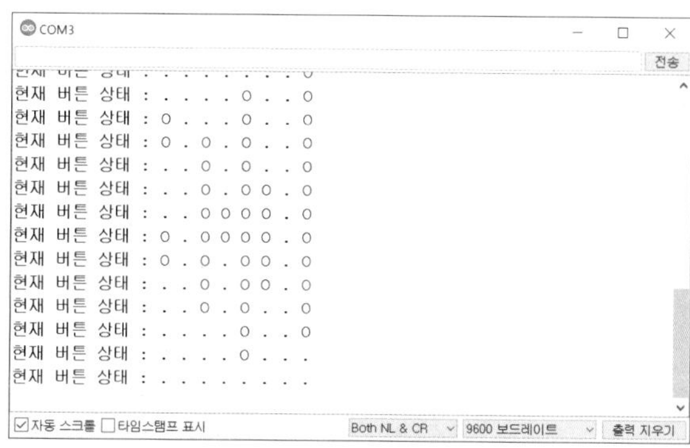

그림 28.19 스케치 28.5 실행 결과

28.4 744051: 아날로그 멀티플렉서

744051 칩은 8채널 멀티플렉서multiplexer/디멀티플렉서de-multiplexer다. 흔히 **먹스MUX라고 불리는 멀티플렉서는 여러 개의 입력 중 하나를 선택해서 출력으로 내보내는 논리 회로**를 말한다. 8채널 멀티플렉서는 8개의 입력 중 하나를 출력으로 내보낼 수 있으며, 8개의 입력 중 하나를 선택하기 위해 3비트 제어선이 사용된다. 흔히 **디먹스DEMUX라고 불리는 디멀티플렉서는 멀티플렉서와 반대로 1개의 입력을 여러 개의 출력 중 하나로 선택해서 내보내는 논리 회로**를 말하며, 출력을 선택하기 위해 제어선이 사용된다.

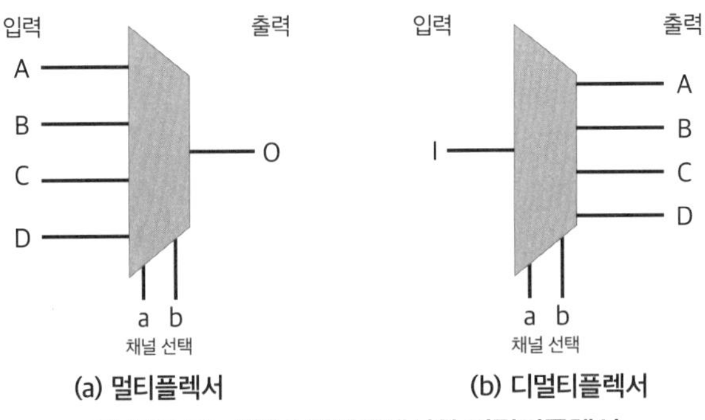

그림 28.20 **4채널 멀티플렉서와 디멀티플렉서**

744051 칩은 멀티플렉서와 디멀티플렉서로 모두 동작할 수 있지만, 아두이노에서는 아날로그 핀 확장을 위해 멀티플렉서로 사용하는 경우가 대부분이다. 예를 들어, 아날로그값을 출력하는 센서 여러 개를 멀티플렉서의 입력으로 연결하고 제어선을 통해 하나씩 아두이노의 아날로그 입력 핀으로 연결하면 여러 개의 아날로그 입력을 하나의 핀으로 읽을 수 있다. 744051 칩의 핀 배치는 그림 28.21과 같다.

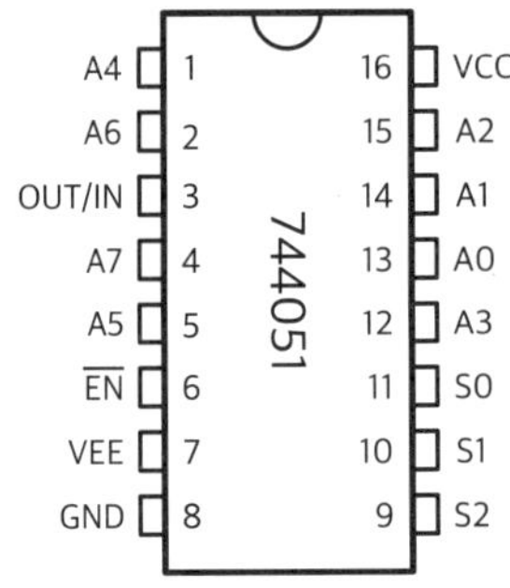

그림 28.21 **744051 칩의 핀 배치도**

표 28.5 **744051 칩 핀 설명**

핀 번호	핀 이름	설명
13, 14, 15, 12, 1, 5, 2, 4	An(n = 0, ..., 7)	멀티플렉서 채널 입력
3	OUT/IN	멀티플렉서 출력 또는 디멀티플렉서 입력
6	EN	데이터 입출력 활성화(Active Low)
7	VEE	음의 전압으로 GND에 연결
8	GND	
11, 10, 9	Sn(n = 0, 1, 2)	채널 선택
16	VCC	

A0에서 A7까지 8개 핀은 아날로그 입력을 연결하는 핀이고, S0에서 S2까지 3개 핀은 3비트 제어선을 연결하는 핀으로 8개 입력 중 하나를 선택하는 데 사용한다. 제어핀으로 입력이 선택되면 선택된 입력은 3번 OUT/IN 핀으로 연결되며, OUT은 멀티플렉서로 동작하는 경우를, IN은 디멀티플렉서로 동작하는 경우를 나타낸다. $\overline{E}$는 칩 활성화 핀으로 GND에 연결해야 멀티플렉서 기능을 할 수 있다. VEE도 GND에 연결하면 된다.

744051 칩을 그림 28.22와 같이 아두이노 우노에 연결하고 2개의 가변저항을 744051 칩의 0번과 1번 채널에 연결하자. 2개의 가변저항만 사용하므로 제어선 중 S1과 S2는 GND에 연결하고 S0만 사용하여 두 채널 중 하나를 선택할 수 있다.

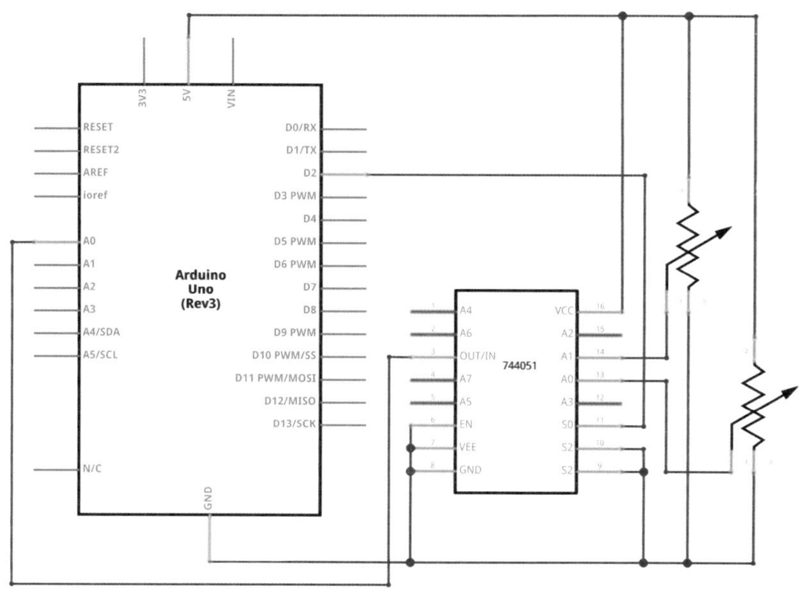

그림 28.22 **744051 칩과 가변저항 연결 회로도**

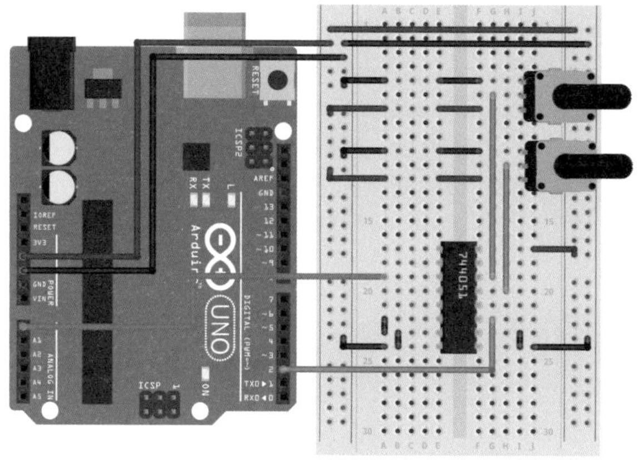

그림 28.23 **744051 칩과 가변저항 연결 회로**

스케치 28.6은 2개의 가변저항값을 멀티플렉서를 통해 읽어 시리얼 플로터로 출력하는 예다. 채널 선택 핀으로 데이터를 출력하면 744051 칩의 스위치가 작동하여 선택한 채널을 읽을 수 있는 상태가 되므로 아두이노에서는 ADC를 통해 아날로그값을 읽으면 된다.

스케치 28.6 744051 멀티플렉서

```
int selectPin = 2;                               // 채널 선택 핀

void setup() {
    Serial.begin(9600);

    pinMode(selectPin, OUTPUT);
}

void loop() {
    digitalWrite(selectPin, LOW);                // 0번 채널
    int v0 = analogRead(A0);

    digitalWrite(selectPin, HIGH);               // 1번 채널
    int v1 = analogRead(A0);

    Serial.println(v0 + String('\t') + v1);      // 시리얼로 출력
    delay(100);
}
```

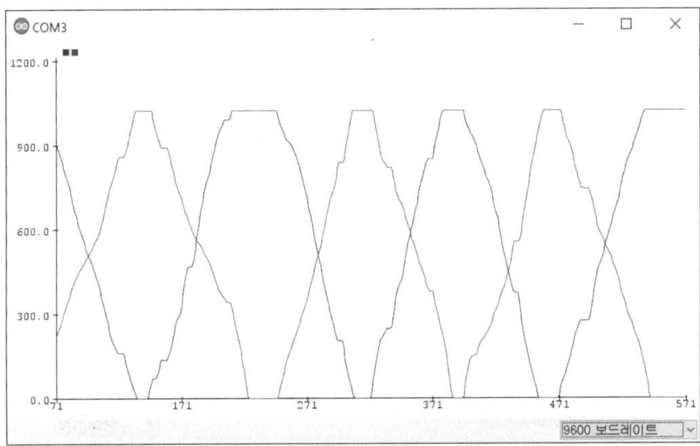

그림 28.24 스케치 28.6 실행 결과

28.5 맺는말

아두이노는 간단한 제어 장치를 만들기 위해 주로 사용되므로 많은 수의 입출력 장치를 연결하는 경우가 흔하지는 않다. 하지만 많은 수의 LED나 버튼을 사용하려고 하면 아두이노의 입출력 핀이 많지 않다는 사실을 쉽게 알 수 있다. 입출력 핀이 부족한 경우 사용할 수 있는 방법에는 소프트웨어적인 방법과 하드웨어적인 방법이 있다. 소프트웨어적인 방법은 잔상 효과와 키 스캔이 대표적인 방법으로, 하드웨어의 추가는 필요 없지만 CPU에 부담이 될 수 있다는 단점이 있다.

하드웨어적인 방법으로 입출력 핀을 확장하기 위해서는 전용 칩이 필요하다. 전용 칩을 사용하면 안정적으로 입출력을 확장할 수 있고 소프트웨어적인 방법에서 CPU가 담당했던 일을 전용 칩이 처리해 주므로 아두이노에서는 다른 작업을 처리할 수 있다. 디지털 출력을 확장하기 위한 74595 칩과 디지털 입력을 확장하기 위한 74165 칩은 한 방향으로만 데이터를 전달할 수 있으므로 각각 출력과 입력 확장을 위해 사용할 수 있고, MCP23017 칩은 양방향으로 데이터를 전달할 수 있으므로 입출력 확장에 사용할 수 있다. MCP23017 칩은 16개 입출력 핀을 사용할 수 있고 I2C 통신을 사용하므로 확장성이 뛰어나다는 장점이 있다. 이들 칩이 디지털 데이터 입출력을 확장하기 위한 것이라면 744051 칩은 아날로그 입력을 확장할 수 있는 멀티플렉서다. 멀티플렉서는 다른 칩과 달리 일종의 스위치 역할을 하며, 내부에 메모리가 포함되어 있지 않다는 점은 디지털 입출력 확장 칩과의 차이점이라 할 수 있다.

이 장에서 소개한 칩들 이외에도 다양한 입출력 확장 칩이 판매되고 있으므로, 아두이노의 핀 수가 부족하다는 점을 걱정할 필요는 없다. 또한 아두이노는 애초에 많은 수의 핀을 사용하기 위해 만들어진 것이 아니었다는 점도 생각해 볼 일이다.

1 74595 칩을 그림 28.3과 같이 아두이노 우노에 연결하고, 8개 LED를 그림 28.5와 같이 74595 칩에 연결하자. 8개 LED에 아래 패턴이 0.5초 간격으로 반복되게 하는 스케치를 작성해 보자.

비트 번호	7	6	5	4	3	2	1	0
패턴 1								
패턴 2								
패턴 3								
패턴 4								
패턴 5								
패턴 6								
패턴 7								
패턴 8								

2 MCP23017 칩의 뱅크 A에 8개 LED를 연결하고 뱅크 B에 8개 버튼을 연결하자. 버튼의 번호를 LSB부터 0에서 7까지라고 했을 때, 눌린 가장 큰 번호에 해당하는 위치까지 LED를 켜는 스케치를 작성해 보자. 예를 들어, 0번과 3번의 버튼 2개를 눌렀을 때 0번부터 3번까지의 LED 4개가 모두 켜지는 식이다. 아래 실행 결과에서 -1은 아무런 버튼도 눌리지 않아 LED가 모두 꺼진 상태를 나타낸다.

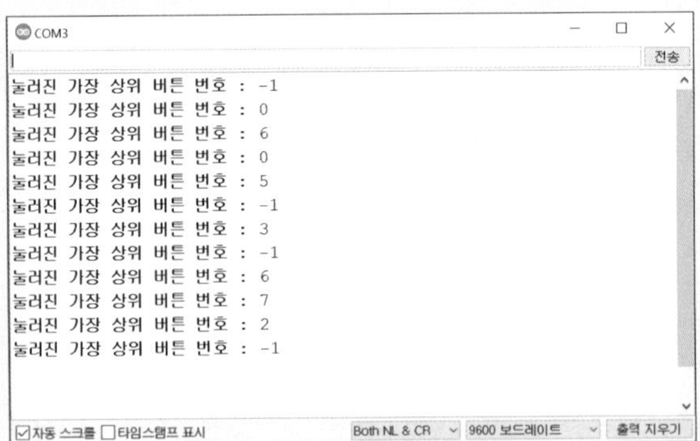

CHAPTER 29

센서 사용하기

센서는 주변 환경에서 다양한 물리량을 감지하고 측정하는 도구로, 아두이노를 사용하여 제어 장치를 구성할 때 주변 환경을 인식하고 주변 환경과 상호 작용하기 위한 입력 도구로 사용된다. 주변 환경에서 측정할 수 있는 물리량은 모두 아날로그이며, 센서 출력 역시 아날로그 데이터를 기본으로 한다. 하지만 마이크로컨트롤러에서 처리할 수 있는 데이터는 디지털 데이터뿐이므로 센서 모듈에서 디지털 데이터로 변환하여 출력하는 경우도 흔히 볼 수 있다. 이 장에서는 아날로그와 디지털 데이터를 출력하는 센서와 센서 모듈을 사용하여 주변 환경과 상호 작용하는 방법을 살펴본다.

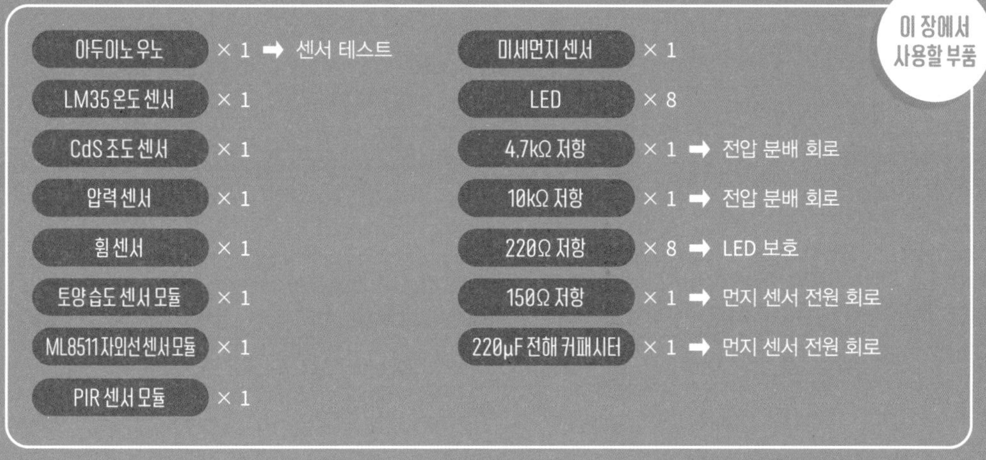

이 장에서 사용할 부품

부품	수량	용도
아두이노 우노	× 1	센서 테스트
LM35 온도 센서	× 1	
CdS 조도 센서	× 1	
압력 센서	× 1	
휨 센서	× 1	
토양 습도 센서 모듈	× 1	
ML8511 자외선 센서 모듈	× 1	
PIR 센서 모듈	× 1	
미세먼지 센서	× 1	
LED	× 8	
4.7kΩ 저항	× 1	전압 분배 회로
10kΩ 저항	× 1	전압 분배 회로
220Ω 저항	× 8	LED 보호
150Ω 저항	× 1	먼지 센서 전원 회로
220µF 전해 커패시터	× 1	먼지 센서 전원 회로

아두이노는 간단한 제어 장치를 구성하기 위해 흔히 사용되며, 제어 장치 구성을 위한 대표적인 입력 장치 중 하나가 센서다. **센서는 특정 사건**event**이나 양을 감지하고 이를 전기적 또는 광학적인 신호로 출력하는 장치를 말한다.** 센서는 빛, 소리, 온도 등 인간의 감각기관으로 알아낼 수 있는 신호는 물론 인간이 인지할 수 없는 화학물질, 전자기파 등도 찾아낼 수 있어 상상할 수 있는 거의 모든 것을 찾아내고 측정할 수 있다고 해도 과언이 아니다. 센서가 사용된 예는 주변에서도 쉽게 찾아볼 수 있다. 자동문 앞으로 다가가면 인체 감지 센서가 사람을 인지하고 문을 열도록 신호를 보내고, 화재가 발생하면 온도 센서나 연기 센서가 화재를 감지하여 소화기가 동작하도록 신호를 보내고, 병원에서 환자의 맥박이 느려지면 심박 센서가 이를 감지하여 데스크로 위급 신호를 보내는 등이 그 예에 해당한다.

센서가 출력하는 값은 크게 아날로그값과 디지털값으로 나눌 수 있다. 아날로그값을 출력하는 센서는 측정하고자 하는 양에 따라 변하는 전압을 출력하는 경우가 대표적이다. 예를 들어 온도 센서는 현재 온도에 비례하는 전압을 출력할 수 있으며, 자외선 센서는 자외선 강도에 비례하는 전압을 출력할 수 있다. 하지만 아날로그값은 아두이노에서 직접 처리할 수 없으므로 아날로그-디지털 변환기ADC: Analog-Digital Converter를 통해 디지털값으로 변환한 후 아두이노에서 처리해야 한다.

센서는 기본적으로 아날로그값을 출력하지만, 아두이노에서 디지털값으로 변환해야 하고 변환 과정에서 다양한 센서의 특성을 충분히 반영할 수 없는 등의 문제가 있으므로 일부 센서는 아날로그값을 디지털값으로 변환하여 디지털값을 출력하기도 한다. 출력되는 디지털값은 UART, SPI, I2C 등의 시리얼 통신을 사용하거나 센서 전용의 통신 방법을 사용하여 아두이노로 보내진다. 이 장에서는 아두이노와 함께 흔히 사용되는 센서들의 특징과 사용 방법을 알아본다.

29.1 온도 센서

온도를 측정할 수 있는 센서에는 여러 가지가 있지만, 이 장에서 사용하는 센서는 LM35 온도 센서다.

그림 29.1 **LM35 온도 센서**

LM35 온도 센서는 트랜지스터와 모양이 같으며 섭씨온도에 비례하는 전압을 출력한다. 1개의 전원을 사용하는 경우 LM35 온도 센서는 2~150℃ 범위의 온도를 측정할 수 있으며, 2개의 전원을 사용하는 경우에는 –55~150℃ 범위의 온도를 측정할 수 있다. 1개의 전원을 사용하는 경우 LM35 온도 센서의 연결 방법은 그림 29.2와 같다.

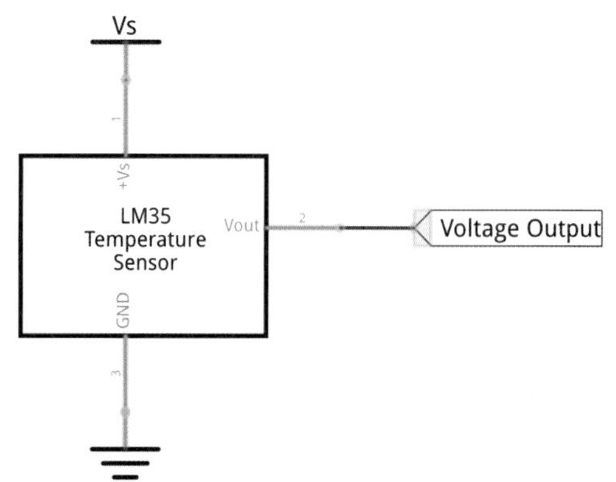

그림 29.2 **1개의 전원을 사용하는 경우 LM35 온도 센서 연결**

그림 29.2와 같이 1개의 전원을 사용하는 경우 **출력 전압은 1℃에 10mV씩 증가하고 0℃에서 출력 전압은 0V**이므로 출력 전압에 100을 곱하면 섭씨온도를 얻을 수 있다. 2개의 전원을 사용하는 경우 LM35 온도 센서의 연결 방법은 그림 29.3과 같다.

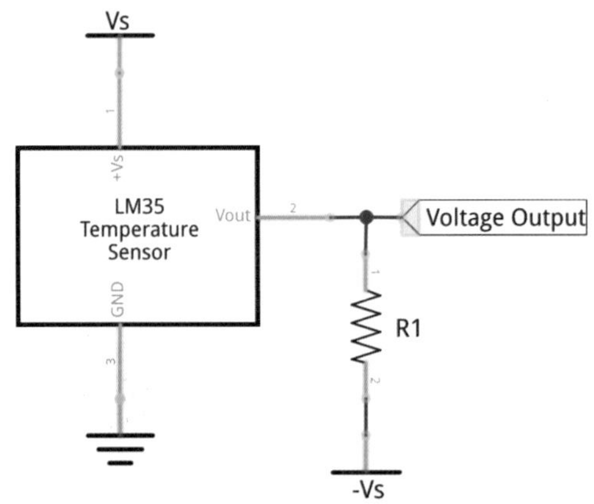

그림 29.3 2개의 전원을 사용하는 경우 LM35 온도 센서 연결

그림 29.3의 회로는 150°C에서 1,500mV가 출력되고, 25°C에서 250mV, −55℃에서 −550mV가 출력된다. 즉, 1°C에 10mV 전압이 변하는 것은 1개의 전원을 사용하는 경우와 같지만, 2개의 전원을 사용하여 0°C 이하의 온도를 측정할 수 있다는 점에서 그림 29.2와 차이가 있다. 그림 29.3에서 저항 R1은 Vs/50μA 크기가 추천되므로 5V를 사용하는 경우라면 100kΩ을 사용하면 된다. 이 장에서는 그림 29.2와 같이 1개의 전원을 사용하여 영상의 온도만을 측정하는 것으로 한다. 그림 29.4와 같이 LM35 온도 센서를 아두이노 우노의 A0 핀에 연결하자.

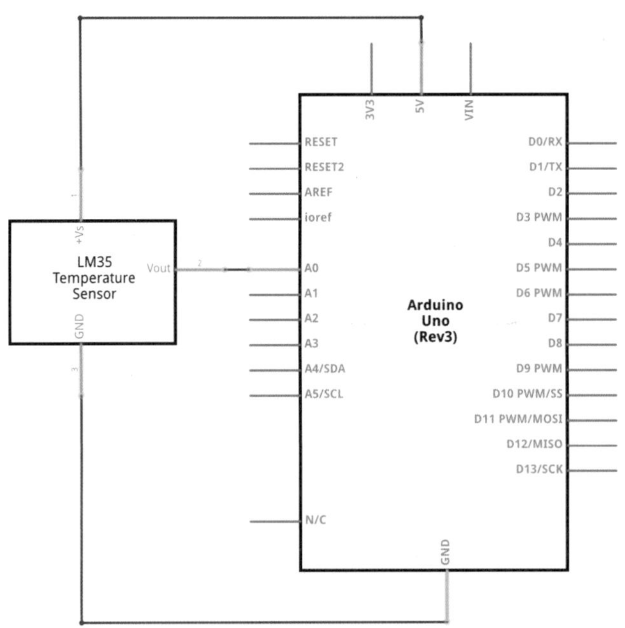

그림 29.4 LM35 온도 센서 연결 회로도

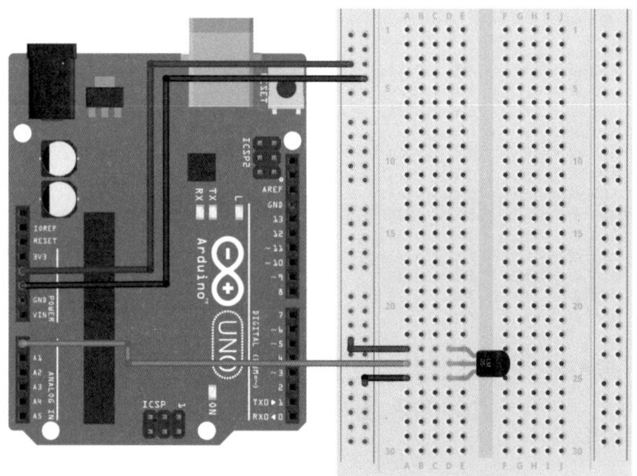

그림 29.5 **LM35 온도 센서 연결 회로**

스케치 29.1은 LM35 온도 센서의 값을 읽고 이를 온도로 변환하여 시리얼 모니터로 출력하는 예다.

스케치 29.1 온도 센서

```
void setup() {
    Serial.begin(9600);
}

void loop() {
    int reading = analogRead(A0);                  // 온도 센서 읽기
    Serial.print("ADC 값 : ");
    Serial.print(String(reading) + ",\t");

    float voltage = reading * 5.0 / 1023.0;        // 전압으로 변환
    Serial.print("전압 : ");
    Serial.print(voltage, 2);
    Serial.print(",\t");

    float temperature = voltage * 100;             // '전압 * 100'으로 온도 계산
    Serial.print("온도 : ");
    Serial.print(temperature, 2);
    Serial.println(" C");

    delay(1000);
}
```

```
COM3
                                                        전송
ADC 값 : 48,    전압 : 0.23,    온도 : 23.44 C
ADC 값 : 49,    전압 : 0.24,    온도 : 23.93 C
ADC 값 : 49,    전압 : 0.24,    온도 : 23.93 C
ADC 값 : 49,    전압 : 0.24,    온도 : 23.93 C
ADC 값 : 49,    전압 : 0.24,    온도 : 23.93 C
ADC 값 : 48,    전압 : 0.23,    온도 : 23.44 C
ADC 값 : 50,    전압 : 0.24,    온도 : 24.41 C
ADC 값 : 50,    전압 : 0.24,    온도 : 24.41 C
ADC 값 : 51,    전압 : 0.25,    온도 : 24.90 C
ADC 값 : 51,    전압 : 0.25,    온도 : 24.90 C
ADC 값 : 53,    전압 : 0.26,    온도 : 25.88 C
ADC 값 : 54,    전압 : 0.26,    온도 : 26.37 C
ADC 값 : 53,    전압 : 0.26,    온도 : 25.88 C
☑자동 스크롤 ☐타임스탬프 표시    line ending 없음    9600 보드레이트    출력 지우기
```

그림 29.6 **스케치 29.1 실행 결과**

29.2 CdS 조도 센서

빛의 양에 따라 물리적인 특성이 변하는 소자에는 포토레지스터photo resistor, 포토다이오드photo diode, 포토트랜지스터photo transistor 등이 있다. 이 중 흔히 사용되는 소자는 빛의 양에 따라 저항값이 변하는 포토레지스터로 광센서, 조도 센서, 광전도셀, 포토셀 등으로도 불린다. 조도 센서는 CdS 조도 센서가 주로 사용된다. CdS 조도 센서는 카드뮴(Cd)과 황(S)이 결합하여 만들어진 황화카드뮴 결정에 금속 다리를 연결하여 만든다.

그림 29.7 **CdS 조도 센서**

CdS 조도 센서는 광량에 반비례하는 저항값을 갖는다. 즉, 가시광선이 없는 어두운 곳에서는 큰 저항값을 갖다가 가시광선이 닿으면 저항값이 작아진다. 조도 센서는 가격이 저렴하고 사용법이 간단하지만, 반응 속도가 느리고 광량에 따른 출력 특성이 정밀하지 않으므로 광량을 정확하게 측정하고 싶다면 포토다이오드나 포토트랜지스터를 사용해야 한다. 하지만 가격이 저렴하고 간단

하게 사용할 수 있으므로 어두워지면 불이 켜지는 자동 점등 전등 등에서 사용된 예를 흔히 볼 수 있다.

조도 센서는 광량에 따라 저항값이 변하므로 전압 분배 회로를 구성하여 광량에 따라 변하는 전압을 얻을 수 있다. 그림 29.8과 같이 4.7kΩ 저항을 사용하여 CdS 조도 센서를 아두이노 우노의 A1번 핀에 연결하자. 조도 센서는 기본적으로 저항과 같으므로 극성이 없어 연결하는 방향과는 무관하다.

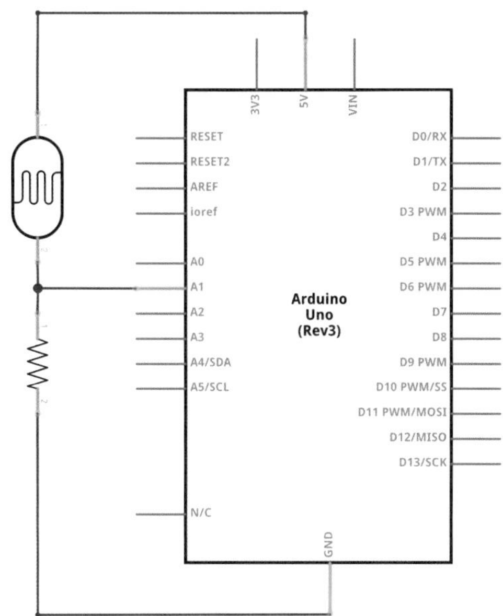

그림 29.8 CdS 조도 센서 연결 회로도

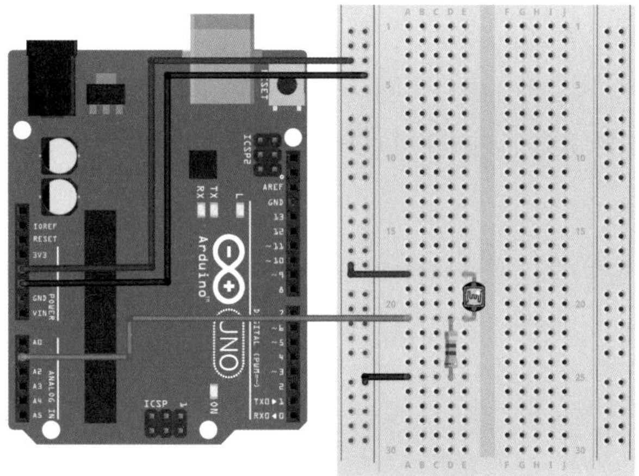

그림 29.9 CdS 조도 센서 연결 회로

조도 센서가 그림 29.8과 같이 연결된 경우 높은 조도에서 작은 저항값을 가져 큰 전압이 핀에 가해지고, 낮은 조도에서 큰 저항값을 가져 낮은 전압이 핀에 가해지므로 조도에 비례하는 전압을 얻을 수 있다. 스케치 29.2는 조도 변화에 따른 조도 센서의 저항값 변화를 출력하는 예다. CdS 조도 센서의 저항값을 R_{CdS}라고 하면 그림 29.8에서 4.7kΩ 저항이 사용되었으므로 출력 전압은 다음과 같이 계산할 수 있다.

$$V_{OUT} = \frac{4.7K}{4.7K + R_{CdS}} \cdot VCC$$

V_{OUT}은 아날로그 입력으로부터 계산하여 얻을 수 있으므로 조도 센서의 현재 저항값은 다음과 같이 계산할 수 있다.

$$R_{CdS} = \frac{4.7K \cdot VCC}{V_{OUT}} - 4.7K$$

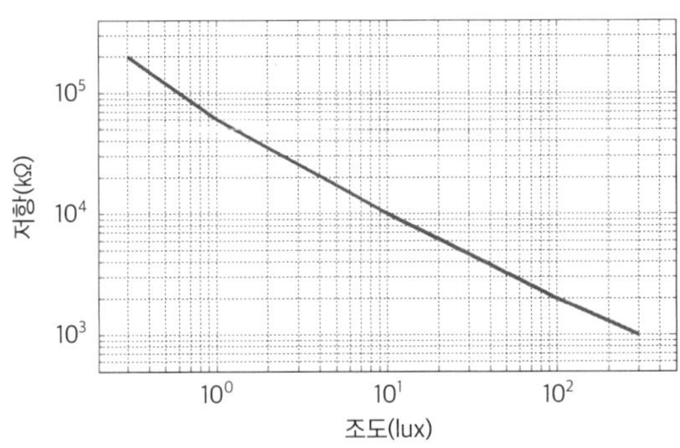

그림 29.10 **CdS 조도 센서의 조도와 저항 사이 관계**

CdS 조도 센서의 저항값은 최대 광량에서 수 kΩ, 최소 광량에서 수십 MΩ까지 조도와 반비례 관계를 갖지만, 조도와 저항값의 관계는 선형 관계가 아니어서 간단하게 조도를 계산하기는 쉽지 않으며 조도와 저항값의 관계가 센서에 따라 약간씩 차이가 있으므로 스케치 29.2에서는 조도로 변환하지 않았다.

스케치 29.2 CdS 조도 센서

```
int VCC = 5;                                    // 아날로그 기준 전압
float R_divide = 4.7;                           // 전압 분배를 위한 저항

void setup() {
    Serial.begin(9600);
}
```

```
void loop() {
    int reading = analogRead(A1);                  // 조도 센서 읽기
    Serial.print("ADC 값 : ");
    Serial.print(String(reading) + ",\t");

    float voltage = reading * VCC / 1023.0;        // 전압으로 변환
    Serial.print("전압 : ");
    Serial.print(voltage, 2);                      // 소수점 이하 2자리 출력
    Serial.print(",\t");

    // 전압 분배에 의해 CdS 센서의 저항값 계산
    float r_cds = R_divide * VCC / voltage - R_divide;
    Serial.print("저항 : ");
    Serial.print(r_cds, 2);
    Serial.println("K");

    delay(1000);
}
```

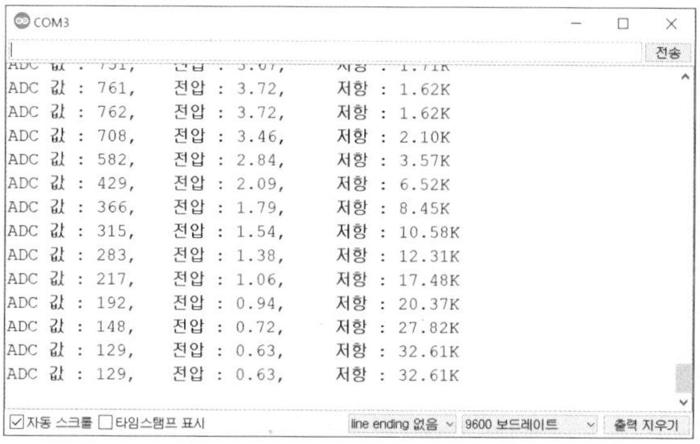

```
COM3
ADC 값 : 761,    전압 : 3.72,    저항 : 1.62K
ADC 값 : 762,    전압 : 3.72,    저항 : 1.62K
ADC 값 : 708,    전압 : 3.46,    저항 : 2.10K
ADC 값 : 582,    전압 : 2.84,    저항 : 3.57K
ADC 값 : 429,    전압 : 2.09,    저항 : 6.52K
ADC 값 : 366,    전압 : 1.79,    저항 : 8.45K
ADC 값 : 315,    전압 : 1.54,    저항 : 10.58K
ADC 값 : 283,    전압 : 1.38,    저항 : 12.31K
ADC 값 : 217,    전압 : 1.06,    저항 : 17.48K
ADC 값 : 192,    전압 : 0.94,    저항 : 20.37K
ADC 값 : 148,    전압 : 0.72,    저항 : 27.82K
ADC 값 : 129,    전압 : 0.63,    저항 : 32.61K
ADC 값 : 129,    전압 : 0.63,    저항 : 32.61K
☑자동 스크롤 ☐타임스탬프 표시    line ending 없음    9600 보드레이트    출력 지우기
```

그림 29.11 스케치 29.2 실행 결과

29.3 압력 센서

압력 센서는 누르는 힘에 따라 저항값이 변하는 센서로 FSR Force Sensing Resistor이라고도 한다. **압력 센서는 두 장의 얇은 막 사이에 공간을 두고 큰 힘을 가할수록 접촉하는 면이 넓어져 저항이 줄어드는 원리를 이용한다.** 그림 29.12는 이 장에서 사용하는 압력 센서로, 구조가 간단하고 얇게 만들 수 있어 터치 여부나 사람이나 물건의 존재 여부를 판단하기 위한 목적으로 많이 사용되고 있다. 하지만 저울과 같이 정확한 무게를 측정하는 용도로는 사용할 수 없다.

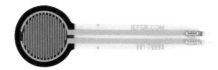

그림 29.12 **압력 센서**

이 장에서 사용한 압력 센서는 압력이 가해지지 않은 상태에서는 약 10MΩ의 큰 저항값을 갖지만 압력을 최대로 가하면 약 2kΩ까지 저항이 작아진다.

저항(kΩ)
10¹
10⁰
10⁻¹
10¹
10²
10³
10⁴
힘(g)

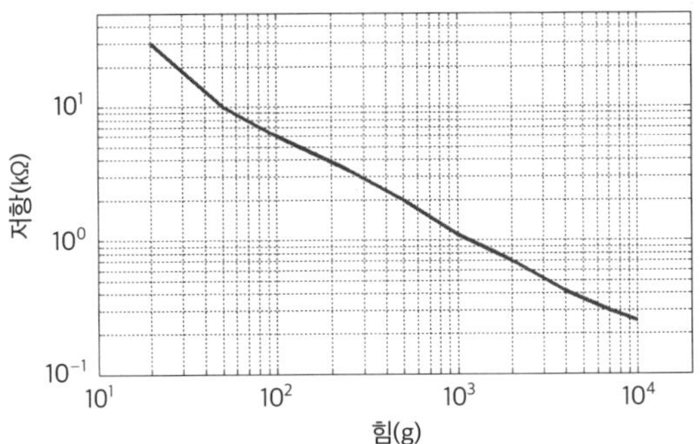

그림 29.13 **압력 센서의 압력과 저항 사이 관계**

조도가 증가하면 저항값이 작아지는 조도 센서처럼 압력 센서는 압력이 증가하면 저항값이 작아지므로, 회로 역시 그림 29.8에서 조도 센서 대신 압력 센서를 사용하면 된다. 압력 센서 역시 극성이 없어 연결하는 방향과 무관한 것도 조도 센서와 같다. 그림 29.8에서 CdS 조도 센서 대신 압력 센서를 연결하고 조도 센서를 위한 스케치 29.2를 업로드한 후 압력 센서를 눌러 출력되는 값을 확인해 보자. 이때 전압 분배를 위한 저항은 10kΩ을 사용했다.

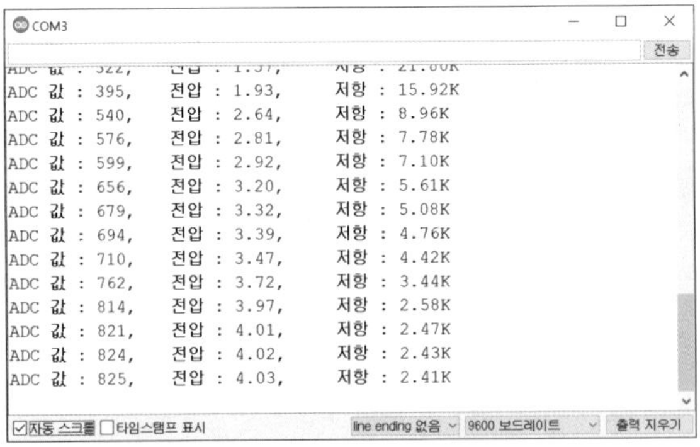

COM3
전송
ADC 값 : 395, 전압 : 1.93, 저항 : 15.92K
ADC 값 : 540, 전압 : 2.64, 저항 : 8.96K
ADC 값 : 576, 전압 : 2.81, 저항 : 7.78K
ADC 값 : 599, 전압 : 2.92, 저항 : 7.10K
ADC 값 : 656, 전압 : 3.20, 저항 : 5.61K
ADC 값 : 679, 전압 : 3.32, 저항 : 5.08K
ADC 값 : 694, 전압 : 3.39, 저항 : 4.76K
ADC 값 : 710, 전압 : 3.47, 저항 : 4.42K
ADC 값 : 762, 전압 : 3.72, 저항 : 3.44K
ADC 값 : 814, 전압 : 3.97, 저항 : 2.58K
ADC 값 : 821, 전압 : 4.01, 저항 : 2.47K
ADC 값 : 824, 전압 : 4.02, 저항 : 2.43K
ADC 값 : 825, 전압 : 4.03, 저항 : 2.41K
자동 스크롤
타임스탬프 표시
line ending 없음
9600 보드레이트
출력 지우기

그림 29.14 **압력 센서의 출력값 확인***

* 실험 결과에서는 0부터 최대 850의 결과를 확인할 수 있지만, 출력되는 값은 사용한 센서에 따라 달라질 수 있다.

압력 센서로 켜지는 LED의 수를 제어하는 스케치를 작성해 보자. 압력 센서를 누르지 않았을 때는 LED가 켜지지 않은 상태에 있다가 센서를 세게 누를수록 켜지는 LED의 수가 증가하여 최대 힘으로 눌렀을 때 모든 LED가 켜지게 한다. 그림 29.14의 결과에 따라 압력 센서에서 얻을 수 있는 ADC 값은 0에서 850 사이로 가정하고, 켜지는 LED의 수는 ADC 값을 100으로 나눈 값으로 했다. 먼저 LED와 압력 센서를 그림 29.15와 같이 아두이노 우노에 연결하자. LED는 6번 핀부터 13번 핀까지 8개를 연결하고 압력 센서는 아두이노 우노의 A2번 핀에 연결한다.

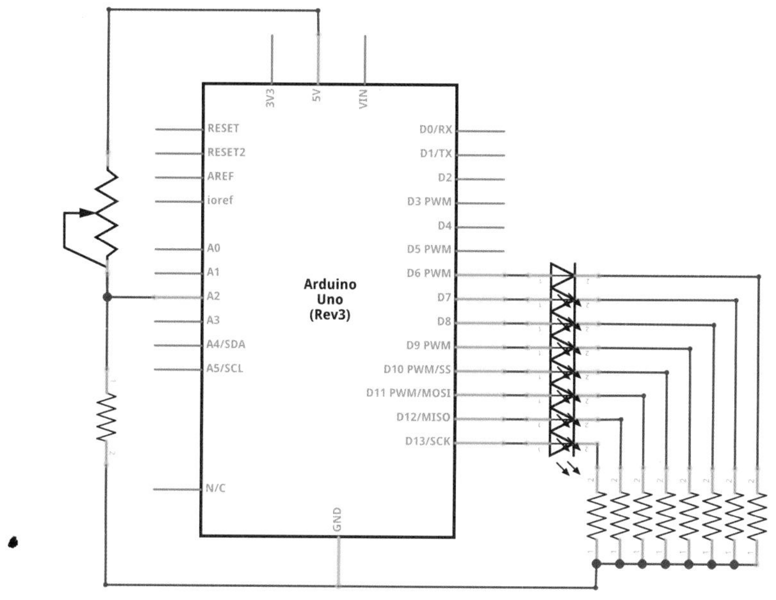

그림 29.15 **압력 센서와 LED 연결 회로도**

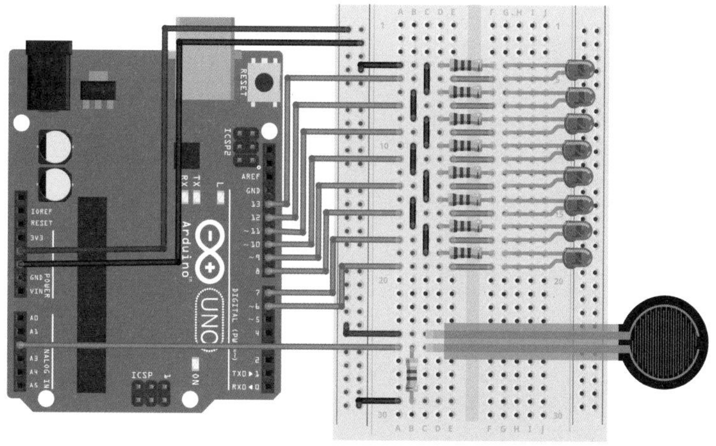

그림 29.16 **압력 센서와 LED 연결 회로**

스케치 29.3은 압력 센서로 켜지는 LED 개수를 제어하는 예다.

스케치 29.3 압력 센서

```
int pins[] = { 6, 7, 8, 9, 10, 11, 12, 13 };        // LED 연결 핀

void setup() {
    Serial.begin(9600);                               // 시리얼 통신 초기화

    for (int i = 0; i < 8; i++) {                     // LED 연결 핀을 출력으로 설정
        pinMode(pins[i], OUTPUT);
    }
}

void loop() {
    int reading = analogRead(A2);                     // 압력 센서 읽기

    // 나누는 값 100은 그림 29.14의 결과를 바탕으로 결정한 것이다.
    int LED_count = reading / 100;
    LED_count = LED_count % 9;                        // 0~8개 LED로 제한

    Serial.print("ADC 값 : ");
    Serial.print(String(reading) + ",\tLED 개수 : ");
    Serial.println(LED_count);

    for (int i = 0; i < 8; i++) {                     // 압력에 따라 LED 개수 제어
        boolean onoff = i < LED_count;
        digitalWrite(pins[i], onoff);
    }

    delay(1000);
}
```

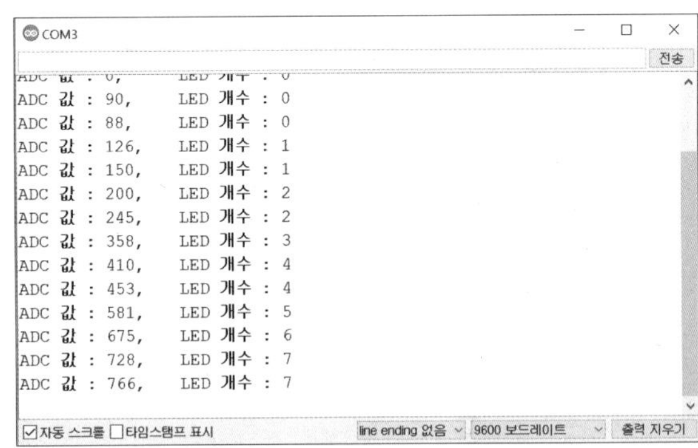

그림 29.17 스케치 29.3 실행 결과

29.4 휨 센서

휨 센서Flex Sensor는 휘어지는 정도에 비례하여 저항값이 증가하는 센서다.

그림 29.18 **휨 센서**

휨 센서는 센서의 길이에 따라 여러 가지가 있으며 이 장에서 사용한 2.2인치 휨 센서는 휘어지지 않은 상태에서 30kΩ 정도의 저항값을, 최대로 휘어진 상태, 즉 90°로 휘어진 상태에서 70kΩ 정도의 저항값을 갖는다*. 휜 각도와 저항값은 선형 관계에 있는 것으로 알려져 있어 휘어진 각도를 쉽게 계산할 수 있지만, 센서가 휘어진 각도를 정확히 정의하기가 어려우므로 정확한 각도보다는 손가락 관절의 움직임과 같이 몇 단계의 구부림을 구별하는 용도로 흔히 사용된다.

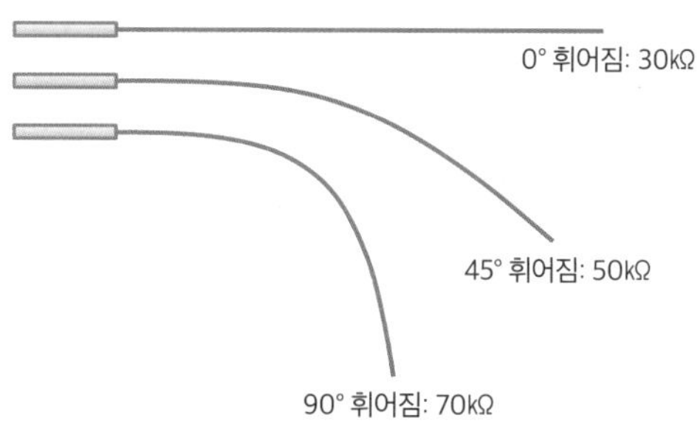

그림 29.19 **휨 센서의 휘어진 각도 정의**

센서를 살펴보면 센서의 한쪽 면에 전도성 입자가 들어 있는 폴리머 잉크가 프린트된 것을 확인할 수 있다. 센서가 휘어지지 않았을 때는 이 전도성 입자들이 약 30kΩ의 저항값으로 나타나지만, 센서가 휘어지면 입자 간격이 멀어져 저항값이 증가한다. 센서를 반대 방향으로 휘면 전도성 입자

* 2.2인치 휨 센서의 데이터시트에서는 휨 센서의 저항값이 25kΩ에서 125kΩ 범위에서 변하는 것으로 기술되어 있다. 이 장에서 사용한 값은 센서를 휘면서 테스터로 측정한 값이므로 사용하는 센서에 따라 달라질 수 있다.

들의 배열에 큰 변화가 없어 저항값이 1~2kΩ 정도 작아지거나 거의 변화가 없다. 휨 센서를 그림 29.20과 같이 10kΩ 저항과 전압 분배 회로를 구성하여 아두이노 우노의 A3번 핀에 연결하자. 휨 센서 역시 기본적으로 저항이므로 연결하는 방향과 무관하다.

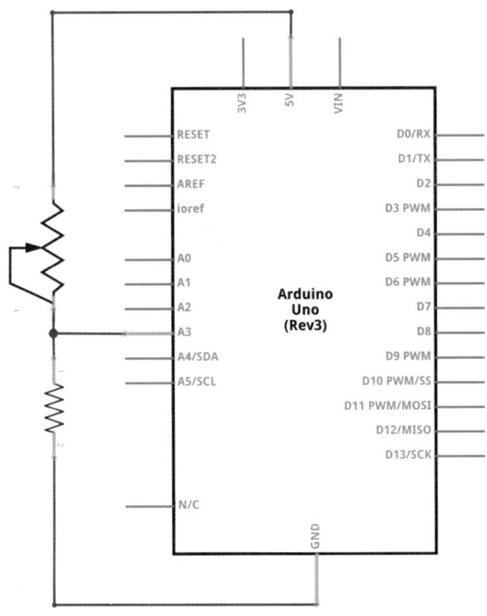

그림 29.20 **휨 센서 연결 회로도**

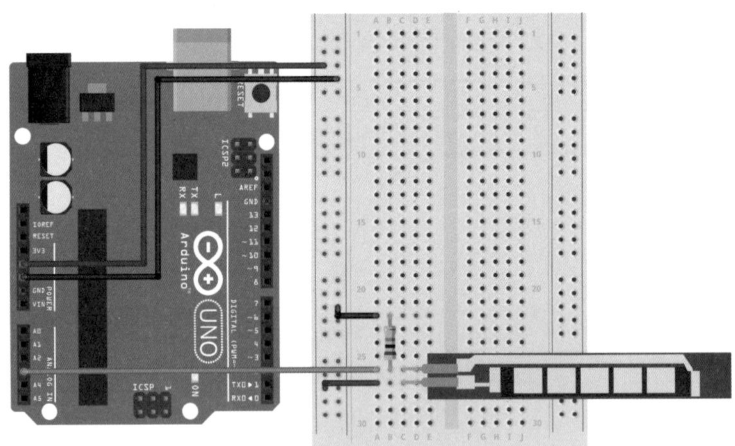

그림 29.21 **휨 센서 연결 회로**

스케치 29.4는 휨 센서의 저항값 변화를 시리얼 모니터로 출력하는 예다. 스케치 29.4는 스케치 29.2에서 전압 분배를 위한 저항을 10kΩ으로 수정한 것이다.

스케치 29.4 휨 센서

```
int VCC = 5;                                           // 아날로그 기준 전압
float R_divide = 10.0;                                 // 전압 분배를 위한 저항

void setup() {
    Serial.begin(9600);
}

void loop() {
    int reading = analogRead(A3);                      // 휨 센서 읽기
    Serial.print("ADC 값 : ");
    Serial.print(String(reading) + ",\t");

    float voltage = reading * VCC / 1023.0;            // 전압으로 변환
    Serial.print("전압 : ");
    Serial.print(voltage, 2);
    Serial.print(",\t");

    // 전압 분배에 의해 휨 센서의 저항값 계산
    float r_flex = R_divide * VCC / voltage - R_divide;
    Serial.print("저항 : ");
    Serial.print(r_flex, 2);
    Serial.println("K");

    delay(1000);
}
```

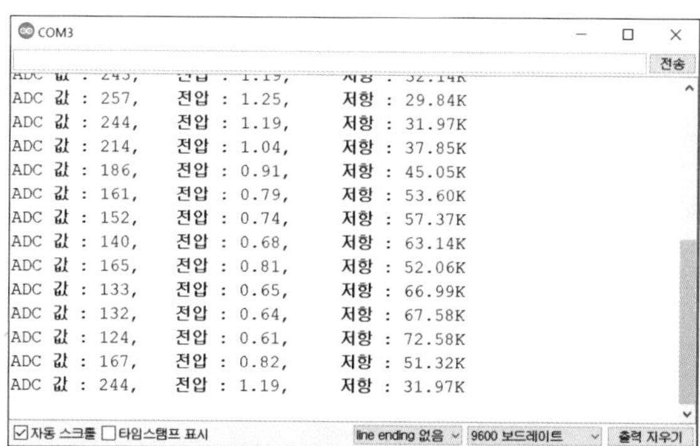

그림 29.22 스케치 29.4 실행 결과

29.5 토양 습도 센서

토양 습도 센서는 흙 속에 포함된 수분을 측정하는 센서다. 이 장에서 사용하는 습도 센서는 전기가 통하는 정도를 이용하여 수분의 양을 측정한다. **순수한 물은 부도체이지만 일상에서 접하는 물은 불순물이 포함되어 있는 도체이므로 토양 속에 수분이 많이 포함되어 있으면 저항값이 작아지고, 수분이 적게 포함되어 있으면 저항값이 커진다.** 이를 이용하면 토양 속 습도에 비례하는 전압을 간접적으로 알 수 있다. 습도에 따라 저항이 변하는 원리와는 다른 원리를 이용하는 토양 습도 센서도 여러 종류 판매되고 있으며, 같은 원리를 이용하면서 탐침과 측정 보드가 분리된 센서도 있지만, 이 장에서는 탐침과 측정 회로가 일체형으로 만들어진 센서 모듈을 사용한다.

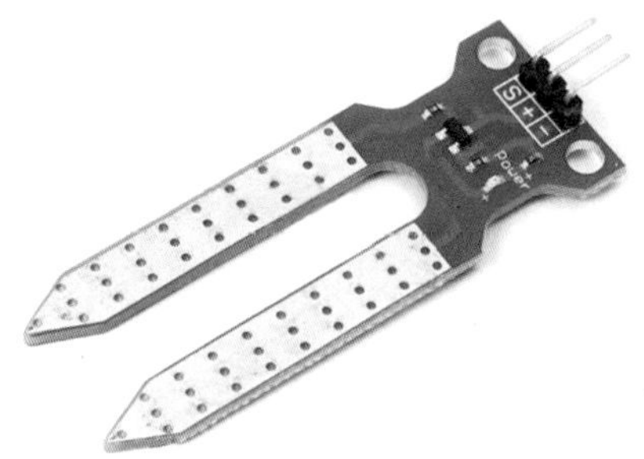

그림 29.23 토양 습도 센서 모듈

저항 방식의 토양 습도 센서는 3개의 핀을 갖고 있어 전원을 연결하면 데이터 핀으로 습도에 비례하는 전압을 얻을 수 있다. 하지만 습도가 높은 곳에서 계속해서 전원을 가하면 센서가 빨리 부식된다는 문제가 있다. **부식을 늦추는 방법 중 하나가 습도를 측정할 때만 전원을 연결하고 측정이 끝나면 전원을 차단하는 것이다.** 그림 29.23의 센서 모듈은 최대 20mA의 전류가 사용하며 아두이노의 데이터 핀은 최대 40mA의 전류를 공급할 수 있으므로 데이터 핀으로 전원을 공급하는 방법을 사용할 수 있다. 먼저 토양 습도 센서를 그림 29.24와 같이 아두이노 우노의 A4번 핀에 연결하자. 이때 토양 습도 센서의 VCC는 2번 핀에 연결하여 토양 습도를 측정할 때만 전원이 공급되게 한다.

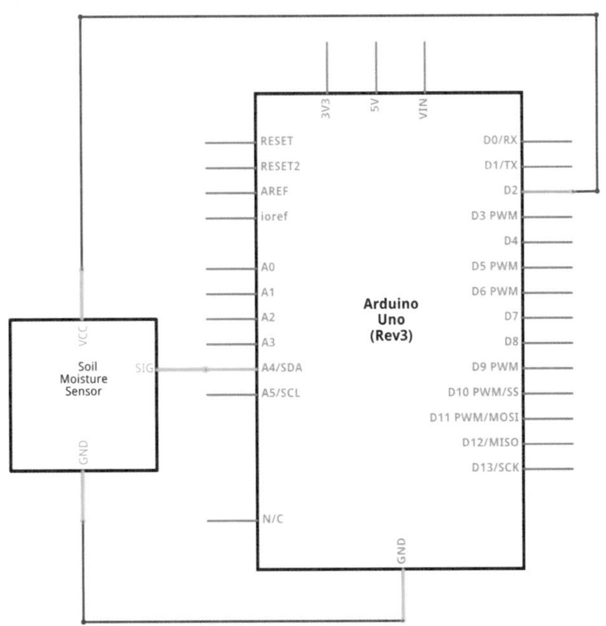

그림 29.24 **토양 습도 센서 연결 회로도**

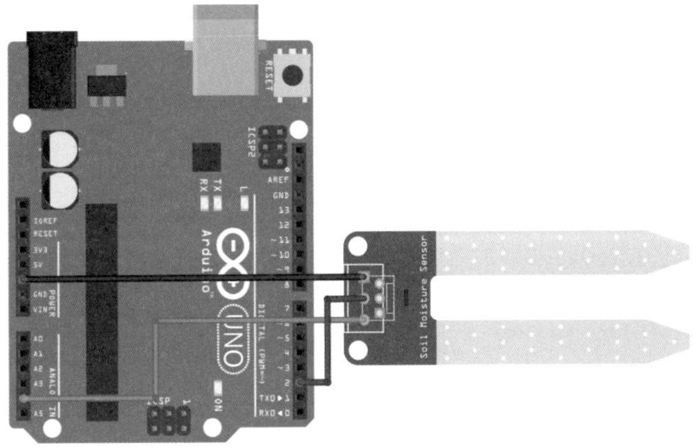

그림 29.25 **토양 습도 센서 연결 회로**

스케치 29.5는 토양 습도 센서의 값을 읽어 출력하는 예다. 정밀한 토양 습도 측정은 불가능하므로 10초에 한 번 센서값을 읽게 했다. 또한 토양 습도는 짧은 시간에 변하지 않으므로 직전에 측정된 19개 값과 현재 측정된 값을 평균하는 이동 평균moving average을 구하여 출력했다. 평균하지 않은 값 역시 출력하므로 이동 평균과 비교해보자.

</> 스케치 29.5 토양 습도 센서

```
const int COUNT = 20;                               // 이동 평균을 위한 샘플 수
int INTERVAL = 10000;                               // 측정 간격
int POWER_PIN = 2;                                  // 전원 공급 핀
int SENSOR_PIN = A4;                                // 센서 연결 핀

int buffer[COUNT] = {0, };                          // 샘플 버퍼
int index = 0;                                      // 샘플 저장 인덱스
float sum;                                          // 샘플의 합

void setup() {
    Serial.begin(9600);

    pinMode(POWER_PIN, OUTPUT);                     // 전원 공급 핀을 출력으로 설정
    digitalWrite(POWER_PIN, LOW);                   // 전원을 공급하지 않는 상태

    sum = 0;
    for (int i = 0; i < COUNT; i++) {               // 시작 샘플은 연속으로 측정
        buffer[i] = readMoisture();
        sum += buffer[i];                           // 시작 샘플의 합
    }
}

void loop() {
    int reading = readMoisture();                   // 샘플 읽기

    sum = sum - buffer[index];                      // 이전 샘플값을 합에서 제거
    buffer[index] = reading;                        // 새로운 샘플값 저장
    sum = sum + buffer[index];                      // 새로운 샘플값을 합에 추가
    float average = sum / COUNT;                    // 샘플의 이동 평균

    index = (index + 1) % COUNT;                    // 샘플 저장 위치 변경

    Serial.print(String(reading) + '\t');           // 측정값 출력
    Serial.println(average);                        // 이동 평균값 출력

    delay(INTERVAL);
}

int readMoisture() {
    digitalWrite(POWER_PIN, HIGH);                  // 전원 공급 시작
    delay(10);                                      // 전원 안정화 대기
    int ad = analogRead(SENSOR_PIN);                // 센서 읽기
    digitalWrite(POWER_PIN, LOW);                   // 전원 공급 중단

    return ad;
}
```

그림 29.26은 공기 중에서 0의 값이, 물을 충분히 준 화분에서 약 580의 값이, 물속에 완전히 넣었을 때 약 640의 값이 나오는 예를 보여준다. 측정되는 값은 환경에 따라 변화가 있고 센서에 따라서도 약간의 차이가 있으므로 사용하고자 하는 환경에서 실험적으로 기준값을 결정해야 한다.

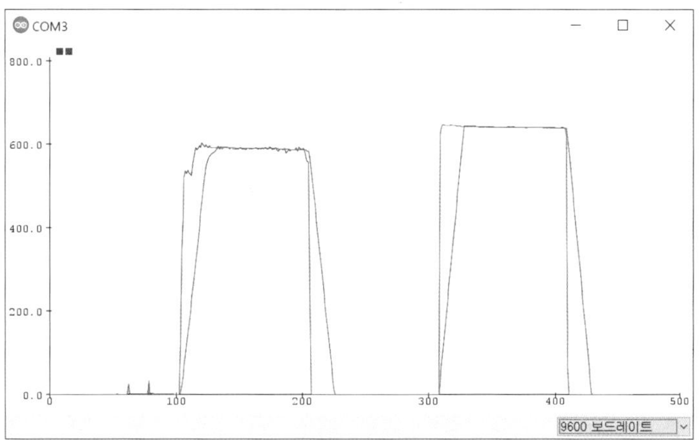

그림 29.26 설치 장소 변경에 따른 스케치 29.5 실행 결과 – 시리얼 플로터

그림 29.26에서 2개의 그래프 중 하나(파란색)는 한 번 측정한 값을 그대로 출력한 것이고, 다른 하나(빨간색)는 이동 평균을 구한 것이다. 값의 범위가 커 이동 평균의 효과를 정확히 알 수 없지만, 센서 설치 장소를 바꿀 때 천천히 변하는 그래프가 이동 평균을 적용한 것이다. 그림 29.27은 물을 충분히 준 화분에 약 1.5시간 동안 토양 습도를 측정한 결과로 이동 평균의 효과를 확인할 수 있다.

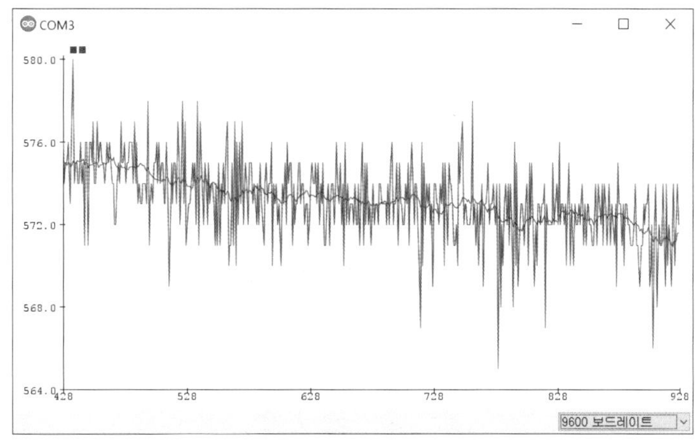

그림 29.27 스케치 29.5 실행 결과 – 시리얼 플로터

29.6 ML8511: UV 센서

ML8511은 자외선을 측정하는 센서로 **자외선에 비례하는 전압을 출력한다.** 자외선은 파장에 따라 자외선 A, B, C로 나눌 수 있으며 그 특징을 비교한 것이 표 29.1이다. ML8511 센서는 280nm에서 400nm 사이 파장의 자외선을 측정하기 위해 흔히 사용되며, 지표면에 도달하는 대부분의 자외선이 이 범위에 포함된다.

표 29.1 파장에 따른 자외선의 종류

이름	축약 형태	파장(nm)	설명
자외선 A	UVA	320~400	• 오존층에 흡수되지 않으며 지표면에 도달하는 대부분의 자외선이 여기에 해당한다. • 피부 노화, 피부 착색의 원인이 된다.
자외선 B	UVB	280~320	• 대부분 오존층에 흡수된다. • 태양에 의한 화상, 피부암 등의 주요 원인이다.
자외선 C	UVC	100~280	• 오존층에서 99% 이상 흡수된다. • 살균 기능이 있으며 피부암의 주요 원인이다.

그림 29.28은 이 장에서 사용한 ML8511 센서 모듈이다. ML8511 센서는 12핀을 갖는 4.0mm × 3.73mm의 아주 작은 칩으로 다루기가 쉽지 않다. 따라서 아두이노와 함께 사용하는 경우에는 센서를 사용하는 데 필요한 부품들까지 포함하여 만들어진 모듈이 주로 사용된다. 센서 모듈 사용 시 주의할 점은 지금까지의 센서와 달리 동작 전압이 3.3V라는 점이다. EN 핀은 센서 측정을 가능하게 하는 Enable 핀으로, 역시 3.3V에 연결해야 한다.

그림 29.28 **ML8511 센서 모듈**

ML8511 센서 모듈의 OUT을 그림 29.29와 같이 아두이노 우노의 A5번 핀에 연결하자.

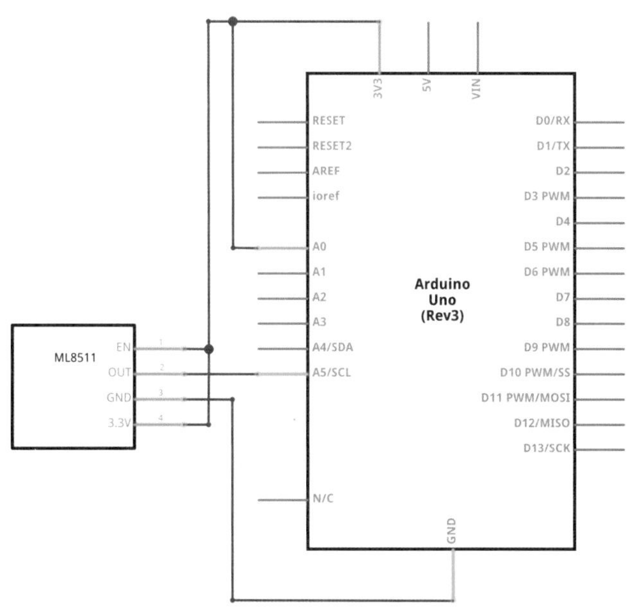

그림 29.29 **ML8511 센서 모듈 연결 회로도**

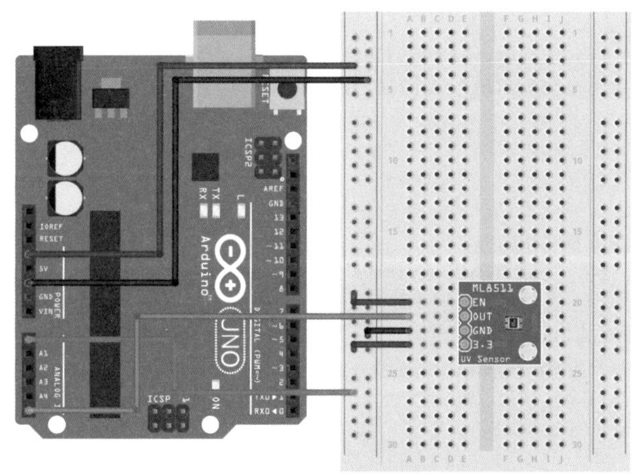

그림 29.30 **ML8511 센서 모듈 연결 회로**

그림 29.29에서 센서 모듈과는 상관없이 3.3V 전원을 A0번 핀에 연결했다. 아두이노 우노에서는 먼저 5V 레귤레이터를 거쳐 5V 동작 전압을 만든 후 이를 다시 3.3V 레귤레이터를 거쳐 3.3V 전압을 만든다. 따라서 **아두이노 우노에서 5V 전원보다는 3.3V 전원이 상대적으로 변화가 적고 안정적이다.** AD 변환에서 기준 전압의 중요성은 무시할 수 없으므로 3.3V 전압을 A0 핀으로 읽어 실제 3.3V에 대한 기준으로 사용하면 기준 전압을 5V로 가정하는 것보다 센서의 출력 전압을 정확하게 계산할 수 있다.

센서 출력 전압과 자외선 강도는 선형 관계를 갖는다. 상온에서 365nm 자외선에 대한 전압과 자외선 강도 사이의 관계는 0.99V일 때 0.0mW/cm^2, 2.8V일 때 15.0mW/cm^{2}의 관계가 있는 것으로 알려져 있으므로 이를 기준으로 선형 변환을 통해 자외선 강도를 계산할 수 있다. 스케치 29.6은 ML8511 센서 모듈을 읽어 자외선 강도를 출력하는 예다. 측정의 정확성을 높이기 위해 10회 반복 측정하고 평균을 출력했다. 토양 습도를 측정하는 스케치 29.5에서는 이동 평균을 사용했지만, 스케치 29.6에서는 단순 평균을 사용했다. 그림 29.31은 구름이 많은 실외에서 자외선이 거의 없는 실내로 이동하면서 자외선을 측정한 결과를 보여준다.

</> 스케치 29.6 ML8511 자외선 센서

```
int UVsensor = A5;                                  // 센서 출력
int REF_3V3 = A0;                                   // 아두이노의 3.3V 출력 전압

byte numberOfReadings = 10;                         // 평균 계산을 위한 반복 측정 횟수

void setup() {
    Serial.begin(9600);
}

void loop() {
    int sensorRead = averageAnalogRead(UVsensor);
    int refRead = averageAnalogRead(REF_3V3);

    // 상대적으로 안정적인 3.3V 출력 전압을 기준으로 센서 출력 전압 계산
    float sensorVoltage = 3.3 / refRead * sensorRead;

    // 센서 출력 전압을 자외선 세기로 변환
    float uvIntensity = mapfloat(sensorVoltage, 0.99, 2.8, 0.0, 15.0);

    Serial.print("ML8511 출력 전압 : ");
    Serial.print(sensorVoltage);
    Serial.print("\t자외선 강도 (mW/cm^2) : ");
    Serial.println(uvIntensity);

    delay(5000);
}

int averageAnalogRead(int pin) {
    int averageReading = 0;

    for (int i = 0 ; i < numberOfReadings ; i++) {
        averageReading += analogRead(pin);          // 반복 측정
    }
    averageReading /= numberOfReadings;             // 평균 계산

    return (averageReading);
}
```

```
float mapfloat(float x, float in_min, float in_max, float out_min, float out_max) {
    return (x - in_min) * (out_max - out_min) / (in_max - in_min) + out_min;
}
```

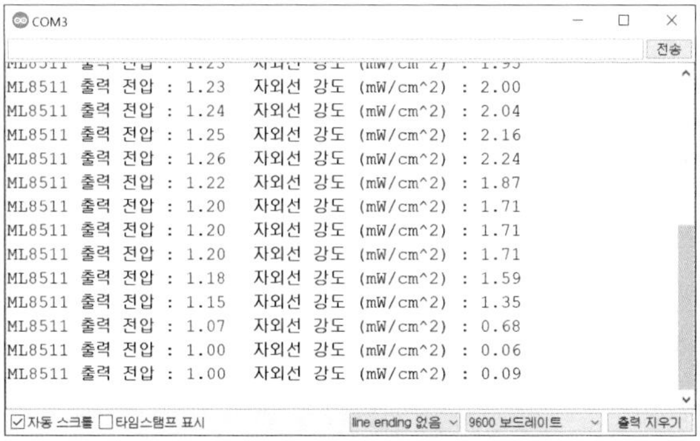

COM3
전송
ML8511 출력 전압 : 1.23 자외선 강도 (mW/cm^2) : 2.00
ML8511 출력 전압 : 1.24 자외선 강도 (mW/cm^2) : 2.04
ML8511 출력 전압 : 1.25 자외선 강도 (mW/cm^2) : 2.16
ML8511 출력 전압 : 1.26 자외선 강도 (mW/cm^2) : 2.24
ML8511 출력 전압 : 1.22 자외선 강도 (mW/cm^2) : 1.87
ML8511 출력 전압 : 1.20 자외선 강도 (mW/cm^2) : 1.71
ML8511 출력 전압 : 1.20 자외선 강도 (mW/cm^2) : 1.71
ML8511 출력 전압 : 1.20 자외선 강도 (mW/cm^2) : 1.71
ML8511 출력 전압 : 1.18 자외선 강도 (mW/cm^2) : 1.59
ML8511 출력 전압 : 1.15 자외선 강도 (mW/cm^2) : 1.35
ML8511 출력 전압 : 1.07 자외선 강도 (mW/cm^2) : 0.68
ML8511 출력 전압 : 1.00 자외선 강도 (mW/cm^2) : 0.06
ML8511 출력 전압 : 1.00 자외선 강도 (mW/cm^2) : 0.09
자동 스크롤 타임스탬프 표시
line ending 없음
9600 보드레이트
출력 지우기

그림 29.31 스케치 29.6 실행 결과

29.7 PIR 센서

온도가 있는 모든 물체는 복사선을 방출한다. 인체의 표면 온도는 20~35℃ 정도로, 방출되는 적외선 파장은 약 10μm에 해당한다. 따라서 **10μm 파장의 적외선 변화를 통해 사람의 움직임을 알아낼 수 있으며, 이 원리를 사용하여 만들어진 센서가 PIR**Passive Infrared **센서**로 흔히 인체 감지 센서라고 한다. PIR 센서는 적외선의 변화량을 기반으로 하고 있으므로 움직이지 않는 사람은 감지할 수 없다. 또한 사람의 체온과 비슷한 온도를 갖는 물체의 움직임 역시 PIR 센서가 감지한다.

적외선은 여러 센서에서 사용되고 있으며 라인트레이서의 경로 찾기에 사용되는 센서, 적외선 거리 센서 등이 그 예에 속한다. 이들 센서는 적외선을 방사하고 반사되어 돌아오는 적외선을 바탕으로 경로의 유무를 알아내거나 거리를 측정한다. 이처럼 먼저 적외선을 방사하는 형태의 센서를 능동형active 적외선 센서라고 한다. 반면, PIR 센서는 수동형passive 적외선 센서로, 적외선을 방출하지는 않고 사물에서 방사되는 적외선을 측정하여 사람의 움직임을 감지하는 데 사용한다.

적외선은 직진성이 강해 검출 범위가 좁으므로 센서 앞에 렌즈를 부착하여 넓은 범위에서 들어오는 적외선을 수집할 수 있도록 만들어진 경우가 대부분이다. PIR 센서 앞에 부착되는 렌즈는 프레넬Fresnel 렌즈가 주로 사용된다. 프레넬 렌즈는 프랑스의 물리학자인 오귀스탱 장 프레넬Augustin Jean Fresnel이 고안한 렌즈로, 볼록렌즈의 역할을 하면서도 얇고 가벼워 큰 렌즈를 만들 수 있다는 장점이 있다.

PIR 센서는 크기가 작고 많은 전력을 필요로 하지 않으며 사용법도 쉬워 많이 사용되고 있으며, 사람이 지나가면 켜지는 전등에서 쉽게 찾아볼 수 있다. PIR 센서를 사용하기 위해서는 일련의 회로가 필요하므로 대부분 그림 29.32와 같이 BISS0001 칩을 사용하여 만들어진 모듈을 사용한다. **BISS0001 칩은 센서로부터 입력되는 신호를 처리하고 움직이는 인체가 감지된 경우 디지털 펄스를 출력하는 역할을 한다.** PIR 센서 모듈에는 2개의 가변저항이 포함된 경우가 많다. 2개의 가변저항 중 하나는 감지 후 감지 신호를 보내는 시간, 즉 HIGH를 유지하는 시간을 조절하기 위해 사용되며 0.3초에서 5분까지 조절할 수 있다. 다른 하나는 감지 감도를 조절하는 가변저항으로 최대 7m 거리의 인체를 감지할 수 있다.

그림 29.32 PIR 센서 모듈

PIR 센서 모듈은 움직이는 인체의 감지 여부를 디지털 신호로 출력하므로 임의의 디지털 핀으로 연결하여 사용할 수 있다. PIR 센서를 그림 29.33과 같이 아두이노 우노의 2번 핀에 연결하자. 3번 핀에는 LED를 연결하여 인체가 감지되면 LED에도 불이 켜지게 한다.

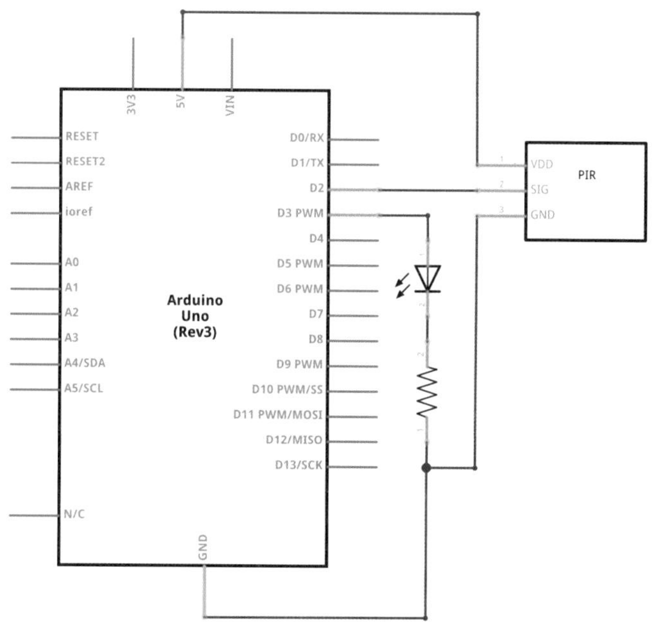

그림 29.33 PIR 센서 연결 회로도

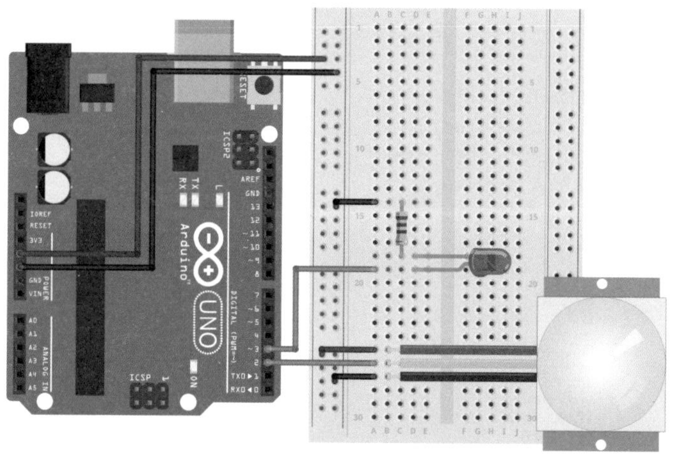

그림 29.34 PIR 센서 연결 회로

스케치 29.7은 PIR 센서의 값을 읽어 인체의 움직임이 감지되면 시리얼 모니터로 메시지를 출력함과 동시에 LED에 불을 켜고, 일정 시간이 지나면 시리얼 모니터로 메시지를 출력하고 LED를 끄는 예다.

스케치 29.7 PIR 센서

```
int PIRpin = 2, LEDpin = 3;
boolean state_previous = false;

void setup() {
    pinMode(PIRpin, INPUT);
    pinMode(LEDpin, OUTPUT);

    digitalWrite(LEDpin, state_previous);

    Serial.begin(9600);
}

void loop() {
    boolean state_current = digitalRead(PIRpin);

    // 이전에 감지되지 않은 상태에서 감지된 상태로 변한 경우
    if (state_current == true) {
        if (state_previous == false) {
            Serial.println("* 어서 오세요~");
            state_previous = true;
            digitalWrite(LEDpin, state_previous);
        }
    }
    // 이전에 감지된 상태에서 감지되지 않은 상태로 변한 경우
    else {
        digitalWrite(LEDpin, LOW);
        if (state_previous == true) {
            Serial.println("* 안녕히 가세요~");
            state_previous = false;
        }
    }
}
```

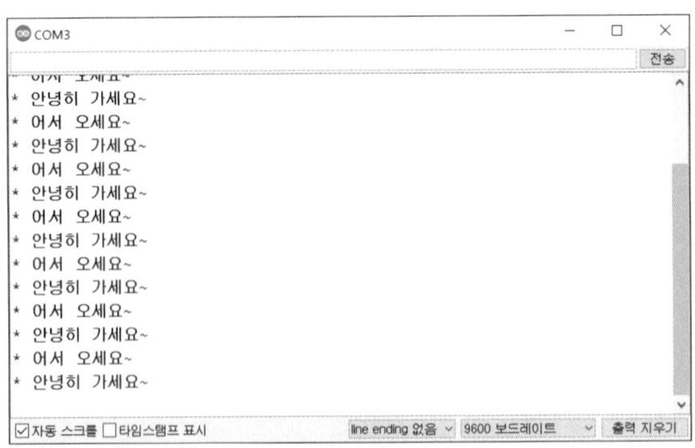

그림 29.35 **스케치 29.7 실행 결과**

스케치 29.7은 loop 함수 내에서 PIR 센서의 출력을 확인하고 센서 출력의 변화에 따라 동작한다. 인터럽트를 사용하면 하드웨어에서 입력 핀의 변화를 감시하고 입력값에 변화가 생겼을 때 인터럽트 서비스 루틴ISR에서 그에 따른 동작을 수행할 수 있다. 인터럽트는 하드웨어의 지원이 필요하므로 아두이노 우노의 경우 2번과 3번 핀으로만 사용할 수 있다. 인터럽트를 사용하기 위해서는 attachInterrupt 함수로 입력의 변화 종류와 ISR을 지정해야 한다.

■ attachInterrupt

```
void attachInterrupt(uint8_t interrupt, void (*function)(void), int mode)
  - 매개변수
      interrupt: 인터럽트 번호
      function: 인터럽트 서비스 루틴interrupt service routine 이름
      mode: 인터럽트 발생 시점
  - 반환값: 없음
```

매개변수인 interrupt는 인터럽트 번호로 인터럽트 사용이 가능한 핀 번호를 인터럽트 번호로 변환하는 digitalPinToInterrupt 함수를 사용하면 된다. function에는 ISR 이름을 지정하며, mode는 인터럽트 발생 시점으로 LOW, CHANGE, RISING, FALLING 중 하나를 지정할 수 있다.

스케치 29.8은 2번 핀으로 들어오는 PIR 센서값의 변화에 따라 자동으로 LED가 켜지고 꺼지는 예로, 시리얼 모니터로 메시지를 출력하지는 않는다. 한 가지 주의해서 살펴볼 점은 loop 함수가 비어 있다는 것으로, 하드웨어가 입력의 변화를 검사하고 입력에 변화가 있을 때 ISR을 호출하는 역할 역시 하드웨어가 담당하므로 스케치에서는 ISR만 작성하고 스케치에서 ISR을 호출하지는 않는다. 스케치 29.8을 업로드하고 스케치 29.7과 같은 동작을 보이는지 확인해 보자. 인터럽트에 대한 자세한 내용은 52장 '인터럽트'를 참고하면 된다.

</> 스케치 29.8 PIR 센서 – 인터럽트

```
int PIRpin = 2, LEDpin = 3;
boolean stateLED = false;

void setup() {
    pinMode(PIRpin, INPUT);
    pinMode(LEDpin, OUTPUT);

    digitalWrite(LEDpin, stateLED);

    // 2번 핀의 입력이 변할 때(CHANGE) 자동으로 ISR(turnOnOffLED)이 호출된다.
    attachInterrupt(digitalPinToInterrupt(PIRpin), turnOnOffLED, CHANGE);
}
```

```
void turnOnOffLED(){
    stateLED = !stateLED;                        // LED 상태 반전
    digitalWrite(LEDpin, stateLED);              // LED 상태 출력
}

void loop() {
    // loop 함수는 비어 있다.
}
```

29.8 먼지 센서

먼지 센서는 대기 중 먼지의 양을 측정하는 센서다. 먼지 센서를 사용할 때 주의해서 살펴봐야 하는 것이 측정할 수 있는 먼지 입자의 크기다. 흔히 미세먼지, 초미세먼지라는 용어가 먼지 입자의 크기를 기준으로 먼지를 나누기 위해 사용된다. 미세먼지는 크기가 2.5~10μm 정도로 화석 연료, 자동차 매연 등의 원인으로 발생하여 대기 중에 떠다니는 먼지를 가리킨다. 사람의 머리카락 단면이 50~70μm 정도인 점을 생각하면 얼마나 작은 크기인지 알 수 있다. 미세먼지 중에서도 크기가 2.5μm 이하인 것은 초미세먼지라고 구별하여 부른다. 미세먼지를 크기에 따라 구분할 때 흔히 PM10, PM2.5라는 용어를 사용한다. PM은 'Particulate Matter'의 약어로 미세먼지를 가리키며, 숫자는 크기를 나타낸다. 즉, **PM10은 크기 10μm 이하의 미세먼지를, PM2.5는 크기 2.5μm 이하의 초미세먼지를 가리킨다***.

먼지의 양을 측정하는 방법에는 여러 가지가 있지만, 아두이노와 함께 사용하는 먼지 센서는 대부분 광산란 방식을 사용한다. **광산란 방식은 빛을 공기 중에 통과시켰을 때 공기 중의 먼지에 의해 일부 빛이 산란되고 빛을 감지하는 센서까지 얼마나 많이 빛이 도달하는지로 먼지의 양을 측정한다.** 발광부와 수광부를 마주 보지 않게 놓아 수광부에서 산란된 빛의 양을 측정하는 방법도 사용되며, 이 경우 먼지의 양이 많을수록 수광부에 도달하는 빛의 양이 증가한다. 두 번째 방법이 센서의 크기를 작게 만들 수 있어 흔히 사용되며, 이 장에서 사용하는 센서 역시 두 번째 방법을 사용한다.

---

* 미세먼지와 초미세먼지는 호흡기와 피부를 통해 인체에 침투하여 각종 질병을 일으키는 원인이 되며, 세계보건기구(WHO) 산하 국제암연구소는 미세먼지를 1군 발암물질로 지정하고 있다.

광산란 방식은 먼지가 아닌 다른 입자의 영향을 받을 수 있고 다른 빛의 영향을 받을 수 있는 등 정확도가 높지는 않지만, 쉽고 간편하게 먼지의 양을 측정할 수 있으므로 가전제품에서 많이 사용되고 있다.

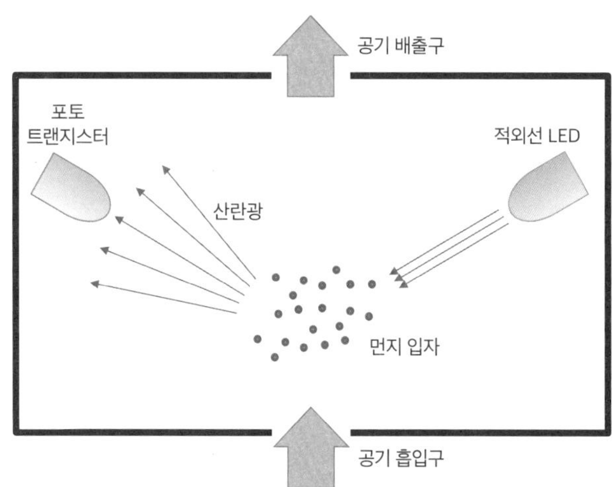

그림 29.36 **광산란 방식 먼지 양 측정 원리**

그림 29.37은 이 장에서 사용하는 먼지 센서로, SHARP에서 가전제품에 사용하기 위해 개발한 것이다. 그림 29.37의 GP2Y1014AU0F 센서는 6개의 핀을 갖고 있으며 0.5μm 크기의 먼지까지 측정할 수 있다. 하지만 먼지의 총량을 측정할 뿐 먼지 크기에 따른 양은 알 수 없다.

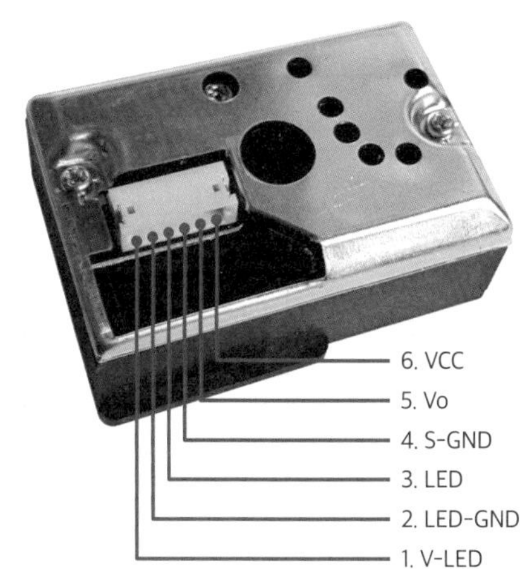

그림 29.37 **광산란 방식 먼지 센서 – GP2Y1014AU0F**

표 29.2는 먼지 센서의 핀 기능을 요약한 것으로 발광부를 위해 3개의 핀이, 수광부를 위해 3개의 핀이 사용된다.

표 29.2 GP2Y1014AU0F 핀 설명

핀	이름	기능	설명
1	V-LED	적외선 LED 발광부	적외선 LED 전원
2	LED-GND		GND
3	LED		적외선 LED 제어 신호 입력
4	S-GND	포토트랜지스터 수광부	GND
5	Vo		아날로그 전압 출력
6	VCC		VCC

그림 29.37과 같은 모양의 먼지 센서에는 여러 종류가 있으며, 크게 아날로그 데이터를 출력하는 센서(GP2Y1010AU0F, GP2Y1012AU0F, GP2Y1014AU0F)와 디지털 데이터를 출력하는 센서(GP2Y1023AU0F, GP2Y1026AU0F, GP2Y1030AU0F)로 나눌 수 있다. 이 장에서는 아날로그 데이터를 출력하는 센서 중 측정 범위가 최대 600μg/m^{3}로 넓고, 오차 범위가 적은 GP2Y1014AU0F 센서를 사용한다. 현재 판매되고 있는 아날로그 데이터 출력 먼지 센서는 대부분 GP2Y1014AU0F로 GP2Y1010AU0F의 개선된 버전이다.

먼지 센서를 그림 29.38과 같이 아두이노 우노에 연결해 보자. 전원 안정화를 위해 220μF의 전해 커패시터와 150Ω의 저항을 그림 29.38과 같이 전원 쪽에 연결해야 한다.

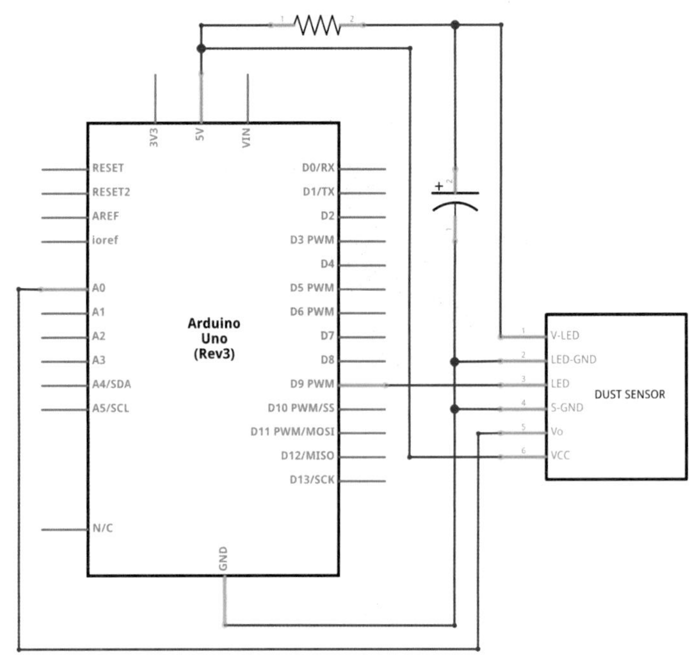

그림 29.38 **먼지 센서 연결 회로도**

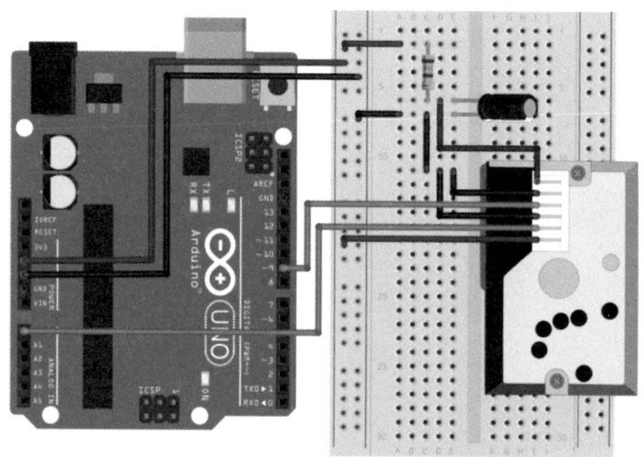

그림 29.39 **먼지 센서 연결 회로**

먼지 센서의 값을 읽기 위해서는 먼저 먼지 센서의 3번 LED 핀을 이용하여 펄스를 출력해야 한다. 이때 3번 핀에 LOW를 출력해야 LED가 켜진다는 점에 주의해야 한다. 펄스를 출력한 후 280μs가 지나면 5번 핀 Vo로 아날로그 전압을 읽어 먼지의 양을 계산하면 된다. Vo 값을 읽고 40μs가 지나면 펄스 출력을 정지하고, 펄스 출력 간격은 최소 10ms가 되어야 한다. 그림 29.40은 먼지 센서를 읽기 위한 타이밍도를 나타낸 것이다.

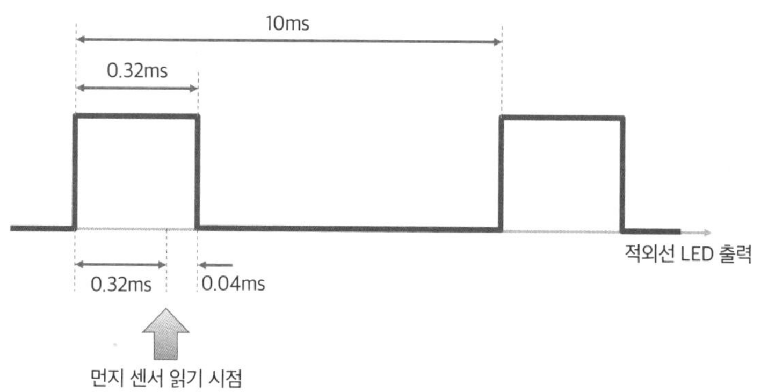

그림 29.40 **먼지 센서 읽기 타이밍도**

먼지 센서에서 출력되는 전압은 먼지 농도와 선형 관계에 있으며 다음 변환식이 흔히 사용된다. 먼지 센서에서 출력되는 전압은 [0, 3.75] 범위에 있다.

$$\text{먼지 농도}(mg/m^3) = 0.17 \times V_{OUT} - 0.1$$

스케치 29.9는 1초 간격으로 먼지 센서를 읽고 농도로 변환하여 시리얼 모니터로 출력하는 예다.

스케치 29.9 먼지 센서

```
int dustPin = A0;                          // 먼지 센서 출력 핀
int ledPin = 9;                            // 적외선 LED 제어 핀

float rawRead = 0;                         // 아날로그 입력값
float calcVoltage = 0;                     // 전압으로 변환한 값
float dustDensity = 0;                     // 먼지 농도

void setup() {
  Serial.begin(9600);

  pinMode(ledPin, OUTPUT);
  digitalWrite(ledPin, HIGH);
}

void loop() {
  digitalWrite(ledPin, LOW);               // 적외선 LED 켜기
  delayMicroseconds(280);                  // 280μs 이후 먼지 센서 읽음

  rawRead = analogRead(dustPin);           // 먼지 센서 읽기

  delayMicroseconds(40);                   // 280 + 40 = 320μs 이후 적외선 LED 끔
  digitalWrite(ledPin, HIGH);              // 적외선 LED 끄기
  delayMicroseconds(9680);                 // 최소 10ms 간격 유지

  calcVoltage = rawRead * (5.0 / 1024.0);  // 전압으로 변환
  dustDensity = 0.17 * calcVoltage - 0.1;  // 먼지 농도로 변환

  Serial.print("아날로그 입력 : ");
  Serial.print(rawRead);
  Serial.print("\t전압 : ");
  Serial.print(calcVoltage);
  Serial.print("\t먼지 농도 : ");
  Serial.println(dustDensity);

  delay(1000);                             // 1초 간격으로 측정해서 출력
}
```

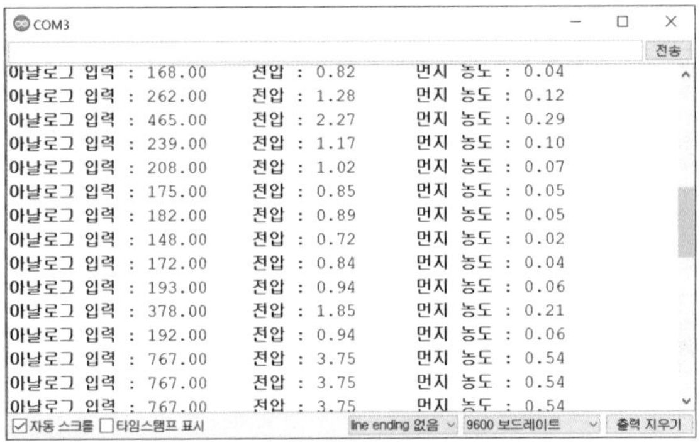

```
COM3                                                    전송
아날로그 입력 : 168.00    전압 : 0.82    먼지 농도 : 0.04
아날로그 입력 : 262.00    전압 : 1.28    먼지 농도 : 0.12
아날로그 입력 : 465.00    전압 : 2.27    먼지 농도 : 0.29
아날로그 입력 : 239.00    전압 : 1.17    먼지 농도 : 0.10
아날로그 입력 : 208.00    전압 : 1.02    먼지 농도 : 0.07
아날로그 입력 : 175.00    전압 : 0.85    먼지 농도 : 0.05
아날로그 입력 : 182.00    전압 : 0.89    먼지 농도 : 0.05
아날로그 입력 : 148.00    전압 : 0.72    먼지 농도 : 0.02
아날로그 입력 : 172.00    전압 : 0.84    먼지 농도 : 0.04
아날로그 입력 : 193.00    전압 : 0.94    먼지 농도 : 0.06
아날로그 입력 : 378.00    전압 : 1.85    먼지 농도 : 0.21
아날로그 입력 : 192.00    전압 : 0.94    먼지 농도 : 0.06
아날로그 입력 : 767.00    전압 : 3.75    먼지 농도 : 0.54
아날로그 입력 : 767.00    전압 : 3.75    먼지 농도 : 0.54
아날로그 입력 : 767.00    전압 : 3.75    먼지 농도 : 0.54
☑자동 스크롤 ☐타임스탬프 표시    line ending 없음    9600 보드레이트    출력 지우기
```

그림 29.41 스케치 29.9 실행 결과

29.9 맺는말

아두이노는 간단한 제어 장치를 만들기 위해 흔히 사용되며 이를 위한 입력 장치로 여러 가지 센서가 사용된다. 센서는 주변 환경에서 다양한 물리량을 측정하는 장치로 아날로그값을 기본으로 한다. 조도 센서, 압력 센서 등은 조도나 압력에 따라 센서의 저항값이 변하므로 전압 분배 회로를 통해 측정하고자 하는 물리량을 나타내는 전압을 얻을 수 있다. 반면, 온도 센서나 토양 습도 센서 등은 물리량에 따라 변하는 전압을 직접 출력하는 센서들이다. 이처럼 물리량에 따라 전압이 변하는 경우 아두이노에서는 아날로그-디지털 변환기ADC를 통해 그 값을 읽고, 필요하다면 실제 측정하고자 하는 물리량으로 변환해서 사용할 수 있다.

센서는 아날로그값을 기본으로 하지만 센서에서 얻을 수 있는 전압의 범위가 아두이노에서 읽을 수 있는 0~5V 범위가 아닐 수 있고, 아두이노의 10비트 해상도로는 센서의 측정값을 정확하게 나타낼 수 없는 등의 문제가 있을 수 있다. 따라서 최근에는 센서 내에 디지털값으로 변환하는 ADC를 내장한 경우, 더 나아가 물리량으로 변환하여 출력하는 센서들도 판매되고 있다. 이 장에서 살펴본 PIR 센서는 측정한 적외선 변화량을 바탕으로 인체 감지 유무를 디지털 펄스로 출력하는 센서라면, 32장 '가속도 자이로 센서'와 33장 '디지털 온습도 센서'에서 사용하는 센서들은 물리량을 디지털값으로 전송한다. 표 29.3은 이 장에서 사용한 센서들의 특성을 비교한 것이다. 이 외에도 다양한 종류의 센서들이 판매되고 있으므로, 측정하고자 하는 물리량이 있다면 먼저 사용할 수 있는 센서가 있는지 검색해 보기 바란다.

표 29.3 이 장에서 사용한 센서들의 특징 비교

센서	출력 데이터 형식	출력값	비고
LM35 온도 센서	아날로그	온도에 비례하는 전압 출력	트랜지스터와 같은 모양
CdS 조도 센서	-	광량에 반비례하는 저항값을 가짐	값을 직접 출력하지 않으므로 전압 분배 회로를 사용하여 간접적으로 물리량을 나타내는 전압을 측정하여 사용
압력 센서	-	압력에 반비례하는 저항값을 가짐	
휨 센서	-	휘어진 각도에 비례하는 저항값을 가짐	
토양 습도 센서	아날로그	토양 습도에 비례하는 전압 출력	
ML8511 UV 센서	아날로그	자외선 양에 비례하는 전압 출력	
PIR 센서	디지털	움직이는 인체가 감지되면 디지털 펄스 출력	센서 데이터 처리 전용 BISS0001 칩 포함
먼지 센서	아날로그	먼지 농도에 비례하는 전압 출력	

1 CdS 조도 센서를 그림 29.8과 같이 A1번 핀에 연결하자. 조도가 일정 수준 미만이 되면 13번 핀에 연결된 내장 LED가 1초 간격으로 점멸하도록 스케치를 작성해 보자. 이때 LED가 꺼져 있는 이유는 두 가지라는 점에 주의해야 한다. 즉, 조도가 일정 수준 이상인 경우 LED는 꺼져 있지만, 조도가 일정 수준 미만일 때도 점멸 과정에서 꺼진 상태에 있을 수 있다. LED를 점멸하는 조도 센서의 아날로그값은 실험으로 결정한다.

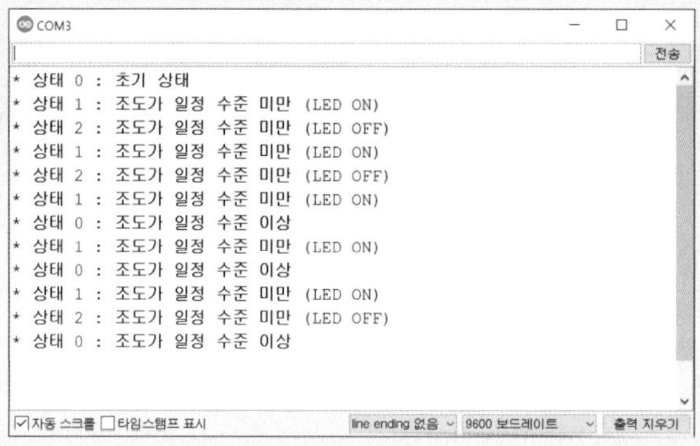

2 최근 MEMS Micro-Electro-Mechanical System라는 미세전자기계시스템 방식의 센서가 많은 관심을 받고 있다. MEMS는 반도체 기술의 발전에 따라 반도체 제작 기술을 응용하여 만든 아주 작은 기계를 가리키는 말로, 나노머신 Nano Machine이라는 용어도 사용된다. MEMS 센서는 미세 공정을 통해 만들어지므로 작은 크기, 낮은 가격, 높은 효율, 높은 신뢰성 등 기존 센서에 비해 많은 장점이 있다. 스마트폰에 사용되고 있는 가속도 센서와 자이로 센서가 MEMS 센서의 대표적인 예 중 하나다. 스마트폰에 사용되는 예를 포함하여 주변에서 사용되고 있는 MEMS 센서를 찾아보자.

CHAPTER

30

로터리 인코더

로터리 인코더는 회전축의 위치나 움직임을 전기적인 신호로 출력하는 장치를 말한다. 로터리 인코더를 사용하면 회전 위치와 속도를 알아낼 수 있으므로 모터 제어, 로봇 제어 등에서 흔히 사용된다. 이 장에서는 로터리 인코더 중에서 상대적인 움직임 정도를 알아낼 수 있는 증분 인코더의 원리와 사용 방법을 알아본다.

이 장에서 사용할 부품

부품	수량	용도
아두이노 우노	× 1	➡ 로터리 인코더 테스트
로터리 인코더 모듈	× 1	
LED	× 8	
220Ω 저항	× 8	

30.1 로터리 인코더

인코더encoder란 운동하는 물체의 위치와 속도 정보를 전기적 펄스 신호로 출력하는 장치를 말한다. 인코더에는 회전 운동을 검출하는 로터리rotary 인코더, 직선 운동을 검출하는 리니어linear 인코더 등이 있으며, 이 장에서는 회전량을 알아낼 수 있는 로터리 인코더를 사용한다.

로터리 인코더는 크게 절대적인 위치를 알아내는 절대absolute 인코더와 상대적인 위치를 알아내는 증분incremental 인코더로 나눌 수 있다. 증분 인코더는 이전 위치와 현재 위치의 차이를 기본으로 하고 있어 인코더를 움직이지 않으면 아무런 정보를 얻을 수 없지만, 절대 인코더는 인코더를 움직이지 않아도 현재 위치를 알아낼 수 있다. 하지만 증분 인코더와 비교하면 절대 인코더는 구조가 복잡하고 가격이 비싸다는 단점이 있다. 이 장에서 사용하는 인코더는 증분 인코더다.

증분 인코더는 발광 소자와 수광 소자 그리고 디스크로 구성된다. 디스크에는 발광 소자의 빛을 투과시키는 부분과 투과시키지 않는 부분이 동심원상에 배치되어 있다. 축이 회전하면 발광 소자의 빛이 수광 소자에 도달하거나 도달하지 않는 과정을 반복하게 되므로 이를 펄스로 출력하여 회전 정도를 알아낼 수 있다. 절대 인코더 역시 기본적인 구성은 같지만, 빛을 통과시키는 슬릿을 축의 회전 위치에 따라 이진수로 출력되도록 구성하여 축의 절대 위치를 알아낼 수 있도록 만들어져 있다.

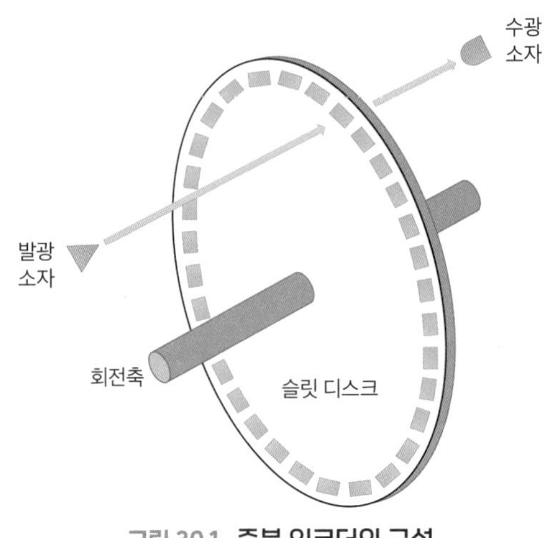

그림 30.1 증분 인코더의 구성

그림 30.1은 증분 인코더의 구성을 나타낸 것이다. 축이 회전함에 따라 수광 소자에 도달하는 빛의 유무가 변하고 이에 따라 수광 소자의 출력이 변하게 된다. 그림 30.1과 같은 인코더 구성에서 한 가지 문제점은 축을 회전시키는 방향과 무관하게 수광 소자에 도달하는 빛의 패턴이 같아서 시계 방향과 반시계 방향 회전을 구별할 수 없다는 것이다. 따라서 **증분 인코더에서는 2개의 발광-수광 소자 쌍을 사용하여 2개의 펄스를 출력함으로써 회전 방향을 알아낼 수 있도록 구성되어 있다.** 이때 출력되는 2개의 펄스를 각각 'A상'과 'B상'이라고 한다. 그림 30.2는 2개의 펄스를 출력하는 증분 인코더에서 회전 방향에 따라 슬릿을 통과하는 빛을 나타낸 것이다.

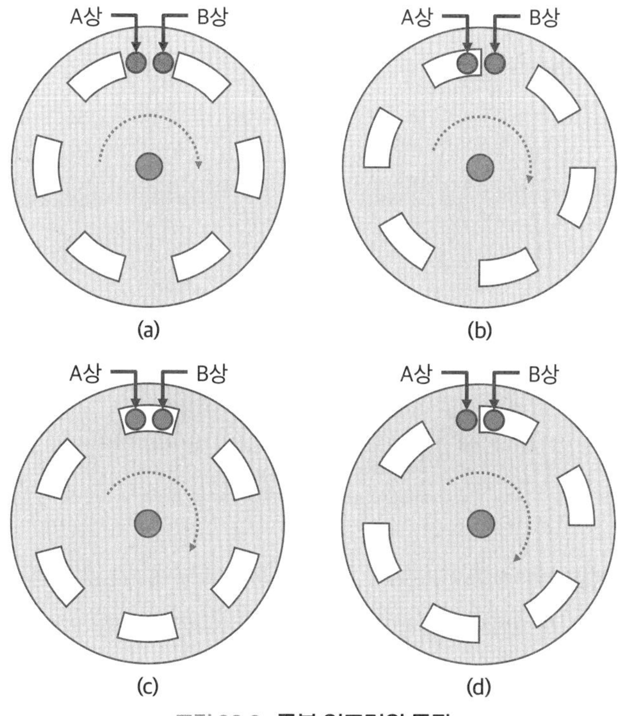

그림 30.2 증분 인코더의 동작

A상과 B상의 출력은 풀업 저항을 사용하여 수광 소자에 빛이 도달하면 0을, 도달하지 않으면 1을 출력하는 것이 일반적이므로 시계 방향으로 회전하는 경우 AB 값은 11 → 01 → 00 → 10을 반복해서 출력하게 된다. 회전에 따라 출력되는 값은 연속된 값 사이에 1비트의 값만 차이가 나는 그레이 코드gray code로 나타난다. 반시계 방향으로 회전하는 경우 A상과 B상의 출력은 시계 방향으로 회전하는 경우의 역순이 된다. 그림 30.3은 AB 값의 출력 변화를 보인 것으로 AB 값이 네 가지 상태로 변하는 한 주기를 클릭click이라 하고, 로터리 인코더의 정밀도를 1회전에 필요한 클릭 수로 나타낸다.

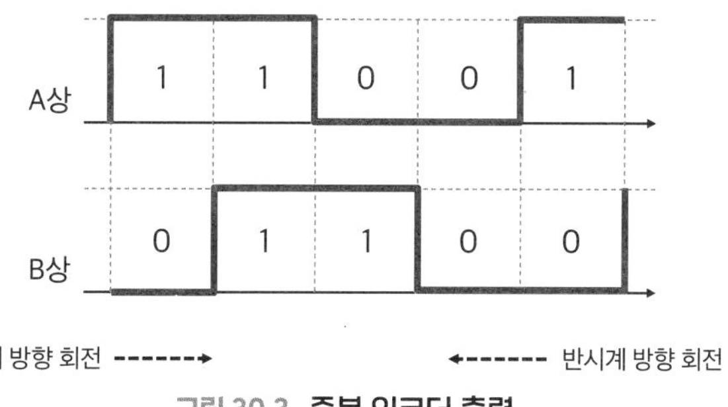

그림 30.3 증분 인코더 출력

이 외에도 원점을 지정하기 위해 1회전에 한 번 펄스를 출력하는 Z상 출력이 있는 인코더, 축을 버튼처럼 누를 수 있는 인코더 등 다양한 부가 기능이 추가된 인코더가 있다. 이 장에서는 Z상 출력은 없지만 축을 버튼처럼 누를 수 있는 그림 30.4와 같은 로터리 인코더를 사용한다.

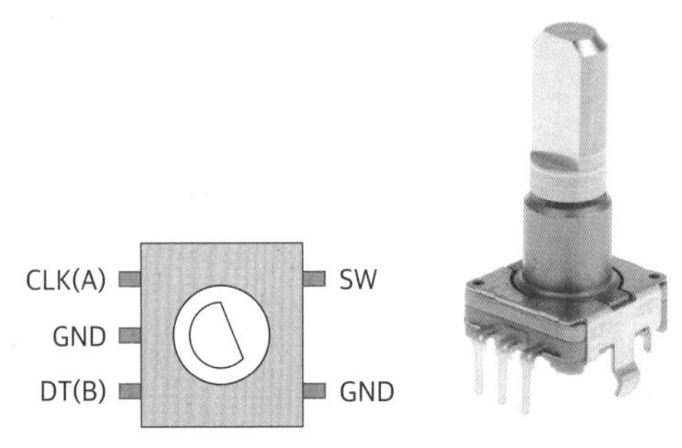

그림 30.4 **로터리 인코더**

그림 30.4의 로터리 인코더는 5개의 핀을 갖고 있다. 5개 핀 중 CLK$_{\text{clock}}$와 DT$_{\text{data}}$는 각각 A상과 B상에 해당한다. **로터리 인코더에서 회전이 발생했음을 알아내는 간단한 방법은 CLK의 상승 에지를 검사하는 것이다.** 또한 **상승 에지가 발생했을 때 DT가 LOW 값을 가지면 시계 방향 회전을, HIGH 값을 가지면 반시계 방향 회전을 나타내므로 회전 방향 역시 알아낼 수 있다.**

로터리 인코더의 CLK와 DT 핀에 풀업 저항을 연결하고, 버튼(SW)에도 풀업 저항을 연결하여 만들어진 것이 그림 30.5의 로터리 인코더 모듈로 이 장에서 사용하는 모듈이다.

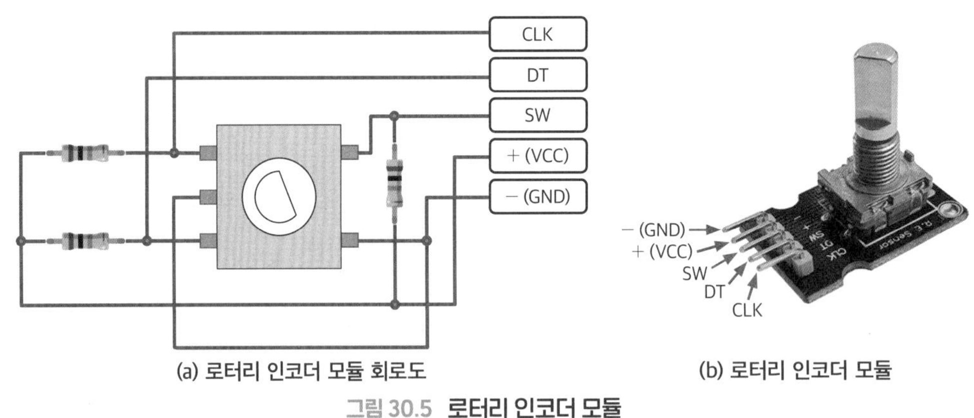

그림 30.5 **로터리 인코더 모듈**

그림 30.5의 모듈 역시 그림 30.4와 마찬가지로 5개의 핀을 갖고 있다. 이 중 2개는 전원 핀이며 나머지 3개는 A상(CLK), B상(DT), 스위치$_{\text{SW: switch}}$ 출력에 해당한다. 로터리 인코더 모듈에 VCC 연결이 필요한 이유는 각 출력 핀이 풀업 저항을 사용하기 때문이다.

30.2 로터리 인코더의 사용

로터리 인코더 모듈을 그림 30.6과 같이 아두이노 우노에 연결하자.

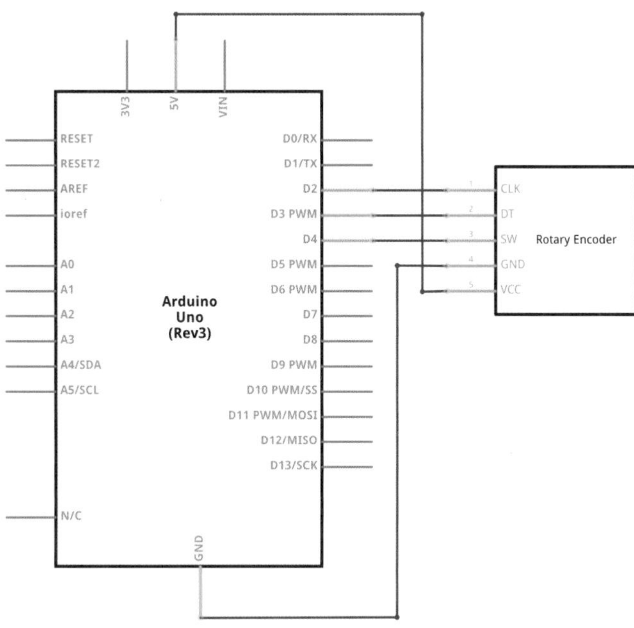

그림 30.6 **로터리 인코더 모듈 연결 회로도**

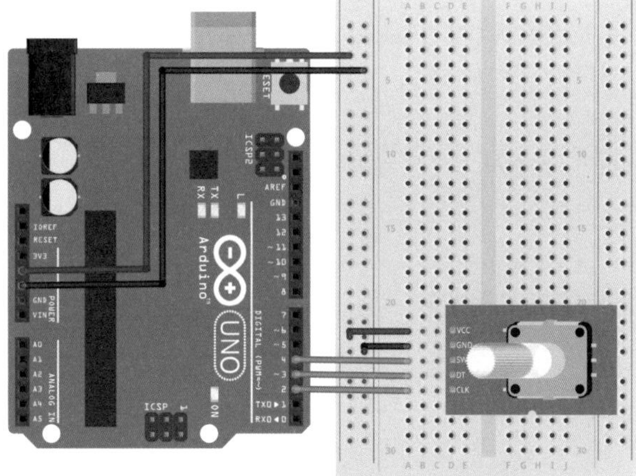

그림 30.7 **로터리 인코더 모듈 연결 회로**

스케치 30.1은 CLK의 값이 LOW에서 HIGH로 변하는 경우, 즉 상승 에지에서 DT 값으로 회전 방향을 결정하고 이를 통해 인코더의 현재 위치를 결정하는 예다. 증분 인코더를 사용하므로 시작점은 0으로 한다.

스케치 30.1 로터리 인코더

```
int CLK = 2;
int DT = 3;
int SW = 4;

int encoderVal = 0;
int oldA = HIGH, oldB = HIGH;                          // 초기 상태, 풀업 저항 사용으로 HIGH

void setup() {
    pinMode (CLK, INPUT);                              // 인코더 연결 핀을 입력으로 설정
    pinMode (DT, INPUT);
    pinMode (SW, INPUT);

    Serial.begin(9600);
    Serial.print("인코더 시작\t: ");
    Serial.println(encoderVal);
}

void loop() {
    int change = checkEncoder();                       // 인코더 회전 결정

    if (change != 0) {                                 // 회전이 있는 경우
        if (change == 1) {
            Serial.print("시계 방향 회전\t: ");
        }
        else {
            Serial.print("반시계 방향 회전\t: ");
        }
        encoderVal = encoderVal + change;
        Serial.println(encoderVal);
    }

    if (digitalRead(SW) == LOW) {                      // 스위치를 누른 경우 리셋
        encoderVal = 0;

        Serial.print("인코더 리셋\t: ");
        Serial.println(encoderVal);

        delay(100);                                    // 디바운싱
    }
}

// 1(시계 방향), -1(반시계 방향), 0(회전 없음) 중 하나의 값을 반환
int checkEncoder(void) {
    int result = 0;
```

```
    int newA = digitalRead(CLK);
    int newB = digitalRead(DT);

    if (newA != oldA || newB != oldB) {           // 값이 변한 경우
        if (oldA == LOW && newA == HIGH) {        // 상승 에지에서
            // B가 LOW(= 0)이면 시계 방향(result = 1)
            // B가 HIGH(= 1)이면 반시계 방향(result = -1)
            result = -(oldB * 2 - 1);
        }
    }

    oldA = newA;
    oldB = newB;

    return result;
}
```

스케치 30.1에서 주의해서 살펴봐야 할 부분은 회전을 감지하는 checkEncoder 함수로, CLK의 상승 에지에서 DT의 값에 따라 회전 방향을 결정하고 있다. 동작에 문제는 없지만, 스케치 30.1은 한 클릭에 한 번만 출력이 이루어진다는 한계가 있다. 네 가지 상태를 구별하기 위해서는 CLK와 DT의 상승 및 하강 에지를 모두 검사해야 하며, 다음 절에서 사용하는 라이브러리가 그 예에 해당한다.

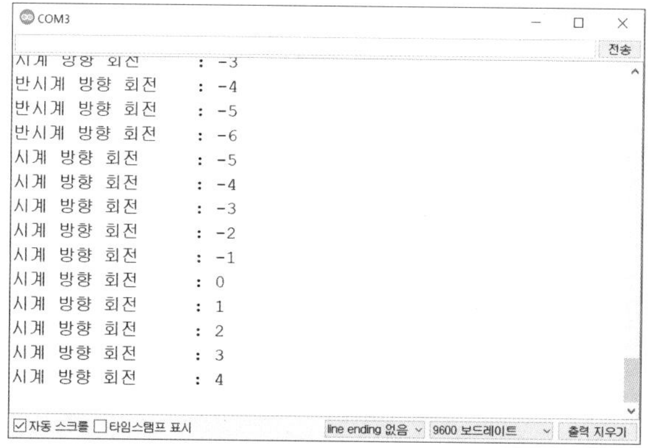

그림 30.8 스케치 30.1 실행 결과

30.3 로터리 인코더 라이브러리

로터리 인코더의 움직임을 알아내기 위해서는 CLK와 DT 핀을 읽어 그 값을 이전 값과 비교해야 한다. CLK와 DT 핀의 출력 변화를 알아내기 위해서는 스케치 30.1과 같은 폴링polling 방식 이외에 인터럽트interrupt 방식을 사용할 수 있다. 폴링 방식을 사용하면 빠른 회전의 경우 이를 알아내기 위해 빠른 속도로 검사가 이루어져야 하므로 다른 작업과 함께 진행하기 어려울 수 있다. 반면, 인터럽트 방식을 사용하면 CLK와 DT의 상승 및 하강 에지에서 정확한 검사가 이루어질 수 있다. 그림 30.6의 회로도에서도 외부 인터럽트를 사용할 수 있는 2번과 3번 핀에 CLK와 DT를 연결하고 있다.

먼저 인터럽트 방식을 지원하는 로터리 인코더 라이브러리를 설치해야 한다. 라이브러리 매니저에서 'Rotary Encoder'를 검색하여 Encoder 라이브러리를 설치하자.

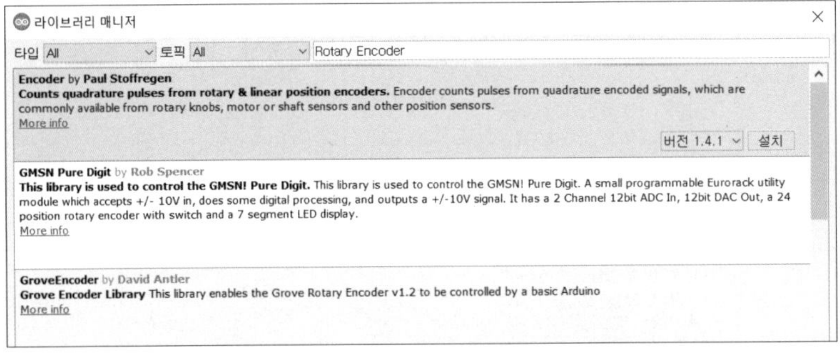

그림 30.9 Encoder 라이브러리 검색 및 설치*

Encoder 라이브러리를 사용하기 위해서는 먼저 헤더 파일을 포함해야 한다. '스케치 → 라이브러리 포함하기 → Encoder' 메뉴 항목을 선택하거나 #include 문을 직접 입력하면 된다.

```
#include <Encoder.h>
```

Encoder 라이브러리에서 제공하는 Encoder 클래스에서는 인터럽트 방식은 물론, 폴링 방식도 지원한다. **로터리 인코더의 위치를 나타내는 값은 인터럽트 방식에서는 인터럽트가 발생할 때, 폴링 방식에서는 read 함수를 호출할 때 업데이트된다.**

* https://www.pjrc.com/teensy/td_libs_Encoder.html

■ Encoder

```
Encoder::Encoder(uint8_t pin1, uint8_t pin2)
```

- 매개변수
  - pin1: DT 연결 핀 번호
  - pin2: CLK 연결 핀 번호
- 반환값: 없음

인코더 객체를 생성한다. 인코더 객체를 생성할 때는 DT와 CLK를 연결할 핀을 지정한다. 인코더 라이브러리는 지정한 핀에 따라 인터럽트 사용 여부를 자동으로 결정한다. 그림 30.6과 같이 2번과 3번 핀을 사용한 경우에는 인터럽트가 사용되며, 인터럽트를 사용하지 않는 경우와 비교해서 정확도가 높다. 객체를 생성할 때 인코더의 위치를 나타내는 값은 0으로 초기화된다.

인코더 객체를 생성할 때 핀 번호는 서로 바꾸어도 된다. 객체를 생성할 때 (2, 3)으로 지정했을 때와 (3, 2)로 지정했을 때의 차이는 위치를 나타내는 값이 증가하는 방향이 서로 반대가 된다는 점이다. 즉, (3, 2)로 지정하면 인코더를 시계 방향으로 회전시켰을 때 위치를 나타내는 값이 증가하는데, (2, 3)으로 지정하면 인코더를 반시계 방향으로 회전시켜야 위치를 나타내는 값이 증가한다.

■ read

```
int32_t Encoder::read()
```

- 매개변수: 없음
- 반환값: 인코더의 현재 위치를 나타내는 값

인코더의 현재 위치를 나타내는 값을 읽어온다. DT와 CLK 연결 핀이 인터럽트를 지원하는 경우에는 인터럽트 서비스 루틴에서 위치를 나타내는 값이 바뀌지만, 인터럽트를 지원하지 않을 때는 `read` 함수에서 위치를 나타내는 값이 바뀐다. 따라서 인터럽트를 사용하지 않을 때는 `loop` 함수 내에서 `read` 함수를 호출하여 위치가 갱신되게 해야 한다.

■ write

```
void Encoder::write(int32_t p)
```

- 매개변수
  - p: 인코더의 현재 위치를 나타내는 값
- 반환값: 없음

증분 인코더의 경우 상대적인 값만 의미가 있으므로 현재 위치를 나타내는 값을 설정하기 위해 write 함수를 사용한다.

스케치 30.2는 로터리 인코더의 현재 위치 읽어 출력하는 예다. 인코더를 시계 방향과 반시계 방향으로 돌리면서 위치를 나타내는 값이 증가 또는 감소하는 것을 확인해 보자.

스케치 30.2 로터리 인코더 – Encoder 라이브러리

```
// #define ENCODER_DO_NOT_USE_INTERRUPTS
#include <Encoder.h>

Encoder encoder(3, 2);                          // 인코더 객체 생성
long position = -999;                           // 이전 위치값

void setup() {
    Serial.begin(9600);
    Serial.println("* 위치를 0으로 초기화합니다.");
}

void loop() {
    long newPosition = encoder.read();
    if (newPosition != position) {
        position = newPosition;
        Serial.println(String("현재 위치 : ") + position);
    }

    // delay(100);
}
```

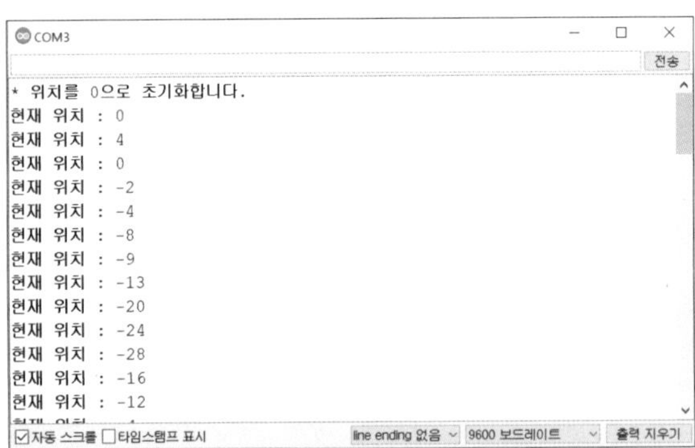

그림 30.10 **스케치 30.2 실행 결과**

스케치 30.2에서 주의할 부분은 주석 처리된 첫 번째 줄의 #define 문과 역시 주석 처리된 마지막 부분의 delay 함수다. Encoder 라이브러리는 객체 생성에 사용한 핀이 인터럽트를 지원하는지에 따라 자동으로 인터럽트 사용을 결정한다. 하지만 ENCODER_DO_NOT_USE_INTERRUPTS가 정의되어 있으면 인터럽트를 사용하지 않는다. #define 문의 주석 처리를 없애고 스케치를 업로드한 후

실행 결과를 확인해 보자. 크게 차이가 없을 수 있다. 그렇다면 delay 함수의 주석 처리도 없애고 실행 결과를 확인해 보자. 차이를 확연히 느낄 수 있을 것이다. 인터럽트를 사용하지 않는 경우 인코더의 위치는 read 함수에서 갱신된다. 따라서 만약 0.1초보다 빠른 속도로 인코더가 회전한다면 스케치에서는 그 변화를 알아챌 수 없다. #define 문을 주석 처리하고 delay 함수의 주석 처리를 없애면 어떻게 될까? 시리얼 모니터로 위치가 출력되는 속도는 0.1초 간격으로 느려지겠지만 인터럽트를 통해 인코더 회전은 정확하게 반영되고 있음을 확인할 수 있다.

그림 30.11과 같이 로터리 인코더와 8개 LED를 아두이노 우노에 연결하여 로터리 인코더로 LED를 제어해 보자. 8개의 LED는 하나만 켜고 나머지는 끈다. 로터리 인코더를 돌리면 돌리는 방향에 따라 켜지는 LED의 위치가 왼쪽 또는 오른쪽으로 움직이게 해보자. 가변저항으로 LED의 위치를 조정하는 것과 비슷하지만 **가변저항은 움직일 수 있는 범위가 제한되어 있는 반면, 로터리 인코더는 무한히 회전할 수 있다는 차이가 있다.** 따라서 켜지는 LED의 위치가 왼쪽 끝을 벗어나면 위치를 오른쪽 끝으로 옮기고 오른쪽 끝을 벗어나면 왼쪽 끝으로 옮겨야 한다. 또한 Encoder 라이브러리는 인코더의 A상과 B상 중 하나라도 값이 변하면 인코더의 위치를 나타내는 값이 1 증가하거나 감소하도록 되어 있다. 즉, 1클릭당 위칫값이 4만큼 변한다. 인코더의 위치가 변할 때마다 LED 위치가 변하게 하면 LED의 위치가 너무 빨리 변해 알아보기 힘들 수 있으므로 인코더의 위치를 나타내는 값이 일정 값 이상 변할 때만 LED의 위치가 움직이게 한다.

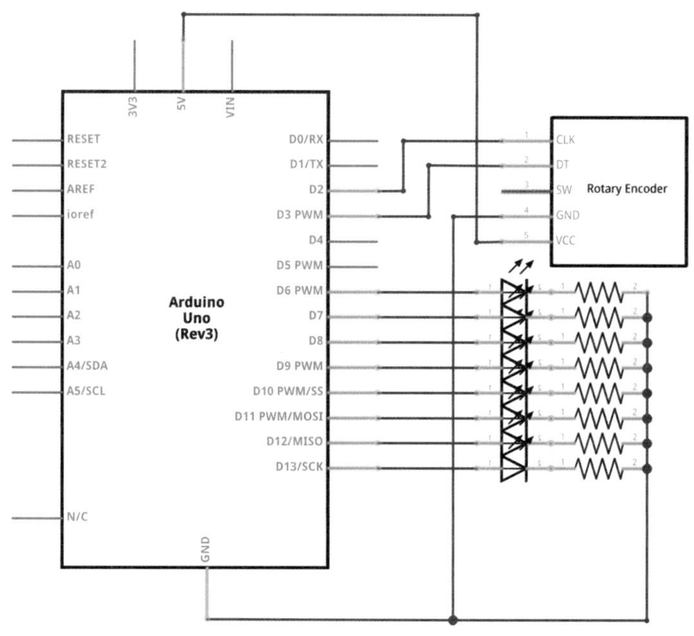

그림 30.11 로터리 인코더와 LED 연결 회로도

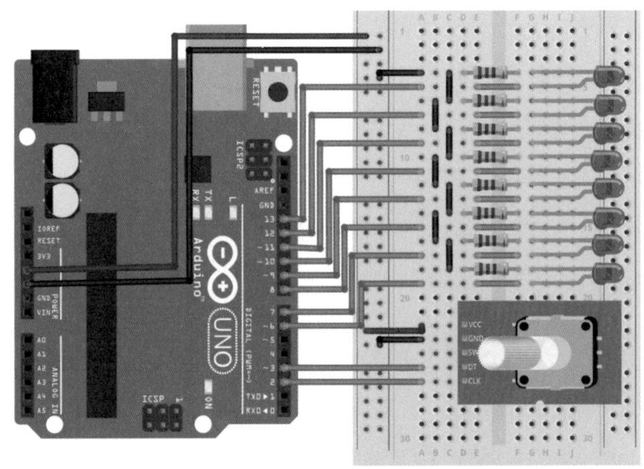

그림 30.12 로터리 인코더와 LED 연결 회로

스케치 30.3은 로터리 인코더로 LED의 위치를 조정하는 스케치를 Encoder 라이브러리를 사용하여 작성한 예다. 스케치를 업로드하고 로터리 인코더를 돌려 LED의 위치가 변하는 것을 확인해보자.

스케치 30.3 LED 위치 제어

```
#include <Encoder.h>

int pins[] = { 6, 7, 8, 9, 10, 11, 12, 13 };          // LED 연결 핀
int index = 0;                                         // 켜지는 LED 위치

const int MIN_MOVE = 4;                                // LED 이동을 위한 인코더 위치 차이
Encoder encoder(3, 2);                                 // 인코더 객체 생성
long position = 0;                                     // 이전 위치

void setup() {
    for (int i = 0; i < 8; i++) {                      // LED 연결 핀을 출력으로 설정
        pinMode(pins[i], OUTPUT);
    }
    show_LED();                                        // LED 표시
}

void show_LED() {
    for (int i = 0; i < 8; i++) {                      // 하나만 켜고 나머지는 끔
        digitalWrite(pins[i], i == index);
    }
}

void loop() {
    long newPosition = encoder.read();                 // 위치 알아내기
    long diff = newPosition - position;                // 위치 차이
```

```
        if (diff >= MIN_MOVE || diff <= -MIN_MOVE) {
            index = index + diff / MIN_MOVE;                    // LED를 움직이는 양
            // 음숫값인 경우도 처리하기 위해 8을 더해서 나머지를 구함
            index = (index + 8) % 8;

            show_LED();

            position = newPosition;
        }
    }
```

30.4 맺는말

로터리 인코더는 회전 운동을 하는 물체의 위치 정보를 전기적 신호로 출력하는 장치를 말한다. 로터리 인코더를 사용하면 회전한 정도를 파악할 수 있고 이를 바탕으로 회전 속도 역시 계산할 수 있어 회전하는 물체의 움직임을 파악하기 위해 흔히 사용된다.

아두이노에서 사용되는 로터리 인코더는 모터와 함께 사용되는 예를 흔히 볼 수 있다. DC 모터의 경우 회전한 정도를 알아내기가 어렵지만, 로터리 인코더와 함께 사용하면 위치를 정확하게 결정할 수 있다. 이처럼 로터리 인코더와 일체형으로 만들어진 모터를 인코더 모터라고 한다. 다른 예로는 회전각을 지정할 수 있는 서보 모터가 있다. 서보 모터에서 위치를 제어하기 위해 여러 방법이 사용되며, 그중 하나가 로터리 인코더를 사용하는 것이다. 이 외에도 다양한 산업 장비와 자동화 장비 그리고 로봇 등에서 인코더가 사용된 예를 찾아볼 수 있다.

1 절대 인코더는 증분 인코더와 달리 축의 절대 위치를 알아낼 수 있는 인코더다. 절대 위치를 결정하는 방법 중 하나는 이진수 표현을 그대로 슬릿으로 나타내는 것이다. 아래 예는 3비트 이진수를 슬릿으로 표현한 것으로, 발광-수광 소자 쌍 3개를 사용하여 45° 단위의 절대 위치를 알아낼 수 있다.

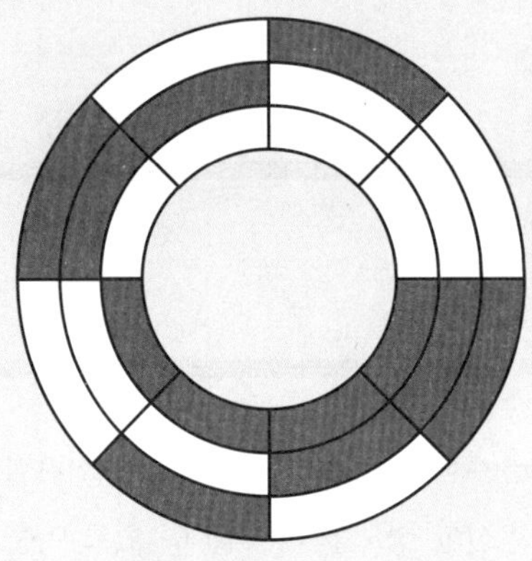

이 외에 절대 인코더에서 축의 절대 위치를 결정하는 방법을 알아보자.

2 그림 30.11과 같이 로터리 인코더와 8개 LED를 연결하자. 스케치 30.3을 참고하여 인코더로 LED가 켜지는 개수를 조정해 보자. LED가 켜지는 수는 최소 0개, 최대 8개이므로 켜지는 LED의 개수가 범위 내에 있도록 주의해야 한다.

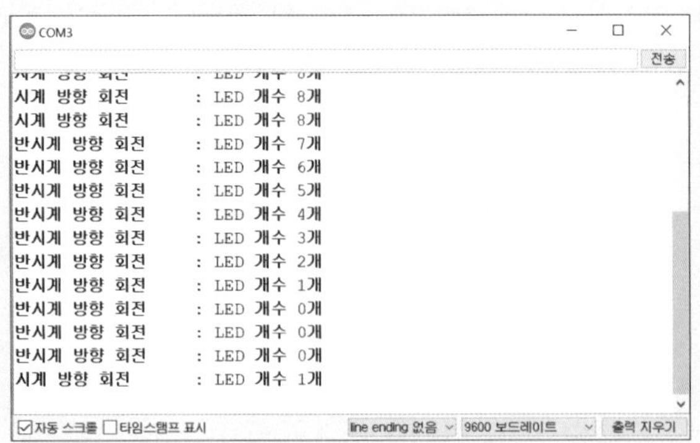

CHAPTER

31

거리 측정 센서

거리 측정은 기본적인 감지 기술 중 하나로, 다양한 애플리케이션에서 사용되고 있다. 거리를 측정하기 위해서는 여러 방법을 이용할 수 있지만, 초음파와 적외선을 이용한 거리 측정 센서는 저렴한 가격과 간단한 사용법으로 많이 사용되고 있다. 이 장에서는 아두이노에서 흔히 사용되는 초음파 거리 센서와 적외선 거리 센서의 원리 및 사용 방법을 알아본다.

이 장에서 사용할 부품

- 아두이노 우노 × 1 ➡ 거리 측정 센서 테스트
- 초음파 거리 측정 센서 × 1 ➡ HC-SR04
- 적외선 거리 측정 센서 × 1 ➡ Sharp GP2Y0A21

거리나 길이는 일상생활에서 흔히 접하는 기본적인 양 중 하나로, 다양한 방법을 사용하여 측정할 수 있으며 다양한 제품에서 거리 정보를 이용하고 있다. 거리 측정에 사용되는 센서로는 자동차 후방 감지에 사용되는 초음파 거리 센서, 로봇 청소기나 공기청정기 등의 가전제품에서 흔히 사용되는 적외선 거리 센서, 무인 자동차에 사용하는 LIDAR light detection and ranging 센서, 자동차의 전방 차량 및 차선 인식에 사용되는 스테레오 카메라 등 다양하다. 이들 센서 중 LIDAR 센서와 스테레오 카메라는 여러 점까지의 거리를 얻을 수 있으며, 특히 LIDAR 센서의 경우 360° 측정이 가능한 센서도 있다. 하지만 LIDAR 센서와 스테레오 카메라는 가격이 비싸고 거리 계산을 위해 많은 연산이 필요하므로 아두이노와 함께 사용하는 예는 많지 않으며, 아두이노로는 센서의 성능을 충분히 활용하기 어려운 것이 사실이다.

초음파 거리 센서와 적외선 거리 센서는 한 점까지의 거리만 측정할 수 있고 측정 범위도 짧지만, 가격이 싸고 간단하게 사용할 수 있어 아두이노와 함께 사용되는 예를 흔히 볼 수 있다. 초음파 거리 센서는 비가 와도 사용할 수 있으며 심지어 물속에서 사용할 수 있지만, **온도에 따라 초음파의 전파 속도가 달라진다**는 점을 고려해야 한다. 또한 천과 같은 재질에는 초음파가 흡수되므로 **반사면의 재질에 따라 초음파 거리 센서로는 거리 측정이 불가능할 수 있다.** 초음파 거리 센서는 RC Radio Controlled 자동차나 자율 주행 자동차 등에서 장애물 감사용으로 아두이노와 함께 사용된 예를 쉽게 찾아볼 수 있다. 반면, 적외선 거리 센서는 온도에 영향을 받지 않으며, 빛을 사용하므로 초음파보다 빠른 측정이 가능해 고속으로 움직이는 물체에 대한 측정도 가능한 점은 장점이다. 하지만 검정색이 적외선을 흡수하고 흰색이 적외선을 반사하는 등 **적외선의 반사 정도는 반사면의 색상에 영향을 받으므로 색상에 따라 적외선 거리 센서로는 거리 측정이 불가능할 수 있으며 태양광에도 적외선이 포함되어 있어 실외에서 사용하기는 어렵다.** 적외선 거리 센서는 초음파 거리 센서보다 저렴하고 설치가 간편해 초음파 거리 센서를 대신하여 사용되기도 한다. 거리 측정 이외에도 적외선은 리모컨에서 흔히 사용되며, 색상에 따라 달라지는 반사 특성을 이용하여 색상을 구별하기 위한 컬러 센서나 라인트레이서에서 경로를 찾아내는 경로 감지 센서에 사용되는 등 다양한 분야에 사용되고 있다.

31.1 초음파 거리 센서

초음파 거리 센서는 초음파를 이용하여 거리를 측정하는 센서로 발신부와 수신부로 구성된다. 발신부는 (+)와 (−) 전압을 압전 소자에 번갈아 가해주면 압전 소자의 변형으로 진동이 발생하고, 진동으로 초음파가 발생하는 역압전 효과를 이용하여 초음파를 만든다. 수신부는 발신부에서 발생한 초음파가 물체에 반사되어 돌아오는 반사파에 의해 압전 소자가 진동하고 진동으로 전압이 발생하는 정압전 효과를 이용하여 반사되어 돌아오는 초음파를 감지한다. **초음파 거리 센서는 발신부에서 초음파를 출력한 시간과 수신부에서 반사파가 감지된 시간을 기초로 거리를 계산한다.**

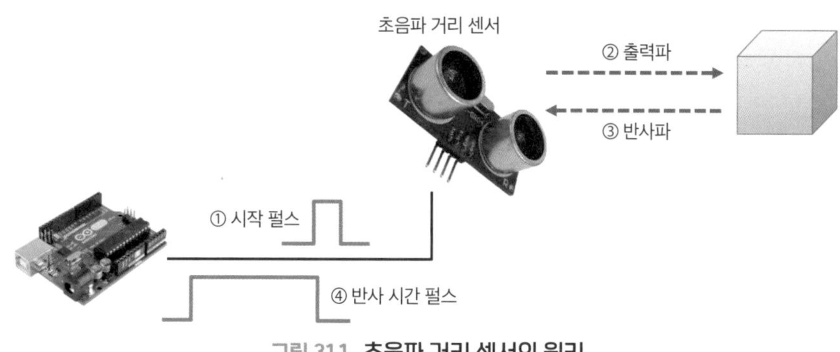

그림 31.1 **초음파 거리 센서의 원리**

초음파는 지향성과 직진성이 높으며 공기 중에서는 20℃에서 약 344m/s의 일정한 속도로 진행하는 특징이 있어 거리 측정에 흔히 사용된다. 자동차의 후방 경보 시스템이 초음파를 이용한 대표적인 예에 해당하며 이 외에도 물체 검출, 물체 크기 측정, 수위 측정 등 다양한 분야에서 초음파 거리 센서가 사용되고 있다. 초음파 거리 센서는 발신부와 수신부의 결합 상태에 따라 일체형과 분리형으로 나눌 수 있다. 일체형의 경우 발신부와 수신부가 하나로 합쳐진 형태로 작은 공간을 요구하는 반면, 센서 구성이 복잡해질 수 있다. 분리형은 발신부와 수신부가 분리된 형태로 이 장에서도 분리형 초음파 거리 센서를 사용한다.

그림 31.2의 초음파 거리 센서는 4개의 연결 핀을 갖고 있다. 이 중 2개는 전원 연결 핀이며, 나머지 2개는 거리 측정에 사용되는 트리거TRIG: trigger와 에코ECHO: echo 핀이다.

그림 31.2 **초음파 거리 센서**

트리거 핀은 거리 측정을 시작하기 위한 신호를 출력하는 핀이며, 에코 핀은 반사파 감지 여부를 출력하는 핀이다. 초음파 거리 센서로 거리를 측정하는 방법은 다음과 같다.

1. 트리거 핀으로 10μs의 펄스를 출력하여 거리 측정을 시작한다.
2. 트리거 핀의 펄스에 의해 거리 측정이 시작되면 초음파 거리 센서의 발신부는 초음파 펄스를 출력한다.
3. 초음파 펄스 출력이 끝나면 에코 핀은 HIGH 상태가 되고, 초음파 거리 센서의 수신부는 물체에 반사되어 돌아오는 반사파를 기다린다.
4. 초음파 거리 센서의 수신부가 반사파를 감지하면 에코 핀은 LOW 상태로 바뀌면서 거리 측정이 끝난다.
5. 아두이노에서는 에코 핀이 HIGH에서 LOW로 변하기까지의 펄스 길이를 바탕으로 거리를 계산한다.

그림 31.3은 초음파 거리 센서로 거리를 측정하는 과정을 나타낸 것이다.

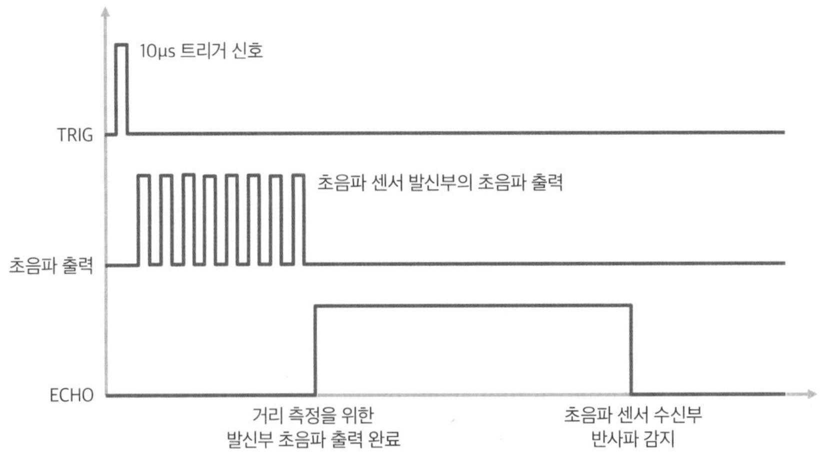

그림 31.3 **초음파 거리 센서로 거리를 측정하는 과정**

에코 핀으로 거리에 비례하는 펄스가 출력되면 아두이노에서는 그 길이를 측정해야 하며, 이를 위해 pulseIn 함수를 사용할 수 있다.

■ pulseIn

```
unsigned long pulseIn(uint8_t pin, uint8_t state, unsigned long timeout = 1000000L)
```

- 매개변수
  - pin: 펄스를 읽어 들일 핀 번호
  - state: 읽어 들일 펄스의 종류, HIGH 또는 LOW
  - timeout: 지정한 종류의 펄스가 끝나기까지의 마이크로초 단위 대기 시간으로, 디폴트값은 1초다.
- 반환값: 마이크로초 단위의 펄스 길이를 반환하며, 타임아웃 이전에 펄스가 끝나지 않으면 0을 반환

지정한 번호의 핀으로부터 펄스를 읽어 펄스의 길이를 마이크로초 단위로 반환한다. state에 HIGH를 지정하고 pulseIn 함수를 호출하면 먼저 입력 핀으로 상승 에지가 발생할 때까지 기다린 후, 하강 에지가 발생할 때까지의 시간을 측정하여 그 길이를 마이크로초 단위로 반환한다. 펄스의 길이 측정이 완료되기까지의 대기 시간은 timeout 값으로 지정할 수 있다.

반환되는 마이크로초 단위의 시간을 거리로 계산해 보자. 초음파는 20℃에서 약 344m/s 속도로 공기 중에서 전파되므로 344m 거리에 있는 물체에 초음파가 반사되어 돌아오기 위해서는 2초의 시간이 필요하다. 즉, 344m 거리에 있는 물체까지의 거리를 측정하면 2×10^6마이크로초 길이의 펄스가 에코 핀에서 출력된다. 펄스 길이($2 \times 10^6 \mu s$)를 센티미터 단위의 거리(34,400cm)로 나누면 펄스 길이에서 센티미터 단위의 거리를 얻기 위한 상수($\frac{2 \times 10^6}{34,400} \approx 58.14$)를 얻을 수 있다. 마이크로컨트롤러에서 실수 연산은 가능한 한 피하는 것이 권장되므로, 펄스 길이를 58로 나누어 물체까지의 거리를 얻는 방법도 흔히 사용한다. 초음파 거리 센서를 그림 31.4와 같이 아두이노 우노에 연결하자.

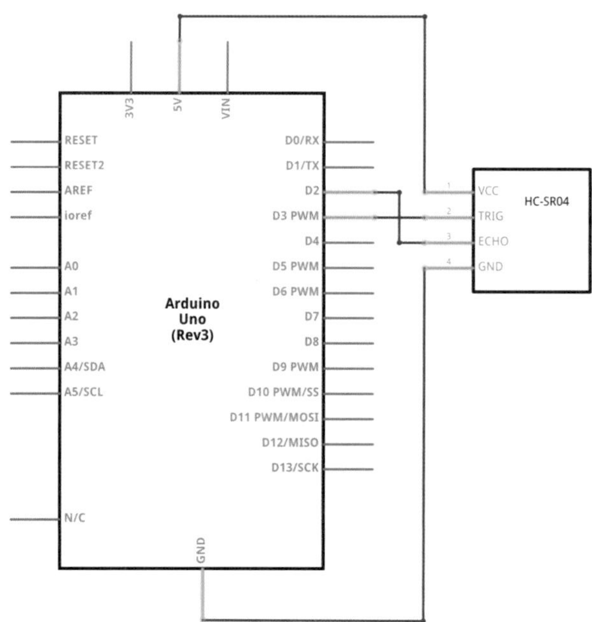

그림 31.4 **초음파 거리 센서 연결 회로도**

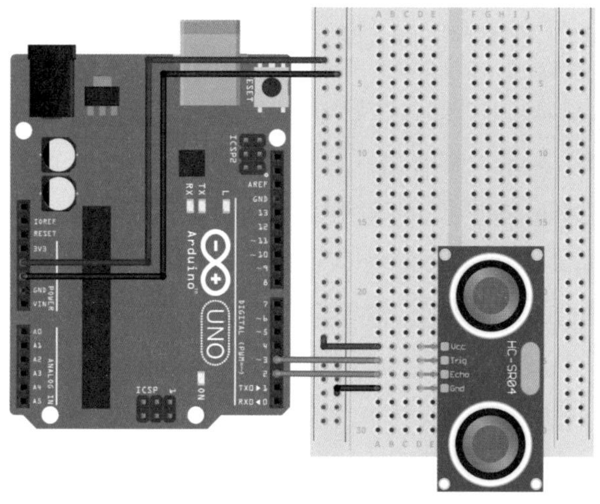

그림 31.5 **초음파 거리 센서 연결 회로**

스케치 31.1은 초음파 거리 센서 앞에 놓인 물체까지의 거리를 측정하여 1초에 1번 시리얼 모니터로 출력하는 예다.

스케치 31.1 초음파 거리 센서

```
int triggerPin = 3;
int echoPin = 2;

void setup() {
    Serial.begin(9600);
    pinMode(triggerPin, OUTPUT);                    // 트리거 핀 출력으로 설정
    pinMode(echoPin, INPUT);                        // 에코 핀 입력으로 설정
}

void loop() {
    digitalWrite(triggerPin, HIGH);                 // 트리거 핀으로 10μs의 펄스 발생
    delayMicroseconds(10);
    digitalWrite(triggerPin, LOW);

    // 에코 핀 입력으로부터 거리를 cm 단위로 계산
    int pulseWidth = pulseIn(echoPin, HIGH);
    int distance = pulseWidth / 58;

    Serial.println("전방 장애물까지 거리 (cm) = " + String(distance));

    delay(1000);
}
```

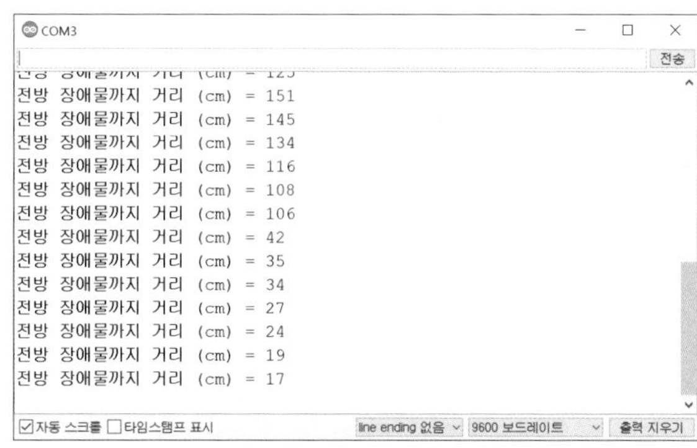

그림 31.6 스케치 31.1 실행 결과

초음파 거리 센서의 사용 방법이 어렵지는 않지만, 직관적인 방법으로 간단하게 거리를 얻을 수 있고 단위 변환 기능 등을 제공하는 라이브러리 역시 여러 가지가 공개되어 있다. 그중 하나인 NewPing 라이브러리를 사용하여 거리를 측정해보자. 먼저 라이브러리 매니저에서 NewPing 라이브러리를 찾아 설치한다.

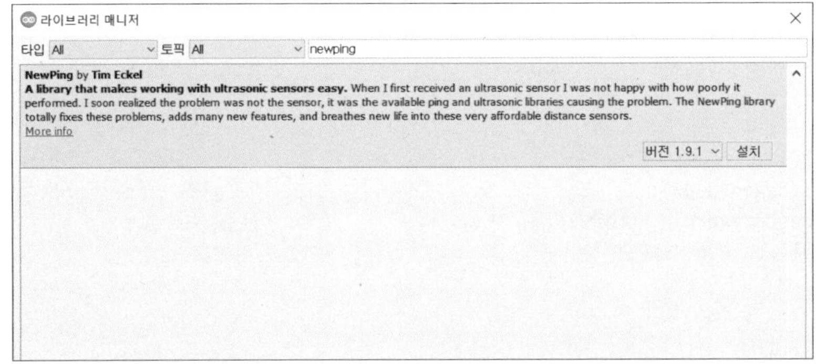

그림 31.7 NewPing 라이브러리 검색 및 설치*

NewPing 라이브러리를 사용하기 위해서는 먼저 헤더 파일을 포함해야 한다. '스케치 → 라이브러리 포함하기 → NewPing' 메뉴 항목을 선택하거나 `#include` 문을 직접 입력하면 된다.

```
#include <NewPing.h>
```

NewPing 라이브러리는 `NewPing` 클래스를 통해 측정할 물체까지의 거리를 펄스의 지속 시간이나 거리로 반환하기 위해 다양한 멤버 함수를 제공하고 있다.

■ NewPing

```
NewPing::NewPing(uint8_t trigger_pin, uint8_t echo_pin,
unsigned int max_cm_distance = MAX_SENSOR_DISTANCE)
```

- 매개변수
  - trigger_pin: 트리거 핀
  - echo_pin: 에코 핀
  - max_cm_distance: 센티미터 단위의 측정 가능한 최대 거리
- 반환값: 없음

초음파 거리 센서에 대한 객체를 생성한다. 객체를 생성할 때는 트리거 및 에코 핀으로 사용할 핀 번호를 지정한다. 서로 다른 핀을 사용하는 여러 개의 초음파 거리 센서를 동시에 사용하기 위해서는 여러 개의 객체를 생성하면 된다. 측정할 수 있는 최대 거리는 디폴트로 500cm로 설정되어 있다. 200cm 이상의 거리는 신뢰도가 낮은 것으로 알려져 있으므로 **초음파 거리 센서는 200cm 이내의 거리 측정에 사용하는 것을 추천한다.**

---

* https://bitbucket.org/teckel12/arduino-new-ping/wiki/Home

■ ping

```
unsigned int NewPing::ping(unsigned int max_cm_distance = 0)
```
- 매개변수
  max_cm_distance: 센티미터 단위의 측정 가능한 최대 거리
- 반환값: 에코 핀으로 출력되는 마이크로초 단위 펄스 길이

거리를 측정하여 그 결과를 에코 핀으로 출력되는 펄스 길이로 반환한다. 측정 가능한 최대 거리를 측정할 수 있는 시간 내에 반사파를 감지하지 못하면 0을 반환한다. 측정 가능한 최대 거리를 0으로 지정하는 것은 현재 설정된 최대 거리를 사용한다는 의미이며, 측정 가능한 최대 거리를 지정하면 설정값 역시 바뀌므로 이후 거리 측정에도 적용된다.

■ ping_cm

```
unsigned long NewPing::ping_cm(unsigned int max_cm_distance = 0)
```
- 매개변수
  max_cm_distance: 센티미터 단위의 측정 가능한 최대 거리
- 반환값: 센티미터 단위의 거리

거리를 측정하여 그 결과를 센티미터 단위로 반환하는 것을 제외하면 ping 함수와 같다.

■ ping_in

```
unsigned long NewPing::ping_in(unsigned int max_cm_distance = 0)
```
- 매개변수
  max_cm_distance: 센티미터 단위의 측정 가능한 최대 거리
- 반환값: 인치 단위의 거리

거리를 측정하여 그 결과를 인치 단위로 반환하는 것을 제외하면 ping 함수와 같다.

■ ping_median

```
unsigned long NewPing::ping_median(uint8_t it = 5,
unsigned int max_cm_distance = 0)
```
- 매개변수
  it: 측정 횟수
  max_cm_distance: 센티미터 단위의 측정 가능한 최대 거리
- 반환값: 에코 핀으로 출력되는 마이크로초 단위 펄스 길이

it 값으로 지정한 횟수만큼 거리 측정을 반복하여 측정값의 중간값median을 반환한다. 반환값의 형식은 ping 함수와 같은 펄스의 길이다.

■ convert_cm, convert_in

```
static unsigned int NewPing::convert_cm(unsigned int echoTime)
static unsigned int NewPing::convert_in(unsigned int echoTime)
  - 매개변수
      echoTime: 거리 측정에서 에코 핀으로 출력되는 펄스 길이
  - 반환값: 센티미터 또는 인치 단위의 거리
```

ping 함수나 ping_median 함수 등에서 반환하는 마이크로초 단위 펄스 길이를 센티미터 또는 인치 단위의 거리로 변환하여 반환한다.

스케치 31.2는 초음파 거리 센서 앞에 놓인 물체까지의 거리를 측정하여 1초에 한 번 시리얼 모니터로 출력하는 스케치를 NewPing 라이브러리를 사용하여 작성한 예다. 스케치 31.1과 실행 결과에서는 큰 차이가 없지만, NewPing 클래스의 멤버 함수를 사용하여 직관적으로 거리를 측정할 수 있다는 장점이 있다.

스케치 31.2 초음파 거리 센서 – NewPing 라이브러리

```
#include <NewPing.h>

NewPing ultrasonic(3, 2);                              // (트리거 핀, 에코 핀)

void setup() {
    Serial.begin(9600);
}

void loop() {
    int pulseWidth = ultrasonic.ping_median();
    int distanceCM = ultrasonic.convert_cm(pulseWidth);
    int distanceIN = ultrasonic.convert_in(pulseWidth);

    Serial.print("전방 장애물까지 거리 = ");
    Serial.print(String(distanceCM) + " cm,\t");
    Serial.println(String(distanceIN) + " inch");

    delay(1000);
}
```

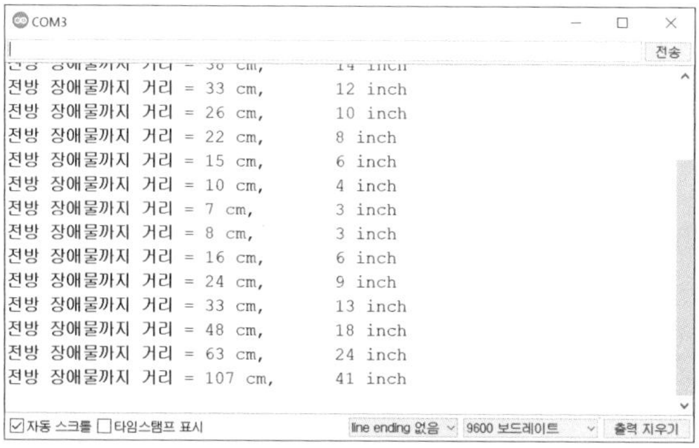

```
COM3
                                                        전송
전방 장애물까지 거리 = 33 cm,      12 inch
전방 장애물까지 거리 = 26 cm,      10 inch
전방 장애물까지 거리 = 22 cm,      8 inch
전방 장애물까지 거리 = 15 cm,      6 inch
전방 장애물까지 거리 = 10 cm,      4 inch
전방 장애물까지 거리 = 7 cm,       3 inch
전방 장애물까지 거리 = 8 cm,       3 inch
전방 장애물까지 거리 = 16 cm,      6 inch
전방 장애물까지 거리 = 24 cm,      9 inch
전방 장애물까지 거리 = 33 cm,      13 inch
전방 장애물까지 거리 = 48 cm,      18 inch
전방 장애물까지 거리 = 63 cm,      24 inch
전방 장애물까지 거리 = 107 cm,     41 inch
☑자동 스크롤 □타임스탬프 표시      line ending 없음   9600 보드레이트   출력 지우기
```

그림 31.8 스케치 31.2 실행 결과

31.2 적외선 거리 센서

적외선 거리 센서는 초음파 거리 센서와 함께 거리 측정을 위해 흔히 사용되는 센서다. 적외선 거리 센서는 초음파 거리 센서와 비교했을 때 측정할 수 있는 거리는 짧지만, 거리에 반비례하는 전압을 출력하므로 아날로그 입력 핀을 통해 간단하게 그 값을 읽어 거리로 변환할 수 있다.

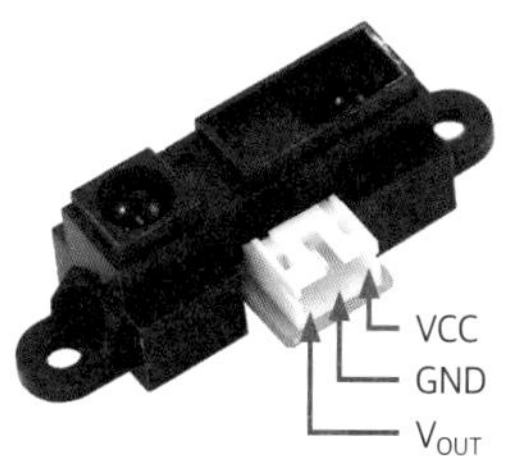

그림 31.9 적외선 거리 센서

적외선 거리 센서 역시 발신부와 수신부로 이루어진다. 발신부에서 적외선 LED를 사용하여 적외선을 내보내면 그 일부는 물체에 반사되어 수신부로 들어온다. 이때 **물체와의 거리에 따라 반사된 적외선이 포토 디텍터**PSD: Position-Sensible photo Detector**에서 수신되는 위치가 달라지며, 이를 통해 물체와의 거리를 측정할 수 있다.**

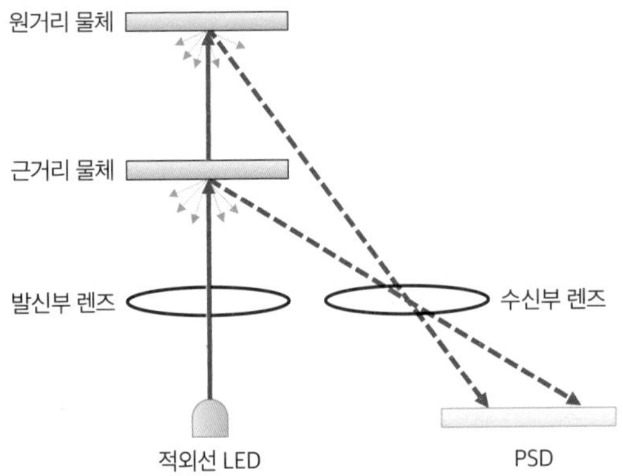

그림 31.10 적외선 거리 센서의 원리

이 장에서 사용한 적외선 거리 센서는 **10~80cm 범위에서 거리의 역수와 출력 전압이 선형에 가까운 관계를 갖는다.**

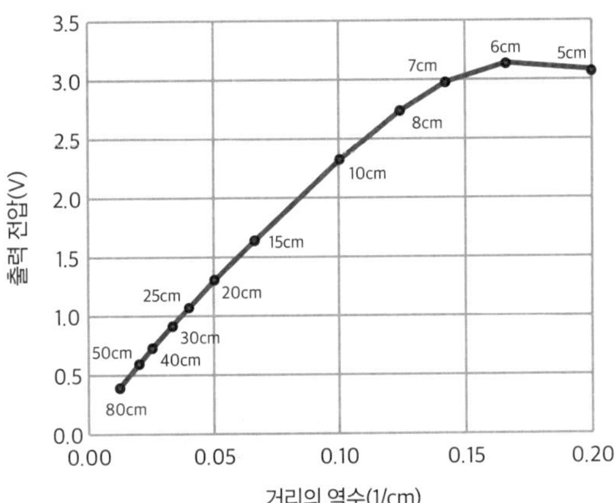

그림 31.11 초음파 출력 센서의 출력 전압과 거리 관계

ADC를 통해 입력되는 전압과 거리의 관계는 다음과 같이 근사화할 수 있다.

$$\text{Distance} = \frac{27.86}{\text{V}^{1.15}}$$

또는 거듭제곱을 없앤 다음과 같은 단순화된 식 역시 흔히 사용된다.

$$\text{Distance} = \frac{27.61}{\text{mV} - 0.1696} \times 1000$$

적외선 거리 센서를 그림 31.12와 같이 연결하자. 적외선 거리 센서는 아날로그 전압을 출력하므로 아날로그 입력 핀에 연결하면 된다.

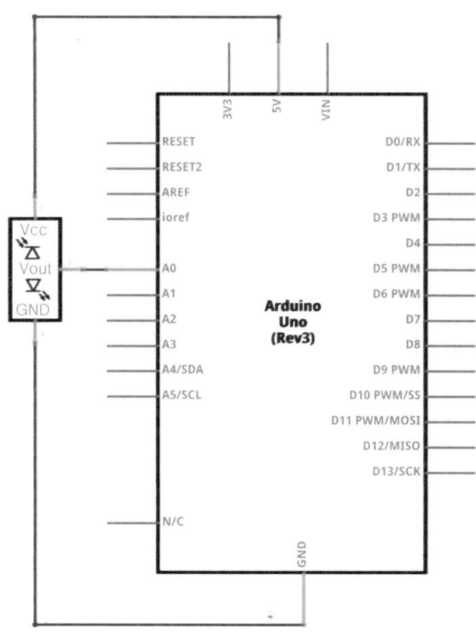

그림 31.12 적외선 거리 센서 연결 회로도

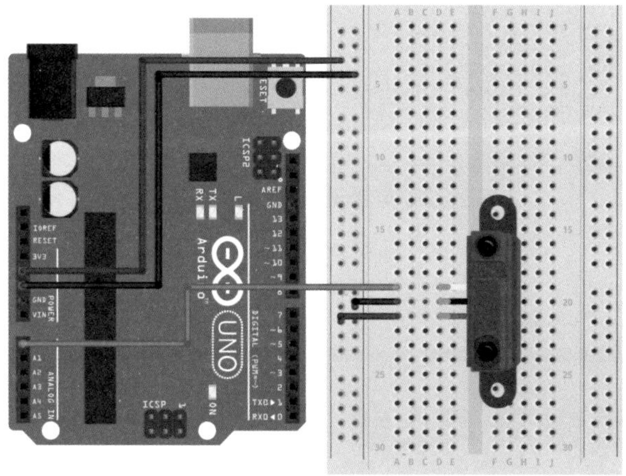

그림 31.13 적외선 거리 센서 연결 회로

스케치 31.3은 적외선 거리 센서로 거리를 측정하여 출력하는 예다.

스케치 31.3 적외선 거리 센서

```
void setup() {
    Serial.begin(9600);
}

void loop() {
    int ADC_value = analogRead(A0);             // 적외선 거리 센서 출력
    float voltage = ADC_value * 5.0 / 1024;     // 전압으로 변환

    // 전압을 cm 단위의 거리로 변환
    float distance = 27.86 * pow((double)voltage, -1.15);

    Serial.print("전방 장애물까지 거리 = ");
    Serial.print(distance, 2);
    Serial.println(" cm");

    delay(1000);
}
```

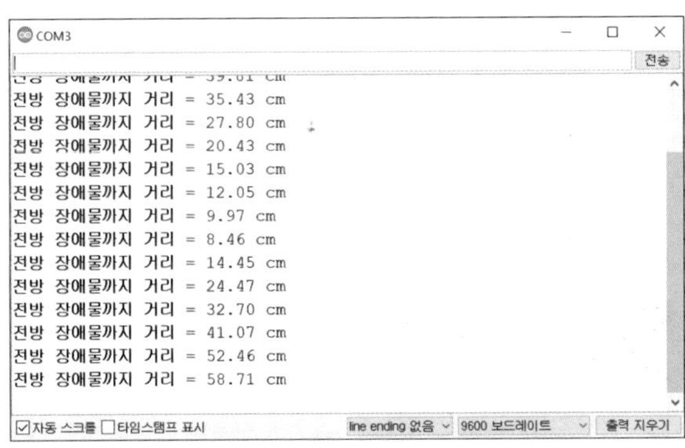

그림 31.14 스케치 31.3 실행 결과

31.3 충돌 방지 시스템

초음파 거리 센서를 사용하여 전방 물체와의 거리를 측정하고 거리가 가까워지면 경고를 하는 스케치를 작성해 보자. 경고는 물체와의 거리가 일정 거리보다 가까우면(≤ THRESH1) LED를 켜고, 이보다 더 가까우면(≤ THRESH2) LED를 0.5초 간격으로 점멸하는 두 단계로 이루어진다. 초음파 거리 센서를 그림 31.4와 같이 연결하고 LED는 13번 핀의 내장 LED를 사용한다.

먼저 초음파 거리 센서로 거리를 측정하여 임계치에 따라 메시지를 출력하게 해보자. 스케치 31.4는 물체와의 거리에 따라 3개의 상태로 나누고, 상태가 바뀔 때 상태에 따른 메시지를 출력하는 예다.

스케치 31.4 충돌 방지 시스템 – 메시지 출력

```
#include <NewPing.h>

const int THRESH1 = 30;                                  // 1차 근접 기준
const int THRESH2 = 15;                                  // 2차 근접 기준

// 0: 충돌 위험 없음, 1: 충돌 주의(< THRESH1), 2: 충돌 직전(< THRESH2)
byte state = 0;

NewPing ultrasonic(3, 2);                                // (트리거 핀, 에코 핀)

void setup() {
    Serial.begin(9600);
}

void loop() {
    int distanceCM = ultrasonic.convert_cm(ultrasonic.ping_median());

    if (distanceCM <= THRESH2) {
        if (state == 1) {                                // 충돌 직전 거리로 진입
            Serial.print(String(distanceCM) + "\t");
            Serial.println("* 곧 충돌합니다!!");
            state = 2;
        }
    }
    else if (distanceCM <= THRESH1) {
        if (state != 1) {                                // 충돌 주의 거리로 이동
            Serial.print(String(distanceCM) + "\t");
            Serial.println("* 충돌 위험이 있으니 주의하세요.");
            state = 1;
        }
    }
    else {
        if (state != 0) {                                // 충돌 위험 없는 거리로 벗어남
            Serial.print(String(distanceCM) + "\t");
            Serial.println("* 충돌 위험 지역에서 벗어났습니다.");
            state = 0;
        }
    }
}
```

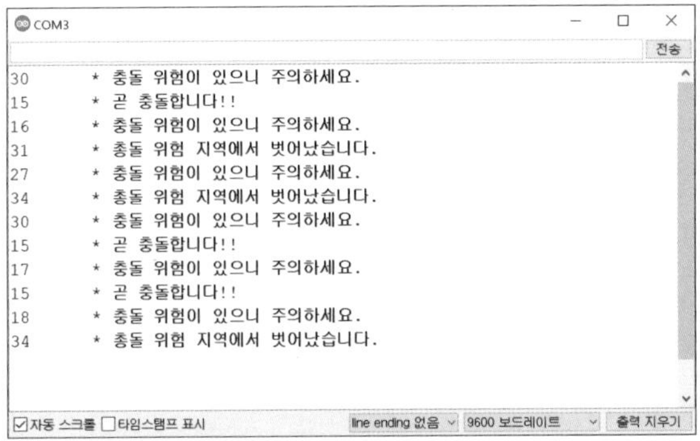

그림 31.15 스케치 31.4 실행 결과

거리에 따라 상태가 바뀌는 것은 확인했으므로 각 상태에서 13번 핀의 LED를 제어하는 코드를 추가해 보자. 상태 1에서는 LED만 켜서 간단히 해결할 수 있다. 하지만 상태 2에서는 지정한 시간(INTERVAL) 간격으로 LED를 점멸해야 하므로 millis 함수를 사용하여 마지막으로 LED의 상태를 바꾼 시간을 저장하고 있어야 한다. 스케치 31.5는 스케치 31.4에 LED를 제어하는 코드를 추가한 것이다. 시리얼 모니터로 출력되는 내용은 스케치 31.4와 같으므로 상태가 변함에 따라 LED 상태가 변하는 것을 주의해서 살펴보자.

스케치 31.5 충돌 방지 시스템 – LED 제어

```
#include <NewPing.h>

const int THRESH1 = 30;                              // 1차 근접 기준
const int THRESH2 = 15;                              // 2차 근접 기준

// 0: 충돌 위험 없음, 1: 충돌 주의(< THRESH1), 2: 충돌 직전(< THRESH2)
byte state = 0;

unsigned long time_previous, time_current;           // 상태 2에서 LED 점멸 제어
const int INTERVAL = 200;                            // LED 점멸 간격
boolean LED_state;

NewPing ultrasonic(3, 2);                            // (트리거 핀, 에코 핀)

void setup() {
    Serial.begin(9600);

    pinMode(13, OUTPUT);
    digitalWrite(13, LOW);
}

void loop() {
    int distanceCM = ultrasonic.convert_cm(ultrasonic.ping_median());
```

```
    if (distanceCM <= THRESH2) {
        if (state == 1) {                                   // 충돌 직전 거리로 진입
            Serial.print(String(distanceCM) + "\t");
            Serial.println("* 곧 충돌합니다!!");
            state = 2;

            LED_state = HIGH;                               // LED 상태 설정
            digitalWrite(13, LED_state);
            time_previous = millis();                       // 마지막으로 상태가 바뀐 시간
        }
    }
    else if (distanceCM <= THRESH1) {
        if (state != 1) { // 충돌 주의 거리로 이동
            Serial.print(String(distanceCM) + "\t");
            Serial.println("* 충돌 위험이 있으니 주의하세요.");
            state = 1;

            digitalWrite(13, HIGH);                         // LED 켜기
        }
    }
    else {
        if (state != 0) {                                   // 충돌 위험 없는 거리로 벗어남
            Serial.print(String(distanceCM) + "\t");
            Serial.println("* 총돌 위험 지역에서 벗어났습니다.");
            state = 0;

            digitalWrite(13, LOW);                          // LED 끄기
        }
    }

    time_current = millis();
    // 상태 2, 즉 아주 가까운 거리에 물체가 있을 때 점멸
    if (time_current - time_previous >= INTERVAL && state == 2) {
        LED_state = !LED_state;
        digitalWrite(13, LED_state);

        time_previous = time_current;
    }
}
```

31.4 맺는말

거리나 길이는 일상생활에서도 흔히 접하는 기본적인 물리량 중 하나로, 주변에서 거리를 사용하는 예를 찾아보기는 어렵지 않다. 거리를 측정하기 위해서는 다양한 방법이 사용되지만, 이 장에서는 초음파와 적외선을 이용하여 거리를 측정하고 이를 활용하는 방법을 살펴봤다.

초음파 거리 센서는 초음파를 이용하여 상대적으로 긴 거리를 측정할 수 있고 디지털 펄스의 길이로 거리를 반환한다. 반면, 적외선 거리 센서는 적외선을 이용하여 짧은 거리 측정에 주로 사용되고 거리에 반비례하는 아날로그값을 얻을 수 있다. 두 센서 모두 간단하게 거리를 측정할 수 있게 해주며 아두이노와 함께 사용된 예를 쉽게 찾아볼 수 있지만, 수 미터 이내의 짧은 거리만 측정할 수 있고 정밀한 거리 측정에 사용할 수는 없다는 점도 기억해야 한다. 아두이노에서는 초음파 거리 센서가 적외선 거리 센서보다 많이 사용되며, 적외선은 거리 측정보다는 리모컨이나 색상 구별을 위한 용도로 더 많이 사용된다. 이 장에서 살펴본 거리 측정 센서 이외에 정밀한 측정이나 원거리 측정이 가능한 센서도 여러 가지가 있으므로 사용하고자 하는 목적에 맞게 선택하여 사용하면 된다.

1 스케치 31.5는 장애물까지의 거리에 따라 충돌 위험을 두 단계로 나누어 경고하는 스케치다. 그림 31.15의 실행 결과에서 볼 수 있듯이 실행 과정에는 문제가 없지만, 상태가 바뀔 때만 바뀌는 시점의 거리가 출력되고 있다. 스케치 31.5에 1초 간격으로 현재 장애물까지의 거리를 출력하는 기능을 추가해 보자.

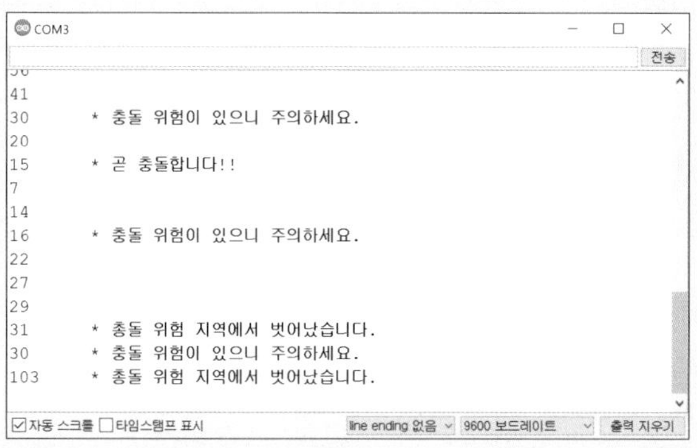

2 NewPing 라이브러리에는 인터럽트를 사용하여 거리를 측정하는 타이머 기반의 ping_timer 함수가 포함되어 있다. ping_timer 함수는 Timer2를 사용하므로 역시 Timer2를 사용하는 tone 함수를 사용할 수 없으며, 3번과 11번 핀의 PWM 출력 역시 사용할 수 없다. 스케치 31.6은 0.5초 간격으로 거리를 측정하여 시리얼 모니터로 출력하는 예다. loop 함수에서 거리 측정 시작을 지시하면 실제 거리 측정이 완료되는 곳은 echoCheck 함수로, loop 함수에서 호출하는 것이 아니라 인터럽트에 의해 자동으로 호출된다. 스케치 31.6을 업로드하고 거리 측정 결과를 살펴보자. 거리 측정을 시작한 후 끝날 때까지 기다리는 예들과 비교했을 때 인터럽트를 사용한 거리 측정의 장점은 무엇인지 생각해 보자.

스케치 31.6 인터럽트를 사용한 거리 측정

```
#include <NewPing.h>

#define TRIGGER_PIN          3
#define ECHO_PIN             2
#define MAX_DISTANCE         200

NewPing sonar(TRIGGER_PIN, ECHO_PIN, MAX_DISTANCE);

unsigned int pingSpeed = 500;              // 0.5초 간격으로 거리 측정
unsigned long pingTimer;                   // 거리 측정 시간 결정
```

```
void setup() {
    Serial.begin(9600);
    pingTimer = millis();
}

void loop() {
    if (millis() >= pingTimer) {              // 거리를 측정할 시간이 지난 경우
        pingTimer += pingSpeed;               // 다음 거리 측정 시간 설정
        // 24마이크로초마다 echoCheck 함수를 호출하도록 Timer2 설정
        sonar.ping_timer(echoCheck);
    }
}

void echoCheck() {
    if (sonar.check_timer()) {                // 에코 핀의 펄스 입력 종료 검사
        Serial.print("전방 장애물까지 거리 = ");
        // 마이크로초 단위의 펄스 길이를 cm 단위 거리로 변환
        Serial.print(sonar.convert_cm(sonar.ping_result));
        Serial.println(" cm");
    }
}
```

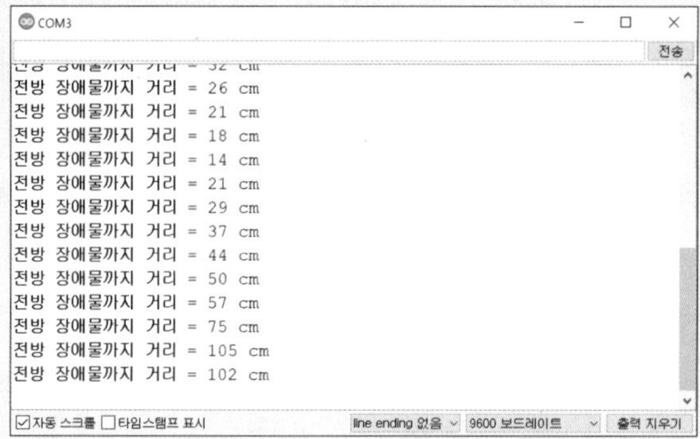

CHAPTER

32

가속도 자이로 센서

가속도 센서는 직선 방향으로 단위 시간의 속도 변화, 즉 가속도를 측정하는 센서를 말하고, 자이로 센서는 축을 기준으로 단위 시간에 물체가 회전한 각도, 즉 각속도를 측정하는 센서를 말한다. 가속도와 각속도는 물체의 움직임 감지는 물론, 물체의 기울어진 정도를 측정하는 용도로 흔히 사용된다. 이 장에서는 가속도와 각속도를 함께 측정할 수 있는 MPU-6050 센서 모듈로부터 데이터를 얻는 방법과, 얻어진 데이터를 활용하여 기울어진 정도를 얻는 방법에 대해 알아본다.

이 장에서 사용할 부품

- 아두이노 우노 × 1 ➡ MPU-6050 모듈 테스트
- MPU-6050 모듈 × 1 ➡ 가속도 자이로 센서 모듈

32.1 MPU-6050

가속도 센서와 자이로 센서는 스마트폰에 포함된 이후로 실생활에서 흔히 접할 수 있는 센서 중 하나가 되었다. **가속도는 직선 방향으로 움직이는 물체의 단위 시간당 속도 변화량**으로 정의되고, **각속도는 축을 기준으로 회전하는 물체의 단위 시간당 각도 변화량**으로 정의된다(즉, 각속도란 기준이 되는 축 주위로 얼마나 빠르게 도는지를 의미한다). 가속도는 뉴턴의 운동 제2법칙에 따라 질량과 곱하면 힘을 얻을 수 있고, 시간에 대해 한 번 적분하면 속도를, 두 번 적분하면 위치를 얻을 수 있는 등 움직이는 물체와 관련된 다양한 정보를 얻을 수 있다. 각속도 역시 한 번 적분하면 각도를 얻을 수 있고, 한 번 미분하면 회전력인 토크torque를 얻을 수 있는 등 여러 가지 물리량과 관련이 있다. 자이로 센서는 각속도를 측정하므로 각속도 센서라고도 불린다.

가속도와 각속도 측정을 위해 사용되는 MEMSMicro-Electro-Mechanical System 센서를 포함하고 있는 대표적인 칩 중 하나가 MPU-6050 칩이다. MPU-6050 칩은 InvenSense*의 6축 모션 트래킹 장치로, 모션 트래킹을 위해 가속도와 각속도를 사용한다. MPU-6050 칩은 가속도를 x, y, z의 3축 방향으로 측정하고 각속도 역시 x, y, z의 3축 방향으로 측정하므로 합해서 6축이라고 이야기한다. 여기에 센서값 보정을 위한 온도 센서까지 4×4mm 크기의 MPU-6050 칩에 포함되어 있다.

MPU-6050 칩의 성능을 개선하여 만들어진 것이 MPU-6500 칩이며, MPU-6500 칩에 지자기 센서를 포함하여 9축 모션 트래킹 장치로 만든 것이 MPU-9250 칩이다. 개선된 칩이 있지만 MPU-6050 칩은 저렴한 가격과 다양한 예를 쉽게 찾아볼 수 있다는 장점으로 인해 아직도 아두이노에서 흔히 사용되고 있다. 또한 MPU-6050 칩의 동작 원리와 사용 방법은 다른 칩과 크게 다르지 않으므로 MPU-6050 칩을 사용한 시스템에서 칩을 교체하는 것은 어렵지 않다. 표 32.1은 InvenSense의 모션 트래킹 칩을 비교한 것이다.

MPU-6050은 4×4mm의 작은 크기에 24개의 핀이 있어 사용하기가 쉽지 않다. 따라서 MPU-6050 칩에 필요한 주변 회로를 추가한 모듈이 흔히 사용되며 이 장에서도 MPU-6050 모듈을 사용한다. 모듈에서 가운데 있는 칩이 MPU-6050 칩이다.

그림 32.1 MPU-6050 모듈

* https://invensense.tdk.com

표 32.1 MPU 시리즈 모션 트래킹 칩

항목		MPU-6050	MPU-6500	MPU-9250
연결 방식	I2C	○	○	○
	SPI	×	○	○
센서	자이로	○	○	○
	가속도	○	○	○
	지자기	×	×	○
	온도	○	○	○
칩 크기(mm)		4×4	3×3	3×3

MPU-6050 모듈은 I2C 통신을 위한 핀을 포함하여 8개의 핀을 갖고 있다. 표 32.1은 MPU-6050 모듈의 핀 기능을 요약한 것이다.

표 32.2 MPU-6050 모듈의 핀

번호	핀 이름	설명
1	VCC	5V
2	GND	
3	SCL	I2C 시리얼 클록
4	SDA	I2C 시리얼 데이터
5	XDA	보조 I2C 시리얼 데이터
6	XCL	보조 I2C 시리얼 클록
7	AD0	I2C 주소 선택
8	INT	인터럽트 출력

MPU-6050 칩은 I2C 통신을 사용한다. MPU-6050 모듈의 XDA와 XCL은 다른 I2C 방식 센서를 MPU-6050 모듈에 연결하여 함께 사용하기 위해 사용된다. AD0Address Zero 핀은 I2C 주소를 선택하기 위해 사용된다. **MPU-6050 모듈의 I2C 주소는 디폴트로 0x68로 설정되어 있으며, AD0 핀을 3.3V에 연결하면 0x69를 I2C 주소로 사용할 수 있다.** 3.3V에 연결해야 하는 이유는 MPU-6050 칩의 동작 전압이 3.3V이기 때문이다. 하지만 MPU-6050 모듈에는 3.3V 레귤레이터가 포함되어 있으므로 모듈 전원은 5V를 연결해야 한다. 모듈 전원으로 3.3V를 연결하면 레귤레이터에 의한 전압 강하로 칩이 정상적으로 동작하지 않을 수 있다.

MPU-6050 칩은 3.3V에서 동작하므로 I2C 통신에 사용되는 핀에도 3.3V 레벨의 신호를 가하는 것이 좋지만, I2C 통신에 사용되는 핀은 3.3V로 풀업 저항이 연결된 오픈 드레인open drain 구조이므로 5V 레벨의 아두이노 출력 핀을 그대로 연결해도 문제가 되지는 않는다. 인터넷에서 찾아볼 수 있는 예들도 모두 5V 신호 레벨을 사용하는 아두이노의 데이터 핀을 MPU-6050 모듈의 I2C 통신 핀으로 직접 연결하고 있다.

32.2 가속도와 각속도

MPU-6050 모듈에서 가속도와 각속도를 읽어오는 방법을 살펴보자. MPU-6050 모듈은 I2C 통신을 사용하도록 아두이노 우노에 연결한다.

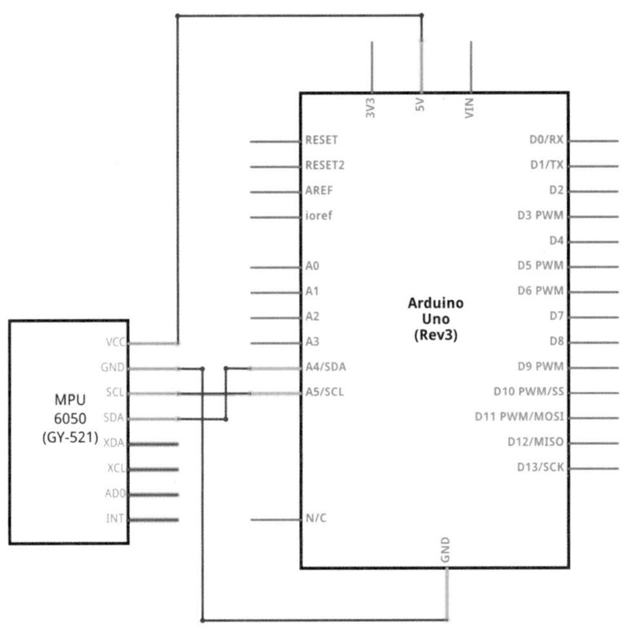

그림 32.2 MPU-6050 모듈 연결 회로도

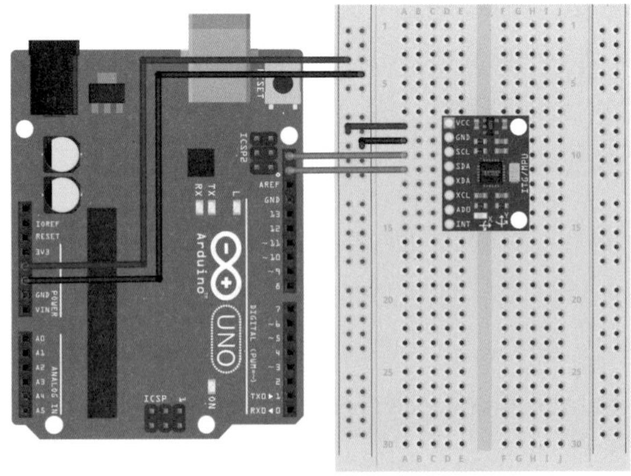

그림 32.3 MPU-6050 모듈 연결 회로

MPU-6050 칩은 16비트 아날로그-디지털 변환기ADC: Analog Digital Converter**를 사용**하므로 측정된 가속도와 각속도의 값을 16비트 디지털값으로 내부 레지스터에 저장한다. 따라서 I2C 통신으로 MPU-6050 칩 내에 가속도 및 각속도가 저장된 레지스터의 값을 읽어오면 가속도와 각속도를 알아낼 수 있다.

MPU-6050 칩에 전원을 연결하면 슬립 모드sleep mode에서 시작된다. 따라서 **센서 데이터를 얻어오기 위해서는 먼저 슬립 모드를 해제해야 한다.** MPU-6050 칩의 레지스터 중 전원 관리 및 클록 소스 설정을 위해 사용되는 레지스터는 107(0x6B)번 PWR_MGMT_1Power Management 1 레지스터다. 표 32.3은 PWR_MGMT_1 레지스터의 구조를 나타낸다.

표 32.3 PWR_MGMT_1 레지스터 구조

레지스터 주소		비트 7	비트 6	비트 5	비트 4	비트 3	비트 2	비트 1	비트 0
HEX	DEC								
6B	107	DEVICE_RESET	SLEEP	CYCLE	-	TEMP_DIS	CLKSEL[2..0]		

7번 비트 DEVICE_RESET은 MPU-6050 칩을 리셋하기 위해 사용되며, 3번 비트 TEMP_DIS temperature disable를 1로 설정하면 온도 센서가 중지된다. 6번 비트 SLEEP을 1로 설정하면 MPU-6050 칩은 저전력의 슬립 모드로 설정된다. 슬립 모드가 아닌 경우 5번 비트 CYCLE이 1로 설정되면 슬립 모드와 웨이크업 모드를 전환하면서 일정 시간 간격으로만 센서가 동작한다. CLKSEL 비트는 MPU-6050 칩의 동작 클록을 설정하기 위해 사용되며 디폴트값은 0으로 내부 오실레이터에 의해 동작한다. **PWR_MGMT_1 레지스터에 0을 쓰면 디폴트값에서 슬립 모드만 해제된다.** PWR_MGMT_1 레지스터에 0을 기록하기 위해서는 먼저 레지스터 번호를 전송한 후 레지스터의 값을 전송하면 된다.

센서 데이터는 3개의 가속도, 3개의 각속도, 1개의 온도 등 7개 16비트값이 14개의 8비트 레지스터에 저장되어 있으며, 저장되는 위치는 59번(0x3B) 레지스터부터 72번(0x48) 레지스터까지다. 표 32.4는 센서값이 저장되는 레지스터를 나타낸 것이다.

표 32.4 센서값 저장 레지스터

레지스터 주소		레지스터명	설명	비고
HEX	DEC			
3B	59	ACCEL_XOUT_H	ACCEL_XOUT[15:8]	x축 가속도
3C	60	ACCEL_XOUT_L	ACCEL_XOUT[7:0]	
3D	61	ACCEL_YOUT_H	ACCEL_YOUT[15:8]	y축 가속도
3E	62	ACCEL_YOUT_L	ACCEL_YOUT[7:0]	
3F	63	ACCEL_ZOUT_H	ACCEL_ZOUT[15:8]	z축 가속도
40	64	ACCEL_ZOUT_L	ACCEL_ZOUT[7:0]	
41	65	TEMP_OUT_H	TEMP_OUT[15:8]	온도
42	66	TEMP_OUT_L	TEMP_OUT[7:0]	
43	67	GYRO_XOUT_H	GYRO_XOUT[15:8]	x축 각속도
44	68	GYRO_XOUT_L	GYRO_XOUT[7:0]	
45	69	GYRO_YOUT_H	GYRO_YOUT[15:8]	y축 각속도
46	70	GYRO_YOUT_L	GYRO_YOUT[7:0]	
47	71	GYRO_ZOUT_H	GYRO_ZOUT[15:8]	z축 각속도
48	72	GYRO_ZOUT_L	GYRO_ZOUT[7:0]	

x축 방향의 가속도를 얻고 싶다면 레지스터 번호(59)를 전송한 후, 2바이트 데이터를 읽어 16비트 값으로 연결하면 된다. 레지스터 번호를 지정한 후 연속적으로 읽기를 수행하면 레지스터 번호는 자동으로 증가하므로 표 32.4의 모든 데이터를 읽기 위해서는 레지스터 번호(59)를 전송한 읽기 명령을 14번 실행하면 된다. I2C 통신에 대한 자세한 내용은 19장 'I2C 통신'을 참고하면 된다. 스케치 32.1은 센서 모듈에서 가속도, 각속도 및 온도 데이터를 읽어오는 예로, 시리얼 플로터 사용을 위해 가속돗값만 출력하고 있다.

스케치 32.1 MPU-6050 칩의 센서 데이터 읽기

```
#include <Wire.h>

int ADDRESS = 0x68;                              // MPU6050 칩의 I2C 주소
// 가속도, 온도, 각속도 저장을 위한 변수
int accX, accY, accZ, tmp, gyroX, gyroY, gyroZ;

void setup() {
    Wire.begin();
    Wire.beginTransmission(ADDRESS);             // MPU6050 선택
    Wire.write(0x6B);                            // PWR_MGMT_1 레지스터 선택
    Wire.write(0);                               // 슬립 모드 해제
    Wire.endTransmission();
```

```
    Serial.begin(115200);                              // 시리얼 통신 초기화
}

void loop() {
    Wire.beginTransmission(ADDRESS);                   // MPU6050 선택
    Wire.write(0x3B);                                  // x축 방향 가속도 레지스터 선택
    // 연결을 종료하지 않으므로 beginTransmission 없이 읽기 가능
    Wire.endTransmission(false);
    Wire.requestFrom(ADDRESS, 14);                     // 14바이트 데이터 요청

    accX = Wire.read() << 8 | Wire.read();             // ACCEL_XOUT
    accY = Wire.read() << 8 | Wire.read();             // ACCEL_YOUT
    accZ = Wire.read() << 8 | Wire.read();             // ACCEL_ZOUT
    tmp = Wire.read() << 8 | Wire.read();              // TEMP_OUT
    gyroX = Wire.read() << 8 | Wire.read();            // GYRO_XOUT
    gyroY = Wire.read() << 8 | Wire.read();            // GYRO_YOUT
    gyroZ = Wire.read() << 8 | Wire.read();            // GYRO_ZOUT
    Wire.endTransmission();                            // 데이터 읽기 종료

    Serial.print(accX); Serial.print(' ');             // 가속도 데이터 출력
    Serial.print(accY); Serial.print(' ');
    Serial.println(accZ);

    delay(50);
}
```

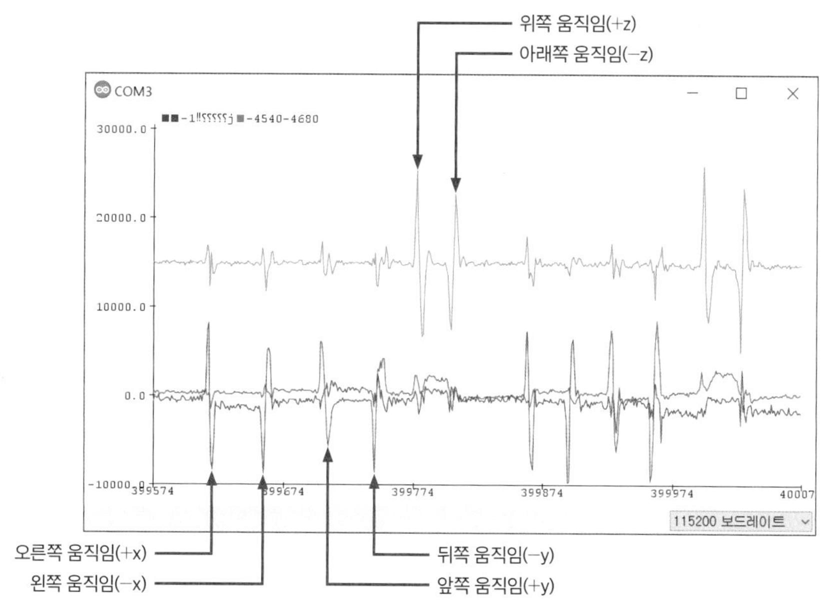

그림 32.4 스케치 32.1 실행 결과 – 평면상의 움직임에 따른 가속도

그림 32.4는 스케치 32.1을 업로드한 상태에서 오른쪽, 왼쪽, 앞, 뒤, 위, 아래 순서로 모듈을 움직였을 때 가속돗값의 변화를 시리얼 플로터로 출력한 결과를 보여준다.

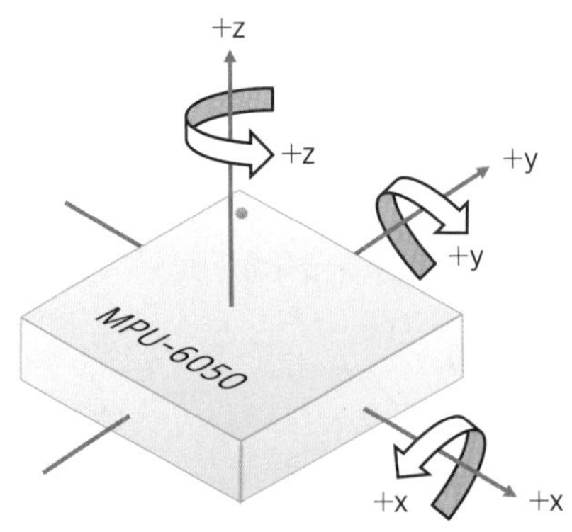

그림 32.5 MPU-6050 칩의 축 방향

MPU-6050 칩의 축 방향은 그림 32.5와 같다. x-y-z축의 관계는 오른손 법칙 또는 오른나사 법칙을 따른다. 그림 32.6에 나타난 것과 같이 오른나사 법칙에 따르면 +x에서 +y축 방향으로 오른나사를 돌릴 때 나사가 나아가는 방향이 +z 방향이 된다. 축 방향과 축의 회전 방향 역시 오른나사의 법칙을 따른다. 예를 들어, +x축 방향으로 오른나사가 나아가도록 나사를 돌리는 방향이 (+) 회전 방향이 된다.

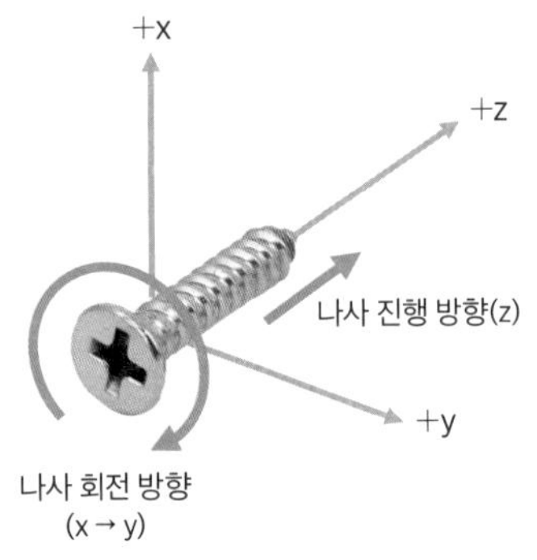

그림 32.6 오른나사 법칙

양의 방향으로 움직일 때 속도는 양의 값이 나오지만, 가속도는 속도의 변화량이므로 양의 방향으로 움직일 때도 양과 음의 가속도가 모두 나타날 수 있다. 그림 32.7은 그림 32.4의 x축 방향 가속도 변화에서 모듈을 좌우로 움직였을 때 피크를 나타낸 것이다. 모듈을 오른쪽으로 움직이다가 정지하면 속도는 0에서 최고 속도에 이르렀다가 감소하여 0이 되므로 하나의 피크가 나타난다. 반면, 가속도는 속도가 증가할 때는 양의 값을 갖고 속도가 감소할 때는 음의 값을 갖게 되므로 양과 음의 피크가 하나씩 나타난다. 왼쪽으로 움직이는 경우는 오른쪽으로 움직이는 경우와 반대가 되고, y축과 z축 방향으로 움직이는 경우 역시 마찬가지다.

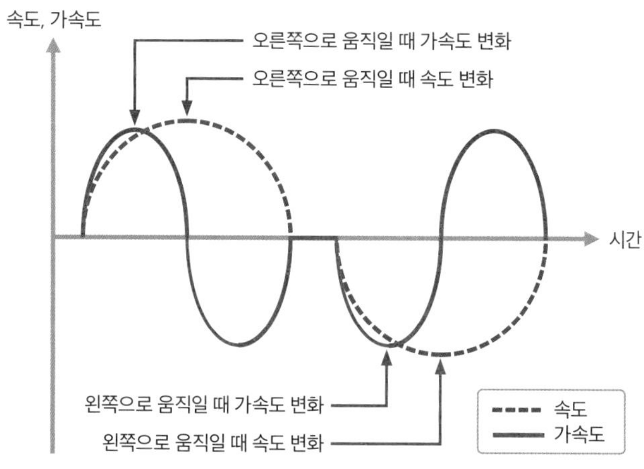

그림 32.7 모듈의 오른쪽과 왼쪽 움직임에 따른 속도 및 가속도 변화

스케치 32.1에서 가속도 출력을 각속도 출력으로 수정한 후 MPU-6050 모듈을 축을 중심으로 회전시키면서 시리얼 플로터로 결과를 확인해 보자. 그림 32.8은 그림 32.5의 축 회전 방향에 따라 x, y, z축 순서로 각 축에 대해 두 번씩 회전시켜 얻은 결과다.

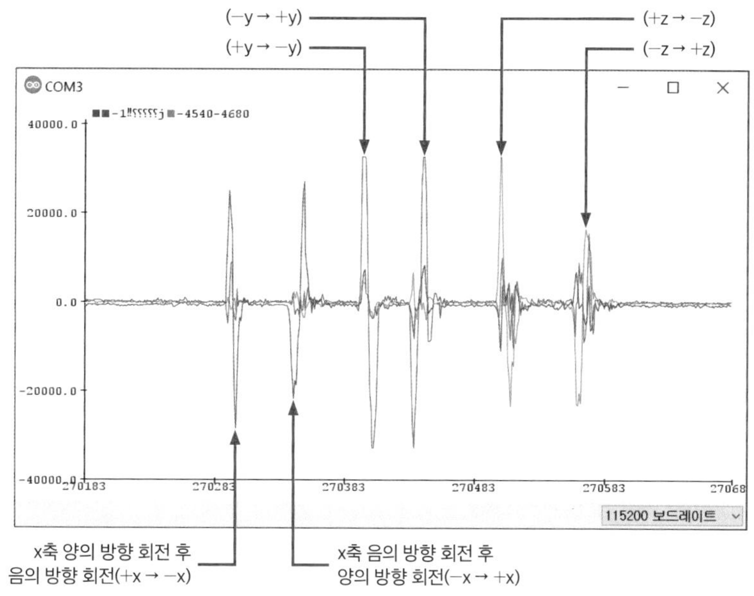

그림 32.8 스케치 32.1 실행 결과 – 축 방향 회전에 따른 각속도

그림 32.4와 그림 32.8에서 모두 한 번의 움직임에 하나의 양의 피크와 하나의 음의 피크가 나타나지만 몇 가지 차이점이 있다. 첫 번째는 가속도가 한 방향으로만 움직인 결과라면 각속도는 양방향으로 움직인 결과라는 점이다. 예를 들어, 가속도는 오른쪽으로 움직여 정지하는 경우 양의

피크와 음의 피크가 나타난다. 하지만 각속도는 양의 방향으로 회전한 후 음의 방향으로 회전하여 원래의 위치로 돌아와야 양과 음의 피크가 나타난다. 이는 속도와 가속도의 차이에 의한 것으로 그림 32.7에서 그 차이를 알 수 있다.

두 번째는 각속도의 경우 정지 상태에서 모든 축의 값이 0에 가까운 값이 나온다면, 가속도의 경우 정지 상태에서도 z축 방향의 값은 16,000 전후의 값이 나온다는 점이다. 가속도는 움직임에 의해서도 발생하지만 중력 가속도에 의해서도 발생한다. 즉, **정지 상태에서는 중력 가속도인 g = 9.8m/s^{2}을 상쇄하는 같은 크기의 가속도가 z축 방향으로 작용하고 있으므로 16,000 정도의 값이 나온다.** 하지만 이 값은 가속도 측정 범위 설정에 따라 달라질 수 있다. MPU-6050 칩으로 측정할 수 있는 가속도 범위는 28번 레지스터의 3번과 4번 비트인 AFS_SEL 비트에 의해 결정되며, 범위에 따라 실제 가속도 단위(m/s^2) 값으로 변환하는 방법이 다르다. 표 32.5는 MPU-6050 칩의 가속도 측정 범위를 나타낸 것이다.

표 32.5 MPU-6050 칩의 가속도 측정 범위

AFS_SEL 비트값	측정 범위	감도	비고
0	±2g	16384 LSB/g	디폴트값
1	±4g	8192 LSB/g	
2	±8g	4096 LSB/g	
3	±16g	2048 LSB/g	

가속돗값의 측정 범위는 디폴트로 ±2g로 설정되어 있으므로 레지스터에서 읽은 값을 16384로 나누고 중력 가속도를 곱하면 가속도 단위(m/s^2)의 값을 얻을 수 있다. 즉, 16비트 정수로 나타낼 수 있는 최댓값(2^{15} = 32768)이 2g에 해당한다. 가속도와 마찬가지로 각속돗값의 측정 범위는 27번 레지스터의 3번과 4번 비트인 FS_SEL 비트에 의해 결정된다. 표 32.6은 MPU-6050 칩의 각속도 측정 범위를 나타낸 것이다.

표 32.6 MPU-6050 칩의 각속도 측정 범위

FS_SEL 비트값	측정 범위	감도	비고
0	±250°/sec	131 LSB/°	디폴트값
1	±500°/sec	65.5 LSB/°	
2	±1000°/sec	32.8 LSB/°	
3	±2000°/sec	16.4 LSB/°	

온도는 −40~80℃ 범위를 측정할 수 있으며 레지스터의 값을 다음 식으로 변환하여 온도를 얻을 수 있다.

$$섭씨온도 = \frac{R}{340} + 36.53$$

그림 32.4에서 한 가지 더 주의해서 살펴봐야 할 점은 MPU-6050 모듈을 수평 상태로 둔 경우에도 x축과 y축의 가속돗값이 0이 되지 않는다는 점이다. 또한 z축 값 역시 중력 가속도에 해당하는 16384가 아니다. 이는 센서가 정확하게 수평 상태를 유지하지 못한다는 이유도 있지만, 센서에 따라 보정$_{\text{calibration}}$이 필요하기 때문이다. 이 장에서 센서 보정의 원리를 다루지는 않지만, 라이브러리에서 제공되는 스케치를 사용하여 센서 보정을 수행하는 방법은 뒤에서 다룬다. 센서 보정은 가속도뿐만 아니라 각속도 역시 필요하다.

32.3 롤과 피치

MPU-6050 센서 모듈에서 가속도와 각속도를 얻어오는 방법과 그 의미를 살펴봤다. 가속도는 물체의 직선 운동에 영향을 받고 각속도는 축을 중심으로 하는 회전 운동에 영향을 받는다. 하지만 물체가 움직이지 않는 경우에도 중력 가속도에 의해 z축 방향 가속도가 측정되는 것처럼 중력 가속도는 물체의 기울어진 정도와도 상관이 있다.

그림 32.4는 센서를 평면상에서 움직이면서 가속도를 출력한 것이고, 그림 32.8은 센서를 축을 중심으로 회전하면서 각속도를 출력한 것이다. 센서를 축을 중심으로 회전하면서 가속도를 출력하면 어떻게 될까?

그림 32.9는 왼쪽, 오른쪽, 앞, 뒤로 축을 중심으로 회전하면서 얻은 가속도를 나타낸 것이다. 축을 중심으로 회전할 때 각속도에 변화가 있는 것은 당연하다. 하지만 그림 32.8에서 각속도는 회전하는 동안만 0이 아닌 값이 나오고 회전을 멈추면 0의 값이 나온다. 반면, **센서가 기울어지면 각 축에 작용하는 중력 가속도가 변하고, 따라서 기울어진 각도에 비례하는 가속도를 얻을 수 있다.** 각 축의 양의 방향이 위로 기울어질 때, 즉 중력 가속도와 반대 방향으로 기울어질 때 양의 가속도를 얻을 수 있다.

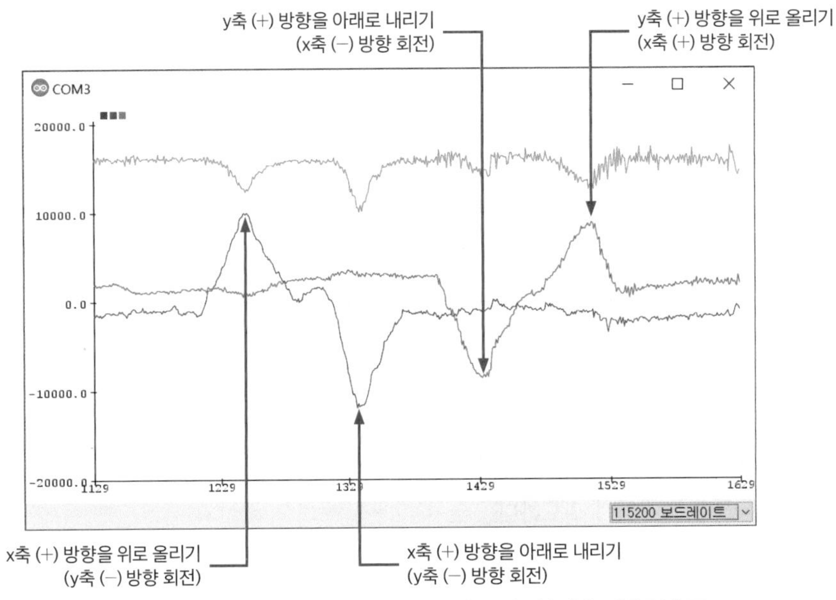

그림 32.9 스케치 32.1 실행 결과 – 축 방향 회전에 따른 가속도

가속도와 각속도는 운동하는 물체에서 중요한 값이지만 아두이노에서 이 값을 직접 사용하는 경우는 흔하지 않다. 대신 가속도와 각속도를 이용하여 계산된 다른 값을 사용하는 경우가 많으며, 밸런싱 로봇이나 드론 등의 균형을 잡기 위해 사용하는 롤과 피치가 대표적이다. **롤과 피치는 요와 함께 3차원 공간에서의 물체의 방향을 나타내기 위해 사용하는 값이다.**

- **롤**$_{\text{roll}}$(ϕ) 진행 방향인 x축을 중심으로 회전한 각도
- **피치**$_{\text{pitch}}$(θ) y축을 중심으로 회전한 각도
- **요**$_{\text{yaw}}$(ψ) 지면 방향인 z축을 중심으로 회전한 각도

롤은 '진행 방향'인 x축을 중심으로 회전한 각도를 나타내므로 **좌우로 흔들리는 것을 롤링**$_{\text{rolling}}$이라고 하고, **앞뒤로 흔들리는 것을 피칭**$_{\text{pitching}}$이라고 한다. 하지만 MPU-6050 칩에서 진행 방향은 일반적으로 칩의 방향에 따라 y축으로 나타내므로 이 장에서 롤링은 앞뒤로 흔들리는 것을, 피칭은 좌우로 흔들리는 것을 이야기한다. 그림 32.10은 피치, 롤, 요를 나타낸 것이다. 그림 32.10을 그림 32.5의 칩 방향에 맞도록 회전시켜 보면 z축이 반대 방향이므로 x축이나 y축 중 하나 역시 반대 방향이어야 한다는 점도 주의해야 한다.

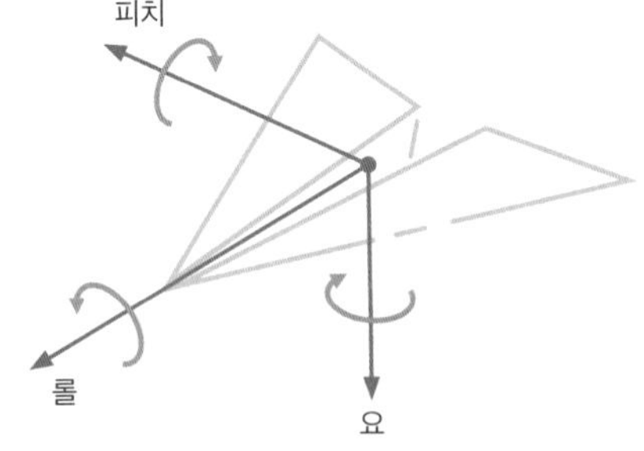

그림 32.10 롤, 피치, 요

롤과 피치는 가속돗값을 사용하여 다음과 같이 계산할 수 있다. 식에서 A_X, A_Y, A_Z는 x, y, z축 방향의 가속도를 나타낸다. 다만, **가속도는 기울어진 정도뿐만이 아니라 움직임에 의해서도 영향을 받으므로 움직임이 없는 상태에서만 정확한 롤값과 피치값을 얻을 수 있다**는 한계가 있다.

$$롤: \phi = \text{atan}\left(\frac{A_Y}{\sqrt{A_X^2 + A_Z^2}}\right)$$

$$피치: \theta = \text{atan}\left(\frac{A_X}{\sqrt{A_Y^2 + A_Z^2}}\right)$$

스케치 32.2는 롤과 피치를 계산하여 출력하는 예다.

스케치 32.2 롤과 피치 구하기 – 가속도

```
#include <Wire.h>

int ADDRESS = 0x68;                          // MPU6050 칩의 I2C 주소
int accX, accY, accZ;                        // 가속도 저장 변수
double pitch, roll;                          // 피치, 롤

void setup() {
    Wire.begin();
    Wire.beginTransmission(ADDRESS);         // MPU6050 선택
    Wire.write(0x6B);                        // PWR_MGMT_1 레지스터 선택
    Wire.write(0);                           // 슬립 모드 해제
    Wire.endTransmission();
    Serial.begin(115200);                    // 시리얼 통신 초기화
}

void loop() {
    Wire.beginTransmission(ADDRESS);         // MPU6050 선택
    Wire.write(0x3B);                        // x축 방향 가속도 레지스터 선택
    // 연결을 종료하지 않으므로 beginTransmission 없이 읽기 가능
    Wire.endTransmission(false);
    Wire.requestFrom(ADDRESS, 6);            // 6바이트 데이터 요청

    accX = Wire.read() << 8 | Wire.read();   // ACCEL_XOUT
    accY = Wire.read() << 8 | Wire.read();   // ACCEL_YOUT
    accZ = Wire.read() << 8 | Wire.read();   // ACCEL_ZOUT
    Wire.endTransmission();                  // 데이터 읽기 종료

    calcPitchRoll(accX, accY, accZ);         // 피치, 롤 계산

    Serial.print(pitch); Serial.print(' ');
    Serial.println(roll);

    delay(50);
}
```

```
void calcPitchRoll(int accX, int accY, int accZ) {
    double X = accX, Y = accY, Z = accZ;

    pitch = atan2(X, sqrt(Y * Y + Z * Z));          // 피치
    roll = atan2(Y, sqrt(X * X + Z * Z));           // 롤

    pitch = pitch * (180.0 / PI);                   // 라디안(radian)을 도(degree)로 변환
    roll = roll * (180.0 / PI);
}
```

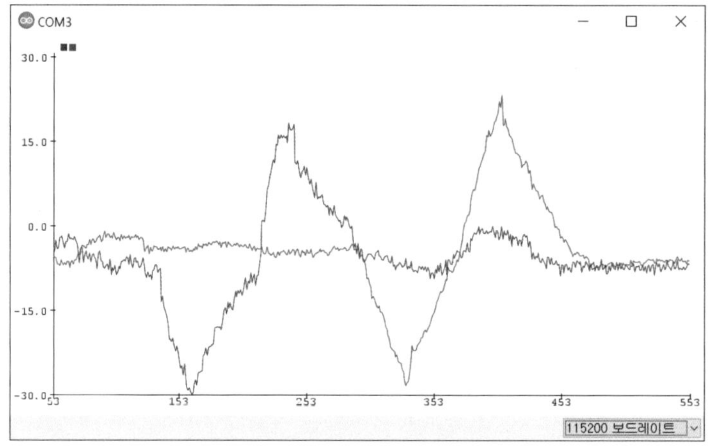

그림 32.11 스케치 32.2 실행 결과

그림 32.11은 스케치 32.2를 업로드하고 오른쪽, 왼쪽, 앞, 뒤로 기울였을 때의 피치와 롤을 나타낸 것으로, 축의 (+) 방향이 아래로 내려갈 때 음의 각도가 나온다. 그림 32.11의 결과는 그림 32.9와 기본적으로 같은 형태를 보이지만 기울어진 각도(롤과 피치)를 출력한다는 점에서 차이가 있으며, 이는 그래프의 y축 값 범위 차이를 통해 확인할 수 있다.

가속도를 사용하여 피치와 롤을 구하는 방법은 간단하다. 하지만 가속도는 중력에 의해 기울어진 정도, 즉 실제 피치와 롤 이외에도 움직임에 의해서도 영향을 받으며 잡음에 민감해 작은 움직임에도 값이 변한다는 단점이 있다. 피치와 롤은 각속도를 적분해서도 구할 수 있다. 하지만 **적분은 시간에 따라 효과가 누적되는 특징이 있어 오차 역시 시간이 지남에 따라 커진다.** 따라서 각속도를 이용한 짧은 시간 동안의 적분은 정확할 수 있지만 긴 시간 동안의 적분은 신뢰할 수 없다. 이처럼 **시간이 지남에 따라 오차가 누적되는 현상을 드리프트**drift라고 한다. 각속도에 의한 드리프트를 보완하기 위해서는 가속도에 의한 롤과 피치를 보정 정보로 사용할 수 있다. 실제로 롤과 피치를 계산하기 위해서는 잡음에 민감한 가속도와 오차가 누적되는 각속도를 같이 사용하는 방법이 주로 사용되며, 대표적인 방법 중 하나가 상보 필터complementary filer다. 상보 필터의 개념은 간단하다.

각속도를 적분한 값으로 회전 각도를 구하면서 가속도에 의한 값으로 누적되는 오차를 보정하는 것으로, 각속도에 의한 회전각과 가속도에 의한 회전각을 가중치를 두어 합하면 된다. 상보 필터는 다음과 같이 표현된다.

$$angle = WEIGHT \times (angle + 각속도 \times \Delta t) + (1 - WEIGHT) \times (가속도에\ 의한\ 각도)$$

이때 **WEIGHT는 각속도에 의한 각도와 가속도에 의한 각도의 반영 비율을 결정하는 상수로 0.98이 흔히 사용**되지만, 사용 환경에 따라 조절하여 사용하면 된다. 스케치 32.3은 상보 필터를 사용하여 롤과 피치를 구하는 예다.

스케치 32.3 롤과 피치 구하기 – 상보 필터

```
#include <Wire.h>

#define SENSITIVITY     131.0                         // 각속도 측정 범위(표 32.5 참고)
#define WEIGHT          0.98

int ADDRESS = 0x68;                                   // MPU6050 칩의 I2C 주소
int accX, accY, accZ;                                 // 가속도 저장 변수
int gyroX, gyroY, gyroZ;                              // 각속도 저장 변수
int tmp;                                              // 온도 저장 변수
unsigned long time_previous;

double accelPitch, accelRoll, gyroPitch, gyroRoll;    // 가속도, 각속도에 의한 피치, 롤
double pitch = 0, roll = 0;                           // 피치, 롤

void setup() {
    Wire.begin();
    Wire.beginTransmission(ADDRESS);                  // MPU6050 선택
    Wire.write(0x6B);                                 // PWR_MGMT_1 레지스터 선택
    Wire.write(0);                                    // 슬립 모드 해제
    Wire.endTransmission();
    Serial.begin(115200);

    time_previous = micros();
}

void loop() {
    readAccelGyroData();

    calcAccelPitchRoll();                             // 가속도 기반 피치, 롤 계산
    calcGyroPitchRoll();                              // 각속도 기반 피치, 롤 계산
    complementaryFilter();                            // 상보 필터 적용

    Serial.print(pitch);
    Serial.print('\t');
```

```
    Serial.print(roll);
    Serial.println();

    delay(5);
}

void complementaryFilter() {                                    // 상보 필터 적용
    pitch = WEIGHT * (pitch + gyroPitch) + (1 - WEIGHT) * accelPitch;
    roll = WEIGHT * (roll + gyroRoll) + (1 - WEIGHT) * accelRoll;
}

void calcAccelPitchRoll() {                                     // 가속도를 사용한 피치, 롤
    double X = accX, Y = accY, Z = accZ;

    accelPitch = atan2(X, sqrt(Y * Y + Z * Z));                 // 피치
    accelRoll = atan2(Y, sqrt(X * X + Z * Z));                  // 롤

    accelPitch = accelPitch * (180.0 / PI);                     // 도(degree)로 변환
    accelRoll = accelRoll * (180.0 / PI);
}

void calcGyroPitchRoll() {                                      // 각속도를 사용한 피치, 롤 변화량
    // 측정 범위 설정에 따라 각도로 변환하기 위해 나누는 값이 다름(표 32.5 참고)
    double X = gyroX / SENSITIVITY, Y = gyroY / SENSITIVITY;

    // 순간 각속도로 각도의 변화량을 계산
    unsigned long time_current = micros();
    double delta = (time_current - time_previous) / 1000000.0;
    gyroPitch = -Y * delta;                                     // 피치 변화량
    gyroRoll = X * delta;                                       // 롤 변화량

    time_previous = micros();
}

void readAccelGyroData() {
    Wire.beginTransmission(ADDRESS);                            // MPU6050 선택
    Wire.write(0x3B); // x축 방향 가속도 레지스터 선택
    // 연결을 종료하지 않으므로 beginTransmission 없이 읽기 가능
    Wire.endTransmission(false);
    Wire.requestFrom(ADDRESS, 14);                              // 14바이트 데이터 요청

    accX = Wire.read() << 8 | Wire.read();                      // ACCEL_XOUT
    accY = Wire.read() << 8 | Wire.read();                      // ACCEL_YOUT
    accZ = Wire.read() << 8 | Wire.read();                      // ACCEL_ZOUT
    tmp = Wire.read() << 8 | Wire.read();                       // TEMP_OUT
    gyroX = Wire.read() << 8 | Wire.read();                     // GYRO_XOUT
    gyroY = Wire.read() << 8 | Wire.read();                     // GYRO_YOUT
    gyroZ = Wire.read() << 8 | Wire.read();                     // GYRO_ZOUT
    Wire.endTransmission();                                     // 데이터 읽기 종료
}
```

그림 32.12는 스케치 32.3의 실행 결과를 시리얼 플로터로 출력한 것으로, 가속도만을 사용한 그림 32.11과 비교했을 때 잡음이 적고 자연스럽게 움직이는 것을 확인할 수 있다.

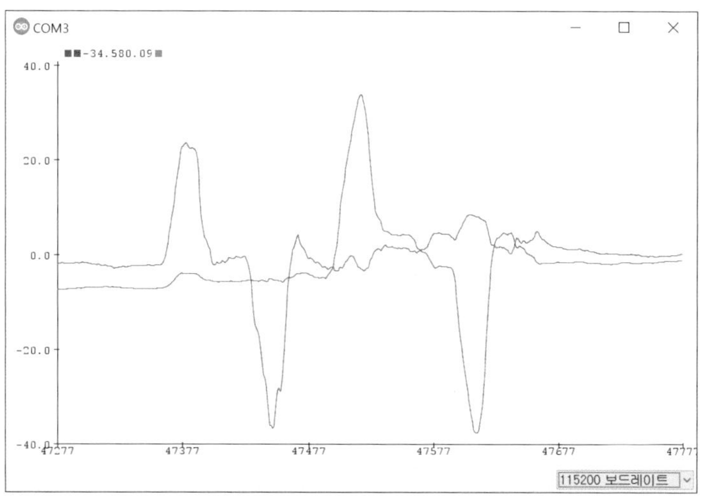

그림 32.12 **스케치 32.3 실행 결과**

32.4 MPU6050 라이브러리

MPU-6050 칩을 사용하기 위해 앞 절의 예에서처럼 Wire 라이브러리를 사용할 수도 있지만, MPU-6050 칩에서 간단하게 데이터를 얻어오게 해주는 전용 라이브러리를 사용할 수도 있다. MPU-6050 칩을 위한 라이브러리는 여러 가지가 있지만, 이 장에서는 I2C 통신을 사용하는 다양한 장치들의 라이브러리를 제공하는 I2C Device Library를 사용한다. I2C Device Library는 라이브러리 매니저에서 검색되지 않으므로 라이브러리 홈페이지에서 내려받아야 한다.

내려받은 라이브러리 파일에는 다양한 플랫폼을 지원하는 라이브러리들이 포함되어 있다. 아두이노에서 MPU-6050 칩을 사용하기 위해서는 'Arduino' 디렉터리 아래에 있는 라이브러리 중 I2C 통신을 위한 공통 라이브러리인 'I2Cdev'와 MPU-6050을 위한 라이브러리인 'MPU6050'이 필요하다. 디렉터리 2개를 아두이노의 스케치북 디렉터리의 'libraries' 디렉터리 아래에 복사하면 라이브러리 설치는 끝난다.

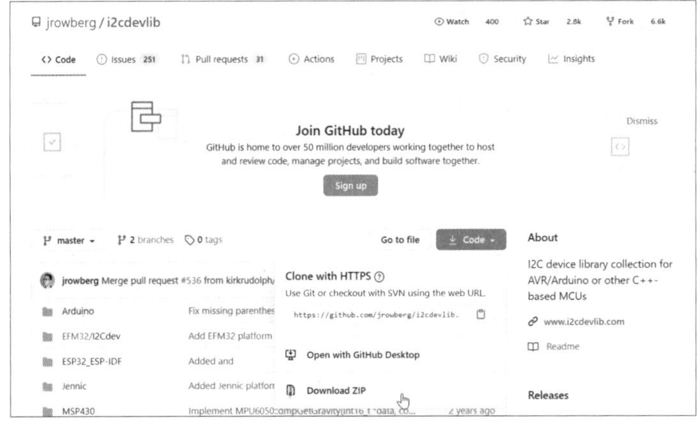

그림 32.13 I2C Device Library 페이지*

먼저 라이브러리를 사용하여 가속도, 각속도, 온도 등 MPU-6050 칩에서 제공하는 데이터를 얻어오는 방법을 살펴보자. MPU6050 라이브러리에서는 `MPU6050` 클래스를 통해 데이터를 얻어올 수 있게 해준다. 라이브러리를 사용하기 위해서는 먼저 헤더 파일을 포함해야 한다. 먼저 '스케치 → 라이브러리 포함하기 → I2Cdev' 메뉴 항목을 선택하거나 `#include` 문을 직접 입력하여 I2C 통신을 위한 공통 라이브러리의 헤더 파일인 I2Cdev.h 파일을 포함한다. 다음은 MPU6050 라이브러리를 위한 헤더 파일을 포함해야 한다. '스케치 → 라이브러리 포함하기 → MPU6050' 메뉴 항목을 선택하면 여러 개의 헤더 파일을 포함하지만, 꼭 포함해야 하는 파일은 MPU6050.h뿐이므로 `#include` 문을 직접 입력하면 된다.

```
#include <I2Cdev.h>
#include <MPU6050.h>
```

MPU6050 라이브러리에서 정의하고 있는 `MPU6050` 클래스에는 가속도, 각속도, 온도 등을 읽어오기 위해 다음과 같은 멤버 함수들이 정의되어 있다.

■ **MPU6050**

```
MPU6050::MPU6050(uint8_t address = MPU6050_DEFAULT_ADDRESS)
```
- 매개변수
  address: MPU-6050 칩의 I2C 주소
- 반환값: 없음

* https://github.com/jrowberg/i2cdevlib

MPU-6050 칩을 위한 객체를 생성한다. 매개변수는 MPU-6050 칩의 I2C 주소를 지정한다. 매개변수를 지정하지 않으면 디폴트값인 0x68을 사용하며, AD0 핀을 3.3V에 연결한 경우에는 0x69를 I2C 주소로 사용하면 된다.

■ initialize

```
void MPU6050::initialize()
```

- 매개변수: 없음
- 반환값: 없음

MPU-6050 칩을 위한 객체를 초기화한다. 초기화 과정에는 슬립 모드를 해제하는 과정이 포함되어 있다.

■ getMotion6

```
void MPU6050::getMotion6(int16_t* ax, int16_t* ay, int16_t* az, int16_t* gx,
int16_t* gy, int16_t* gz)
```

- 매개변수
    - ax, ay, az: 가속돗값 저장을 위한 변수 포인터
    - tx, gy, gz: 각속돗값 저장을 위한 변수 포인터
- 반환값: 없음

MPU-6050 칩에서 가속도와 각속도 데이터를 읽어온다. 읽어온 데이터는 레지스터 값으로, 실제 가속도나 각속도로 변환되지 않은 값이므로 측정 범위 설정에 따라 실제 물리량으로 변환해야 한다. 매개변수가 포인터 변수인 점도 주의해야 한다.

■ getAcceleration

```
void MPU6050::getAcceleration(int16_t* x, int16_t* y, int16_t* z)
int16_t MPU6050::getAccelerationX()
int16_t MPU6050::getAccelerationY()
int16_t MPU6050::getAccelerationZ()
```

- 매개변수
    - x, y, z: 가속돗값 저장을 위한 변수 포인터
- 반환값: 없음 또는 각 축의 가속도 데이터

MPU-6050 칩에서 가속도 데이터를 읽어온다. 읽어온 데이터는 레지스터 값으로, 실제 가속도로 변환되지 않은 값이므로 측정 범위 설정에 따라 실제 물리량으로 변환해야 한다.

■ getRotation

```
void MPU6050::getRotation(int16_t* x, int16_t* y, int16_t* z)
int16_t MPU6050::getRotationX()
int16_t MPU6050::getRotationY()
int16_t MPU6050::getRotationZ()
```

- 매개변수
    x, y, z: 각속돗값 저장을 위한 변수 포인터
- 반환값: 없음 또는 각 축의 각속도 데이터

MPU-6050 칩에서 각속도 데이터를 읽어온다. 읽어온 데이터는 레지스터 값으로, 실제 각속도로 변환되지 않은 값이므로 측정 범위 설정에 따라 실제 물리량으로 변환해야 한다.

■ getTemperature

```
int16_t MPU6050::getTemperature()
```

- 매개변수: 없음
- 반환값: 온도 데이터

MPU-6050 칩에서 온도 데이터를 읽어온다. 읽어온 데이터는 레지스터 값으로, 실제 온도로 변환되지 않은 값이다.

스케치 32.4는 MPU6050 라이브러리를 사용하여 스케치 32.1과 같은 동작을 하도록 작성한 예로, 실행 결과는 스케치 32.1과 같다. 기본적으로 MPU6050 라이브러리에서는 I2C 통신을 통해 레지스터 값을 읽고 이를 조합하는 과정을 대신해 주므로 스케치를 짧고 직관적으로 작성할 수 있게 해준다.

스케치 32.4 MPU-6050 칩의 센서 데이터 읽기 – MPU6050 라이브러리 사용

```
#include <I2Cdev.h>
#include <MPU6050.h>

MPU6050 accelgyro;                                    // I2C 주소로 디폴트값 0x68 사용

int16_t ax, ay, az;
int16_t gx, gy, gz;
```

```
void setup() {
    Wire.begin();
    Serial.begin(115200);

    accelgyro.initialize();                                    // 객체 초기화
}

void loop() {
    accelgyro.getMotion6(&ax, &ay, &az, &gx, &gy, &gz);   // 데이터 읽기

    Serial.print(ax); Serial.print(' ');
    Serial.print(ay); Serial.print(' ');
    Serial.println(az);

    delay(50);
}
```

이 장에서 MPU6050 라이브러리를 사용하는 목적 중 하나는 센서 보정이다. MPU6050 라이브러리에는 센서 보정을 위한 스케치가 포함되어 있으므로 이를 사용하여 개별 센서 모듈에 맞는 보정값을 쉽게 구할 수 있다*. **MPU-6050 칩에는 이미 센서 보정값이 저장되어 있지만, 저장된 값은 칩 상태에서 진행된 보정값이므로 조립 과정을 거치면서 칩 상태의 센서 보정값과는 다른 값이 필요한 경우가 대부분이다.**

'파일 → 예제 → MPU6050 → IMU_Zero' 메뉴 항목을 선택하여 센서 보정 스케치를 연다. MPU-6050 모듈이 연결된 상태에서 예제를 업로드하고 실행하면 센서 보정이 자동으로 진행된다. 이때 MPU-6050 모듈은 수평 상태에 있어야 하며, 일정 시간 이상 MPU-6050 모듈을 동작시켜 칩이 일정한 온도를 유지하게 해서 온도 보상이 정확하게 이루어지는 상태에 있어야 한다. 일정 시간이 흐르면 센서 보정이 완료되고 시리얼 모니터로 완료 메시지가 출력된다.

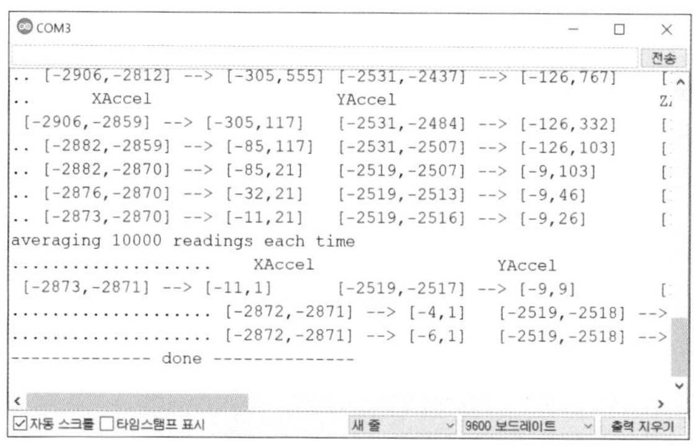

그림 32.14 센서 보정 결과

* MPU-6050 칩의 보정 정보를 얻는 방법은 간단히 설명할 수 없으며 이 책에서도 다루지 않는다.

완료 메시지 바로 위에 출력되는 값이 오프셋으로 사용할 값으로, 3줄의 출력 중 어느 것을 사용해도 된다. 각 줄은 6종류의 범위 쌍으로 이루어지며 3개의 가속도, 3개의 각속돗값에 해당한다.

```
[-2872,-2871] --> [-6,1]           : x축 가속도 오프셋
[-2519,-2518] --> [-9,7]           : y축 가속도 오프셋
[1885,1886] --> [16368,16385]      : z축 가속도 오프셋
[158,159] --> [0,2]                : x축 각속도 오프셋
[-20,-19] --> [-2,1]               : y축 각속도 오프셋
[18,19] --> [0,2]                  : z축 각속도 오프셋
```

각 출력값에서 화살표 왼쪽에 있는 범위는 오프셋을 선택할 범위이고, 화살표 오른쪽에 있는 범위는 이상적인 값의 범위를 나타낸다. 화살표 왼쪽에 오프셋을 선택할 범위는 센서 보정이 필요하지 않은 경우 0을 포함하는 범위가 나와야 하지만 거의 모든 MPU-6050 칩은 보정이 필요하다. 화살표 오른쪽에 이상적인 값의 범위는 z축 가속돗값은 16384를 포함하고 나머지는 0을 포함하는 좁은 범위가 이상적인 값에 해당한다*. 센서 보정에 사용할 값은 출력된 값의 범위 내에서 임의의 값을 선택하여 사용하면 된다. 오프셋 설정을 위해서는 다음과 같은 오프셋 설정 함수를 사용할 수 있으며, 레지스터의 값을 직접 읽은 경우에는 읽은 값에서 오프셋값을 빼면 된다.

```
void MPU6050::setXAccelOffset(int16_t offset)
void MPU6050::setYAccelOffset(int16_t offset)
void MPU6050::setZAccelOffset(int16_t offset)
void MPU6050::setXGyroOffset(int16_t offset)
void MPU6050::setYGyroOffset(int16_t offset)
void MPU6050::setZGyroOffset(int16_t offset)
```

이 외에도 MPU6050 라이브러리는 측정 범위의 설정, 샘플링 속도 설정 등을 비롯하여 MPU-6050 칩의 다양한 기능을 제어할 수 있는 함수를 제공하고 있다. 자세한 내용은 MPU-6050 칩의 데이터시트와 레지스터 맵 문서를 참고하면 된다.

* 오른쪽 범위에는 이상적인 값을 포함하는 가능한 한 좁은 범위가 표시되어야 하지만, 칩에 따라서는 이상적인 값이 포함되지 않는 범위가 출력되는 경우도 있다.

32.5 맺는말

MPU-6050 칩은 3축의 가속도와 각속도를 구할 수 있는 MEMS 센서를 포함하고 있는 칩으로, I2C 통신으로 간단하게 연결하여 사용할 수 있다. 가속도와 각속도는 운동하는 물체를 나타내기 위한 기본적인 물리량으로 다양한 분야에서 사용되고 있다. MPU-6050 칩으로 얻을 수 있는 가속도는 중력 가속도가 반영된 값이므로 정지 상태에서도 0이 아닌 가속도가 측정된다는 점은 기억해야 한다. 아두이노에서 MPU-6050 칩은 가속도나 각속도 자체보다는 가속도와 각속도를 이용하여 기울어진 정도를 측정하기 위해 흔히 사용되며, 밸런싱 로봇이나 드론 등에서 균형을 유지하기 위해 사용되는 것이 대표적인 예다.

이 장에서는 센서에서 제공하는 가속도와 각속도를 얻어오는 방법과 이를 이용하여 기울어진 정도를 나타내는 피치와 롤을 구하는 방법을 살펴봤다. 가속도는 움직임에 영향을 받고 잡음에 민감하다는 등의 문제가 있으며, 각속도는 드리프트 현상과 초깃값을 결정할 수 없다는 등의 문제가 있다. 따라서 가속도와 각속도를 함께 사용하는 경우가 대부분이며, 간단하면서도 효과적인 상보 필터가 흔히 사용된다. 이 장에서 살펴본 상보 필터는 기본 원리를 이해할 수 있도록 간단하게 구현했지만, 실제 시스템에 적용하기 위해서는 환경에 맞게 많은 테스트와 그에 따른 조정이 필요하다는 점은 기억해야 한다. 상보 필터와 함께 흔히 사용되는 다른 방법으로 칼만 필터Kalman filter가 있다. 칼만 필터는 상보 필터만큼 간단히 구현하여 사용할 수는 없지만, 상보 필터보다 성능이 우수한 것으로 알려져 있으므로 정밀한 제어가 필요한 경우라면 사용을 고려해 볼 수 있다.

1 물체의 기울어진 정도를 나타내는 피치와 롤은 가속도만을 사용해서도 간단히 구할 수 있지만 정지한 상태에서만 정확한 값을 구할 수 있고 잡음에 민감하다는 한계가 있다. 또한 각속도는 오차가 누적되는 드리프트 현상으로 긴 시간 사용할 수 없다는 한계가 있다. 따라서 이 두 값을 함께 사용하여 피치와 롤을 구하는 경우가 대부분이다. 가속도와 각속도를 함께 사용하여 피치와 롤을 구하는 데 흔히 사용되는 방법이 상보 필터와 칼만 필터다. 상보 필터와 칼만 필터의 원리를 알아보고 각 필터의 장단점을 비교해 보자.

2 물체가 바라보는 방향을 나타내기 위해서는 여러 방법이 사용되며, 이 장에서 사용한 롤-피치-요가 그중 하나다. 이 외에 쿼터니언quaternion과 오일러 각Euler angle 역시 물체가 바라보는 방향을 나타내기 위해 흔히 사용된다. 오일러 각은 3개의 축을 기준으로 회전한 정도를 표시한 것으로 롤-피치-요와 비슷한 방법이다. 하지만 축 방향이 롤-피치-요와 차이가 있다. 반면, 쿼터니언은 4개 요소를 사용하는 방법으로, 3차원 공간에서 방향을 나타내는 3개 요소와 지정한 방향을 중심으로 회전한 정도를 나타내는 1개 요소를 사용한다. 쿼터니언은 직관적으로 이해하기 어렵다는 단점은 있지만, 연산이 간단하여 컴퓨터에서 많이 사용된다. 롤-피치-요, 오일러 각, 쿼터니언의 관계와 상호 변환 방법을 알아보자.

CHAPTER

33

디지털 온습도 센서

온도와 습도를 측정할 수 있는 센서에는 여러 종류가 있지만, DHT 센서의 경우 디지털 데이터를 출력하고, 하나의 데이터 핀만을 사용하여 온도와 습도를 한 번에 얻을 수 있다는 등의 장점으로 인해 흔히 사용되고 있다. 이 장에서는 정밀도가 각기 다른 DHT 시리즈 디지털 온습도 센서의 사용 방법을 살펴본다.

이 장에서 사용할 부품

- 아두이노 우노 × 1 ➡ 온습도 센서 테스트
- DHT11 온습도 센서 × 1 ➡ 디지털 온습도 센서
- DHT22 온습도 센서 × 1 ➡ 디지털 온습도 센서
- 10kΩ 저항 × 1 ➡ DHT 센서 풀업 저항

33.1 DHT11 센서

DHT11은 온도와 습도를 측정할 수 있는 센서다. 온도를 측정하는 데 흔히 사용되는 센서로는 LM35가 있다. LM35는 아날로그 전압을 출력하므로 아날로그 입력 핀에 연결하여 사용할 수 있지만, 정밀도가 높지 않고 아날로그값을 읽어 변환하는 과정에서 오차가 커질 수 있다는 것은 단점이 될 수 있다. 이에 비해 **DHT11 센서는 측정값을 디지털값으로 반환하므로 별도의 변환이 필요하지 않고, 온도와 습도를 하나의 데이터 핀을 통해 얻어올 수 있다는 장점이 있다.** 이는 역시 1개의 연결선만 필요한 1-와이어 통신으로 온도를 측정하는 DS18B20 센서와 비교해도 장점이라 할 수 있다.

DHT11 센서는 4개의 핀을 갖고 있으며 이 중 2개는 전원 핀, 1개는 데이터 출력 핀이고 나머지 1개는 사용하지 않는 핀이다. 1개의 데이터선만을 필요로 한다는 점에서 1-와이어 통신과 유사하지만 1-와이어 통신의 경우 일대다 연결이 가능한 시리얼 통신 방식이라면, **DHT 센서에서 사용하는 방법은 센서 고유의 통신 방법으로 일대일 연결만 가능한 단순화된 방법이다.**

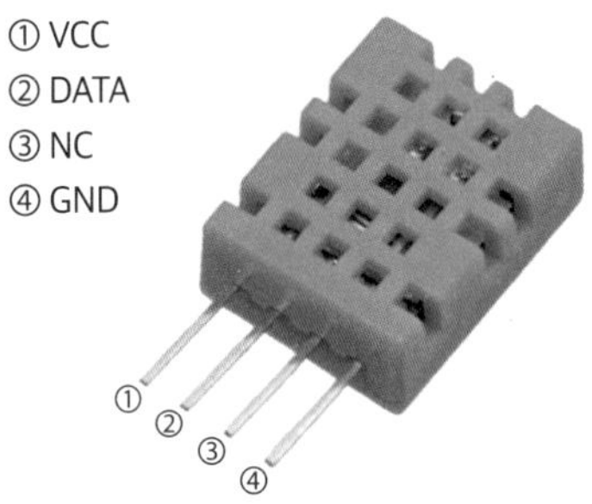

그림 33.1 **DHT11 온습도 센서**

DHT11 센서는 3.0~5.5V의 전원을 연결하여 사용할 수 있다. DHT11 온습도 센서를 그림 33.2와 같이 연결하자. 데이터 핀에는 5kΩ에서 10kΩ 사이의 풀업 저항을 사용해야 하며, 그림 33.2에서는 10kΩ 저항을 사용했다.

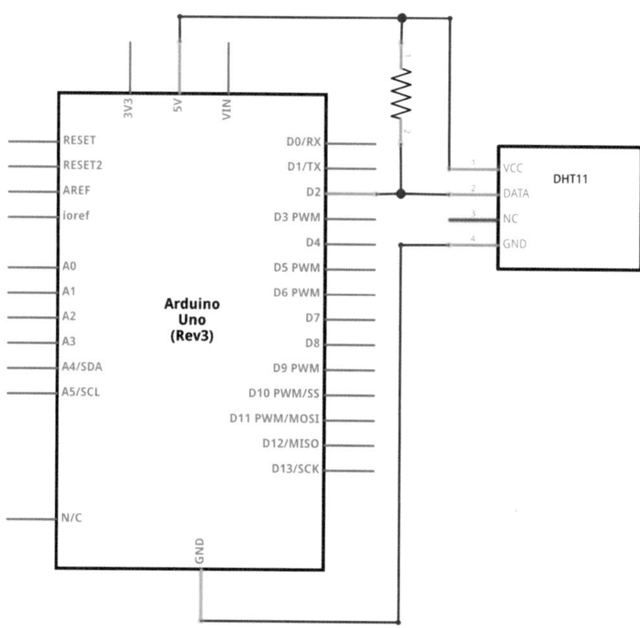

그림 33.2 DHT11 온습도 센서 연결 회로도

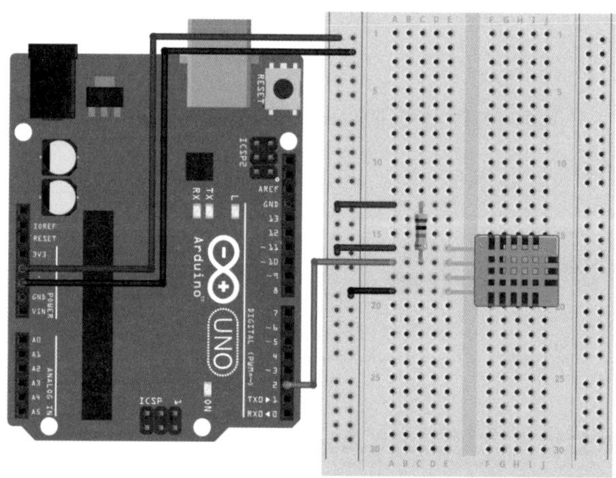

그림 33.3 DHT11 온습도 센서 연결 회로

데이터 핀으로는 5바이트의 데이터를 전송하며 2바이트의 습도 데이터, 2바이트의 온도 데이터 그리고 1바이트의 패리티 데이터로 구성된다. DHT 시리즈 센서의 데이터 포맷은 표 33.1과 같다.

표 33.1 DHT 시리즈 센서 데이터 포맷

습도		온도		패리티 바이트
0011 0101	0000 0000	0001 1000	0000 0000	0100 1101
data[0]	data[1]	data[2]	data[3]	data[4]

패리티 바이트는 4바이트의 온도와 습도 데이터를 모두 더한 값과 일치하며, 이때 자리올림은 무시하면 된다.

온도와 습도 데이터 바이트 합 = 패리티 바이트

0011 0101 + 0000 0000 + 0001 1000 + 0000 0000 = 0100 1101

HDT11 센서가 반환하는 2바이트의 온도 데이터와 습도 데이터 중 첫 번째 데이터 바이트(data[0]과 data[2])에만 온도와 습도 정보가 포함되어 있으며, 두 번째 데이터 바이트(data[1]과 data[3])는 사용하지 않는다. 표 33.1에서 이진숫값을 그대로 10진수로 변환하면 섭씨온도와 상대 습도RH: Relative Humidity를 얻을 수 있다. **상대 습도란 공기 중에 최대로 포함될 수 있는 수증기의 양(포화수증기량)과 비교해서 현재 수증기의 양을 퍼센트로 나타낸 것으로, 온도에 따라 달라지는 값이다.**

$0001\ 1000_2$ = 24℃

$0011\ 0101_2$ = 53%

DHT 센서를 사용하기 위해서는 먼저 라이브러리를 설치해야 한다. 라이브러리 매니저에서 'DHT sensor'를 검색해서 Adafruit의 DHT sensor library를 설치하자.

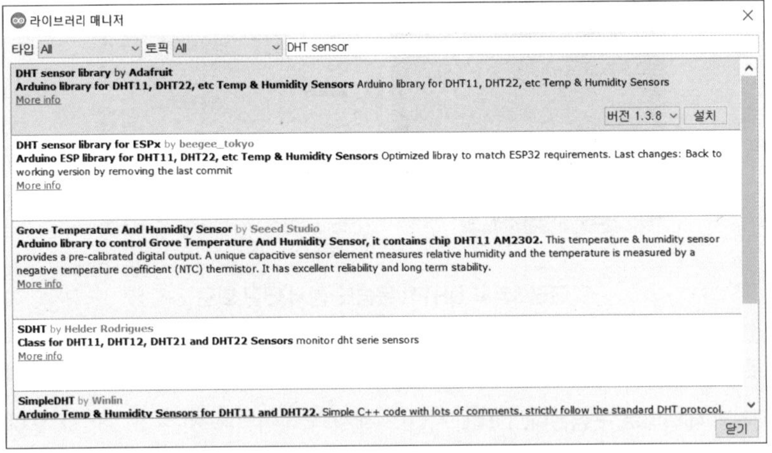

그림 33.4 DHT sensor library 검색 및 설치*

* https://github.com/adafruit/DHT-sensor-library

DHT sensor library 설치를 선택하면 연관된 라이브러리인 Adafruit Unified Sensor 라이브러리 설치를 위한 창이 나타날 수 있다. Adafruit Unified Sensor 라이브러리는 다양한 센서를 지원하는 공통 플랫폼 라이브러리이므로 함께 설치하자. 또는 라이브러리 매니저에서 'Unified Sensor'를 검색하여 별도로 설치해도 된다.

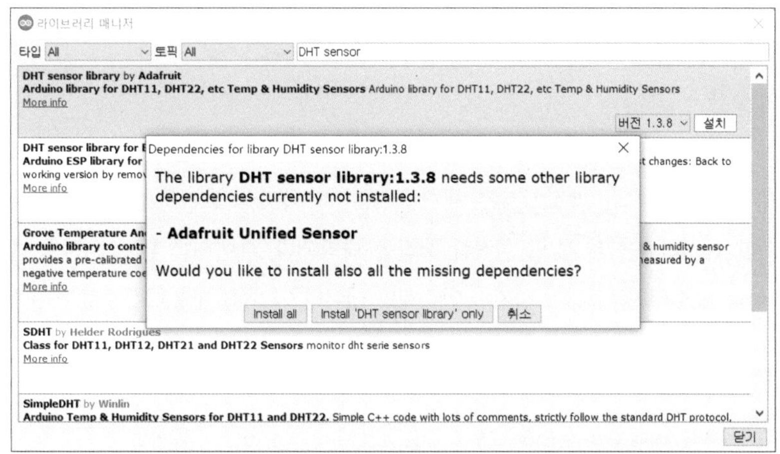

그림 33.5 Adafruit Unified Sensor 라이브러리 추가 설치*

DHT sensor library를 사용하기 위해서는 먼저 헤더 파일을 포함해야 한다. '스케치 → 라이브러리 포함하기 → DHT sensor library' 메뉴 항목을 선택하면 2개의 헤더 파일이 포함되지만, 꼭 필요한 헤더 파일은 DHT.h뿐이므로 `#include` 문을 직접 입력해도 된다.

```
#include <DHT.h>
```

DHT sensor library에서 제공하는 DHT 클래스는 온도와 습도를 읽어오기 위해 다음과 같은 멤버 함수들을 제공하고 있다.

■ DHT

```
DHT::DHT(uint8_t pin, uint8_t type)
```

- 매개변수
  - pin: 센서 연결 핀
  - type: 센서 종류(DHT11, DHT12, DHT21, DHT22 등)
- 반환값: 없음

* https://github.com/adafruit/Adafruit_Sensor

DHT 센서를 위한 객체를 생성한다. 이때 센서가 연결된 핀과 센서의 종류를 지정한다. 센서 종류는 미리 정의된 상수를 사용하면 된다. DHT11 센서를 위한 상수는 DHT11이다.

■ begin

```
void DHT::begin(uint8_t usec = 55)
  - 매개변수
      usec: 데이터 읽기 시작할 때 데이터선을 LOW로 설정할 시간
  - 반환값: 없음
```

객체를 초기화한다. 초기화 과정에서는 센서를 읽는 타이밍을 설정하며, 매개변수는 데이터를 읽기 시작할 때 데이터선을 LOW로 설정할 시간을 나타낸다. 데이터를 읽기 시작할 때 최소 18μs 동안 데이터선을 LOW로 설정해야 하지만 안정적인 데이터 읽기를 위해 디폴트값 사용을 추천한다.

■ readTemperature

```
float DHT::readTemperature(bool S = false, bool force = false)
  - 매개변수
      S: 온도 단위로 섭씨(false) 또는 화씨(true)를 지정
      force: 센서로부터 데이터를 강제로 읽을지 여부
  - 반환값: 온도 또는 NAN not a number
```

센서로부터 데이터를 읽어 온도를 반환한다. 온도와 습도는 센서로부터 표 33.1의 5바이트 데이터를 한 번에 읽고 이를 나누어 사용한다. 온도 단위는 섭씨가 디폴트다. 매개변수 force는 센서로부터 데이터를 강제로 읽기 위해 사용한다. 하지만 DHT 센서를 2초 이내에 다시 읽으면 이전 값을 반환하므로, DHT 클래스 역시 마지막으로 센서값을 읽은 후 2초가 지나지 않았으면 마지막으로 읽어 객체에 저장된 값을 반환한다*. 센서로부터 데이터를 읽는 데 실패하면 NAN을 반환한다.

■ readHumidity

```
float DHT::readHumidity(bool force = false)
  - 매개변수
      force: 센서로부터 데이터를 강제로 읽을지 여부
  - 반환값: 습도 또는 NAN
```

* DHT11 센서의 경우 1초 간격으로 센서값을 읽을 수 있지만, DHT 라이브러리는 DHT22 센서와 시간 간격을 통일하기 위해 최소 2초 간격으로 읽을 수 있도록 만들어져 있다.

센서로부터 데이터를 읽어 습도를 반환한다. 온도와 습도는 센서로부터 표 33.1의 5바이트 데이터를 한 번에 읽고 이를 나누어 사용한다. 매개변수 force는 readTemperature 함수에서와 마찬가지로 센서로부터 데이터를 강제로 읽기 위해 사용한다. 센서로부터 데이터를 읽는 데 실패하면 NAN을 반환한다.

■ **read**

```
bool DHT::read(bool force = false)
  - 매개변수
      force: 센서로부터 데이터를 강제로 읽을지 여부
  - 반환값: 센서로부터 데이터 읽기의 성공 여부
```

센서로부터 5바이트의 온도와 습도 데이터를 읽는다. DHT 클래스에는 센서에서 읽어오는 5바이트 센서 데이터를 저장하기 위한 멤버 변수가 정의되어 있지만, private로 선언되어 있어 변숫값을 직접 사용할 수는 없다. 반환값은 센서로부터 데이터 읽기에 성공했는지 여부를 나타낸다. readTemperature와 readHumidity 함수는 read 함수를 통해 읽은 5바이트 데이터를 사용하여 온도와 습도를 반환한다.

DHT11 센서의 데이터 핀은 풀업 저항이 연결되어 있으므로 초기 상태는 HIGH 상태에 있다. read 함수에서 데이터를 읽기 위해서는 먼저 18밀리초 이상의 LOW 신호에 이어 20~40마이크로초의 HIGH 신호를 전송해야 한다. 시작 신호가 전송되면 DHT 센서는 40비트의 온도와 습도 데이터를 그림 33.6과 같은 형식으로 전송한다. **DHT 센서는 펄스의 길이로 0과 1을 구분하여 전송한다.** 0의 경우 50마이크로초의 LOW 신호에 이어 26~28마이크로초의 HIGH 신호가 전송되며, 1의 경우 50마이크로초의 LOW 신호에 이어 70마이크로초의 HIGH 신호가 전송된다. 따라서 LOW인 구간이 긴 경우는 0, HIGH인 구간이 긴 경우는 1로 구분하거나 HIGH인 구간의 절대적인 길이로 0과 1을 구분할 수 있다.

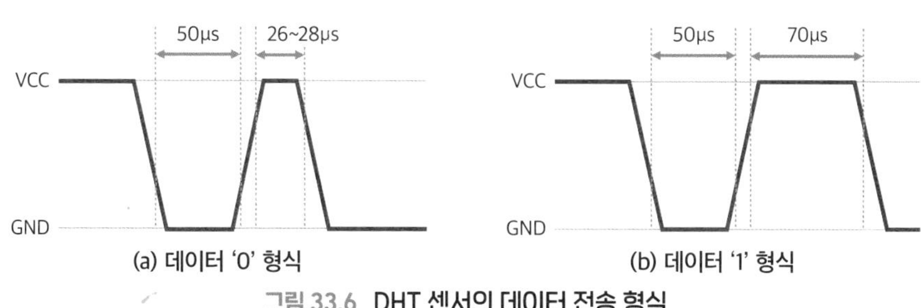

그림 33.6 DHT 센서의 데이터 전송 형식

스케치 33.1은 DHT11 온습도 센서에서 온도와 습도를 읽어 시리얼 모니터로 출력하는 예다. 온도 또는 습도를 읽어오는 함수는 데이터를 읽어오는 데 실패하면 NAN(not a number)을 반환하므로 반환된 값이 NAN인지 아닌지 확인하기 위해 C/C++의 isnan 함수를 사용했다.

스케치 33.1 DHT11 센서

```
#include <DHT.h>

const byte DHTPIN = 2;                          // DHT11 센서가 연결된 핀
DHT dht(DHTPIN, DHT11);                         // 객체 생성

void setup() {
    Serial.begin(9600);

    dht.begin();
}

void loop() {
    delay(2000);                                // 2초 이상의 시간 간격을 둔 읽기 추천

    float h = dht.readHumidity();
    float c = dht.readTemperature();            // 섭씨온도, 디폴트값
    float f = dht.readTemperature(true);        // 화씨온도

    if (isnan(h) || isnan(c) || isnan(f)) {
        Serial.println("* 온도 및 습도 데이터 읽기 실패...");
        return;
    }

    Serial.println(String("습도 \t: ") + h + " %");
    Serial.println(String("섭씨온도 \t: ") + c + " C");
    Serial.println(String("화씨온도 \t: ") + f + " F");

    Serial.println();
}
```

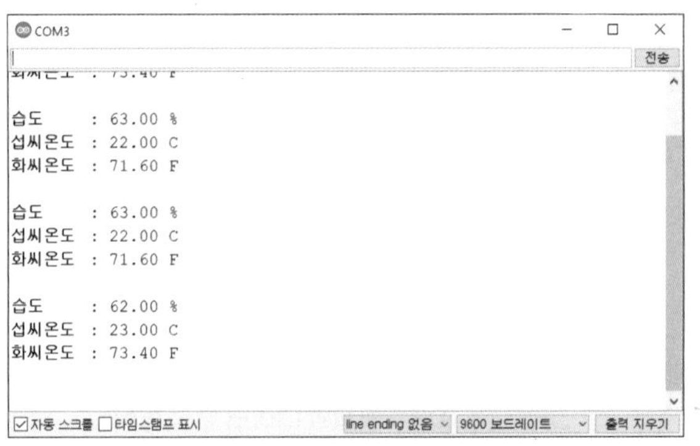

그림 33.7 스케치 33.1 실행 결과

33.2 DHT22 센서

DHT22 센서는 기본적으로 DHT11 센서와 같지만 DHT11 센서와 비교했을 때 정밀도와 측정 범위에서 차이가 있다. DHT22 센서의 외형은 DHT11 센서와 같이 4개의 핀을 갖고 있으며 핀 배열도 같다.

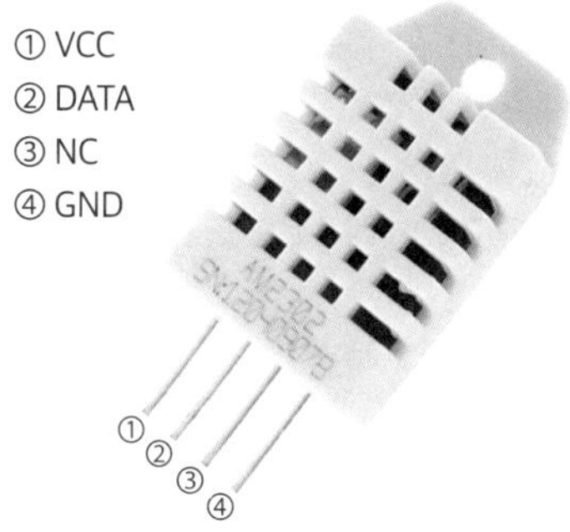

그림 33.8 DHT22 온습도 센서

DHT22 온습도 센서를 그림 33.9와 같이 아두이노 우노에 연결하자. 센서가 DHT11에서 DHT22로 바뀌었지만 핀 배열과 기능이 같으므로 그림 33.2의 DHT11 온습도 센서 연결 회로도와 비교해 차이가 없다.

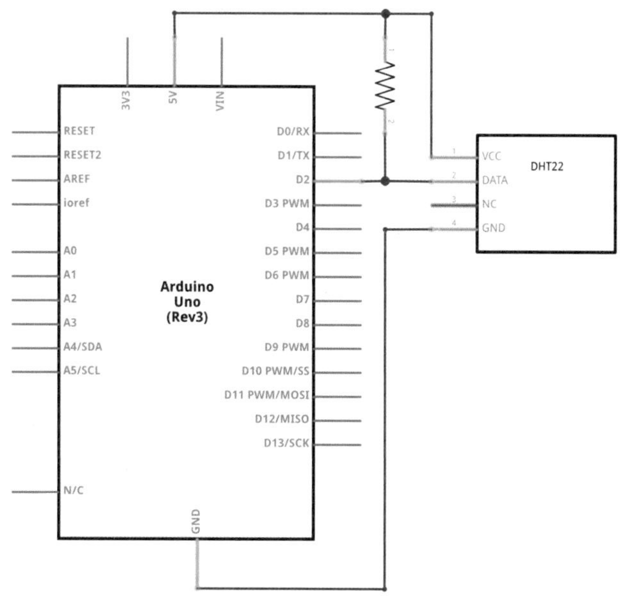

그림 33.9 DHT22 온습도 센서 연결 회로도

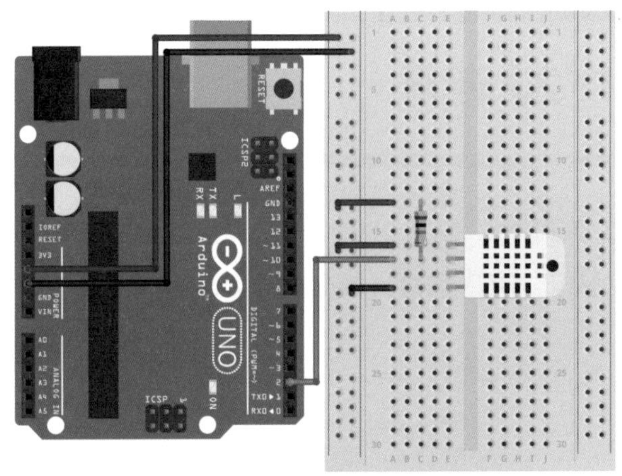

그림 33.10 DHT22 온습도 센서 연결 회로

DHT11 센서와 DHT22 센서의 스펙을 비교하면 표 33.2와 같다.

표 33.2 DHT11 센서와 DHT22 센서 비교

<table>
<tr><th colspan="2">항목</th><th>DHT11</th><th>DHT22</th></tr>
<tr><td colspan="2">동작 전압</td><td colspan="2">3~5V</td></tr>
<tr><td colspan="2">샘플링 속도</td><td>1Hz(1초에 한 번)</td><td>0.5Hz(2초에 한 번)</td></tr>
<tr><td rowspan="3">온도</td><td>분해능</td><td>1℃</td><td>0.1℃</td></tr>
<tr><td>정확도</td><td>±2℃</td><td>±0.5℃</td></tr>
<tr><td>측정 범위</td><td>0~50℃</td><td>-40~80℃</td></tr>
<tr><td rowspan="3">습도</td><td>분해능</td><td>1%RH</td><td>0.1%RH</td></tr>
<tr><td>정확도</td><td>±5%RH</td><td>±3%RH</td></tr>
<tr><td>측정 범위</td><td>20~90%RH</td><td>0~100%RH</td></tr>
</table>

DHT22 센서 역시 DHT11 센서를 위해 사용한 DHT 라이브러리를 사용하여 온도와 습도 데이터를 얻어올 수 있다. DHT 라이브러리 사용에서의 차이점이라면 DHT 클래스의 객체를 생성할 때 센서의 종류를 다르게 지정하는 것뿐이다.

DHT22 센서에서 얻어지는 데이터 포맷 역시 DHT11의 경우와 같지만, **DHT11 센서는 2바이트 데이터 중 1바이트에만 의미 있는 데이터를 저장한다면, DHT22 센서는 2바이트 모두에 의미 있는 데이터가 저장한다.** 표 33.3의 센서 데이터를 살펴보자.

표 33.3 DHT22 센서 데이터 포맷

습도		온도		패리티 바이트
0000 0010	1001 0010	0000 0001	0000 1101	1010 0010
data[0]	data[1]	data[2]	data[3]	data[4]

처음 두 바이트가 습도를 나타내는 것은 DHT11 센서와 같다. 하지만 스케치 33.1의 실행 결과에서 알 수 있듯이 **DHT11 센서는 정수 단위로만 측정값을 제공한다.** 반면, **DHT22 센서는 소수점 이하 첫 번째 자리까지 측정값을 제공한다.** 2바이트의 습도 데이터 0x0292를 10진수로 변환하면 658이 되고, 이를 10으로 나눈 65.8이 습도에 해당한다. 온도 역시 마찬가지로 10진수로 변환하여 10으로 나누면 소수점 이하 첫 번째 자리까지의 온도를 얻을 수 있다.

> **0000 0010 1001 0010 = 0x0292 = 658 → 65.8% 습도**
> **0000 0001 0000 1101 = 0x010D = 269 → 26.9℃ 온도**

스케치 33.2는 DHT22 온습도 센서에서 온도와 습도를 읽어 시리얼 모니터로 출력하는 예다. DHT11 온습도 센서를 사용한 스케치 33.1과의 차이점이라면 객체를 생성할 때 센서 종류를 DHT22로 지정한다는 것뿐이다.

스케치 33.2 DHT22 센서

```
#include "DHT.h"

const byte DHTPIN = 2;                          // DHT11 센서가 연결된 핀
DHT dht(DHTPIN, DHT22);                         // 객체 생성

void setup() {
    Serial.begin(9600);

    dht.begin();
}

void loop() {
    delay(2000);                                // 2초 이상의 시간 간격을 둔 읽기 추천

    float h = dht.readHumidity();
    float c = dht.readTemperature();            // 섭씨온도, 디폴트값
    float f = dht.readTemperature(true);        // 화씨온도

    if (isnan(h) || isnan(c) || isnan(f)) {
        Serial.println("* 온도 및 습도 데이터 읽기 실패...");
        return;
    }
```

```
    Serial.println(String("습도 \t: ") + h + " %");
    Serial.println(String("섭씨온도 \t: ") + c + " C");
    Serial.println(String("화씨온도 \t: ") + f + " F");

    Serial.println();
}
```

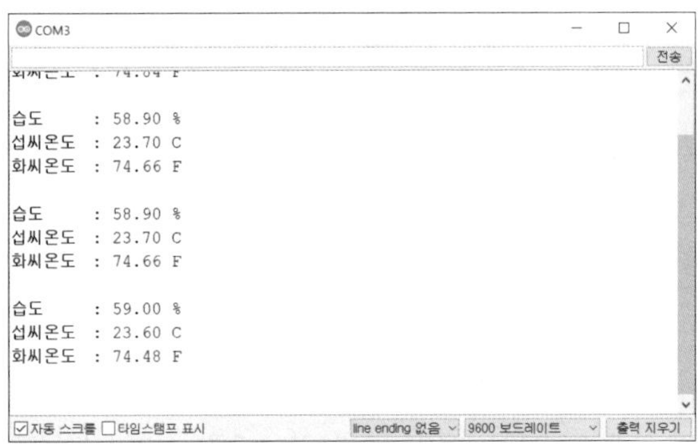

그림 33.11 스케치 33.2 실행 결과

33.3 맺는말

이 장에서는 DHT 센서를 사용하여 온도와 습도를 측정하는 방법을 알아봤다. 온도와 습도는 간단히 측정할 수 있으면서도 여러 가지 응용에 사용되는 양으로, 다양한 종류의 센서를 사용할 수 있다. DHT 센서는 온도와 습도를 1개의 데이터 핀만 사용하여 알아낼 수 있게 해주며, 디지털 데이터를 출력하므로 간편하게 사용할 수 있다. 또한 필요로 하는 정밀도에 따라 센서를 선택할 수 있으므로 선택의 범위도 넓다.

DHT 센서 이외에 온도를 측정하기 위해 흔히 사용되는 센서에는 온도에 비례하는 전압을 출력하는 LM35 센서, 1-와이어 통신을 사용하는 DS18B20 센서 등이 있다. 모두 필요로 하는 데이터 선의 개수가 1개인 점은 같지만, DHT 센서는 습도를 함께 얻을 수 있다는 점이 장점이라 할 수 있다. 다만 DHT 센서는 다른 센서에 비해 크기가 크고 상대적으로 비싼 점은 단점이라 하겠다.

1) 불쾌지수란 기온과 습도의 조합으로 사람이 느끼는 온도를 표현한 것으로, 여름철 실내 무더위의 기준으로 흔히 사용된다. 하지만 불쾌감을 느끼는 정도는 개인에 따라 차이가 있으며, 바람과 같은 조건이 포함되어 있지 않으므로 한계가 있다. 불쾌지수는 DHT 센서에서 얻어지는 온도와 상대 습도로 다음과 같이 계산할 수 있다.

$$\mathrm{THI} = \frac{9}{5}\mathrm{T} - 0.55(1 - \mathrm{RH})\left(\frac{9}{5}\mathrm{T} - 26\right) + 32$$

8번, 9번, 10번 핀에 LED 3개를 연결하고 불쾌지수에 따라 LED의 개수가 변하도록 스케치를 작성해 보자. 불쾌지수 68 미만은 LED를 켜지 않고, 68 이상 75 미만은 1개, 75 이상 80 미만은 2개, 80 이상은 3개 LED를 켠다.

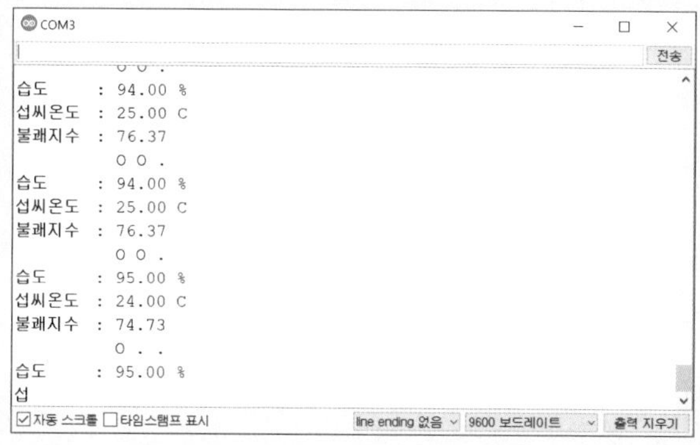

2) DHT sensor library에는 열지수heat index를 계산하기 위한 멤버 함수 `computeHeatIndex`가 포함되어 있다. 열지수는 기온과 습도에 따라 사람이 실제로 느끼는 더위를 지수로 나타낸 것이다. 열지수가 실제 기상 예보에 활용되는 예를 살펴보고 체감 온도와의 차이를 알아보자.

CHAPTER

34

키패드

키패드는 버튼을 매트릭스 형태로 배열하여 만든 입력 장치의 한 종류다. 키패드는 적은 수의 입력 핀으로 많은 수의 버튼 상태를 알아낼 수 있게 해주므로 입출력 핀 수가 부족한 경우 유용하게 사용할 수 있다. 이 장에서는 키패드의 키 입력을 검사하는 대표적인 방법인 키 스캔 방법의 원리와 한계를 살펴보고 이를 해결하는 방법 역시 알아본다.

이 장에서 사용할 부품

- 아두이노 우노 × 1 ➡ 키패드 테스트
- 4×4 키패드 × 1
- 안티고스팅 4×4 키패드 × 1 ➡ M-KEYM-4X4

아두이노 우노에서는 디지털 입출력을 위한 핀 14개와 아날로그 입력을 위한 핀 6개가 존재하며, 필요한 경우 20개 모두를 디지털 입출력으로 사용할 수 있다. 20개 핀이 많은 것으로 보일 수도 있지만 실제로 사용하다 보면 충분하지 않은 경우가 있다. 예를 들어, 아두이노로 디지털 피아노나 키보드를 만든다면 많은 버튼 입력이 필요하고 20개의 핀으로는 불가능할 수 있다. 한정된 아두이노의 입출력 핀을 통해 핀의 개수보다 많은 버튼의 상태를 알아내는 방법 중 하나가 키패드를 사용하는 것이다. 아두이노에서 흔히 사용되는 숫자 키패드는 숫자 입력이 필요한 계산기, 도어락, ATM, 버튼식 전화기 등 다양한 제품에 사용되고 있다. 키패드에서 키값을 확인하는 방법 중 대표적인 방법이 키 스캔key scan 방법이다.

키 스캔 방법은 검사하고자 하는 버튼을 몇 개의 그룹으로 나누고 한 번에 하나의 그룹에 있는 버튼만 검사한 후 그룹을 옮겨 검사하는 방법이다. 이때 그룹을 빠른 속도로 옮겨가며 검사하면 동시에 모든 버튼을 검사하는 것과 유사한 효과를 얻을 수 있다. 4×4 키패드의 경우 버튼을 4개 그룹으로 나누어 8개 핀으로 16개 버튼 상태를 알아낼 수 있다.

키 스캔 방법과 유사한 방법은 출력 장치에서도 사용된다. LED 하나를 제어하기 위해서는 디지털 출력 핀 하나가 필요하므로 8개의 LED로 숫자 한 자리를 표시하는 7세그먼트 표시장치를 제어하기 위해서는 8개 디지털 출력 핀이 필요하다. 4자리 7세그먼트 표시장치를 제어하는 경우라면 32개의 디지털 출력 핀이 필요하지만, 한 번에 한 자리 숫자만 제어하고 빠른 속도로 자리를 바꾸어 다른 자리를 제어하면 잔상 효과를 통해 12개 핀으로 4자리 숫자를 표시하는 데 필요한 32개의 LED를 제어할 수 있다.

이 장에서는 키 스캔 방법을 통해 키패드를 사용하는 방법을 살펴보고, 키패드에서 고스트 현상이 발생하는 이유와 이를 해결하는 방법까지 살펴본다.

34.1 키 스캔 방법

키 스캔 방법은 매트릭스 형태로 배열된 버튼들을 행/열 단위로 그룹을 정하고, 한 번에 하나의 행/열에 배열된 버튼의 상태를 읽고 빠른 속도로 행/열을 이동하여 버튼의 상태를 읽음으로써 키패드 내의 모든 버튼을 동시에 읽어 들이는 것과 비슷한 효과를 얻는 방법이다. 키 스캔 방법은 LED 매트릭스를 위한 잔상 효과와 기본적으로 같은 방식으로, 8×8 LED 매트릭스 제어를 위해 필요한 입출력 핀의 수가 행과 열의 수를 합한 16개인 점은 키 스캔 방법에서도 그대로 적용된다. 키패드의 경우 4×4 크기가 흔히 사용되므로 필요한 입출력 핀의 수는 행과 열의 수를 합한 8개가 된다*.

먼저 2×2 키패드를 통해 키 스캔 방법을 살펴보자. 키 스캔 방법을 사용하기 위한 2×2 키패드의 기본적인 연결 방법은 그림 34.1과 같다.

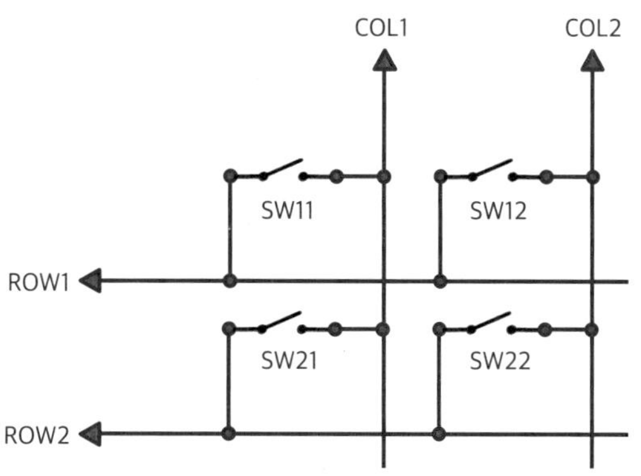

그림 34.1 키 스캔을 위한 2×2 키패드 기본 회로도

그림 34.1에서 COL1에 HIGH가 가해지고 COL2에 LOW가 가해졌다고 생각해 보자. COL1에 연결된 버튼 SW11과 SW21을 모두 누르지 않았다면 ROW1과 ROW2는 모두 LOW 값을 갖게 된다. 하지만 SW11은 누르고 SW21은 누르지 않았다면 ROW1은 HIGH, ROW2는 LOW 값을 가져 하나의 열에 속한 버튼들의 상태를 알아낼 수 있다.

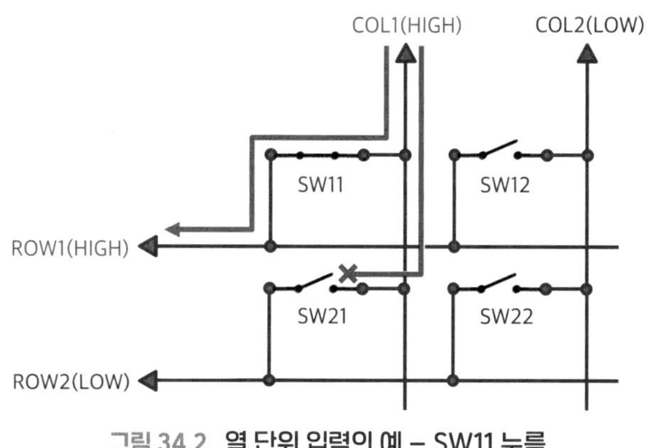

그림 34.2 열 단위 입력의 예 – SW11 누름

* 4자리 7세그먼트 표시장치 역시 LED의 배열을 달리한 4×8 크기의 LED 매트릭스와 같으므로 12(= 4 + 8)개 입출력 핀으로 제어할 수 있다.

이처럼 어느 순간에 하나의 열column에만 HIGH를 가하고 나머지 열에는 LOW를 가한 후 각 행의 값을 읽음으로써 하나의 열에 포함된 버튼들의 상태를 알아낼 수 있다. 그림 34.1에서 버튼을 누르지 않았을 때 각 ROW의 하이 임피던스 상태를 방지하기 위해 풀다운 저항을 연결하면 키 스캔 방법을 사용하기 위한 키패드의 기본 회로가 완성된다. 그림 34.2에서 동시에 상태를 확인할 수 있는 버튼은 특정 열에 포함된 버튼이므로 각 행에 풀다운 저항을 연결하면 된다.

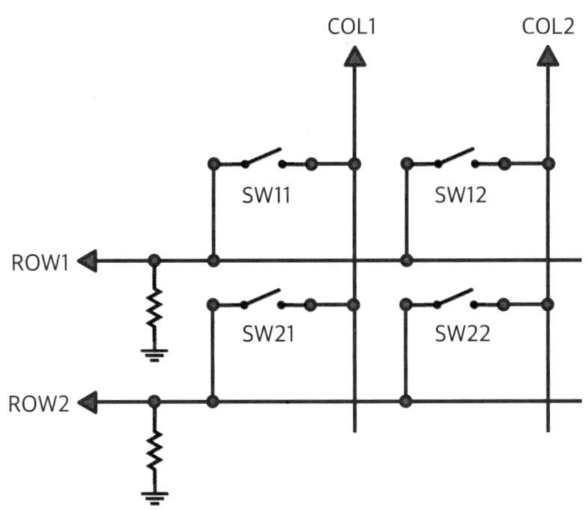

그림 34.3 **풀다운 저항이 연결된 2×2 키패드 회로도**

그림 34.3과 같이 구성된 키패드는 한 번에 하나의 버튼만 누른다면 아무런 문제 없이 동작한다. 하지만 동시에 2개 이상의 버튼을 누르면 예상치 못한 결과가 나온다. 그림 34.4와 같이 SW11, SW12, SW22의 3개 버튼을 눌렀다고 생각해 보자. COL1에 HIGH를 가하고 COL2에 LOW를 가했다면 ROW1은 HIGH 값을, ROW2는 LOW 값을 가질 것으로 예상할 것이다.

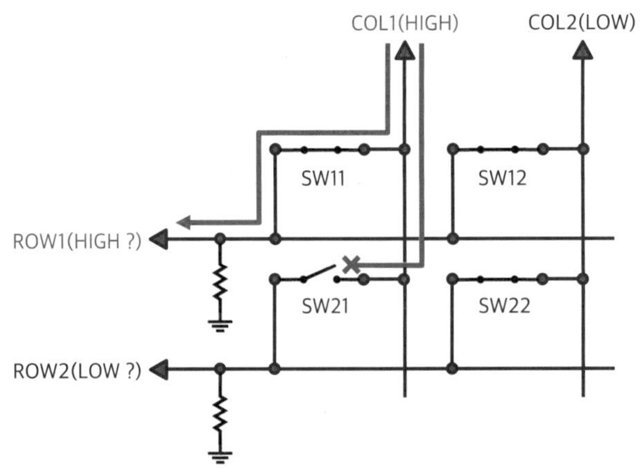

그림 34.4 **3개의 버튼이 동시에 눌린 경우 예상 입력**

하지만 실제 결과는 예상과 달리 ROW2 역시 HIGH 값을 갖는다. 이는 SW12와 SW22를 통해 COL1에서 ROW2까지 경로가 형성되기 때문이다.

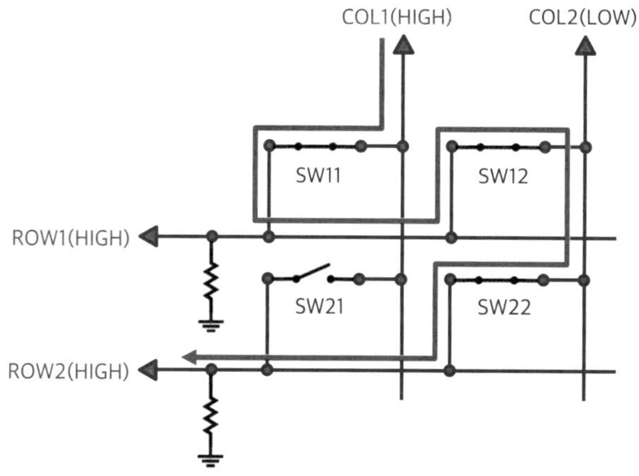

그림 34.5 고스트 현상을 일으키는 경로 1

이처럼 **버튼을 누르지 않았지만 버튼을 누른 것처럼 인식되는 현상을 고스트**ghost **현상 또는 고스트 키 현상이라고 한다.** 고스트 현상은 또 다른 문제를 일으킨다. 그림 34.5에서 SW21을 누르면 어떻게 될까? ROW1과 ROW2에 입력되는 값은 변하지 않는다. 이제 SW11에서 손을 떼보자. 어떻게 될까? 그림 34.5와는 다른 경로가 형성되어 ROW1은 여전히 HIGH 값을 갖게 된다. 이처럼 **고스트 현상으로 인해 버튼을 누르지 않는 것을 인식하지 못하는 현상을 마스킹**masking **현상이라고 한다.**

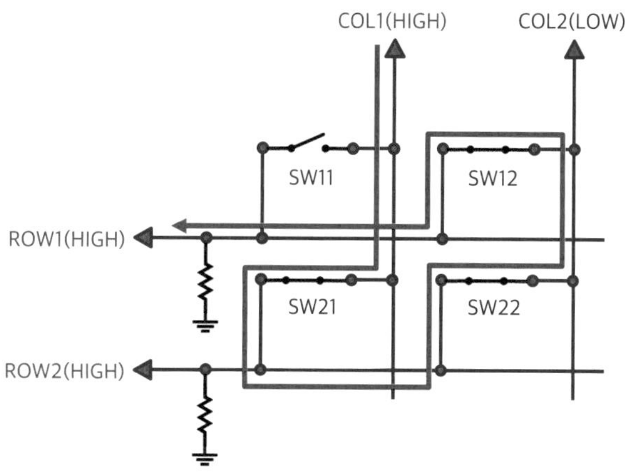

그림 34.6 고스트 현상을 일으키는 경로 2

고스트 현상과 고스트 현상에 의한 마스킹 현상을 없애기 위해서는 의도하지 않은 경로 형성을 막아야 하며 이를 위해 다이오드를 사용할 수 있다. 다이오드는 (+)에서 (−)로만 전류가 흐르게 하는 기능을 한다. 다이오드를 추가하면 열(COL)에서 행(ROW)으로만 전류가 흐르고 행에서 열로는 전류가 흐르지 못하게 함으로써 고스트 현상을 일으키는 경로를 차단할 수 있다. 그림 34.7은 고스트 현상을 방지하기 위해 다이오드를 추가한 키패드 회로도다.

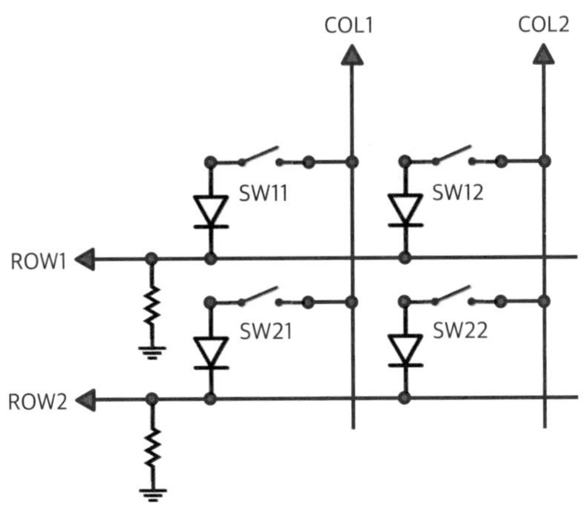

그림 34.7 **다이오드가 추가된 2×2 키패드 회로도**

그림 34.7에서 다이오드와 스위치를 LED로 바꾸면 39장 'LED 매트릭스'의 LED 매트릭스와 같은 회로가 된다.

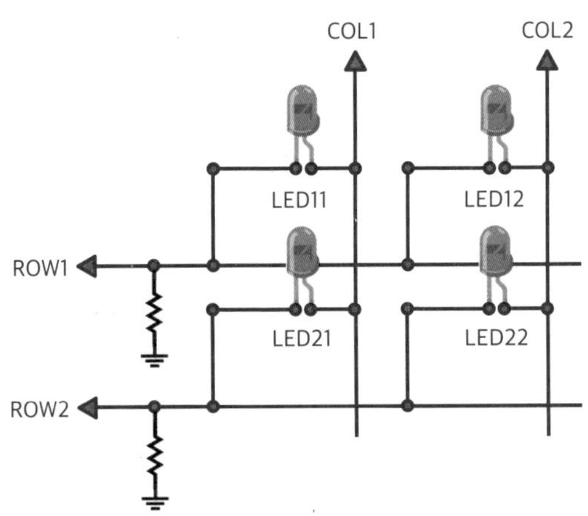

그림 34.8 **2×2 LED 매트릭스 회로도**

34.2 멤브레인 키패드

4×4 키패드 중에서 가장 간단한 형태는 멤브레인 키를 사용한 키패드로, 풀다운 저항이나 다이오드 없이 그림 34.1의 회로를 4×4로 확장한 것이다. 멤브레인 키패드의 회로도는 그림 34.9와 같다.

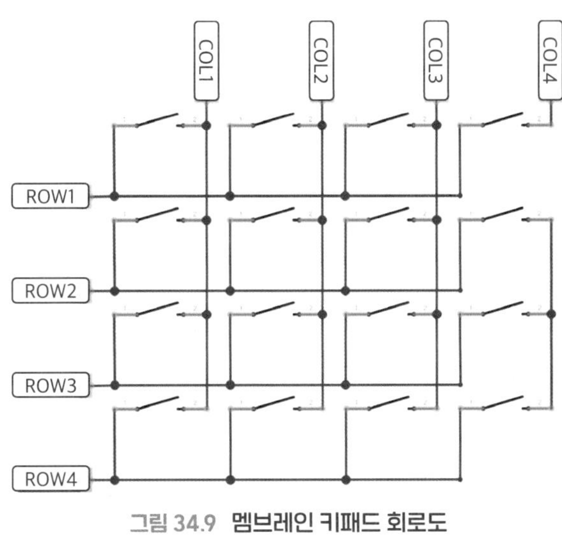

그림 34.9 멤브레인 키패드 회로도

4×4 키패드는 8개의 연결선을 가지며 각각 행과 열에 해당한다.

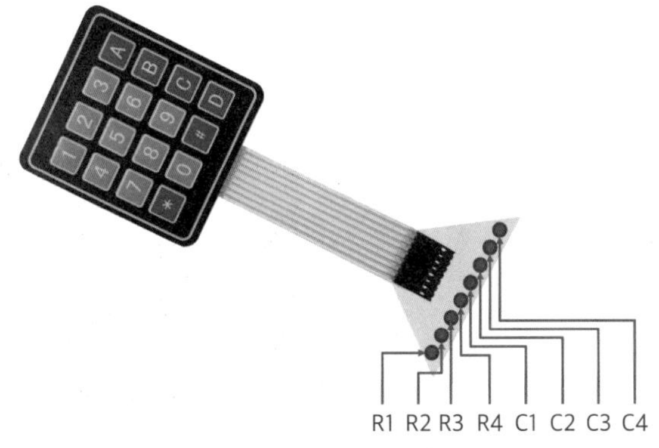

그림 34.10 멤브레인 키패드

그림 34.9의 멤브레인 키패드에서 각 행에는 풀다운 저항이 없어 오픈 상태에 있으므로 그대로 사용할 수는 없다. 저항을 별도로 연결할 수도 있지만, 별도의 저항 없이 아두이노의 데이터 핀에

포함된 내부 풀업 저항을 사용할 수 있다. 앞에서 풀다운 저항을 사용하여 설명한 이유는 직관적인 동작과 일치하도록 하기 위해서였다. 반면에 풀업 저항을 사용하면 풀다운 저항을 사용한 경우와는 반대로 동작한다. 즉, 특정 열을 선택하기 위해서는 선택한 열에만 LOW를 가하고 나머지 열에는 HIGH를 가해야 한다. 또한 버튼을 누르지 않았을 때 행에서는 LOW가 아니라 HIGH 값을 얻을 수 있으며, LOW 값이 나타나는 행이 눌린 버튼이 있는 행이 된다. 멤브레인 키패드를 그림 34.11과 같이 아두이노 우노에 연결하자.

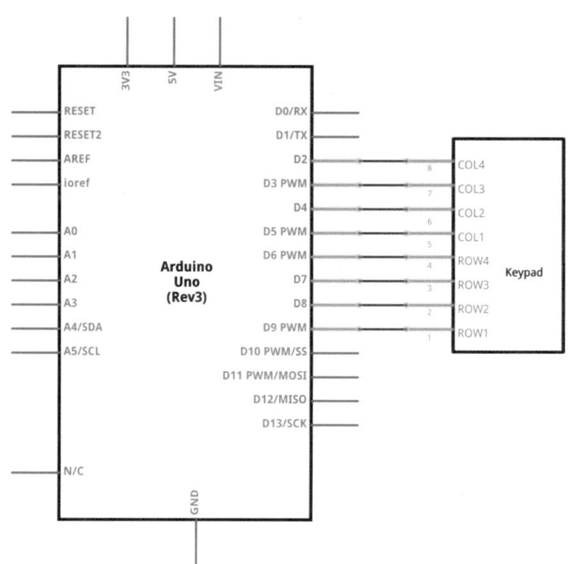

그림 34.11 멤브레인 키패드 연결 회로도

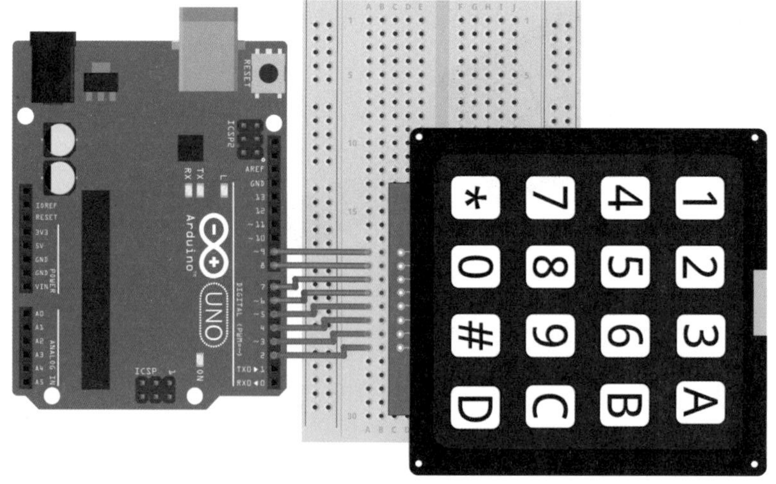

그림 34.12 멤브레인 키패드 연결 회로

스케치 34.1은 키패드를 위한 키 스캔 방법을 구현한 것이다. 선택된 열에는 LOW를 가해야 하며 나머지는 HIGH를 가해야 하므로 출력으로 설정해야 하지만, 선택하지 않은 열은 입력으로 설정하고 있다는 점에 주의해야 한다. **풀업이나 풀다운 저항 없이 입력으로 설정한 핀은 하이 임피던스 상태에 있으므로 회로가 분리되는 효과를 얻을 수 있다.** 즉, **선택하지 않은 열을 입력으로 설정하면 열 전환에 의한 잡음 유입으로 발생하는 잘못된 키 입력을 막아주는 효과가 있다***. 행에는 내부 풀업 저항을 사용하도록 설정했다. 스케치 34.1을 업로드하고 버튼을 누르면서 버튼 상태가 출력되는 것을 확인해 보자. 또한 고스트 현상과 마스킹 현상이 발생하는 것도 확인해 보자.

스케치 34.1 키패드

```
int rowPins[4] = { 9, 8, 7, 6 };                          // 행 연결 핀
int colPins[4] = { 5, 4, 3, 2 };                          // 열 연결 핀
char key_value[][4] = {                                   // 각 버튼의 키값
    '1', '2', '3', 'A', '4', '5', '6', 'B',
    '7', '8', '9', 'C', '*', '0', '#', 'D'
};

// 16개 버튼의 상태를 16비트 변수에 저장
uint16_t key_state_previous = 0, key_state_current;

void setup() {
    for (int i = 0; i < 4; i++) {
        pinMode(rowPins[i], INPUT_PULLUP);                // 행 핀은 내부 풀업 저항 사용
        pinMode(colPins[i], INPUT);                       // 열 핀은 하이 임피던스 상태로 설정
    }

    Serial.begin(9600);
}

void loop() {
    key_state_current = 0;
    for (int col = 0; col < 4; col++) {
        pinMode(colPins[col], OUTPUT);                    // 선택한 열만 출력으로 설정
        digitalWrite(colPins[col], LOW);                  // 선택한 열만 LOW 출력

        for (int row = 0; row < 4; row++) {
            // 각 행의 버튼 상태 읽기
            boolean press = !digitalRead(rowPins[row]);   // 각 행의 버튼 상태 읽기
            if (press) {                                  // 16비트 변수에 16개 버튼 상태 저장
                key_state_current |= (1 << (col * 4 + row));
            }
        }
        pinMode(colPins[col], INPUT);                     // 선택한 열을 하이 임피던스 상태로 설정
    }
```

* 스케치 34.1에서 모든 열 연결 핀을 출력으로 설정하고 선택된 열만 LOW, 나머지 열은 HIGH를 출력하는 것으로 수정한 후 키패드를 눌러보면 하이 임피던스로 설정한 경우와의 차이를 바로 알 수 있다.

```
    if (key_state_current != key_state_previous) {          // 버튼을 누른 상태가 바뀐 경우
        key_state_previous = key_state_current;
        if (key_state_current != 0) {                        // 버튼을 모두 떼는 경우는 출력하지 않음
            print_key_state(key_state_current);
        }
    }
}

void print_key_state(uint16_t key_state) {
    for (int row = 0; row < 4; row++) {
        for (int col = 0; col < 4; col++) {
            boolean press = (key_state >> (col * 4 + row)) & 1;
            if (press) {                                     // 눌린 키는 키값 출력
                Serial.print(String(key_value[row][col]) + ' ');
            }
            else {                                           // 누르지 않은 키
                Serial.print(". ");
            }
        }
        Serial.println();
    }
    Serial.println();
}
```

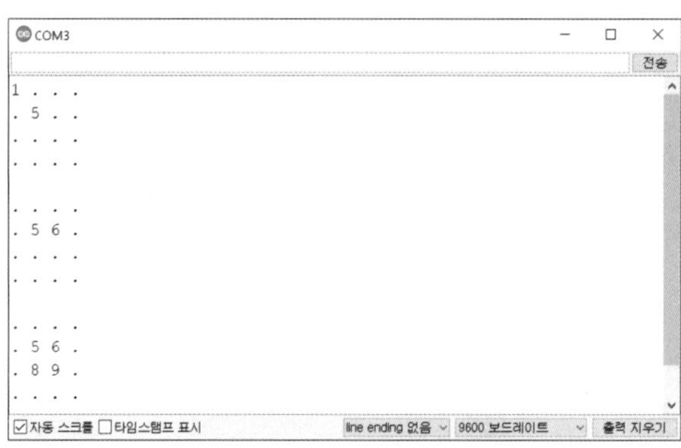

그림 34.13 스케치 34.1 실행 결과

스케치 34.1의 키 스캔 방법이 그리 복잡하지는 않지만 번거로운 것은 사실이다. 스케치를 간단히 하기 위해서는 키패드를 위한 전용 라이브러리를 사용할 수 있다. 라이브러리 매니저에서 Keypad 라이브러리를 검색하여 설치하자.

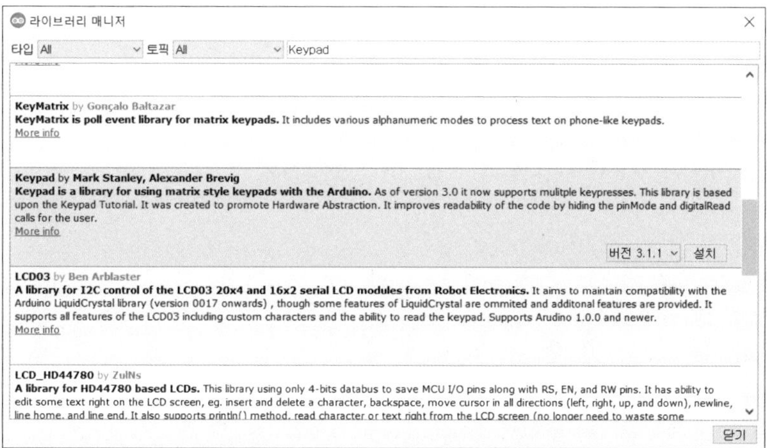

그림 34.14 Keypad 라이브러리 검색 및 설치*

Keypad 라이브러리를 사용하기 위해서는 먼저 헤더 파일을 포함해야 한다. '스케치 → 라이브러리 포함하기 → Keypad' 메뉴 항목을 선택하면 2개의 헤더 파일을 포함하지만, 꼭 포함해야 하는 헤더 파일은 Keypad.h뿐이므로 #include 문을 직접 입력해도 된다.

```
#include <Keypad.h>
```

키패드 라이브러리는 Keypad 클래스를 통해 키 스캔 방법을 구현하고 있으며, 간단하게 키의 누름 상태를 확인할 수 있게 해준다.

■ Keypad

Keypad::Keypad(char *userKeymap, byte *row, byte *col, byte numRows, byte numCols)

- 매개변수
  - userKeymap: 키값을 정의한 1차원 배열
  - row: 행 연결 핀 배열
  - col: 열 연결 핀 배열
  - numRows: 행의 개수
  - numCols: 열의 개수
- 반환값: 없음

* https://github.com/Chris--A/Keypad

키패드 제어를 위한 객체를 생성한다. userKeymap은 키값을 정의한 배열로, 행 우선으로 1차원 배열로 지정해야 한다는 점에 주의해야 한다. 직관적인 2차원 배열로 키값을 정의하고 makeKeymap 매크로 함수를 사용할 수도 있지만 makeKeymap 함수는 단순히 2차원 배열의 포인터를 1차원 배열의 포인터로 바꾸는 역할만 하므로 여기서는 사용하지 않았다.

■ getKey

```
char Keypad::getKey()
  - 매개변수: 없음
  - 반환값: 눌린 버튼 하나의 키값
```

키패드의 상태를 검사하여 눌린 버튼 하나에 대한 키값을 반환한다. 여러 버튼이 눌린 경우에도 하나의 버튼에 대한 키값만 반환하며, 여러 버튼의 상태를 얻기 위해서는 getKeys 함수를 사용해야 한다. 눌린 키가 없으면 영(0, NULL)을 반환한다.

스케치 34.2는 키패드에서 눌린 하나의 버튼에 대한 키값을 반환하는 예다. 내부적으로 버튼의 상태를 관리하고 있으므로 여러 개의 버튼이 눌린 경우에는 첫 번째로 누른 버튼의 키값을 반환한다.

스케치 34.2 싱글 키 – 키패드 라이브러리

```
#include <Keypad.h>

byte rowPins[4] = { 9, 8, 7, 6 };              // 행 연결 핀
byte colPins[4] = { 5, 4, 3, 2 };              // 열 연결 핀

const byte ROWS = 4;                           // 행 수
const byte COLS = 4;                           // 열 수

char key_values[] = {                          // 키값
    '1', '2', '3', 'A', '4', '5', '6', 'B',
    '7', '8', '9', 'C', '*', '0', '#', 'D'
};

// 키패드 객체 생성(키값, 행 연결 핀, 열 연결 핀, 행 수, 열 수)
Keypad keypad = Keypad(key_values, rowPins, colPins, ROWS, COLS);

void setup() {
    Serial.begin(9600);
}

void loop() {
    char key = keypad.getKey();                // 눌린 키 확인
```

```
    if (key) {
        Serial.println(String('\'') + key + "\' 키를 눌렀습니다.");
    }
}
```

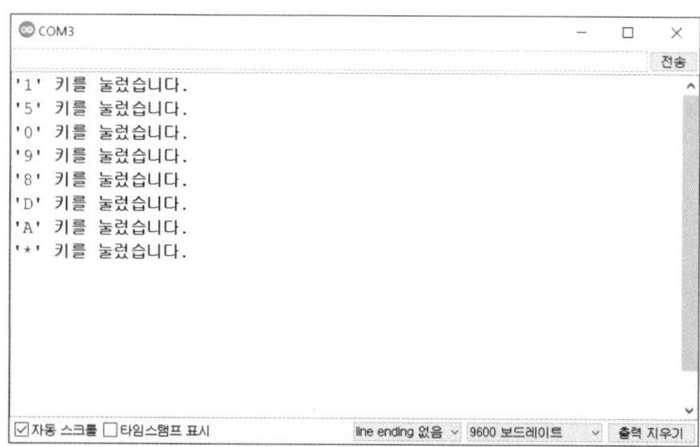

그림 34.15 **스케치 34.2 실행 결과**

여러 개의 키 입력을 알아내기 위해서는 getKeys 함수를 사용해야 한다.

■ getKeys

bool Keypad::getKeys()
- 매개변수: 없음
- 반환값: 상태가 변한 키 존재 여부

상태가 바뀐 버튼의 목록을 작성하여 Keypad 객체 내에 저장하고 상태가 변한 키의 존재 여부를 반환한다. 최대 LIST_MAX = 10개까지 상태가 바뀐 버튼 목록을 저장할 수 있다. 버튼의 상태는 IDLE, PRESSED, HOLD, RELEASED 등 네 가지로 IDLE과 HOLD는 누르지 않은 상태와 누른 상태를, PRESSED와 RELEASED는 누르거나 떼는 동작을 나타낸다. 상태가 바뀐 버튼 목록은 Key 클래스의 객체 배열로 관리된다.

```
class Key {
public:
    char kchar;                         // 버튼에 할당된 문자
    int kcode;                          // 버튼의 일련번호
    KeyState kstate;                    // 바뀐 후의 상태
    boolean stateChanged;               // 상태 변화 여부
    ...
};
```

Key 클래스에는 버튼의 상태 변화를 나타내기 위해 여러 가지 멤버 변수가 정의되어 있다. kchar에는 사용자가 버튼에 지정한 문자가 저장되고, kcode에는 행 우선으로 0번부터 일련번호가 할당된다. 상태가 변한 버튼은 stateChanged에서 확인할 수 있으며, 바뀐 상태는 kstate로 알 수 있다.

스케치 34.3은 여러 개의 버튼을 동시에 누르거나 뗐을 때 이를 알아내는 방법을 보여주는 예다.

스케치 34.3 멀티 키 – 키패드 라이브러리

```
#include <Keypad.h>

byte rowPins[4] = { 9, 8, 7, 6 };                 // 행 연결 핀
byte colPins[4] = { 5, 4, 3, 2 };                 // 열 연결 핀

const byte ROWS = 4;                              // 행 수
const byte COLS = 4;                              // 열 수

char key_values[] = {                             // 키값
    '1', '2', '3', 'A', '4', '5', '6', 'B',
    '7', '8', '9', 'C', '*', '0', '#', 'D'
};

// 키패드 객체 생성(키값, 행 연결 핀, 열 연결 핀, 행 수, 열 수)
Keypad keypad = Keypad(key_values, rowPins, colPins, ROWS, COLS);

void setup() {
    Serial.begin(9600);
}

void loop() {
    if (keypad.getKeys()) {                       // 상태가 변한 키 확인
        for (int i = 0; i < LIST_MAX; i++) {      // 최대 10개까지 관리
            if ( keypad.key[i].stateChanged ) {   // 상태 변화 여부
                String msg;
                switch (keypad.key[i].kstate) {   // 변한 상태
                case PRESSED:
                    msg = "PRESSED";
                    break;
                case HOLD:
                    msg = "HOLD";
                    break;
                case RELEASED:
                    msg = "RELEASED";
                    break;
                case IDLE:
                    msg = "IDLE";
                }

                Serial.print(String("버튼 \'") + keypad.key[i].kchar);
                Serial.print(String("\', ") + keypad.key[i].kcode + "번 버튼의 상태가 ");
                Serial.println(msg + "로 바뀌었습니다.");
```

```
            }
        }
    }
}
```

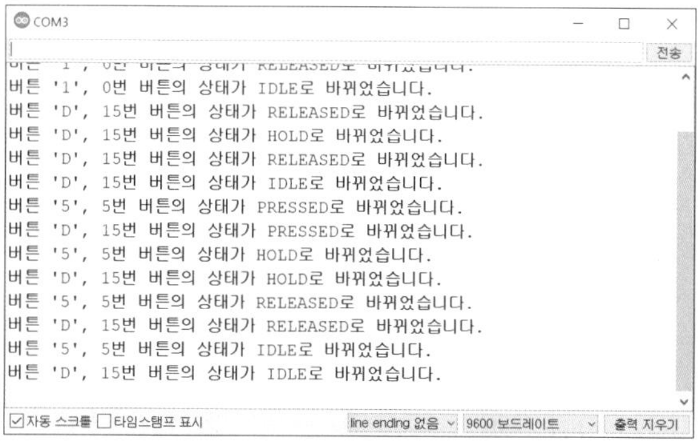

```
COM3
버튼 '1', 0번 버튼의 상태가 IDLE로 바뀌었습니다.
버튼 'D', 15번 버튼의 상태가 RELEASED로 바뀌었습니다.
버튼 'D', 15번 버튼의 상태가 HOLD로 바뀌었습니다.
버튼 'D', 15번 버튼의 상태가 RELEASED로 바뀌었습니다.
버튼 'D', 15번 버튼의 상태가 IDLE로 바뀌었습니다.
버튼 '5', 5번 버튼의 상태가 PRESSED로 바뀌었습니다.
버튼 'D', 15번 버튼의 상태가 PRESSED로 바뀌었습니다.
버튼 '5', 5번 버튼의 상태가 HOLD로 바뀌었습니다.
버튼 'D', 15번 버튼의 상태가 HOLD로 바뀌었습니다.
버튼 '5', 5번 버튼의 상태가 RELEASED로 바뀌었습니다.
버튼 'D', 15번 버튼의 상태가 RELEASED로 바뀌었습니다.
버튼 '5', 5번 버튼의 상태가 IDLE로 바뀌었습니다.
버튼 'D', 15번 버튼의 상태가 IDLE로 바뀌었습니다.
☑자동 스크롤 □타임스탬프 표시   line ending 없음   9600 보드레이트   출력 지우기
```

그림 34.16 스케치 34.3 실행 결과

34.3 안티 고스팅 키패드

Keypad 라이브러리를 사용하면 간단하게 여러 개의 버튼 상태를 확인할 수 있지만, 멤브레인 키패드는 고스트 현상과 마스킹 현상을 피할 수 없다. 이를 해결하기 위해서는 버튼마다 다이오드를 추가해야 한다. 그림 34.17은 풀업 저항과 다이오드를 추가하여 고스트 현상이 없는 안티 고스팅 anti-ghosting 키패드의 예로, 16개의 버튼을 동시에 누를 수 있다.

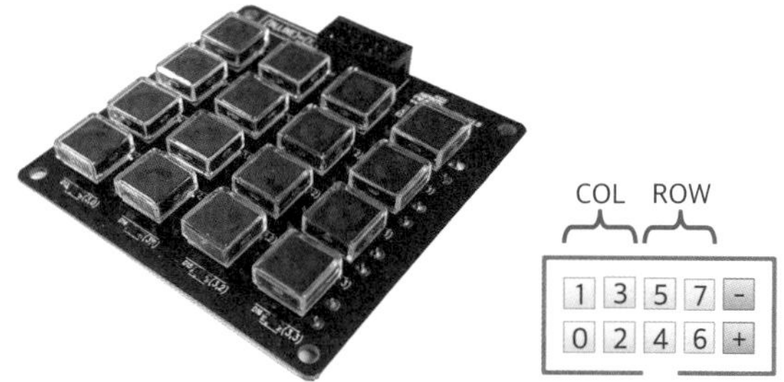

그림 34.17 고스트 현상이 없는 키패드

그림 34.17의 키패드 회로도는 그림 34.18과 같다. 그림 34.9의 멤브레인 키패드 회로도와 비교했을 때 버튼마다 다이오드가 추가되고, 행마다 풀업 저항이 추가된 것을 확인할 수 있다. 또한 풀다운 저항을 사용하는 그림 34.7과 비교했을 때 다이오드의 방향이 반대인 점도 주의해야 한다.

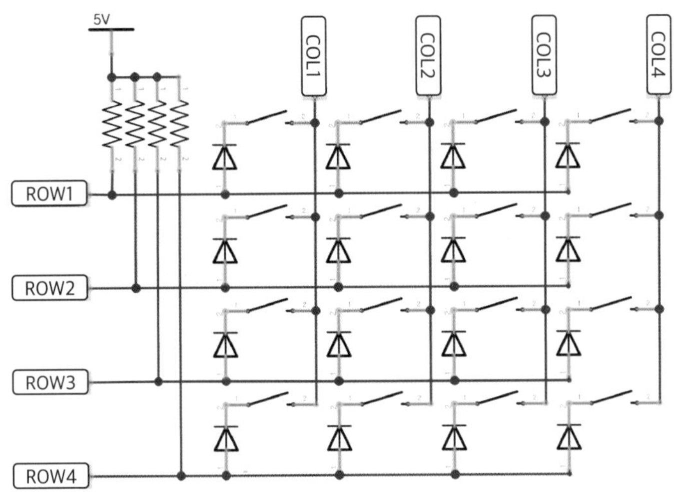

그림 34.18 **안티 고스팅 키패드 회로도**

안티 고스팅 키패드를 아두이노 우노에 연결해 보자. 안티 고스팅 키패드를 연결하는 방법은 그림 34.11의 버튼만으로 이루어진 키패드를 연결하는 방법과 같다. 다만 **안티 고스팅 키패드에는 풀업 저항이 포함되어 있으므로 전원 연결이 필요하다**는 점을 잊지 말아야 한다. 키패드를 연결한 후에는 앞에서 사용한 스케치를 그대로 사용할 수 있다. 스케치 34.1을 업로드하고 버튼을 눌러보자. 그림 34.19의 안티 고스팅 키패드 결과를 그림 34.13의 멤브레인 키패드 결과와 비교해 보면 그림 34.19에서는 3개의 버튼이 동시에 눌린 경우가 있음을 확인할 수 있다. 즉, 안티 고스팅 키패드에서는 고스트 키 현상과 마스킹 현상이 나타나지 않는다.

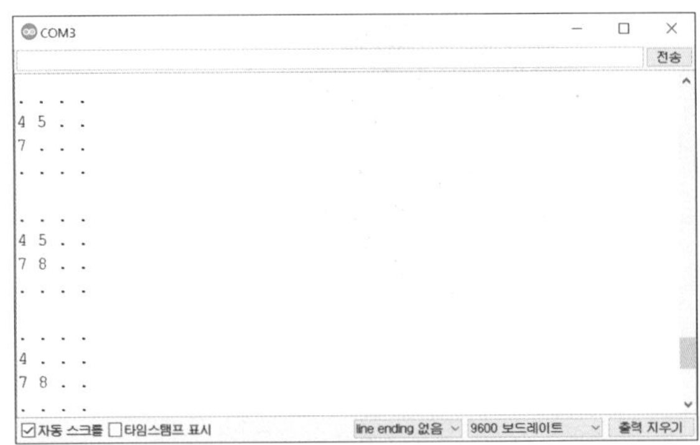

그림 34.19 **안티 고스팅 키패드에서 스케치 34.1 실행 결과**

키패드를 이용하여 비밀번호 입력 장치를 만들어보자. 비밀번호 입력은 '*' 버튼을 누른 후 네 자리 숫자를 누르고 '#' 버튼을 눌러 끝내는 것으로 한다. 키패드는 입력 대기 상태에 있으며 일련의 버튼 입력 후 '#' 버튼을 누르면 지금까지의 입력을 검사한다. 여러 개의 버튼을 한꺼번에 누르지는 않는 것으로 가정하고 getKey 함수를 사용하여 하나의 버튼 입력만을 받아와 사용한다. 스케치 34.4는 비밀번호 입력 장치를 구현한 예다. 비밀번호 입력을 검사하여 4종류의 오류 메시지나 비밀번호가 일치한다는 메시지를 시리얼 모니터로 출력하게 했다.

</> 스케치 34.4 비밀번호 입력 장치

```
#include <Keypad.h>

byte rowPins[4] = { 9, 8, 7, 6 };                      // 행 연결 핀
byte colPins[4] = { 5, 4, 3, 2 };                      // 열 연결 핀

const byte ROWS = 4;                                   // 행 수
const byte COLS = 4;                                   // 열 수

char key_values[] = {                                  // 키값
    '1', '2', '3', 'A', '4', '5', '6', 'B',
    '7', '8', '9', 'C', '*', '0', '#', 'D'
};

// 키패드 객체 생성(키값, 행 연결 핀, 열 연결 핀, 행 수, 열 수)
Keypad keypad = Keypad(key_values, rowPins, colPins, ROWS, COLS);

String password = "1234";                              // 미리 설정된 비밀번호
String buffer = "";                                    // 키 입력 버퍼

void setup() {
    Serial.begin(9600);
    Serial.println("** 4자리 비밀번호를 누르세요.");
    Serial.println(" [ 입력 시작 \'*\' 버튼, 입력 종료 \'#\' 버튼 ]");
}

void loop() {
    char key = keypad.getKey();                        // 눌린 키 확인

    if (key) {
        Serial.println(String("=> \'") + key + "\' 버튼을 눌렀습니다.");

        if (key == '#') {                              // 비밀번호 입력 종료
            check_input();                             // 입력한 비밀번호 검사
            buffer = "";                               // 버퍼 비움
            Serial.println("** 4자리 비밀번호를 누르세요.");
            Serial.println(" [ 입력 시작 \'*\' 버튼, 입력 종료 \'#\' 버튼 ]");
        }
        else {
            buffer += key;                             // 버퍼에 저장
```

```
        }
    }
}

int check_input() {
    int N = buffer.length();                    // 마지막 '#'를 제외한 입력한 버튼 수

    if (buffer[0] != '*') {
        Serial.println("* 오류 1 : \'*' 버튼부터 눌러야 합니다.");
        return -1;
    }
    if (N != 5) {                               // 시작 버튼 + 4자리 숫자
        Serial.println("* 오류 2 : 비밀번호는 4자리입니다.");
        return -2;
    }
    for (int i = 1; i < 5; i++) {
        if (buffer[i] < '0' || buffer[i] > '9') {
            Serial.println("* 오류 3 : 비밀번호는 숫자로만 이루어져 있습니다.");
            return -3;
        }
    }
    if (!buffer.substring(1).equals(password)) {
        Serial.println("* 오류 4 : 비밀번호가 맞지 않습니다.");
        return -4;
    }

    Serial.println("* 비밀번호를 정확하게 눌렀습니다.");
    return 1;
}
```

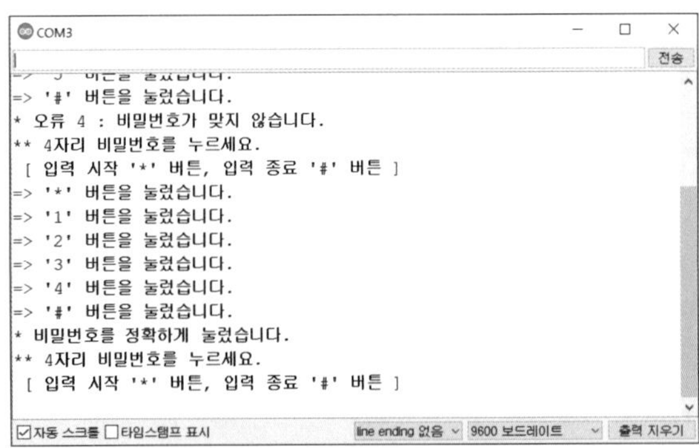

그림 34.20 **스케치 34.4 실행 결과**

34.4 맺는말

키패드는 버튼을 행렬 형태로 배치하고 적은 수의 핀으로 많은 수의 버튼 입력을 확인할 수 있게 해주는 입력 장치의 일종으로, 키패드에서 버튼 입력을 확인하기 위해서는 대부분 키 스캔 방법을 사용한다. 키 스캔 방법에서는 한 번에 하나의 열에 속한 버튼 상태만을 검사한 후 빠른 속도로 열을 바꾸어 검사함으로써 전체 버튼을 한꺼번에 검사하는 것과 비슷한 효과를 얻을 수 있다. 4자리 7세그먼트 표시장치나 LED 매트릭스 같은 출력 장치에서는 많은 수의 LED를 적은 수의 출력 핀으로 제어하기 위해 잔상 효과를 사용한다. 키 스캔 방법과 잔상 효과는 입력과 출력의 차이를 제외하면 기본적으로 같은 방식이라고 할 수 있다.

키패드를 사용할 때 주의할 점은 여러 개의 버튼을 동시에 누르는 경우다. 특히 동시에 누른 버튼이 서로 다른 그룹(즉, 열)에 속하면 그룹 사이의 간섭으로 누르지 않은 버튼이 눌린 것으로 인식되는 고스트 키 현상이 발생할 수 있다. 고스트 키 현상은 다이오드를 사용하면 해결할 수 있지만, 키패드는 한 번에 하나의 버튼만 누르는 경우가 대부분이므로 다이오드가 없는 키패드 역시 흔히 사용된다.

키 스캔 방법 이외에 누르는 버튼 위치에 따라 저항값이 달라지게 하여 하나의 아날로그 입력 핀으로 여러 개의 버튼 입력을 확인하는 저항 사다리법 역시 사용되지만, 키 스캔 방법을 사용하는 경우와는 사용하는 키패드 종류가 다르다. 28장 '입출력 확장'에서 사용한 디지털 데이터 입력 확장을 위한 전용 칩을 사용하면 적은 수의 핀으로 많은 수의 버튼 상태를 확인할 수 있다는 점도 기억하자.

1 키패드는 버튼의 누름 여부를 디지털값으로 읽어 들인다. 반면, 저항 사다리법은 아날로그 입력 핀을 통해 여러 개의 버튼 중 하나의 버튼이 눌린 상태를 아날로그값으로 읽어 들인다. 저항을 사용하여 4개의 버튼을 아래와 같이 연결하고, 버튼을 누름에 따라 아날로그 입력 핀으로 입력되는 값의 차이를 확인해 보자. 단, 하나의 버튼만을 눌러야 하며 2개 이상의 버튼을 동시에 누르는 경우를 구별하기 위해서는 저항값 조정이 필요할 수 있다.

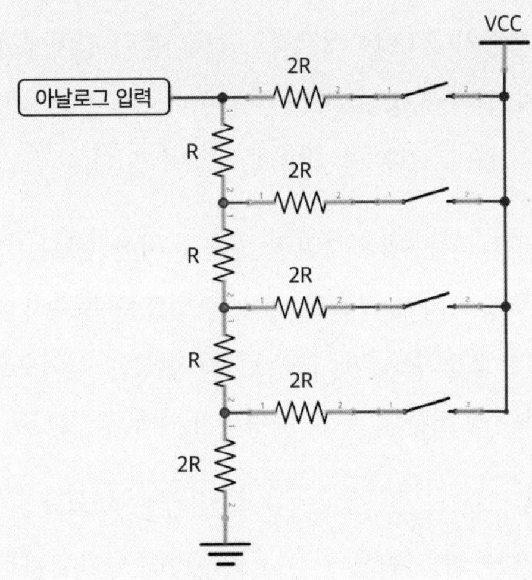

2 스케치 34.4는 사용자가 '#' 버튼을 눌러야 비밀번호 검사를 시작하고, 검사 결과로 네 가지 오류를 알려준다. 이 중 세 가지 오류는 버튼을 누르는 도중에도 검사할 수 있다. 스케치 34.4를 수정하여 오류 1, 2, 3은 버튼을 누르는 과정에서 검사하여 잘못된 입력이 발생하면 즉시 비밀번호 입력을 다시 시작하게 하고, 오류 4만 입력이 끝나 '#' 버튼을 눌렀을 때 검사하도록 수정해 보자.

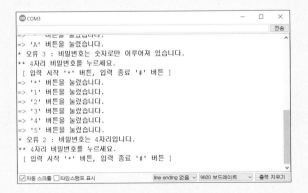

```
COM3
=> 'A' 버튼을 눌렀습니다.
* 오류 3 : 비밀번호는 숫자로만 이루어져 있습니다.
** 4자리 비밀번호를 누르세요.
 [ 입력 시작 '*' 버튼, 입력 종료 '#' 버튼 ]
=> '*' 버튼을 눌렀습니다.
=> '1' 버튼을 눌렀습니다.
=> '2' 버튼을 눌렀습니다.
=> '3' 버튼을 눌렀습니다.
=> '4' 버튼을 눌렀습니다.
=> '5' 버튼을 눌렀습니다.
* 오류 2 : 비밀번호는 4자리입니다.
** 4자리 비밀번호를 누르세요.
 [ 입력 시작 '*' 버튼, 입력 종료 '#' 버튼 ]
자동 스크롤  타임스탬프 표시  line ending 없음  9600 보드레이트  출력 지우기
```

CHAPTER

35

GPS

위성 항법 시스템이라고 불리는 GPS는 지구 주위를 선회하는 인공위성을 통해 현재 위치와 시간을 정확하게 측정할 수 있는 시스템을 말한다. GPS 위성 신호를 바탕으로 위치와 시간을 계산하는 GPS 리시버는 UART 통신으로 텍스트 기반의 정보를 출력하는 경우가 대부분이므로 간단하게 아두이노에 연결하여 사용할 수 있다. 이 장에서는 GPS 리시버를 사용하여 현재 위치와 시간을 알아내는 방법을 살펴본다.

이 장에서 사용할 부품

- 아두이노 우노 × 1 ➡ GPS 테스트
- GPS 리시버 × 1 ➡ UART 통신 사용

35.1 GPS

GPS는 'Global Positioning System'의 약어로 **위성을 이용하여 위치, 날짜, 시간 등의 서비스를 제공하는 시스템을 말한다.** GPS는 3차원 위치 파악이 가능하므로 고도 역시 측정이 가능하고, 24시간 서비스를 사용할 수 있으며, 세계적으로 공통 좌표계를 사용하고 있어 위치 결정이 편리하다는 등 여러 가지 장점이 있다. GPS는 지구를 선회하는 20여 개의 인공위성으로부터 신호를 받아 위치를 결정한다. 따라서 GPS 위성으로부터 신호를 받을 수 있는 수신기만 있으면 언제 어디서든 위치와 시간을 알 수 있다. 하지만 **실내에서는 GPS 위성의 신호를 수신할 수 없어 GPS 서비스를 사용할 수 없다**는 단점이 있다.

GPS는 1970년대 초 미국 국방성이 군사용으로 개발하기 시작했고 이후 상업용으로 개방되었다. 상업용으로 개방된 후에도 군사적인 악용을 방지하기 위해 무작위로 20~100m까지의 오차가 주어졌지만 2000년부터 이러한 오차가 없어져서 5m 정도의 오차를 가지면서 위치를 파악할 수 있게 되었다. GPS 시스템은 다양한 분야에 사용되고 있으며, 주변에서 흔히 볼 수 있는 GPS를 사용한 시스템으로는 자동차의 내비게이션과 스마트폰의 위치 기반 서비스를 들 수 있다. 표 35.1은 GPS 시스템이 사용되고 있는 예를 나타낸 것이다.

표 35.1 GPS 시스템 사용 분야

분야	사용 예	
지상	• 측량 및 지도 제작 • 교통관제 • 재난 감시 시스템	• 여행자 정보 시스템 • 골프, 등산 등 레저 활동 • 내비게이션
항공	• 항법 장치 • 기상 예보 시스템	• 항공기 관제 • 항공사진 촬영
해상	• 해양 탐사 • 선박 모니터링 시스템	• 해상 구조물 측량 및 설치 • 해수면 검사
우주	• 위성 궤도 결정	• 위성 자세 제어
군사	• 유도 무기 • 정밀 폭격	• 정찰 • 병력 배치

GPS 위성으로부터 신호를 수신하는 장치를 GPS 리시버라고 한다. GPS 리시버는 위성에서 특정 주파수 대역으로 전송하는 데이터를 수신하여 위치를 결정한다. GPS 리시버는 최소 3개의 위성에서 신호를 받아 위성의 위치와 위성에서 리시버까지의 신호 도달 시간을 기초로 현재 위치를

계산하며, 일반적으로 4개 이상의 위성으로부터 받은 신호를 사용하여 위치를 계산한다.

GPS의 정확도는 위성의 현재 위치, 빌딩이나 산 등의 장애물, 날씨 등 다양한 요인에 영향을 받는다. 이러한 요인들은 위성 신호를 이용한 위치 계산의 정확성을 떨어트리므로 위성과 통신하고 있는 지상의 기지국으로부터 추가 신호를 받아 정확성을 높이는 AGPS(Assisted GPS 또는 Augmented GPS), DGPS Differential GPS 등도 사용되고 있다.

대부분의 **GPS 리시버는 위성 신호를 수신하여 위치를 결정하고 이를 NMEA 형식의 데이터로 출력한다.** NMEA는 'National Marine Electronics Association'의 약어로, 해양에서 사용되는 다양한 전자 장치들의 데이터 교환을 위해 정의된 데이터 형식이다. 또한 대부분의 GPS 리시버는 NMEA 형식의 데이터 출력을 위해 UART 시리얼 통신을 사용하므로 아두이노에 간단히 연결하여 사용할 수 있다. GPS 리시버에서 위치를 계산하는 방법은 간단하지 않지만, 실제 사용에서는 UART 시리얼 통신으로 연결된 GPS 리시버가 출력하는 NMEA 형식의 데이터에서 필요한 내용을 찾아냄으로써 간단하게 위치와 시간을 알아낼 수 있다.

35.2 GPS 데이터 받기

그림 35.1은 이 장에서 사용하는 GPS 리시버의 예로, UART 시리얼 통신을 통해 NMEA 형식의 데이터를 출력한다. 통신 속도는 9600보율이 디폴트값으로 설정되어 있다*.

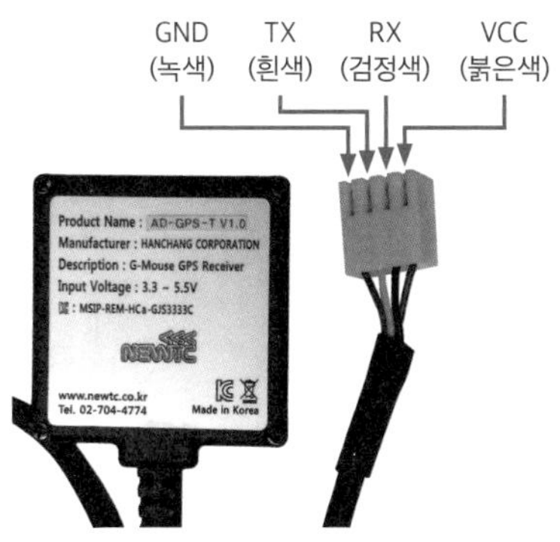

그림 35.1 UART 방식 GPS 리시버

* GPS 리시버에서 데이터를 출력하는 속도는 리시버의 종류에 따라 다르므로 사용하는 제품의 데이터시트를 확인해야 한다.

먼저 GPS 리시버를 그림 35.2와 같이 아두이노 우노에 연결하자. 하드웨어 시리얼 포트는 스케치 업로드와 컴퓨터와의 시리얼 통신에 사용되므로 `SoftwareSerial` 클래스를 사용하여 GPS 리시버와 UART 시리얼 통신을 수행한다.

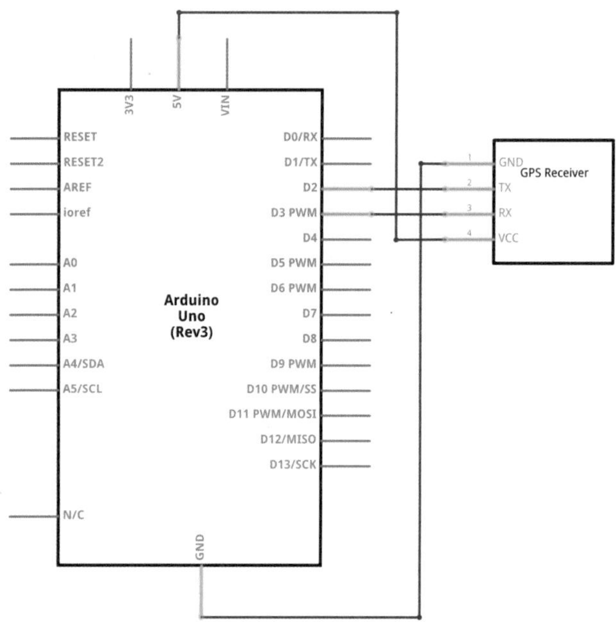

그림 35.2 GPS 리시버 연결 회로도

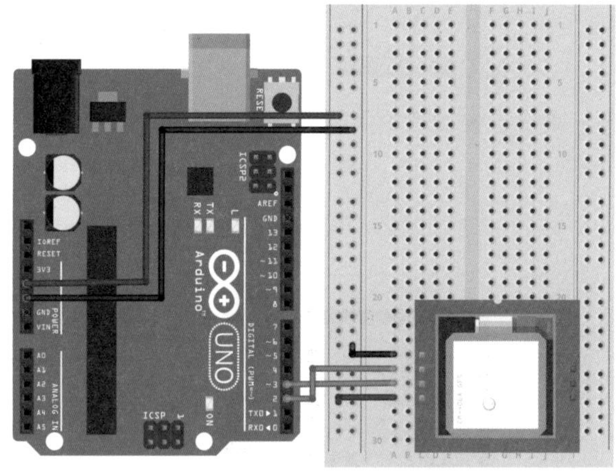

그림 35.3 GPS 리시버 연결 회로

스케치 35.1은 GPS 리시버의 출력을 시리얼 모니터로 출력하는 예다.

스케치 35.1 GPS 리시버의 데이터 수신

```
#include <SoftwareSerial.h>

SoftwareSerial gps(2, 3);                       // GPS 리시버 연결 포트(RX, TX)

void setup() {
    Serial.begin(9600);                         // 컴퓨터와의 시리얼 연결
    gps.begin(9600);                            // GPS 리시버와의 시리얼 연결
}

void loop() {
    if (gps.available()) {                      // GPS 리시버로부터 데이터 수신
        char ch = gps.read();                   // GPS 리시버로부터 데이터 읽기
        Serial.write(ch);                       // 시리얼 모니터로 출력
    }
}
```

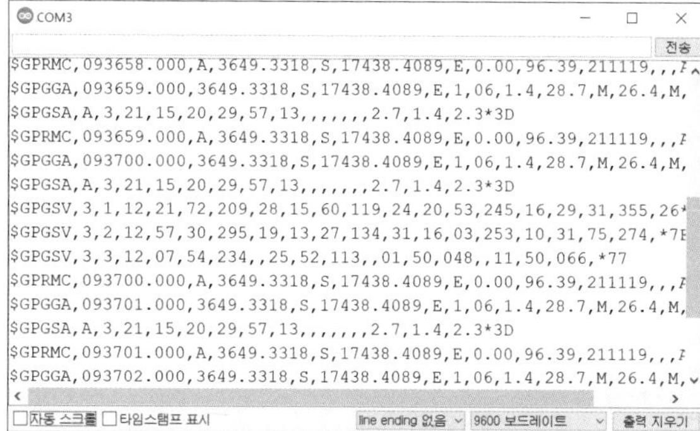

COM3
전송
$GPRMC,093658.000,A,3649.3318,S,17438.4089,E,0.00,96.39,211119,,,
$GPGGA,093659.000,3649.3318,S,17438.4089,E,1,06,1.4,28.7,M,26.4,M,
$GPGSA,A,3,21,15,20,29,57,13,,,,,,,2.7,1.4,2.3*3D
$GPRMC,093659.000,A,3649.3318,S,17438.4089,E,0.00,96.39,211119,,,
$GPGGA,093700.000,3649.3318,S,17438.4089,E,1,06,1.4,28.7,M,26.4,M,
$GPGSA,A,3,21,15,20,29,57,13,,,,,,,2.7,1.4,2.3*3D
$GPGSV,3,1,12,21,72,209,28,15,60,119,24,20,53,245,16,29,31,355,26
$GPGSV,3,2,12,57,30,295,19,13,27,134,31,16,03,253,10,31,75,274,*7
$GPGSV,3,3,12,07,54,234,,25,52,113,,01,50,048,,11,50,066,*77
$GPRMC,093700.000,A,3649.3318,S,17438.4089,E,0.00,96.39,211119,,,
$GPGGA,093701.000,3649.3318,S,17438.4089,E,1,06,1.4,28.7,M,26.4,M,
$GPGSA,A,3,21,15,20,29,57,13,,,,,,,2.7,1.4,2.3*3D
$GPRMC,093701.000,A,3649.3318,S,17438.4089,E,0.00,96.39,211119,,,
$GPGGA,093702.000,3649.3318,S,17438.4089,E,1,06,1.4,28.7,M,26.4,M,
자동 스크롤
타임스탬프 표시
line ending 없음
9600 보드레이트
출력 지우기

그림 35.4 스케치 35.1 실행 결과

그림 35.4에서 알 수 있듯이 GPS 리시버에서 출력하는 **NMEA 데이터는 텍스트 기반의 데이터로 '\r\n'의 개행문자로 끝나는 문장**sentence **단위로 구성된다.** 각 문장은 콤마로 분리된 필드에 다양한 정보를 포함하고 있다. 각 문장은 '$' 기호로 시작하며 다음 두 글자인 'GP'는 GPS에서 사용하는 데이터임을 의미한다. 다음 세 글자는 문장에 포함된 정보의 종류를 나타낸다. 여러 종류의 문장들이 있지만, 그중 **위치와 시간 결정에 일반적으로 사용되는 문장은 'GGA' 문장이다.** GGA 문장에는 콤마로 분리된 여러 개의 내용이 포함되어 있고, 마지막 값은 오류 검사를 위한 체크섬checksum 값이다. GGA 문장에는 날짜 정보가 포함되어 있지 않다. 따라서 **날짜 정보를 알아내기 위해서는 일반적으로 'RMC' 문장이 사용된다.** 날짜 정보 이외에도 RMC 문장에는 이동 속도 정보가 포함되어 있다.

NMEA 형식에서 모든 문장은 항상 같은 수의 필드로 구성되며, 내용이 없는 경우에도 위치를 결정하기 위해 콤마는 생략하지 않는다. GGA 문장에서 눈여겨볼 부분은 처음 5개 필드로, 현재 시간과 위도 및 경도 정보가 포함되어 있다. 표 35.2는 다음 GGA 문장에 포함된 정보를 설명한 것이다.

```
$GPGGA,194637.000,3649.3342,S,17438.4082,E,1,06,1.5,19.1,M,26.4,M,,0000*7D
```

표 35.2 GGA 문장 내 정보

	필드	내용	의미
0	Sentence ID	$GPGGA	GGA 문장: Global Positioning System Fix Data
1	UTC Time	194637.000	'hhmmss.sss' 형식 그리니치 표준 시간: 19시 46분 37.000초
2	Latitude	3649.3342	'ddmm.mmmm' 형식 위도: 36° 49.3342′
3	N/S Indicator	S	북위(N) 또는 남위(S)
4	Longitude	17438.4082	'dddmm.mmmm' 형식 경도: 174° 38.4082′
5	E/W Indicator	E	동경(E) 또는 서경(W)
6	Position Fix	1	위치 결정 방법: GPS 리시버 이외에 다양한 보정 방법이 사용되며, 0 이외의 값은 신뢰할 수 있는 값이다.
7	Satelites Used	06	계산에 사용된 위성의 수
8	HDOP	1.5	수평 오차(horizontal dilution of position)
9	Altitude*	19.1	평균 해수면(mean sea level)을 기준으로 한 고도
10	Altitude Units	M	미터 단위
11	Geoid Separation	26.4	WGS84 타원체** 기준 평균 해수면의 높이
12	Separation Units	M	미터 단위
13	DGPS Age	-	마지막 DGPS 업데이트 후 초 단위 경과 시간
14	DGPS Station ID	0000	DGPS 스테이션 ID
15	Checksum	*7D	'*'로 시작하는 두 자리 16진수 체크섬
16	Terminator	\r\n	문장 종료 문자

* GPS는 수평 위치보다 수직 위치에 오차가 많은 것으로 알려져 있다.

** 지구는 완전한 구형이나 타원형이 아니므로 수학적인 표현이 쉽지 않다. 따라서 지구 모양과 비슷한 회전타원체로 지구 모양을 나타내는 모델 중 하나가 WGS84 타원체다. WGS84 타원체는 천문학, 지구과학 등에서 지구를 근사화하는 데 사용된다. GPS에서 얻을 수 있는 위도, 경도, 고도 등의 값도 모두 WGS84 타원체를 기준으로 한다.

문장의 체크섬을 구하는 방법은 간단하다. 문장에서 문장의 시작을 나타내는 '$'와 체크섬의 시작을 나타내는 '*' 사이에 있는 문자열을 바이트 단위로 XOR 연산을 수행하여 얻은 1바이트값을 두 자리 16진수로 나타낸 것이 체크섬이다. 스케치 35.2는 체크섬을 계산하는 함수의 예로 체크섬을 계산할 내용, 즉 '$'와 '*' 사이 문자열을 매개변수로 가지고 체크섬값을 결과로 반환한다.

스케치 35.2 체크섬 계산 함수

```
byte calculate_ckecksum(String sentence) {
    int n = sentence.length();

    byte chksum = 0;
    for (int i = 0; i < n; i++) {
        char c = sentence[i];
        chksum = chksum ^ c;
    }

    return chksum;
}
```

표 35.3은 다음 RMC 문장에 포함된 정보를 설명한 것이다. RMC 문장의 앞부분은 GGA 문장과 거의 같은 정보들이 포함되어 있지만, 9번 필드에 날짜가 포함되어 있다. 이동 중 사용하는 경우에는 7번과 8번 필드에 포함된 이동 속도와 이동 방향 역시 흔히 사용된다.

$GPRMC,211116.000,A,3649.3339,S,17438.4068,E,0.16,231.10,211119,,,A*7B

표 35.3 RMC 문장 내 정보

	필드	내용	의미
0	Sentence ID	$GPRMC	RMC 문장: Recommended Minimum Specific GPS/Transit Data
1	UTC Time	211116.000	'hhmmss.sss' 형식 그리니치 표준 시간: 21시 11분 16.000초
2	Status	A	A = Valid, V = Warning
3	Latitude	3649.3339	'ddmm.mmmm' 형식 위도: 36° 49.3339′
4	N/S Indicator	S	북위(N) 또는 남위(S)
5	Longitude	17438.4068	'dddmm.mmmm' 형식 경도: 174° 38.4068′
6	E/W Indicator	E	동경(E) 또는 서경(W)
7	Speed over Ground	0.16	노트 단위 속도
8	Course over Ground	231.10	진행 방향, 진북을 0으로 했을 때 시계 방향으로 0~359의 값으로 나타냄
9	UTC Date	211119	'ddmmyy' 형식의 표준 날짜: 2019년 11월 21일
10	Magnetic Variation	-	진북 기준 자북의 각도

표 35.3 RMC 문장 내 정보 (계속)

	필드	내용	의미
11	E/W Indicator	-	동쪽(E) 또는 서쪽(W)
12	FAA Mode Indicator	A	NMEA 2.3 이후 버전에 추가된 필드로 문장을 만들어낸 모드를 나타낸다. 'Automatic' 모드와 'Differential' 모드가 실제 데이터를 사용한 모드이고, 나머지는 가상 데이터를 사용한 모드다.
13	Checksum	*7B	'*'로 시작하는 두 자리 16진수 체크섬
14	Terminator	\r\n	문장 종료 문자

GPS 리시버의 데이터 중 GGA 문장만을 찾아 시리얼 모니터로 출력해 보자. 이를 위해서는 String 타입 변수에 수신된 문자열을 저장하고 개행문자를 수신한 경우 문장의 시작을 '$GPGGA'와 비교하여 일치하는 경우에만 시리얼 모니터로 출력하면 된다. 스케치 35.3은 GPS 리시버에서 받은 데이터 중 GGA 문장을 찾아 시리얼 모니터로 출력하는 예다.

스케치 35.3 GGA 문장 출력

```
#include <SoftwareSerial.h>

SoftwareSerial gps(2, 3);                      // GPS 리시버 연결 포트(RX, TX)
String sentence = "";                          // NMEA 문장 버퍼
boolean process_sentence = false;              // 문장이 끝난 경우

void setup() {
    Serial.begin(9600);                        // 컴퓨터와의 시리얼 연결
    gps.begin(9600);                           // GPS 리시버와의 시리얼 연결
}

void loop() {
    if (gps.available()) {                     // GPS 리시버에서 데이터 수신
        char data = gps.read();
        switch (data) {
        case '\r':                             // '\r'은 무시
            break;
        case '\n':                             // 문장의 끝
            process_sentence = true;
            break;
        default:                               // 나머지는 버퍼에 저장
            sentence = sentence + data;
            break;
        }
    }

    if (process_sentence) {                    // 문장이 끝난 경우
        process_sentence = false;
        if (sentence.startsWith("$GPGGA")) {   // GGA 문장 여부 판단
            Serial.println(sentence);          // GGA 문장 출력
```

```
        }
        sentence = "";                          // 문장 버퍼 비움
    }
}
```

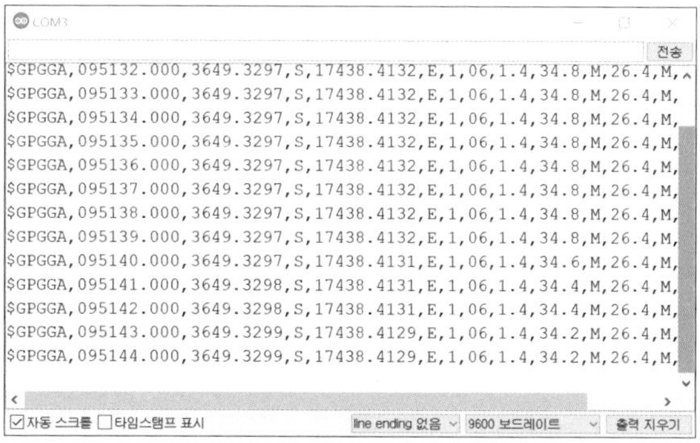

COM3
전송
$GPGGA,095132.000,3649.3297,S,17438.4132,E,1,06,1.4,34.8,M,26.4,M,
$GPGGA,095133.000,3649.3297,S,17438.4132,E,1,06,1.4,34.8,M,26.4,M,
$GPGGA,095134.000,3649.3297,S,17438.4132,E,1,06,1.4,34.8,M,26.4,M,
$GPGGA,095135.000,3649.3297,S,17438.4132,E,1,06,1.4,34.8,M,26.4,M,
$GPGGA,095136.000,3649.3297,S,17438.4132,E,1,06,1.4,34.8,M,26.4,M,
$GPGGA,095137.000,3649.3297,S,17438.4132,E,1,06,1.4,34.8,M,26.4,M,
$GPGGA,095138.000,3649.3297,S,17438.4132,E,1,06,1.4,34.8,M,26.4,M,
$GPGGA,095139.000,3649.3297,S,17438.4132,E,1,06,1.4,34.8,M,26.4,M,
$GPGGA,095140.000,3649.3297,S,17438.4131,E,1,06,1.4,34.6,M,26.4,M,
$GPGGA,095141.000,3649.3298,S,17438.4131,E,1,06,1.4,34.4,M,26.4,M,
$GPGGA,095142.000,3649.3298,S,17438.4131,E,1,06,1.4,34.4,M,26.4,M,
$GPGGA,095143.000,3649.3299,S,17438.4129,E,1,06,1.4,34.2,M,26.4,M,
$GPGGA,095144.000,3649.3299,S,17438.4129,E,1,06,1.4,34.2,M,26.4,M,
자동 스크롤 타임스탬프 표시
line ending 없음
9600 보드레이트
출력 지우기

그림 35.5 **스케치 35.3 실행 결과**

GGA 문장에서 표 35.2의 정보를 분리하여 출력해 보자. 모든 정보는 콤마로 분리되며 앞의 5개 필드에 필요한 정보가 저장되어 있으므로 '$GPGGA'까지 6개의 콤마를 찾아 필드를 분리하면 된다. 스케치 35.4는 GGA 문장을 분석하여 시간, 위도, 경도 정보를 출력하는 예다.

스케치 35.4 **GGA 문장 분석**

```
#include <SoftwareSerial.h>

SoftwareSerial gps(2, 3);                    // GPS 리시버 연결 포트(RX, TX)
String sentence = "";                        // NMEA 문장 버퍼
boolean process_sentence = false;            // 문장이 끝난 경우

void setup() {
    Serial.begin(9600);                      // 컴퓨터와의 시리얼 연결
    gps.begin(9600);                         // GPS 리시버와의 시리얼 연결
}

void loop() {
    if (gps.available()) {                   // GPS 리시버에서 데이터 수신
        char data = gps.read();
        switch (data) {
        case '\r':                           // '\r'은 무시
            break;
        case '\n':                           // 문장의 끝
            process_sentence = true;
            break;
        default:                             // 나머지는 버퍼에 저장
            sentence = sentence + data;
            break;
        }
```

```
    }

    if (process_sentence) {                          // 문장이 끝난 경우
        process_sentence = false;
        if (sentence.startsWith("$GPGGA")) {         // GGA 문장 여부 판단
            processSentence();                       // GGA 문장 내 정보 추출
        }
        sentence = "";                               // 문장 버퍼 비움
    }
}

void processSentence() {
    int pos[6] = {0, };                              // 콤마의 위치
    int start = 0;                                   // 검색 시작 위치

    Serial.println(sentence);                        // 전체 문장 출력

    for (int i = 0; i < 6; i++) {                    // 6개 콤마 위치 검색
        pos[i] = sentence.indexOf(',', start + 1);
        start = pos[i];
    }

    // 콤마 사이의 부분 문자열 추출 및 출력
    Serial.print("현재 시간\t: ");
    Serial.println(sentence.substring(pos[0] + 1, pos[1]));
    Serial.print("위도\t: ");
    Serial.print(sentence.substring(pos[1] + 1, pos[2]));
    Serial.println(sentence.substring(pos[2] + 1, pos[3]));
    Serial.print("경도\t: ");
    Serial.print(sentence.substring(pos[3] + 1, pos[4]));
    Serial.println(sentence.substring(pos[4] + 1, pos[5]));
    Serial.println();
}
```

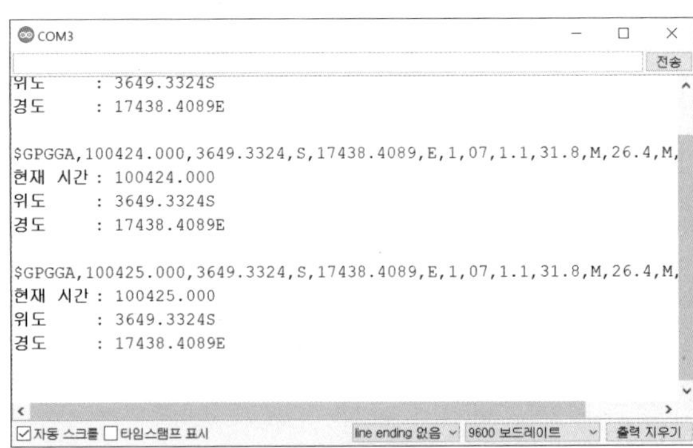

그림 35.6 스케치 35.4 실행 결과

GGA 문장을 분석하는 것과 같은 방법으로 RMC 문장 역시 분석할 수 있다. 스케치 35.5는 RMC 문장에서 날짜를 찾아 출력하는 예다.

스케치 35.5 RMC 문장에서 날짜 출력

```
#include <SoftwareSerial.h>

SoftwareSerial gps(2, 3);                          // GPS 리시버 연결 포트(RX, TX)
String sentence = "";                              // NMEA 문장 버퍼
boolean process_sentence = false;                  // 문장이 끝난 경우

void setup() {
    Serial.begin(9600);                            // 컴퓨터와의 시리얼 연결
    gps.begin(9600);                               // GPS 리시버와의 시리얼 연결
}

void loop() {
    if (gps.available()) {                         // GPS 리시버에서 데이터 수신
        char data = gps.read();
        switch (data) {
        case '\r':                                 // '\r'은 무시
            break;
        case '\n':                                 // 문장의 끝
            process_sentence = true;
            break;
        default:                                   // 나머지는 버퍼에 저장
            sentence = sentence + data;
            break;
        }
    }

    if (process_sentence) {                        // 문장이 끝난 경우
        process_sentence = false;
        if (sentence.startsWith("$GPRMC")) {       // GGA 문장 여부 판단
            processSentence();                     // GGA 문장 내 정보 추출
        }
        sentence = "";                             // 문장 버퍼 비움
    }
}

void processSentence() {
    int start = 0;                                 // 검색 시작 위치
    int p_start, p_end;

    Serial.println(sentence);                      // 전체 문장 출력

    for (int i = 0; i < 9; i++) {                  // 9번째 콤마 위치 검색
        start = sentence.indexOf(',', start + 1);
    }

    p_start = start + 1;                           // 날짜 정보 시작
    p_end = sentence.indexOf(',', start + 1);      // 날짜 정보 끝

    Serial.print("날짜(DDMMYY)\t: ");
    Serial.println(sentence.substring(p_start, p_end));
    Serial.println();
}
```

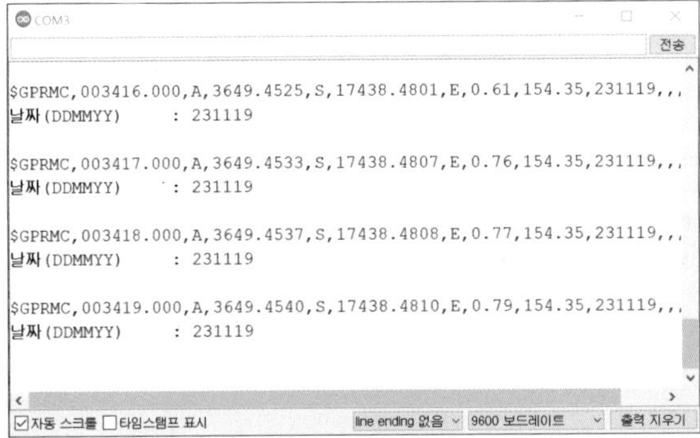

그림 35.7 스케치 35.5 실행 결과

35.3 GPS 라이브러리

GPS 데이터를 사용하는 것은 UART 시리얼 통신으로 GPS 리시버가 보낸 문자열을 읽고, 콤마로 필드가 분리된 문장에서 원하는 위치의 정보를 찾아내는 과정이다. GPS에서 사용하는 NMEA 형식은 흔히 사용되는 데이터 형식이므로 NMEA 형식의 데이터를 분석하기 위한 라이브러리 역시 여러 가지가 존재한다. 라이브러리 매니저에서 'GPS'를 검색해서 TinyGPS 라이브러리를 설치하자.

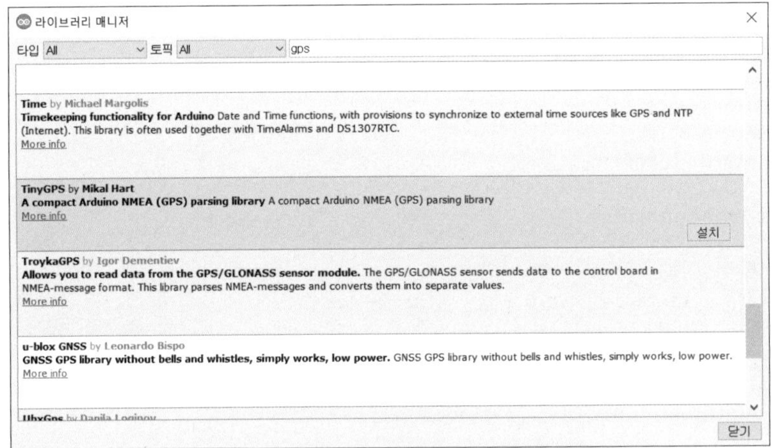

그림 35.8 TinyGPS 라이브러리 검색 및 설치*

* https://github.com/neosarchizo/TinyGPS

TinyGPS 라이브러리는 GPS 리시버에서 수신한 NMEA 문장에서 필요한 정보를 추출하기 위해 TinyGPS 클래스를 제공하고 있다. TinyGPS 라이브러리를 사용하기 위해서는 먼저 헤더 파일을 포함해야 한다. '스케치 → 라이브러리 포함하기 → TinyGPS' 메뉴 항목을 선택하거나 #include 문을 직접 입력하면 된다.

```
#include <TinyGPS.h>
```

TinyGPS 라이브러리는 TinyGPS 클래스의 객체에 GPS 리시버에서 수신한 문자 단위 데이터를 계속 입력하면 객체 내부에서 수신된 데이터로부터 필요한 정보를 추출하는 형태로 동작한다. **TinyGPS 라이브러리에서 분석하는 문장은 GGA 문장과 RMC 문장**으로 위도, 경도, 시간, 날짜, 고도 등의 기본적인 정보를 객체 내부에서 관리하고 있다. TinyGPS 클래스에서는 GPS에서 수신된 정보를 입력하기 위한 encode 함수와 현재 저장된 정보를 얻어오는 다양한 함수가 정의되어 있다.

■ encode

```
bool TinyGPS::encode(char c)
  - 매개변수
      c: GPS 리시버에서 수신한 문자 단위 데이터
  - 반환값: 유효한 문장 수신 여부
```

GPS 리시버에서 수신된 문자 단위의 데이터를 TinyGPS 객체로 입력한다. 입력된 데이터는 객체 내부에서 처리되고 유효한 문장이 수신되어 처리된 경우 true를 반환한다.

■ f_get_position

```
void TinyGPS::f_get_position(float *latitude, float *longitude,
unsigned long *fix_age = 0)
  - 매개변수
      latitude: 위도
      longitude: 경도
      fix_age: 마지막으로 유효한 데이터가 수신된 이후 밀리초 단위 경과 시간
  - 반환값: 없음
```

위도와 경도를 실숫값으로 반환한다. fix_age는 encode 함수로 마지막으로 유효한 문장이 입력된 이후 경과 시간을 밀리초 단위로 나타낸다.

■ get_datetime

```
void TinyGPS::get_datetime(unsigned long *date, unsigned long *time, unsigned
long *fix_age = 0)
```

- 매개변수
  - date: 'ddmmyy' 형식의 날짜
  - time: 'hhmmssss' 형식의 시간
  - fix_age: 마지막으로 유효한 데이터가 수신된 이후 밀리초 단위 경과 시간
- 반환값: 없음

날짜와 시간을 각각 하나의 정수로 반환한다. fix_age는 encode 함수로 마지막으로 유효한 문장이 입력된 이후 경과 시간을 밀리초 단위로 나타낸다.

■ crack_datetime

```
void TinyGPS::crack_datetime(int *year, byte *month, byte *day, byte *hour,
byte *minute, byte *second, byte *hundredths = 0, unsigned long *fix_age = 0)
```

- 매개변수
  - year, month, day: 연월일
  - hour, minute, second: 시분초
  - hundredths: 1/100초
  - fix_age: 마지막으로 유효한 데이터가 수신된 이후 밀리초 단위 경과 시간
- 반환값: 없음

get_datetime 함수가 GPS에서 수신된 데이터 그대로를 반환한다면 crack_datetime 함수는 연월일시분초 정보를 개별적으로 반환한다. fix_age는 encode 함수로 마지막으로 유효한 문장이 입력된 이후의 경과 시간을 밀리초 단위로 나타낸다.

이 외에도 고도, 사용한 위성의 개수, 수평 오차 등을 반환하는 함수들이 정의되어 있으므로 자세한 내용은 라이브러리의 헤더 파일을 참고하면 된다. 스케치 35.6은 TinyGPS 라이브러리를 사용하여 날짜와 시간, 위도와 경도 등을 시리얼 모니터로 출력하는 예다.

스케치 35.6 TinyGPS 라이브러리 사용

```
#include <SoftwareSerial.h>
#include <TinyGPS.h>

TinyGPS gps;
SoftwareSerial ss(2, 3);                              // GPS 리시버 연결 포트(RX, TX)
```

```
boolean new_data = false;                                    // 새로운 문장 수신 플래그

void setup() {
    Serial.begin(9600);                                      // 컴퓨터와의 시리얼 연결
    ss.begin(9600);                                          // GPS 리시버와의 시리얼 연결
}

void loop() {
    while (ss.available()) {
        char c = ss.read();
        if (gps.encode(c)) {                                 // 새로운 문장 처리 성공
            new_data = true;
        }
    }

    if (new_data) {
        new_data = false;

        float latitude, longitude;
        int year;
        byte month, day, hour, min, sec;

        gps.f_get_position(&latitude, &longitude);
        gps.crack_datetime(&year, &month, &day, &hour, &min, &sec);

        Serial.print(fixedWidthStr(year, 4) + "년 ");
        Serial.print(fixedWidthStr(month, 2) + "월 ");
        Serial.print(fixedWidthStr(day, 2) + "일, ");

        Serial.print(fixedWidthStr(hour, 2) + "시 ");
        Serial.print(fixedWidthStr(min, 2) + "분 ");
        Serial.print(fixedWidthStr(sec, 2) + "초, (");

        Serial.print(latitude, 3);                           // 위도
        Serial.print(", ");
        Serial.print(longitude, 3);                          // 경도
        Serial.println(")");
    }
}

String fixedWidthStr(int n, int width) {                     // 정수를 지정한 길이 문자열로 변환
    String str = "";

    for (int i = 0; i < width; i++) {
        int remain = n % 10;
        n = n / 10;
        str = char(remain + '0') + str;
    }

    return str;
}
```

```
2019년 11월 22일, 21시 03분 15초, (-36.822, 174.640)
2019년 11월 22일, 21시 03분 15초, (-36.822, 174.640)
2019년 11월 22일, 21시 03분 16초, (-36.822, 174.640)
2019년 11월 22일, 21시 03분 16초, (-36.822, 174.640)
2019년 11월 22일, 21시 03분 17초, (-36.822, 174.640)
2019년 11월 22일, 21시 03분 17초, (-36.822, 174.640)
2019년 11월 22일, 21시 03분 18초, (-36.822, 174.640)
2019년 11월 22일, 21시 03분 18초, (-36.822, 174.640)
2019년 11월 22일, 21시 03분 19초, (-36.822, 174.640)
2019년 11월 22일, 21시 03분 19초, (-36.822, 174.640)
2019년 11월 22일, 21시 03분 20초, (-36.822, 174.640)
2019년 11월 22일, 21시 03분 20초, (-36.822, 174.640)
2019년 11월 22일, 21시 03분 21초, (-36.822, 174.640)
2019년 11월 22일, 21시 03분 21초, (-36.822, 174.640)
```

그림 35.9 스케치 35.6 실행 결과

그림 35.9의 실행 결과를 살펴보면 1초에 두 번 메시지가 출력되고 있는 것을 볼 수 있다. 일반적으로 **GPS 리시버는 초당 한 번 데이터를 출력한다.** 스케치 35.6은 새로운 문장이 처리되었을 때 출력이 이루어지도록 하고 있으며, TinyGPS 라이브러리에서는 GGA 문장과 RMC 문장을 처리하므로 수신한 데이터에 오류가 없다면 1초에 2개 문장이 처리되고 처리된 문장의 결과를 반영하여 출력이 이루어진다.

35.4 맺는말

GPS는 지구상의 위치를 5m 오차 이내로 측정할 수 있게 해주는 3차원 위치 측정 시스템으로, 지구를 선회하는 GPS 위성으로부터의 신호 도달 시간을 기준으로 위치를 측정한다. 실제로 위치를 결정하는 방법을 간단히 설명할 수는 없지만, 텍스트 기반의 데이터를 UART 시리얼 통신으로 출력하는 GPS 리시버가 다수 존재하므로 시간과 위치를 얻기 위한 목적이라면 간단하게 아두이노에 연결하여 사용할 수 있다.

GPS는 지상, 해상, 항공, 우주 등 위치 정보가 필요한 다양한 분야에서 사용되고 있으며, 스마트폰 보급에 힘입어 GPS를 사용한 다양한 위치 기반 서비스가 개인 사용자들에게도 제공되고 있다. 하지만 위치 기반 서비스의 문제점 중 하나는 실내에서는 GPS 위성의 신호를 수신하기가 어려워 실외에서만 사용할 수 있다는 점이다. 스마트폰의 경우 실내에서도 위치 기반 서비스를 사용할 수 있지만, 이는 GPS를 사용하는 것이 아니라 와이파이나 무선전화 네트워크 등을 사용하는 것으로 GPS와는 다르다. 아두이노에서는 이동 경로 파악 및 분석을 위한 용도로 GPS가 사용된 예를 쉽게 찾아볼 수 있다.

1) GPS에서 사용되는 NMEA 문장에는 이 장에서 사용한 GGA 문장과 RMC 문장 이외에도 여러 가지 문장이 존재하며, 이는 그림 35.4의 스케치 35.1 실행 결과에서도 알 수 있다. GPS에서 사용되는 문장의 종류와 문장에 포함된 정보의 종류 그리고 그 용도를 알아보자.

2) GPS는 간단하게 시간과 위치 등을 사용할 수 있게 해주지만 실내에서는 사용할 수 없다는 단점이 있다. 실내에서는 GPS 위성의 신호를 수신할 수 없어 블루투스, 와이파이 등을 이용하여 위치를 계산하는 방법을 사용하며 이를 실내 측위 시스템IPS: Indoor Positioning System이라고 한다. IPS에 사용되는 다양한 기술과 실제 사용되고 있는 시스템에 대해 알아보자.

CHAPTER 36

미니 프로젝트: 정수 계산기

이 장에서는 키패드와 텍스트 LCD를 사용하여 사칙 연산이 가능한 정수 계산기를 만들어본다. 사칙 연산만 가능하다면 구현이 간단할 것으로 생각할 수 있지만, 키를 눌렀을 때 지금까지의 입력이 계산이 가능한 입력인지, 즉 계산기에서 허용하는 입력 순서인지를 판단하는 것이 필요하며, 이를 위해서는 계산기에 입력할 수 있는 수식을 먼저 정확하게 정의해야 한다. 계산할 수 있는 수식이 정의되면 이에 맞는 키 입력 순서를 정의할 수 있고, 현재 키 입력을 정의된 키 입력 순서와 비교하여 유효한 수식인지 판단할 수 있다. 이 장에서 구현하는 계산기는 간단한 정수 연산 기능만 제공하고 있지만, 다양한 기능을 제공하는 계산기 구현을 위한 시작점이 되어줄 것이다.

이 장에서 사용할 부품

- 아두이노 우노 × 1 ➡ 계산기 구현
- 4×4 키패드 × 1
- 텍스트 LCD × 1 ➡ 16×2 크기
- I2C 변환 보드 × 1 ➡ 텍스트 LCD 인터페이스 변환

36.1 계산기 구현을 위한 하드웨어

계산기는 주변에서 흔히 볼 수 있으며 가격 또한 저렴해서 아주 간단할 것으로 생각할 수 있지만, 실제로 계산기를 위한 스케치를 작성하는 일은 생각만큼 쉽지 않다. 특히 아두이노를 사용하여 계산기를 구현하는 경우에는 하드웨어 구현 역시 필요하므로 어려움은 배가될 수 있다. 다행히 계산기 구현을 위해 사용하는 키패드와 텍스트 LCD는 전용 라이브러리를 사용하여 간단하게 연결하고 사용할 수 있으므로 이 장에서 구현하는 계산기는 키 입력의 유효성을 검사하는 방법을 중심으로 계산기 구현 과정을 살펴본다. 먼저 사용할 하드웨어부터 살펴보자.

계산기를 구현하기 위해서는 수식을 입력할 입력 장치와 입력한 수식 및 결과를 출력할 출력 장치가 필요하다. 입력 장치는 16개의 버튼으로 이루어진 키패드를 사용한다. 키패드는 많은 수의 버튼 입력을 적은 수의 범용 입출력 핀을 사용하여 확인할 수 있게 해주는 입력 장치로 버튼식 전화기, 도어락, 계산기 등에서 사용되고 있다. 적은 수의 범용 입출력 핀으로 많은 수의 버튼 상태를 확인하는 방법 중 하나가 키 스캔key scan이며, 이 장에서도 키 스캔을 통해 눌린 키를 알아낸다. 그림 36.1은 이 장에서 사용하는 키패드로, 16개의 버튼 상태를 확인하기 위해 각 행과 열에 해당하는 8개 범용 입출력 핀을 사용한다.

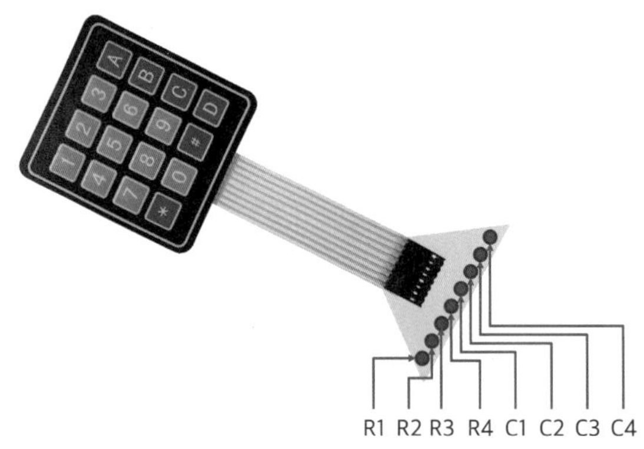

그림 36.1 키패드

키패드에서 키 입력을 확인하기 위해서는 Keypad 라이브러리를 사용할 수 있으며, Keypad 라이브러리는 라이브러리 매니저를 통해 검색하여 설치할 수 있다. Keypad 라이브러리를 사용하면 2개 이상의 키가 동시에 눌린 경우도 찾아낼 수 있지만, 계산기에서는 한 번에 하나의 키만 입력해야 하므로 단일 키 입력만을 사용한다.

입력한 수식 및 결과 출력을 위해서는 16×2 크기의 텍스트 LCD를 사용한다. 텍스트 LCD는 고정된 위치에 문자 단위로만 출력이 가능하다는 단점이 있지만, 간단하게 연결하여 사용할 수 있고 아두이노에서도 기본 라이브러리의 하나로 텍스트 LCD 제어를 위한 LiquidCrystal 라이브러리를 제공하고 있다. 텍스트 LCD는 16개의 핀을 갖고 있으며 최소한 아두이노와 6개의 선을 연결해야 한다. 하지만 I2C 변환 모듈을 사용하면 전원을 포함하여 4개의 선만 연결하면 되고 아두이노는 2개의 제어선을 통해 텍스트 LCD를 제어할 수 있다. I2C 통신에서 사용되는 2개의 제어선인 SCLSerial Clock과 SDASerial Data는 하드웨어에 의해 지원되는 전용 핀을 사용해야 하며, 아두이노 우노의 경우 A5와 A4번 핀이 사용된다. I2C 방식 텍스트 LCD를 사용하기 위해서는 LiquidCrystal_I2C 라이브러리를 사용할 수 있으며, 라이브러리 매니저를 통해 설치할 수 있다.

(a) 앞면

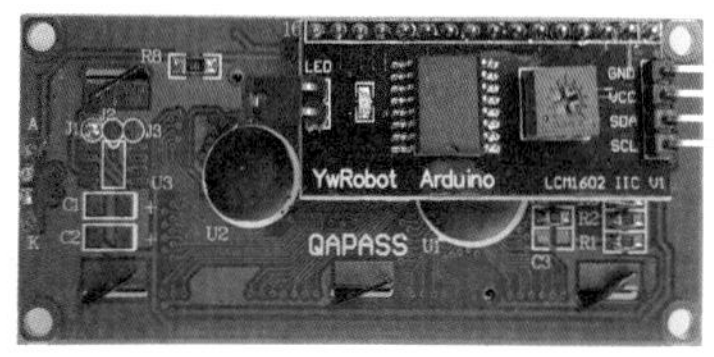

(b) 뒷면 — I2C 변환 모듈 부착

그림 36.2 I2C 방식 텍스트 LCD

키패드와 I2C 방식 텍스트 LCD를 그림 36.3과 같이 연결해 보자. 키패드는 2번부터 9번까지 8개 범용 입출력 핀을 사용하며, I2C 방식 텍스트 LCD는 전용 핀인 A4와 A5번 핀에 연결하면 된다.

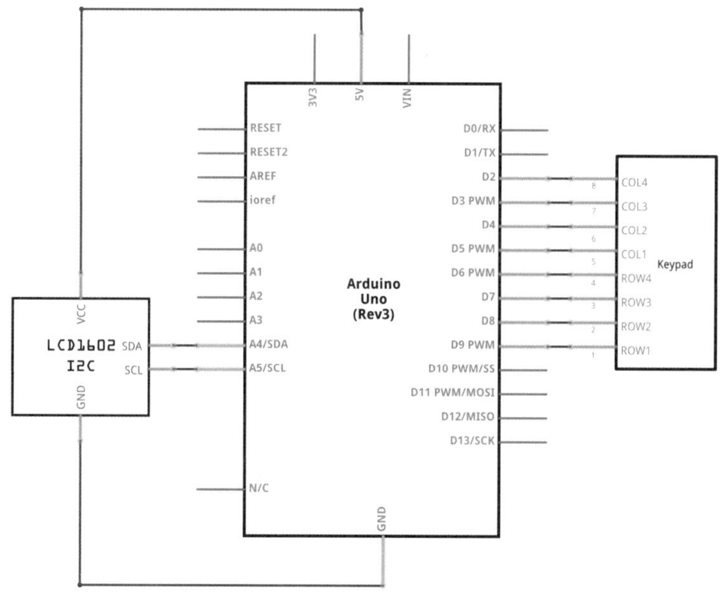

그림 36.3 키패드와 I2C 방식 텍스트 LCD 연결 회로도

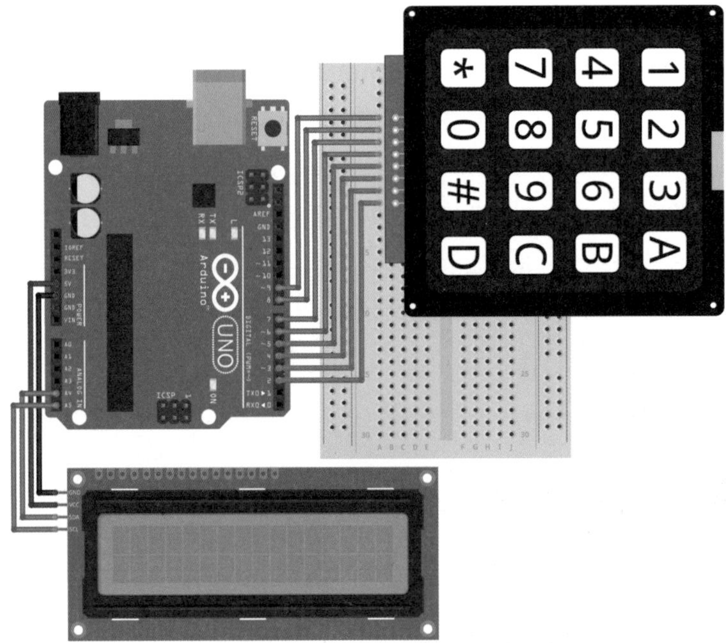

그림 36.4 **키패드와 I2C 방식 텍스트 LCD 연결 회로**

키패드의 16개 키는 계산기에서 사용하는 숫자와 연산자를 나타내기 위해 사용한다. 키패드의 키 중 'A'에서 'D'까지 키는 각각 사칙 연산자(+, −, ×, ÷)를 나타내기 위해 사용한다. 키패드 라이브러리에서 키값을 지정할 수 있지만, 알파벳을 그대로 사용한 이유는 연산자에 해당하는 아스키 코드값이 연속된 값으로 나타나도록 하기 위해서다. 10개의 숫자 키를 제외한 나머지 2개의 키는 연산을 실행하는 등호(=)와 입력을 처음부터 다시 시작하는 리셋으로 사용한다.

그림 36.5 **계산기 구현을 위한 키패드의 키**

스케치 36.1은 키패드의 키를 눌렀을 때 눌린 키의 값을 텍스트 LCD에 표시하는 예다. 텍스트 LCD상에는 16×2 영역 내에서만 표시되게 했으며, 다음 키값이 표시될 위치에 기존에 표시된 내용은 지우게 했다. 키패드와 I2C 방식 텍스트 LCD에 대한 자세한 내용은 34장 '키패드'와 40장 '텍스트 LCD'를 참고하면 된다.

스케치 36.1 키패드 입력을 텍스트 LCD에 표시하기

```
#include <LiquidCrystal_I2C.h>
#include <Keypad.h>

LiquidCrystal_I2C lcd(0x27, 16, 2);                  // (주소, 열, 행)

byte rowPins[4] = { 9, 8, 7, 6 };                    // 행 연결 핀
byte colPins[4] = { 5, 4, 3, 2 };                    // 열 연결 핀

const byte ROWS = 4;                                 // 행 수
const byte COLS = 4;                                 // 열 수

char key_values[] = {                                // 키값
    '1', '2', '3', 'A',
    '4', '5', '6', 'B',
    '7', '8', '9', 'C',
    '*', '0', '#', 'D' };

byte X = 0, Y = 0;                                   // 텍스트 LCD에 키 입력을 표시할 위치

// 키패드 객체 생성(키값, 행 연결 핀, 열 연결 핀, 행 수, 열 수)
Keypad keypad = Keypad(key_values, rowPins, colPins, ROWS, COLS);

void setup() {
    lcd.init();                                      // LCD 초기화
    lcd.clear();                                     // LCD 화면 지우기
    lcd.backlight();                                 // 백라이트 켜기
}

void loop() {
    char key = keypad.getKey();                      // 눌린 키 확인

    if (key) {
        lcd.setCursor(X, Y);                         // 현재 출력 위치로 이동
        lcd.write(key);                              // 키값 출력

        // 다음 출력 위치 조정
        X = X + 1;
        if (X == 16) {
            Y = (Y + 1) % 2;
            X = 0;
        }

        lcd.setCursor(X, Y);                         // 다음 출력 위치로 이동
        lcd.write(' ');                              // 다음 출력 위치의 기존 출력 지우기
    }
}
```

 23A456B789C*0#D
123A456B789C*0#D

그림 36.6 스케치 36.1 실행 결과

36.2 계산기의 기능

계산기를 구현하기 위한 하드웨어가 준비되었으므로 이제 계산기에서 계산할 수 있는 수식을 정의해 보자. 이 장에서 구현할 계산기는 가능한 한 간단한 구조로 만들기 위해 일반적으로 계산기에서 지원하는 기능 중 기본적인 일부 기능만을 지원한다.

- 정수 계산만 지원한다. 키패드에서 소수점을 입력하기 위한 키가 없으므로 정수만 입력할 수 있고, 따라서 계산 결과 역시 정수로 출력한다.
- 사칙 연산만 지원한다. 사칙 연산 중에서 나눗셈의 경우 정수로 결과가 나온다는 점에 주의해야 한다.
- 수식 내에서는 하나의 연산자만을 사용할 수 있다. 예를 들어 '4 + 3 ='과 같은 수식은 계산할 수 있지만, '4 + 3 − 1 ='과 같이 2개 이상의 연산자가 나오는 수식은 계산할 수 없다.
- 음수 입력은 지원하지 않는다. 따라서 '4 − 3 ='과 같은 수식은 계산할 수 있지만 '−3 + 4 ='와 같은 수식은 계산할 수 없다.

이상의 지원하는 수식 형태로부터 계산기에 입력해야 하는 키의 순서는 다음과 같이 정의된다.

1. 1개 이상의 숫자: 첫 번째 피연산자
2. '+, −, ×, ÷' 중 하나의 사칙 연산자
3. 1개 이상의 숫자: 두 번째 피연산자
4. 등호 연산자

네 종류의 입력을 순서대로 받아들이기 위해 계산기는 현재까지 입력된 수식에 따라 다음번에 입력할 수 있는 키 입력을 기다리는 4개 상태로 나타낼 수 있다. 계산기를 처음 시작하면 수식이 입력되지 않은 초기 상태(상태 1)가 된다. 첫 번째 상태는 첫 번째 피연산자인 숫자가 입력되기를 기다리는 상태에 해당한다. 상태 1에서 숫자가 입력되면 첫 번째 피연산자가 입력되기 시작한 상태(상태 2)로 바뀐다. 첫 번째 피연산자는 한 자리 이상의 숫자로 이루어지므로 숫자 입력이 끝나기를 기다려야 하며, 사칙 연산자 중 하나가 입력되면 피연산자 입력이 끝난 것을 알 수 있다. 두 번째 상태에서 숫자가 입력되면 두 번째 상태에 계속 남아 있지만, 사칙 연산자 중 하나가 입력되면 두 번째 피연산자 입력을 기다리는 상태(상태 3)로 바뀐다. 세 번째 상태에서 숫자가 입력되면 두 번째 피연산자 입력이 끝나기를 기다리는 상태(상태 4)로 바뀐다. 네 번째 상태에서는 두 번째 상태와 마찬가지로 숫자가 입력되어 네 번째 상태에 남아 있거나, 등호 연산자가 입력되어 결과를 출력하고 초기 상태로 바뀔 수 있다. 그림 36.7은 키 입력에 따라 4개의 상태가 바뀌는 모습을 나타낸 것이다.

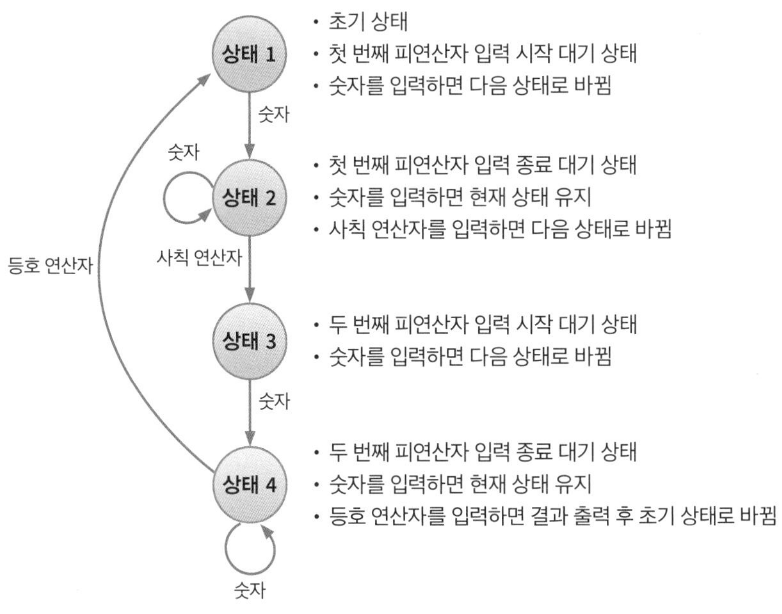

그림 36.7 **키 입력에 따른 계산기의 상태 변화 – 유효한 입력**

그림 36.7은 유효한 수식을 입력하는 경우만을 나타낸 것이다. 하지만 실제 계산기의 동작에서는 잘못된 키 입력이 발생했을 때 이를 처리할 수 있어야 한다. 키 입력은 숫자(0~9), 사칙 연산자(+, −, ×, ÷), 등호 연산자(=) 그리고 리셋의 4 그룹으로 나눌 수 있다. 4개 상태에서 4 그룹의 키 입력이 모두 일어날 수 있으며 유효한 입력 이외에 잘못된 입력에 대한 처리 역시 이루어져야 하므로 모두 16가지 처리가 필요하다. 그림 36.7에서의 유효한 입력 6가지(실선으로 표시)와 나머지 유효하지 않은 10가지(점선으로 표시)를 모두 나타낸 것이 그림 36.8이다. 유효하지 않은 입력이 발생한 경우에는 모두 초기 상태로 바뀌게 했다.

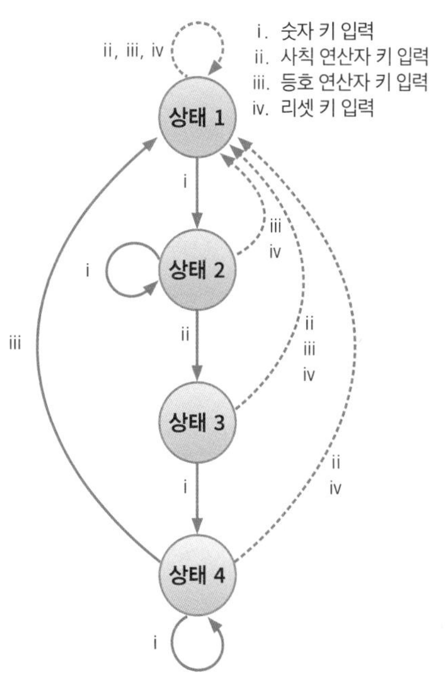

그림 36.8 **키 입력에 따른 계산기의 상태 변화 – 모든 입력**

36.3 계산기 구현

그림 36.8의 상태 변화를 스케치로 구현해 보자. 기본적으로 계산기는 키 입력을 확인하고 현재 상태에 따라 네 가지의 서로 다른 처리를 하면 된다. 네 가지 상태에서 네 가지 그룹의 키 입력을 처리하기 위해서는 `if-else` 문이나 `witch-case` 문을 사용하면 된다. 스케치 36.2는 각 상태에서 키 입력에 따라 처리 함수를 호출하는 구조를 나타낸다. `loop` 함수는 현재 계산기의 상태에 따라 서로 다른 함수를 호출하고, 현재 상태에서 입력을 처리하는 함수는 눌린 키가 속한 그룹에 따라 네 가지의 다른 처리를 하는 구조로 이루어져 있다.

스케치 36.2 네 가지 상태와 네 가지 종류의 입력 처리를 위한 loop 함수 구조

```
void loop() {
    char key = keypad.getKey();                  // 눌린 키 확인

    if (key) {                                   // 키가 눌린 경우
        switch (state) {                         // 현재 상태에 따라 다른 함수 호출
            case 1: handleState1(key); break;
            case 2: handleState2(key); break;
            case 3: handleState3(key); break;
            case 4: handleState4(key); break;
        }
    }
}

void handleState1(char key) {                   // 상태 1, 입력 키의 종류에 따른 처리
    if (keyInGroup1(key)) {
        // 숫자 키 입력 처리
    }
    else if (keyInGroup2(key)) {
        // 사칙 연산자 키 입력 처리
    }
    else if (keyInGroup3(key)) {
        // 등호 연산자 키 입력 처리
    }
    else if (keyInGroup4(key)) {
        // 리셋 키 입력 처리
    }
}
```

스케치 36.3은 정수의 사칙 연산을 지원하는 계산기를 구현한 예다.

스케치 36.3 정수 사칙 연산 지원 계산기

```
#include <LiquidCrystal_I2C.h>
#include <Keypad.h>

LiquidCrystal_I2C lcd(0x27, 16, 2);                // (주소, 열, 행)

byte rowPins[4] = { 9, 8, 7, 6 };                  // 행 연결 핀
byte colPins[4] = { 5, 4, 3, 2 };                  // 열 연결 핀

const byte ROWS = 4;                               // 행 수
const byte COLS = 4;                               // 열 수

char key_values[] = {                              // 키값
    '1', '2', '3', 'A',
    '4', '5', '6', 'B',
    '7', '8', '9', 'C',
    '*', '0', '#', 'D'
};

// 키 값 'A'에서 'D'까지를 사칙 연산자로 대응시켜 출력
char operatorSymbol[] = { '+', '-', '*', '/' };

// 키패드 객체 생성(키값, 행 연결 핀, 열 연결 핀, 행 수, 열 수)
Keypad keypad = Keypad(key_values, rowPins, colPins, ROWS, COLS);

byte X = 0;                                        // 텍스트 LCD에 키 입력을 표시할 위치

byte state = 1;                                    // 계산기의 상태
int operand1, operand2, result;                    // 입력한 숫자와 계산 결과
char op;                                           // 입력한 사칙 연산자

void setup() {
    lcd.init();                                    // LCD 초기화
    lcd.backlight();                               // 백라이트 켜기

    resetCalculator();                             // 계산기 초기화
    displayMessage("* Let's Start !");
}

void loop() {
    char key = keypad.getKey();                    // 눌린 키 확인

    if (key) {                                     // 키가 눌린 경우
        switch (state) {                           // 현재 상태에 따라 다른 함수 호출
            case 1: handleState1(key); break;
            case 2: handleState2(key); break;
            case 3: handleState3(key); break;
            case 4: handleState4(key); break;
        }
    }
}

void resetCalculator() {                           // 계산기 상태 초기화
    state = 1;                                     // 초기 상태
    operand1 = 0;                                  // 첫 번째 피연산자
```

```
    operand2 = 0;                          // 두 번째 피연산자
    result = 0;                            // 계산 결과
    op = 0;                                // 연산자

    lcd.clear();
    X = 0;                                 // 키 입력 표시 위치
}

void displayInput(char key) {              // 키 입력을 텍스트 LCD에 표시
    lcd.setCursor(X, 0);                   // 첫 번째 줄에 표시
    lcd.write(key);

    X = (X + 1) % 16;
}

void displayMessage(char *msg) {           // 메시지 출력
    lcd.setCursor(0, 1);                   // 두 번째 줄에 표시
    lcd.print(msg);
}

void handleState1(char key) {              // 상태 1
    if (keyInGroup1(key)) {                // 숫자 키 입력
        resetCalculator();                 // 수식 입력 시작에 따른 계산기 초기화

        state = 2;                         // 상태 2로 이동
        operand1 = key - '0';              // 첫 번째 피연산자 계산
        displayInput(key);                 // 텍스트 LCD에 키 입력 표시
    }
    else if (keyInGroup2(key)) {           // 사칙 연산자 키 입력
        state = 1;                         // 상태 1, 초기 상태로 이동
        resetCalculator();                 // 계산기 초기화
        displayMessage("* ERR : S1, IN2"); // 오류: 상태 1에서 그룹 2 키 입력
    }
    else if (keyInGroup3(key)) {           // 등호 연산자 키 입력
        state = 1;                         // 상태 1, 초기 상태로 이동
        resetCalculator();                 // 계산기 초기화
        displayMessage("* ERR : S1, IN3"); // 오류: 상태 1에서 그룹 3 키 입력
    }
    else if (keyInGroup4(key)) {           // 리셋 키 입력
        state = 1;                         // 상태 1, 초기 상태로 이동
        resetCalculator();                 // 계산기 초기화
        displayMessage("* RESET");         // 수식 입력 취소로 초기 상태로 이동
    }
}

void handleState2(char key) {              // 상태 2
    if (keyInGroup1(key)) {                // 숫자 키 입력
        operand1 = operand1 * 10 + (key - '0'); // 첫 번째 피연산자 업데이트
        displayInput(key);
    }
    else if (keyInGroup2(key)) {           // 사칙 연산자 키 입력
        state = 3;                         // 상태 3으로 이동
        op = key;                          // 연산자 저장
        displayInput(operatorSymbol[key - 'A']);
    }
    else if (keyInGroup3(key)) {           // 등호 연산자 키 입력
```

```
        state = 1;                                 // 상태 1, 초기 상태로 이동
        displayMessage("* ERR : S2, IN3");         // 오류: 상태 2에서 그룹 3 키 입력
    }
    else if (keyInGroup4(key)) {                   // 리셋 키 입력
        state = 1;                                 // 상태 1, 초기 상태로 이동
        displayMessage("* RESET");                 // 수식 입력 취소로 초기 상태로 이동
    }
}

void handleState3(char key) {                      // 상태 3
    if (keyInGroup1(key)) {                        // 숫자 키 입력
        state = 4;                                 // 상태 4로 이동
        operand2 = key - '0';                      // 두 번째 피연산자 계산
        displayInput(key);
    }
    else if (keyInGroup2(key)) {                   // 사칙 연산자 키 입력
        state = 1;                                 // 상태 1, 초기 상태로 이동
        displayMessage("* ERR : S3, IN2");         // 오류: 상태 3에서 그룹 2 키 입력
    }
    else if (keyInGroup3(key)) {                   // 등호 연산자 키 입력
        state = 1;                                 // 상태 1, 초기 상태로 이동
        displayMessage("* ERR : S3, IN3");         // 오류: 상태 3에서 그룹 3 키 입력
    }
    else if (keyInGroup4(key)) {                   // 리셋 키 입력
        state = 1;                                 // 상태 1, 초기 상태로 이동
        displayMessage("* RESET");                 // 수식 입력 취소로 초기 상태로 이동
    }
}

void handleState4(char key) {                      // 상태 4
    if (keyInGroup1(key)) {                        // 숫자 키 입력
        operand2 = operand2 * 10 + (key - '0');    // 두 번째 피연산자 업데이트
        displayInput(key);
    }
    else if (keyInGroup2(key)) {                   // 사칙 연산자 키 입력
        state = 1;                                 // 상태 1, 초기 상태로 이동
        displayMessage("* ERR : S4, IN2");         // 오류: 상태 4에서 그룹 2 키 입력
    }
    else if (keyInGroup3(key)) {                   // 등호 연산자 키 입력
        state = 1;                                 // 상태 1, 초기 상태로 이동
        calculateResult();                         // 계산 결과 표시
    }
    else if (keyInGroup4(key)) {                   // 리셋 키 입력
        state = 1;                                 // 상태 1, 초기 상태로 이동
        displayMessage("* RESET");                 // 수식 입력 취소로 초기 상태로 이동
    }
}

void calculateResult() {                           // 수식 계산
    if (op == 'D' && operand2 == 0) {
        displayMessage("* DIV by ZERO");           // 0으로 나누기 오류
        return;
    }

    switch (op) {
    case 'A' :                                     // 더하기
```

```
        result = operand1 + operand2;
        break;
    case 'B' :                                          // 빼기
        result = operand1 - operand2;
        break;
    case 'C' :                                          // 곱하기
        result = operand1 * operand2;
        break;
    case 'D' :                                          // 나누기
        result = operand1 / operand2;
        break;
    }

    lcd.setCursor(0, 1);                                // 두 번째 줄에 계산 결과 표시
    lcd.print(" = ");
    lcd.print(result);
}

boolean keyInGroup1(char key) {                         // 그룹 1: 숫자 키
    if (key >= '0' && key <= '9')      return true;
    else                               return false;
}

boolean keyInGroup2(char key) {                         // 그룹 2: 사칙 연산자 키
    if (key >= 'A' && key <= 'D')      return true;
    else                               return false;
}

boolean keyInGroup3(char key) {                         // 그룹 3: 대입 연산자 키
    return (key == '#');
}

boolean keyInGroup4(char key) {                         // 그룹 4: 리셋 키
    return (key == '*');
}
```

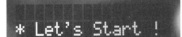

(a) 초기 화면

(b) 뺄셈 결과

(c) 상태 1(S1)에서 그룹 2에 속하는 키(IN2)인 사칙 연산자 키가 눌린 경우의 오류 메시지

(d) 상태 4(S4)에서 그룹 2에 속하는 키(IN2)인 사칙 연산자 키가 눌린 경우의 오류 메시지

(e) '3*' 입력 후 리셋 버튼을 누른 경우

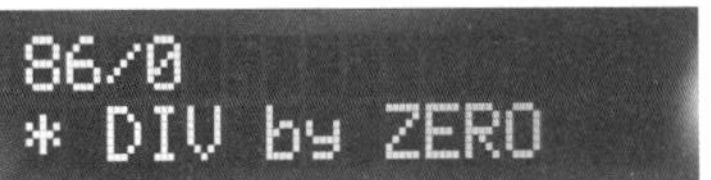

(f) 두 번째 피연산자로 0이 입력된 경우

그림 36.9 계산기의 동작

36.4 계산기의 확장

스케치 36.3은 양의 정수에 대한 사칙 연산을 수행할 수 있으며, 이를 확장하는 방법은 여러 가지가 있을 수 있다. 그중 가장 간단하면서도 유용한 기능은 음의 정수를 입력할 수 있게 하는 것이다. 스케치 36.3에서 상태 1과 상태 3에서는 피연산자 입력이 시작되기를 기다리는 상태로 숫자가 입력되면 피연산자가 입력되기 시작한 것으로 간주한다. 만약 숫자나 마이너스 부호가 입력될 때 피연산자가 입력되기 시작한 것으로 간주하도록 수정한다면 음수를 입력할 수 있다. 음수를 다루기 위해서는 스케치 36.3의 몇 부분을 수정해야 한다. 먼저 피연산자의 부호를 저장하기 위한 전역 변수를 추가한다.

스케치 36.4 피연산자 부호 저장을 위한 전역 변수 추가

```
boolean minusOperand1, minusOperand2;                // 피연산자의 부호
```

피연산자의 부호는 디폴트값으로 양수로 설정하며, 이는 `resetCalculator` 함수에 초기화 문장을 추가하면 된다.

스케치 36.5 피연산자 부호 변수 초기화 추가

```
void resetCalculator() {                             // 계산기 상태 초기화
    ...

    minusOperand1 = false;                           // 디폴트값을 양수로 설정
    minusOperand2 = false;

    ...
}
```

이제 상태 1에서 상태 2로 이동하는 조건을 수정해 보자. 스케치 36.3에서는 숫자 키로만 상태가 이동하지만, 마이너스 키를 추가하면 간단하게 음수 입력이 가능하게 할 수 있다.

스케치 36.6 상태 1에서 상태 2로의 이동 조건 수정

```
void handleState1(char key) {                        // 상태 1
    if (keyInGroup1(key) || key == 'B') {            // 숫자 키 또는 마이너스 키 입력
        resetCalculator();                           // 수식 입력 시작에 따른 계산기 초기화
        state = 2;                                   // 상태 2로 이동
```

```
        if (keyInGroup1(key)) {                    // 숫자 키 입력의 경우
            operand1 = key - '0';                  // 첫 번째 피연산자 계산
            displayInput(key);                     // 텍스트 LCD에 키 입력 표시
        }
        else {                                     // 마이너스 키 입력의 경우
            minusOperand1 = true;                  // 첫 번째 피연산자의 부호를 음수로 설정
            displayInput('-');                     // 텍스트 LED에 '-' 표시
        }
    }

    ...

}
```

스케치 36.6과 같은 방법으로 상태 3에서 상태 4로의 이동 역시 숫자와 마이너스 키로 가능하도록 수정한다.

스케치 36.7 상태 3에서 상태 4로의 이동 조건 수정

```
void handleState3(char key) {                      // 상태 3
    if (keyInGroup1(key) || key == 'B') {          // 숫자 키 또는 마이너스 키 입력
        state = 4;                                 // 상태 4로 이동

        if (keyInGroup1(key)) {                    // 숫자 키 입력의 경우
            operand2 = key - '0';                  // 두 번째 피연산자 계산
            displayInput(key);                     // 텍스트 LCD에 키 입력 표시
        }
        else {                                     // 마이너스 키 입력의 경우
            minusOperand2 = true;                  // 두 번째 피연산자의 부호를 음수로 설정
            displayInput('-');                     // 텍스트 LED에 '-' 표시
        }
    }

    ...

}
```

마지막으로, 상태 4에서 대입 연산자 키를 눌렀을 때 피연산자의 부호를 계산 결과에 반영하도록 스케치 36.8을 추가한다.

스케치 36.8 피연산자의 부호를 반영한 수식 계산 추가

```
void calculateResult() {                           // 수식 계산
    if (minusOperand1) {                           // 첫 번째 피연산자의 부호
        operand1 *= -1;
    }
    if (minusOperand2) {                           // 두 번째 피연산자의 부호
        operand2 *= -1;
```

```
    }
    ...
}
```

스케치 36.4에서 스케치 36.8까지의 내용을 추가하거나 수정하면 피연산자로 음수를 입력하고 계산할 수 있다.

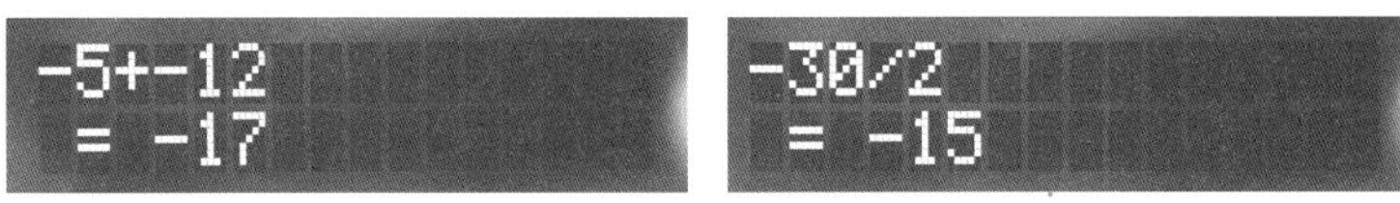

그림 36.10 음의 정수 입력이 가능한 계산기의 동작

36.5 맺는말

이 장에서는 4×4 키패드와 I2C 방식의 텍스트 LCD를 사용하여 사칙 연산이 가능한 정수 계산기를 만들어봤다. 키패드는 키 스캔 방식으로 행과 열을 제어하는 8개의 핀으로 16개의 키 입력을 확인할 수 있으며, I2C 방식 텍스트 LCD는 데이터(SDA)와 클록(SCL)의 2개 연결선만 사용하여 텍스트 LCD를 제어할 수 있다. 키패드의 16개 키는 숫자와 사칙 연산자 등을 입력하기 위한 입력 장치로, 텍스트 LCD는 입력하는 수식과 계산 결과를 보여주는 출력 장치로 사용한다.

계산기를 구현하는 방식은 여러 가지가 있지만, 이 장에서는 구현하는 계산기에서 계산할 수 있는 수식의 종류를 정하고, 이를 위해 필요로 하는 키 입력의 순서에 따라 계산기의 상태를 나누어서 구현하는 방식을 사용했다. 이 장에서 사용한 방법을 체계적으로 정의한 것을 유한 상태 기계 FSM: Finite State Machine라고 한다. FSM은 구현하고자 하는 시스템이 가질 수 있는 유한한 개수의 상태와 입력에 의한 상태 사이의 이동으로 시스템을 정의한다. 즉, 이 장에서 사용한 방법과 기본적으로 같은 방법이지만 수학적으로 잘 정의된 방법이라는 차이가 있다. 아두이노 라이브러리 중에서도 FSM 라이브러리가 존재하지만, 이 장에서는 FSM의 기본적인 개념만을 사용하여 시스템을 상태로 구분하고 구현하는 데 중점을 두었다. 실제 시스템의 구현은 조건문을 사용했으며 이는 FSM 라이브러리 역시 마찬가지다.

이 장에서 구현한 계산기는 정수의 사칙 연산만 가능한 계산기로, 다양한 기능을 추가할 수 있다. 하지만 기능이 추가되면 이 장에서 사용한 계산기의 4개 상태는 사용하지 못할 수 있다는 점도 생각해야 한다. 문제를 해결하고 싶다면, 우선 문제가 무엇이고 해결하고자 하는 문제의 범위가 어디까지인지 정확하게 정의하는 일부터 시작해야 한다. 문제가 정확하게 정의된다면 정의된 문제를 쉽게 해결하도록 도와줄 수 있는 다양한 도구가 존재하며, FSM 역시 그러한 도구 중 하나다. 어떤 문제를 해결하고 싶은가?

진솔한 서평을 올려 주세요!

이 책 또는 이미 읽은 제이펍의 책이 있다면, 장단점을 잘 보여 주는 솔직한 서평을 올려 주세요.
매월 최대 5건의 우수 서평을 선별하여 원하는 제이펍 도서를 1권씩 드립니다!

- **서평 이벤트 참여 방법**
  1. 제이펍 책을 읽고 자신의 블로그나 SNS, 각 인터넷 서점 리뷰란에 서평을 올린다.
  2. 서평이 작성된 URL과 함께 **review@jpub.kr**로 메일을 보내 응모한다.
- **서평 당선자 발표**

  매월 첫째 주 제이펍 홈페이지(**www.jpub.kr**) 및 페이스북(**www.facebook.com/jeipub**)에 공지하고, 해당 당선자에게는 메일로 개별 연락을 드립니다.

독자 여러분의 응원과 채찍질을 받아 더 나은 책을 만들 수 있도록 도와주시기 바랍니다.

찾아보기

K

L

M

N